KB158967

영국사
다이제스트100

19
영국사 다이제스트100

초판 1쇄 펴낸 날 | 2021년 3월 5일

지은이 | 김언조
펴낸이 | 홍정우
펴낸곳 | 도서출판 가람기획

책임편집 | 박진홍
편집진행 | 양은지, 박혜림
디자인 | 이유정
마케팅 | 김에너벨리

주소 | (04035) 서울시 마포구 양화로7안길 31(서교동, 1층)
전화 | (02)3275-2915~7
팩스 | (02)3275-2918
이메일 | garam815@chol.com

등록 | 2007년 3월 17일(제17-241호)

© 도서출판 가람기획, 김언조, 2021
ISBN 978-89-8435-544-6 (03920)

* 이 책은 저작권법에 따라 보호받는 저작물이므로 무단전재와 무단복제를 금하며, 이 책 내용의 전부 또는 일부를 이용하려면 반드시 저작권자와 도서출판 가람기획의 서면 동의를 받아야 합니다.

19 영국사 다이제스트100

UNITED KINGDOM

김언조 지음

가람기획

머리말

로마가 영국을 정복한 기원후 43년을 영국사의 시작이라고 보는 역사가도 있다. 로마의 지배가 시작되면서 영국에 처음 문자가 들어왔고, 로마 지배 이전 영국에 뿌리내린 켈트인들의 구술 문화와는 전혀 다른 로마의 500년 지배역사가 기록으로 남았기 때문일 것이다. 그러나 로마의 정복이 있기 훨씬 이전부터 존재했던 기록되지 않은 삶의 흔적을 통해 영국인의 정착 과정을 추징해보는 것도 의미있는 일일 것이다.

도버해협을 사이에 두고 유럽 대륙에서 분리되어 섬나라로 고립된 영국은 선사시대부터 켈트족들의 유입에 이르기까지 놀랄 만큼 독특하게 번성했다. '켈트족', '스톤헨지' 그리고 '드루이드'의 흔적은 로마의 지배 이전 영국 역사의 기저에 깊숙이 잠재해 있다. 그러나 선사시대와 켈트족의 역사는 아직도 인류학자들이나 열렬한 켈트 문화 연구자들의 영역으로 국한되어 있으며 일반 역사가나 보통 독자들에게 신비의 영역으로 남아 있다. 그뿐만 아니라 중세와 근대, 현대에 이르기까지 영국 역사는 주로 산업혁명과 의회 민주주의, 식민지 정책 등으로 필요한 만큼 현대적 단편 지식으로 종종 소환되어 왔고, 독특하고 성공적인 역사를 이룬 주체로서 언급되어왔다. 하지만 실용주의, 민주주의, 합리주의, 개인주의 등으로 분리된 채 제시되어왔던 영국의 특징은 단편적이고 파편적인 이미지들뿐이다. 오히려 최근 브렉시트의 혼란을 겪고 있는 영국의 모습은 과거 역사적 관점에서 성공적으로 묘사되어왔던 영국의 면모와 달리 더욱 현실적 실체에 근접해 있는 것처럼 보인다.

이 책의 의도는 건조하고 단편적인 이미지들 이면에 숨어있는 역사적 주체들의 지배와 저항, 권력의 형성과 해체, 그리고 혼란의 과정에서도 자연적 균형점을 찾아가는 오랫동안의 과정을 관찰해보는 데 있다. 또한, 영국의 역사를 살펴보면서 배울 수 있는 것과 배우지 말아야 할 것을 따져보는 역사에 대한 비판적 수용의 토대를 마련하고자 한다. 나아가 역사가 형성되는 과정의 역동적이고 혼란스러운 가치 속에서 시대정신을 읽어내는 연습이 되기를 기대하는 마음도 보태었다.

특히, 영국 역사에 대해 호기심을 가진 독자들에게 포괄적이고 상식적인 관점에서 역사적 사실을 제공하고자 한다. 이러한 의도는 역사를 학술적인 연구 분야에서 다루기보다 역사에 대한 통찰력이 대중화되기를 바라는 마음에서 비롯되었다. 한 나라의 역사를 '어떤 가치로부터도 벗어나서' '중립적'으로 통찰하고 관찰하는 방식은 우리의 역사를 바라보는 연습이 될 수도 있을 것이다. 어쩌면 역사의 어떤 면모는 시대와 장소를 달리하여 반복되고 있는지도 모를 일이기 때문이다. 어느 한 시대의 권력자에 의해서 유사한 형식으로 반복되는 갈등구조와 세력다툼을 거시적인 눈으로 바라볼 수 있는 조감도적 요소가 이 책의 흥미를 더해주기를 바란다.

역사학자 토머스 칼라일(Thomas Carlyle, 1795-1881)은 '역사는 모든 과학의 기초이며 인간 정신의 최초의 산물이다'라고 주장했다. 역사는 복잡하지만, 인과관계로 철저하게 연결되어 있으므로 역사적 관찰은 현대의 사회현상에 대한 사회과학적 이해를 제공한다. 이 때문에 역사는 새로운 이해를 바탕으로 새롭게 다시 쓰이곤 한다. 역사학자 칼 베커(Carl Becker, 1873-1945)가 '모든 역사는 현재의 역사이다'라고 주장한 것도 같은 맥락이다. 남의 나라 역사를 안다는 것이 무슨 소용인가, 매일 매일 기술혁명이 일어나고 있는 현재를 살아가는데 역사는 적합한 지적 연습이 아니라고 생각할 수 있다. 역사를 핵물리학이나 문학 이론처럼 소수 학자를 위한 은밀하고도 폐쇄적인 영역으로 생각할 수도 있을 것이다. 하지만 역사는 대중 모두가 연루된 상황적 인과관계와 시대적 요구의 결집체이다. 이 때문에 역사는 지속해서 현대의 일상에 끼어들어 생성되고 진행되고 있는 것이기도 하다. 따라서 역사는 개인 한 사람 한 사람에게 영향을 미치고 있다고 봐야 한다.

전체적인 역사의 흐름을 이어가는 연결고리를 찾아내기 위해서는 우리가 일상적으로 구동시키는 분석능력 정도가 역사 읽기에는 요구될 것이다. 역사의 연결고리를 찾는 연습은 역사가 제시하는 거대한 다차원의 퍼즐을 두려움 없이 파악할 수 있게 할 것이다. 실증적 사건의 축적으로 이어지는 역사의 연결고리가 담고 있는 함축적 의미는 후대의 인류에게 지속적 반성을 유도하고 있다. 역사의 흐름이 사실은 지속적 인과관계로 연결된 지극히 인간적인 생활사에 기초를 두고 있기 때문임을 강조하고 싶다. 때문에 아널드 조지프 토인비(Arnold Joseph Toynbee, 1889~1975)의 주장대로 인류에게 가장 큰 비극은 지나간 역사에서 아무런 교훈도 얻지 못한다는 데 있다. 그리고 조지 산타야나(George Santayana, 1863~1952)의 주장처럼 과거를 잊어버리는 자는 그것을 또다시 반복할 것이기 때문이다.

시대를 가르는 중요한 사건들을 직면했던 과거의 영국민, 그리고 현재의 영국민들이 선택해온 정치 사회적 방향을 관찰하면서 얻은 교훈을 우리가 일상적 삶으로 마주하는 미시적 인간관계의 역학에도 적용해볼 수 있을 것이다. 그런 의미에서 영국의 역사는 현재를 위한 교훈으로 가득 찬 논쟁처럼 보인다. 어쩌면 제국주의 시대를 주도했으면서도 민주주의의 산실이 되었던 것은 모든 어려움과 혼란에도 불구하고 가장 많은 사람에게 가장 유효한 가치를 찾으려는 일관된 노력에서 나온 것은 아닐까. 또한, 현재 진행형의 혼란

속에서 모든 이에게 정의로울 수 있고, 모든 이들에게 유효한 삶의 가치를 찾으려는 잠재된 역사의식이 지금도 진행되고 있는 것은 아닐까.

책을 엮어 가며 역사적 사실에서 비롯된 영어 단어나 영어 표현 또는 지명의 유래를 되짚어 보는 것은 도도한 역사의 흐름이 남긴 흔적을 찾는 즐거움을 더해주었는데, 그 근거들은 영국의 유명 일간지와 서적을 참고하였다. 1차 세계대전 이후부터 현대까지는 2018년 11월 살림출판사가 출간한 『영국 현대』에서 역사적 사실을 축약하고 참고하여 새로운 관점에서 재해석을 가하였다. 다른 역사적 사실들에 대해서는 한국위키백과와 위키피디아 Wikipedia, GOV.UK., 국립보존기록 The National Archives, 그리고 지금까지 출간된 영국 역사 서적들을 찾아 대조하면서 저술하였다. 한국위키백과와 위키피디아의 내용을 인용할 경우 출처를 찾아 확인하였다. 출처를 가능한 기재하여 독자들의 연구와 확인에 도움이 되고자 했으나 방대한 역사의 사실들을 축약하는 과정에서 일부 생략되었음에 미리 양해해주시길 부탁드린다.

저술과정에 도움을 주신 재야의 역사연구자님들과 교수님들의 조언에 깊이 감사드린다. 또한, 아들 태현과 남편 권오형의 사랑과 부모님의 격려가 한 줄 한 줄에 힘이 되었음을 감사드린다. 과도한 열정이 정선되어 한 권의 책으로 탄생하는 과정에 출판을 맡아주신 가람기획의 편집부 여러분과 사장님께도 감사의 말씀을 전한다.

2021년 2월 단국대학교 연구실

김 언조

차례

제3장. 노르만의 정복, 노르만 왕조의 잉글랜드 왕국

제4장. 랭커스터 가문과 요크 가문의 시대

제5장. 튜더왕가의 시대: 여섯 군주의 절대왕정과 종교개혁

DIGEST100SERIES

제1장
역사에 나타나지 않은 시대에서 로마의 지배까지

UNITED KINGDOM

DIGEST

1

UNITED KINGDOM

역사에 나타나지 않은 구석기시대

도거랜드Doggerland의 수몰과 체다 조지Cheddar Gorge의 파손된 두개골

영국의 구석기시대는 기원전 25만 년 전까지 거슬러 올라가야 할 것이다. 하지만 기원전 43,000년에 네안데르탈인Neanderthals이 거주한 흔적인 크레스웰 크렉스Creswell Crags의 핀홀Pin Hole 동굴이 더비셔와 노팅엄셔 사이에 석회암 협곡에서 발견되었다. 그 후 호모사피엔스가 22,000년부터-1만여 년까지 거주했을 것으로 추정된다. 동굴에는 부싯돌과 가공된 뼈가 발굴되었고 일부의 벽과 천장에 동물 형태와 무늬와 말의 머리가 새겨져있다. 동굴벽화에는 사슴으로 식별되는 동물 그림도 있고 다양한 조각품의 흔적이 있다. 그리고 직립보행을 했을 남자의 뼈와 짐승의 모습을 만든 뼛조각, 그리고 십자형으로 된 갈비뼈도 발견되었는데, 이것들은 어떤 상징, 의사소통, 또는 계산을 위한 도구 혹은 기념품일 것이라고 추정되었다.

간빙기로 여겨지는 기원전 약 6,500~6,200년이 도래하기 전 150년간 지속되었던 한파로 원시인류는 추위와 배고픔으로 생존을 위한 극한의 투쟁을 해야 했을 것이다. 한파가 끝나고 기후가 온화해지기 시작하자, 지금의 네덜란드와 인접해서 위치했을 것이라고 생각되는 도거랜드Doggerland는 잦은

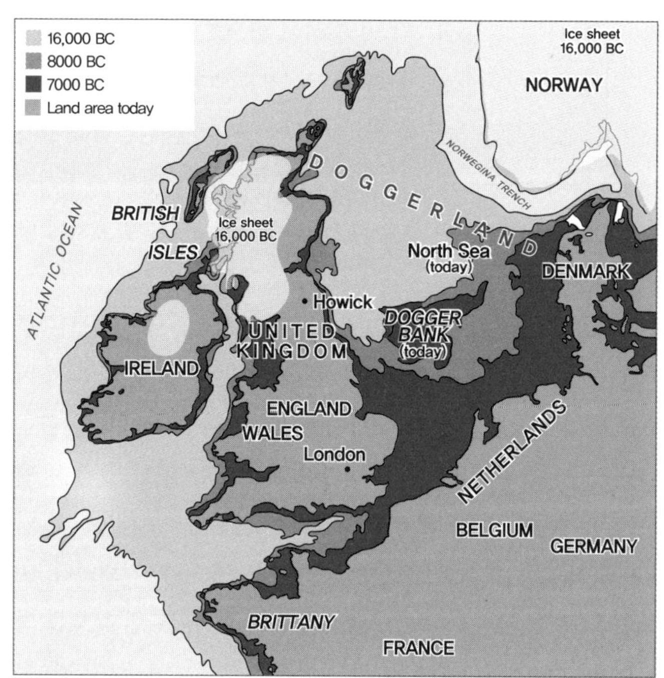

도거랜드 Doggerland.

홍수와 쓰나미로 수몰되었다. 대규모 쓰나미는 기원전 6,200년쯤 노르웨이 해안에서 발생하여 스토레가Storegga 해저 사면을 붕괴시켰고 결국 도거랜드는 수몰되었던 것으로 밝혀졌다. 그 이전에 도거랜드는 지형의 높이에 따라 섬이나 습지로 남아 있다가 기원전 3,800쯤에는 완전히 바다에 잠겼다. 도거랜드가 수몰되기 전에 사람들이 대륙으로 건너갈 수 있는 습지였을 것으로 추정되는 흔적이 다수 발견되었다.

그중 주목할 만한 유물은 브리스틀 인근 체다 조지Cheddar Gorge의 동굴에서 발굴된 거주 흔적과 원시인류의 파손된 두개골이다. 두개골 주인의 흔적을 인류학자들이 분석한 결과, 도거랜드는 원시인류들은 물론 영양이나 갈색 곰들이 오가는 육로였을 것이라고 추정되었다. 방사성 탄소 연대측정법으로 추정한 결과 원시인류인 두개골의 주인공은 기원전 7150년경 심한 두개골 손상으로 사망했던 것으로 보였다. DNA 조사 결과 이 두개골의 주인은 북서 유럽으로부터 건너온 사냥 채집 무리 중에 한 사람일 것으로 판단되었다. 제나 조지에서 발견된 두개골의 소유자가 어떤 언어를 말했는지는 알 수 없지만 동굴의 거주 흔적에서 가족과 생활했다는 것을 추정할 수 있었다. 또한 맨딥 언덕Mandip Hills에 덫을 놓아 사냥감을 유인했으며, 플린트석을 갈아 날카로운 나뭇잎 모양의 창촉을 매단 창으로 사냥을 했다는 것을 추정해냈다. 또한 불을 지피고, 야생말고기와 붉은 사슴을 먹었다는 것을 발굴지에 남아있는 흔적에서 추정할 수 있었다.

요크셔 지역의 스타카Star Carr와 오롱세이Oronsay에서는 유목민의 삶을 보여주는 유적과 동굴 바위 고분이 출토되었다. 요크셔의 스타 카Star Carr 주변에는 방사성 탄소 연대 측정으로 기원전 약 7600년의 것으로 추정되는 난로가 발견되었고 난로의 가장자리에 빗물을 받았을 홈이 둘려 있었다. 사슴, 엘크 및 멧돼지를 쫓아 사냥을 했을 것으로 추정되는 흔적도 있다. 동물의 가죽을 발라내고 뼈를 다듬는 플린트석 긁게와 같은 도구들이 발견되었다. 또한 카누 등을 젓는 나무 노 조각들이 발견되었는데 이들이 간단한 보트를 만들었다는 것을 보여준다. 돌과 호박으로 만든 구슬, 장식품, 뿔난 수사슴 두개골의 윗부분이 발견되었고 두개골에는 두 개의 구멍이 나 있는 것으로 보아 걸어 두는 장식으로 사용했을 것이다.

이 시기를 전후하여 거주했던 사람들이 이베리아반도에서 건너온 이베리아족인지는 분명치 않으나 이들의 생활 흔적에는 대륙의 이베리아반도의 구석기시대와 공통된 양상이 두드러졌다. 이들의 거주지에서 사냥 기술의 변화를 보여주는 작살이나 창의 연결 손잡이로 사용된 소형석기(세細석기)와 나무를 다듬는 자귀adzes가 출토되었는데 이것들은 대륙에서 발견된 구석기 도구와 별반 차이가 없다.

DIGEST

2

UNITED KINGDOM

브리튼의 신석기시대, 비커족의 삶

브리튼의 신석기시대

브리튼의 신석기시대는 기원전 4000년에서 기원전 2500년 사이였던 것으로 추정된다. 유럽에서 건너왔을 것이라고 추정되는 초기의 거주민들의 삶은 신석기 혁명을 거치면서 사냥에 의한 불규칙한 식량 해결보다는 씨앗을 뿌리고 거두는 원시 농경사회로 점차로 전환했을 것이다. 선사 시대 고고학자인 캐롤라인 말론Caroline Malone은 남부 유럽 국가들이 농업과 정착생활을 할 무렵 브리튼에 거주한 인류는 사냥과 채집생활을 했지만, 이들이 점차적으로 작물을 재배하고 수확하기 위해서 석기 도구를 제작하는 경향이 확산되고 이어지는 조짐을 확인했다고 주장했다. 이 시기에 사냥 후 잔치에서 제공할 수 있는 한정된 식량으로 먹일 수 있는 것보다 인구가 더 많이 증가했고, 식량부족을 극복하기 위해 기원전 5000년에서 4000년 사이에 신석기 혁명이 일어난 것으로 보고 있다.

신석기 혁명이 이주민을 통해서 브리튼으로 옮겨져 왔는지 아니면 초창기의 브리튼 이주 집단들이 신석기 혁명을 실제로 겪었는지에 대해서는 고고학자들 사이에 논쟁의 여지가 남아있다. 좀 더 가능성이 있는 추정은 신석기

혁명 즈음에 대량 이주가 발생했다는 것이다. 이즈음 브리튼 정착민들의 유전자 풀 90% 이상이 비커족으로 대체되었다는 주장이 있다. 비커문화가 본격적으로 시작되었던 기원전 4000-2500년 사이에 약 1500여 년 동안 초기 형태의 원시적 농경이 이루어진 것으로 추정하고 있다. 신석기 혁명이 대륙에서 넘어왔을 것이라고 뒷받침하는 흥미로운 증거는 브리튼에서의 최초 농업의 흔적이 아일랜드와 브리튼의 남부 해안가에서 주로 출토된 것이다.

신석기시대 농경을 위하여 브리튼의 삼림지역을 벌채한 흔적이 다수 발견되었다. 기원전 4300년에서 3250년 사이에 브리튼의 느릅나무 수가 급격하게 감소한 것이다. 이스트 앵글리아East Anglia의 브룸 히스Broome Heath와 북요크셔의 무어Moor와 다트무어Dartmoor 지역에 석축과 링 등으로 벌목을 한 흔적을 찾았다. 이것은 신석기시대의 이주민들이 정착하기 시작한 시기와 일치한다. 가축을 기르기 시작하고 가축에 의존하였기 때문에 겨울 동안 동물 사료로 사용하기 위해 느릅나무 잎을 모아 저장하였고, 가축들을 사육하는 과정에서 나무껍질이 벗겨진 것이 발견되었다. 또한 딱정벌레에 의해서 느릅나무 질병이 확산되고 숲이 파괴되자, 아이러니하게도 당시 거주민들은 더 넓은 농경지를 확보했던 것으로 보인다.

기원전 3500-3300년경 농경생활을 했음직한 토양이 비옥한 지역은 보인Boyne, 오크니Orkney, 동부 스코틀랜드, 템스Thames, 웨식스Wessex, 에식스Essex, 요크셔Yorkshire 등이다. 이곳의 곡물을 경작하고 돼지, 양, 염소 등의 가축을 기르는 경향은 동굴 거주와 동일한 시기에 이루어졌다. 오크니Orkney 지역 냅 오브 하워Knap of Howar에서 기원전 3700년으로 추정되는 농장 건물 흔적이 발굴되었다. 스코틀랜드 북부의 오크니Orkney에 있는 스카라 브레Skara Brae에 신석기시대의 거주지였을 것으로 여겨지는 발굴지에서는 농경을 위한 연속적인 노동 과정을 엿볼 수 있다. 돌로 지어진 둥근 모양으로 나란히 두 채의 집이 발굴되었는데, 집 주위에 돌담이 있고, 작업장이나 가축우리로 보이는 다른 집으로 통로가 나있다. 부근에서는 수확된 밀로 밀가루를 만들기 위해서 맷돌을 사용한 흔적이 발견되었다. 또한 나뭇잎 모양의 화살촉과 둥근 도자기 모양의 조각들, 가죽으로 옷을 지어 입었던 것을 추정할 수 있는 가죽을 손질하는 돌 도구와, 광을 낸 도끼 등이 출토되었다.

신석기시대 브리튼인들의 다양한 목재 구조물 흔적도 발견되었다. 부근에는 공동체의 소유일 것으로 추정되는 집단무덤과 습지를 건너다니기위해 만들어진 계단식 둑길도 있었다. 영국 서남부의 서머셋 레벨스Somerset Levels에 폴덴 언덕Polden Hills과 웨스테이 미어스Westhay Mears를 연결한 2km 이상의 목조 통로이다. 목조 통로는 언덕과 섬을 잇는 습지를 가로질러 건설되었다. 목조 통로 중 가장 유명한 것은 기원전 3800년경 세워진 것으로 추정되는 써머셋 레벨Somerset Levels이다. 습지를 가로지르는 이 목조 통로는 발견자인 레이 스위트Ray Sweet의 이름을 따서 스위트 트랙Sweet Track이라 한다.

목조 통로 부근에서 단단한 경옥암(硬玉岩)으로 만들어진 도끼도 발견되었다. 길이가 약 31cm인 단단한 화성암의 부싯돌 도끼로 나무 손잡이를 매달 수 있도록 다듬어져 있다. 하지만, 전혀 사용된 적이 없는 것으로 보이는 대형 도끼도 매장지에서 발견되었다. 사용하기에는 약한 재질이어서 죽은 자를 위한 장식용 또는 예식 기능을 위한 것으로 추정되었다. 이 시기에 속하는 나무 단추, 머리빗, 머리핀, 그릇 등 생활도구와 토기가 출토되었고 내용물 분석에서 우유의 흔적도 나왔다. 발굴된 도구는 좀 더 섬세하고 광을 낸 석재도구로 그 이전부터 연마기술이 발달한 것을 보여주었다.

브리튼의 신석기인들은 밀과 보리 등의 곡물을 경작했고, 그 외에도 때때로 헤이즐넛과 같은 야생의 식물성 식품을 보충했을 것이다. 웨식스에는 신석기시대에 포도가 소비되었다는 흔적이 발견되었다. 또한 의복의 장식으로 매우 간단한 동물의 치아나 뼈 목걸이가 발견되기도 했다. 발굴된 유골들에서 신석기인들은 남성의 경우 약 35년, 여성의 경우 약 30년 정도를 살았던 것으로 추정되었다.

비커족의 매장 문화

청동기시대 초기인 기원전 2800년에서 2300년에 속하는 비커족의 매장문화가 발굴되었다. 이것은 초기 거주민들과 완전히 다른 이주민들의 문화를 보여주었다. 영국 신석기시대의 유전자 총채gene pool 연구에 따르면 기원전

2500년경에 이르러 비커족의 흔적이 발견되었고, 이들의 흔적은 청동기시대까지 이어진다. 고대 DNA 연구 책임자 이안 반즈Ian Barnes는 이후의 브리튼인들은 이전의 거주민들과는 골격과 유전인자가 매우 다르다는 것에 주목했고, 여러 지역에서 발견되는 벨 비커bell-beaker 도기들은 유럽 대륙의 특징과 유사하다고 주장했다.

2017년 발표된 유전자 풀의 연구에서는 영국 신석기시대에 인류 유전자의 90% 이상이 라인강 하부 지역의 비커족과 유전적으로 관련이 있으며 이 지역에서 유입되었거나 대체되었음을 밝혀냈다. 그러나 이 시기에 유입된 커다란 변화가 침입에 의한 것인지 혹은 대량 이민에 의한 것인지 알 수 없다. 당시 서구 유럽 전역에 살았던 비커족의 문화가 어떤 연유로 이동하게 되었는지는 추정할 수 없지만 이들이 영국의 신석기시대의 주요 인물이었다.

비커족 문화는 영국 남서부 지역으로 유입되어 퍼져나갔고, 후에 청동기시대의 웨섹스 문화Wessex culture를 형성하였던 것으로 추정된다. 북 웨일스 오르메 지역의 거대 광산지역에서 주석과 구리가 추출되었던 것으로 보아 유입된 인구들에 의해서 좀 더 복잡한 사회적 조직이 등장하여 부족사회를 이루었고, 부족 내에는 계급도 있었던 것으로 추정된다.

비커족들은 이전에 거주하던 브리튼인들과 다른 인종이었다. 브리튼의 이전 거주민들은 올리브 갈색 피부를 가졌고 검은 머리와 갈색 눈을 가진 사람이 많았다. 비커족들은 피부와 눈의 색소가 현저하게 옅은 특징이 있고, 피부색이 밝고 파란 눈과 금발머리가 흔하게 나타났다. 기원전 2475~2315년의 것으로 보이는 이들의 무덤에서 화학실험용 비커처럼 생긴 물그릇이 발견되었는데, 이 때문에 이들은 '비커족'으로 불리게 되었다.

비커족은 대륙에서 한꺼번에 브리튼으로 이주한 인종으로 믿어지지만 논쟁의 여지는 남아있다. 이 시기의 토기 및 광을 낸 납작한 도끼 등의 발굴 흔적을 통해 학자들은 비커족에 의해서 신석기 혁명이 일어난 것으로 풀이하기도 한다. 돌을 더 정교하게 만드는 비커문화는 이베리아반도에서 두드러지지만, 석기 제작 기술이 브리튼에 도입된 것인지 자체적으로 발전하여 확산했는지 정확히 알 수 없다.

비커족의 시기는 보리와 밀 농업을 시작한 농부가 출현했던 신석기 혁명과 유사한 시대이다. 이들의 사회는 정착의 질서가 지켜지는 가부장적인 사회였다. 비커족들은 돌집과 둥근 버섯 모양의 집에 정착했던 것으로 보인다. 오두막집에는 나무 기둥과 서까래를 지탱하는 데 사용된 받침대가 있고 그 위의 지붕은 초가나 잔디 또는 가죽으로 덮었다. 고고학자들은 낮은 담을 둘러친 흔적과 서까래 받침대로 집안 구조뿐만 아니라 당시의 정착의 질서까지 추측하였다. 비커족은 브리튼에서 도자기를 만들기 시작했던 것으로 보이고, 브리튼에서 짠 옷감으로 옷을 만들어 입었던 것으로 추측된다.

비커족이 신성한 지역으로 여긴 가족 묘지는 스톤헨지에 매우 가까이 위치해있다. 스톤헨지와 같은 거대한 거석문화는 비커족에 의해서 대체된 신석기시대 사람들이 브리튼에 세운 것으로 추정되었다. 신석기 중기와 말기까지 스톤헨지와 같은 거석을 건설하는 공동체의 노력을 집중하는 것이 가능했을 것이다. 가족 매장지에는 죽은 사람의 권위나 서열, 중요성 정도를 나타내는 부장품이 출토되었다. 또한 내세에 대한 믿음을 나타내는 물건들이 가득 차 있었다. 예를 들면 도자기, 항아리, 황금 버클, 청동 단검, 컵, 목걸이, 홀(권위를 상징하는) 및 귀중품들이 있었다. 남자와 여자가 함께 매장된 것도 발견되었고 대체적으로 시체는 머리를 남쪽으로 두었다. 남성은 동쪽으로 여성은 서쪽으로 향하도록 조심스럽게 놓여있었다. 아마도 이것은 특정 시간대에 태양을 볼 수 있도록 한 것이라고 추측하고 있다.

DIGEST

3

UNITED KINGDOM

스톤헨지, 원시 종교의식의 중심지

스톤헨지, 원시 종교의식의 중심지

원시적인 주술을 행했을 것으로 추정되는 스톤헨지는 신석기시대부터 등장했다. 영국 중서부 윌트셔 주 솔즈베리 Salisbury 평원과 에이브버리 Avebury에 헨지 henge는 환상 모양의 열석(列石)으로 높이 8미터, 무게 50톤에 달하는 거석 80여 개가 열을 지어 세워져 있다. 사라센 써클이라 불리는 환상열석(環狀列石)과 삼석탑(三石塔, trilithon)은 우뚝 솟은 2개의 돌 위에 한 개의 돌을 얹은 거석 기념물인데 신석기시대에 속하는 것으로 추정된다.

스톤헨지에 사용된 석재는 진흙이 퇴적되어 형성된 사라센 돌이라고 불리기도 하는 붉은빛의 혈암(頁岩)과 푸른 돌(휘록암과 유문암)이다. 바깥쪽 원을 혈암 서클, 안쪽 원을 푸른 돌 서클이라고 부른다. 스톤헨지는 큰 사라센 돌과 작은 블루스톤이 두 개의 말발굽 모양이 겹쳐진 동심원으로 배열되어 있다. 돌의 출처는 약 215km나 멀리 떨어져 있는 남부 웨일스 지방에서 옮겨져 온 것으로 보이고, 거대한 돌기둥의 무게는 자그마치 10톤에서 50톤에 달한다. 에이브버리의 실베리 힐 Siolbury Hill과 솔즈베리 평원 Salisbury Plain에 세워진 80여 개의 환상 열석 주변에는 석회암 봉분이 있다. 이 봉분에서 기원

스톤헨지.

전 3000년경의 사람 뼈가 발견되었기 때문에 발견 초기에는 매장지이거나 계절적 풍요 의식이나 마술을 위한 기념비로 여겨졌다. 그 후 달과 해, 일식을 관측하던 장소로 달력의 역할로 활용되어, 태양, 달, 별, 계절을 관찰하고 연구하는 데 사용되었을 것으로 추정하기도 했다.

스톤헨지로 신석기시대 당시에 많은 사람을 동원할 수 있는 사회지배 규칙이 있었음을 추정할 수 있다. 스톤헨지에서 발견되는 가장 큰 돌은 9미터이고 무게는 평균적으로 25톤이고 큰 것은 50톤이므로 사회적 지배구조 없이는 운반과 건조가 불가능하기 때문이다. 그 외에 푸른 돌이라고 알려져 있는 4톤 정도의 작은 돌들은 서쪽 웨일스에서 225km나 운반되어 온 것으로 보인다. 일부 다른 거석들의 출처는 북쪽으로 32km 떨어져 있는 말보르 다운스Marlborough Downs라고 알려져 있다.

스톤헨지에는 둑 안쪽으로 오브리 홀Ausbrey Holes로 알려진 백악 석회 구덩이가 56개가 있다. 구덩이 중 25개에서는 화장을 위한 장례식에 사용되는 상부 뚜껑과 긴 뼈 핀이 발견되었고, 유골은 가죽이나 천으로 감싸여 있다. 때문에 이곳은 화장 공동묘지로 사용되었을 것이라 추정한다. 오브리 홀 안팎과 도랑에 사람들을 화장하여 묻은 64개의 흔적도 발견되었다. 이 구덩이에 간헐적으로 목재 기둥이 채워졌을 가능성도 제기되었다.

또한 스톤헨지 1마일 이내에는 기원전 7500에서 4700년으로 연대를 추정

죽은자의 집.

그라임스 그래이브스의 플린트석 채굴장.

할 수 있는 350개의 동물 뼈와 12,500개의 플린트 도구와 조각들이 대량 발견되었다. 발견물의 숫자로 보아 대량의 사람들이 모였던 신성한 장소로 여겨졌음이 추정된다. 또한 부근에 수백 명의 사람들을 위한 둥근 모양의 매장지가 발견되었다. 기원전 3700년에서 3500년으로 연대를 추정하고 있는 최근 발견된 죽은 자의 집 House of the Dead도 발굴되었다. 이들이 스톤헨지를 건설한 사람들인지 아니면 스톤헨지에 모여 제사를 지냈던 사람인지는 알 수 없다.

기원전 3000년경에 축조된 것으로 추정되는 에이브버리의 윈드밀 힐Windmill Hill에는 여러 겹의 도랑과 둑이 언덕을 둘러싸고 있고, 몇 군데 그 안으로 들어가는 통로가 뚫려 있다. 이곳은 아마도 가축을 보호하거나, 나무 기둥으로 둘러싼 움집 거주지, 또는 물품거래 축제, 신을 위한 제사, 장례를 위한 집회 장소였던 것으로 추정되었다. 이곳에서도 플린트 석(불꽃이 생기는 단단한 회색 부싯돌)으로 많든 화살촉과 간단한 도끼들이 발굴되었고, 나무 기둥 위로 가죽으로 지붕을 덮은 움집의 흔적이 발견되었다. 이 시대에 속하는 것으로 부싯돌을 위한 플린트 석을 채굴한 흔적이 시스버리Cissbury와 그라임스 그래이브스Grimes Graves 등에서 발견되었다. 채굴 지역에서 나무 연장과 그릇 종류 혹은 활 등이 함께 출토되었다.

DIGEST

4

UNITED KINGDOM

초등학생이 발견한 청동 머리 장식, 청동기시대

청동기시대 브리튼

영국의 청동기시대는 기원전 2500년부터 800년까지로 추정한다. 청동기시대가 시작된 시기에 대한 명확한 합의는 없지만 기원전 2200년 즈음을 청동기로 추정할 수 있는 유물이 발견되어 이 시기를 후기 신석기시대 또는 초기 청동기시대라고 한다. 발굴된 유물은 초기 청동기시대에 속하는 것으로 구리와 청동을 이용한 농경 도구와 정교한 무기류였다.

초기 청동기(2500-1500 BC) 시대에는 돌 도구도 일부 사용되었다. 에이브버리Avebury, 스톤헨지Stonehenge, 실버리 언덕Silbury Hill과 머스트 농장Must Farm과 같은 지역에서 발굴된 후기 신석기시대와 유사한 거석유물로 초기 청동기시대까지 스톤헨지가 건설되었던 것으로 추정한다. 부근에서 발굴된 초기 청동기의 것으로 추정되는 돌 도구인 부싯돌 긁개는 가장자리가 예리하게 다듬어져 있는 특징이 있다.

헨지 부근에서 비커 도자기 이외에도 구리가 포함된 금속가공을 위한 도구와 무기들이 출토되기 시작하였다. BC 2100-1900년경의 후기 신석기시대에는 비커 도자기와 나이프, 창 등이 발굴되었으며 BC 1800-1600년의 것으

비커 모양의 토기.

로 추정되는 둥근 화장 공동묘지에서도 비커 도자기와 항아리 등이 발굴되었다. 청동기시대의 유물에서 청동으로 만든 평평한 도끼와 함께 비커 도자기가 출토되었다. 따라서 비커 문화가 청동기시대로 이어져 기원전 약 2700년경 시작된 새로운 양식의 도자기 제작으로 이어진 것으로 추정되었다.

초기 청동기시대에 이르러 스톤헨지 부근 매장지의 매장 방식은 주검을 언덕에 매장했던 것으로 보인다. 스톤헨지가 바라보이는 근처 언덕 꼭대기 토루(土樓) 근처에 매장지가 발견되었다. 매장된 주검의 옆에는 도자기나 청동으로 만든 항아리 모양의 물그릇, 장신구와 같은 개인 소지품 또는 여성상이나 남성의 성기를 나타내는 부장품들이 발견되었다. 후기에 이르러서는 매장 대신에 화장터가 발견되었고 화장한 재를 담아 매장하는 골호장지(骨壺葬地)로 보이는 단지가 청동검과 함께 출토되었다.

비커문화는 매장방식에서 이전과 다른 변화를 보인다. 비커족은 죽은 사람의 동물이나 쓰던 물건을 함께 매장하였다. 이들은 죽은 자를 방부 처리하여 죽은 자에 대한 존중을 보여주었다. 아마도 사후세계에 대한 막연한 믿음이 등장했던 것으로 추정할 수 있다. 이들 비커인들이 씨헨지 seahenge와 스톤헨지에서 의식을 수행했을 것으로 추정된다.

씨헨지.

청동기시대에는 항아리 매장이 더 흔하게 널리 등장했다. 항아리 매장지에는 소켓이 있는 창과 축, 나뭇잎 모양의 칼이 발굴되어 보다 날카롭고 정교한 형태의 도구를 사용했던 흔적이 있다. 또한 항아리 매장지에는 신석기시대와는 달리 금속 정제 기술이 도구와 무기에 반영되었다. 때문에 이 시기를 청동기시대의 시작으로 보고 있다. 청동기 초기에는 구리로 물건을 만들었지만 기원전 2150년경 주석과 구리 10%를 혼합한 청동 조각이 발견되었다. 가장 단단한 철을 제련할 수 있는 기술이 반영된 도구와 무기들이 출토되어 청동기시대가 번영했음을 알 수 있다.

후기 청동기시대(1150- 750BC)는 구리합금으로 완전히 주조된 도구를 사용하였다. 반지 모양의 링이 와이트 섬Isle of Wight에서 발견되었고 금과 보석으로 장신구를 만드는 데도 능숙해졌다. 또한 상당히 정교한 모양의 브론즈 방패가 발굴되었다. 기원전 1200-700년의 것으로 추정되는 거대한 옥스버러 더크 Oxborough Dirk 검도 이 시대의 거대한 무기이다. 노퍼크Norfolk에서 발굴된 이 유물은 커다란 검으로 2.37kg이나 되어 너무나 크고 다루기 힘들기 때문에 봉헌 제물이거나 소장품이나 의식용 무기였을 것으로 추정된다.

남서부 잉글랜드의 콘월과 데본 지역에는 주석 매장량이 풍부한데 이곳에는 초기 형태의 광산업이 시작된 흔적이 발견되었고, 기원전 1600년경에는 주석이 유럽에 수출되어 무역의 가능성을 보여준다. 청동기시대 금과 보석의 가공도 시작했던 비커인들의 매장 문화는 웨식스 문화에 정착한 것으로 추정된다. 보리는 청동기가 끝날 때까지 가장 흔한 작물이었으며 보리 재배가 감소하면서 밀 재배가 시작되어 철기시대로 이어지게 된다.

초등학생들이 발견한 화살촉과 금제 머리 장식물

유적지로 소풍이나 휴가를 나온 평범한 시민들에 의해서 유물이 종종 발견되곤 했다. 그중 한 사례로, 2015년 잉글랜드의 남쪽 해안 화이트 섬 부근의 레인센드Lanesend 초등학교 뒷마당에서 초등학교 5학년생이 청동기시대 것으로 추정되는 화살촉을 발견했다. 발견 당시 소년은 공룡시대에 관해서 배우고 있었기 때문에 공룡의 이빨이라고 생각했다고 한다. 소년의 유물 발견 소식이 알려지고, 고고학자 프랭크 배스포드Frank Basford가 달려가 조사하였다. 그 결과, 발견된 유물이 기원전 2500에서 1500년 사이로 추정되는 청동 화살촉이라고 발표했다. 그는 발견된 비늘이 달린 청동 촉이 낚싯바늘임을 확인해 주었고, 초기 청동기시대의 유물 중에 최상의 상태로 보존되었다고 밝혔다. 유물은 레인센드 초등학교에 전시되어 있다.

같은 해에 와이트 섬에 휴가 중인 평범한 부부 여행객이 청동기시대의 칼을 발견했다. 부부가 발견한 청동 칼은 가죽 작업에 많이 사용되는 구리합금 나이프였다. 이들 부부는 샌다운 해변Sandown에서 다른 사람들이 휴가를 보내고 있을 때 금속 탐지기를 가지고 유물을 찾는 것을 즐겼다. 결국 이들은 구리합금 칼을 발견했고, 고고학자인 프랭크 바스포드Frank Basford는 이것이 기원전 1000년에서 800년 사이의 것으로 추정된다고 발표했다.

또한 최근 2014년 영국의 한 초등학생이 기원전 2300년 것으로 추정되는 청동기시대 금제 머리 장식물을 발견했다. 노섬버랜드Northumberland의 컴브리아의 엘스턴Alston 초등학교의 조세지프 벨(7세)군은 잉글랜드 북부 고고학 발굴지역Kirkhaugh을 견학하다가 땅속에서 반짝이는 유물을 발견했다. 그

것은 머리 가닥을 묶는 3.3cm의 금제 장식품으로 이 지역에 금과 구리를 채굴하기 위해서 이동해온 사람의 것으로 추정되었다.

이렇게 발견된 청동기 유물들은 모두 청동기시대에 주석과 구리를 섞어 구리보다 더 단단한 청동의 제련이 가능했다는 것을 알려주는 증거이다. 청동기시대의 유물은 대체로 기원전 2500년부터 기원전 800여 년까지로 1700여 년간 동안의 것으로 추정되는 것들이다. 후기 신석기시대 이후 생활 도구와 무기들은 수천 년에 걸쳐 서서히 청동 합금으로 바뀌었던 것이다.

DIGEST

5

UNITED KINGDOM

브리튼의 철기시대

브리튼의 철기시대

기원전 약 750년경에서 기원후 43년까지를 철기시대로 본다. 기원전 750년경 철 제련 기술은 남부 유럽에서 건너왔는데 철은 청동보다 더 강하고 단단한 데다가 풍부하게 생산되어 빠르게 확산될 수 있었다. 철기시대의 시작은 생활의 많은 부분에서 변화를 가져왔다. 그중에서도 특히 농업의 변화가 가장 컸다. 철로 만든 쟁기로는 나무나 청동으로 만든 것보다 더 빠르게 그리고 더 깊이 쟁기질을 할 수 있었을 것이다. 또한 철로 만든 도끼를 이용하여 더 효과적으로 벌목을 할 수 있었고, 더 넓은 농지 개간이 가능했을 것이다. 농지와 목초지가 넓어지면서, 독립적인 생활을 의미하는 폐쇄형 거주지가 더 많이 생기게 되었다. 이즈음 땅에 대한 소유도 점점 더 중요한 의미를 갖기 시작했을 것으로 추정한다.

철기시대에 가장 많이 세워진 것으로 알려진 토루(土壘, 흙으로 쌓아올린 요새)는 공동 영역의 증가를 나타낸다. 토루는 부족 내의 엘리트가 거주하는 지역이거나, 가장 중요한 농업과 식량 수단이면서 재산 가치를 지녔을 소와 같은 가축의 보호구역으로 추정된다. 가장 일찍 만들어진 토루는 기원전 1500년

경에 세워진 것이며, 기원전 350년경까지 토루는 더 많이 세워졌다기보다는 남아 있는 것을 보강했던 것으로 추정된다.

이즈음에 규모가 커진 농업생산과 그 외 가죽과 같은 수공 생산품으로 재산 소유나 보호뿐만 아니라 교역에 대한 관심이 생겨났던 것으로 보인다. 그리스의 지질학자이면서 여행가였던 마살리아의 퓌테아스를 인용한 기록에 따르면, 영국인은 밀 농사에 능하고, 농장 건물에서는 대량의 음식을 생산하고, 사냥개와 동물 가죽, 노예들을 수출했다 한다.

로마가 침입하기 몇 세기 전에 갈리아 지역(지금의 북프랑스와 벨기에)으로부터 벨가이Belgae족으로 알려져 있는 게르만족 중에 켈틱어를 쓰는 인구가 브리튼에 유입되었던 것으로 보인다. 기원전 약 500년경에는 마살리아의 퓌테아스Pytheas of Massalia의 여행기에 영국에 사는 대부분의 거주민들이 고대 켈틱어인 커먼 브리손어Common Brythonic을 사용했다는 기록이 있다. 당시의 켈틱어 잔재는 웨일스어에 남아있다.

기원전 50년경에도 로마 제국이 확장하자, 갈리아 지역에서 거주하던 인구의 일부가 브리튼 지역으로 이동했을 것으로 추정된다. 이들의 인구 규모는 알 수 없지만 기원전 200년경에서 기원전 43년경에 영국 남부의 해안에 이동하여 정착을 시작하였다. 대륙과 문화적 연결 관계를 보여주는 파리시Parish라고 알려진 부족도 갈리아 지방에서 이동하여 영국의 북동쪽에 거주했다. 기원전 175년경에 켄트, 헤트포드쉬어, 에쎅스 지역에서는 도자기를 만드는 기술이 특히 발전했던 것을 나타내는 유물의 흔적에서 당시의 사회가 어느 정도 규모를 갖추었던 것으로 추정할 수 있다. 남동쪽에 거주했던 부족들은 부분적으로 로마의 영향을 받았던 것으로 보이고, 큰 마을이라고 불리기에 충분한 정착지를 형성했던 것으로 보인다.

남동쪽 영국 지역에서는 지역 족장의 이름이 새겨진 화폐가 발견되기도 했지만 더 흔한 것은 막대 모양의 철기 화폐였는데, 대륙과 유사하거나 같은 모양의 화폐가 발견되기도 했다. 로마가 북서쪽으로 영토를 확장하면서 로마로부터 유입된 인구 때문인지, 아니면 대규모 광물 매장량 때문인지 알 수 없지만, 영국은 로마에 서서히 알려지게 되었다.

고고학적 증거에 따른 철기시대 브리튼인

철기시대 브리튼인들의 행동양식과 사회를 이해하려는 시도는 유럽의 영향을 받았는가에 초점이 맞추어져 있다. 기원전 8세기경에 브리튼과 대륙 유럽이 밀접하게 연결되어 있었다는 증거는 유럽전역에서 흔히 발견되는 혀 모양의 무기 유형이 영국의 남부와 동부에서도 발견되었기 때문이다. 이로써 브리튼이 유럽의 영향을 받았던 것이 분명해졌다. 또한 도기류는 대륙에서 보급된 것으로 고고학적으로 해석하고 있어 대륙과의 교류가 지속적으로 있었던 것으로 보고 있다. 카이사르의 『갈리아 전기』에는 기원전 2세기 말 벨가에 Belgae 족(벨기에 사람의 조상)들이 남부 브리튼 British Britain에 거주했던 것으로 기술하고 있다.

그러나 섬의 지리적 위치나 고립된 환경 때문에 전혀 다른 생활양식이 개발되기도 했다. 캔터베리 지역에서 초기 청동기시대의 것으로 추정되는 3개의 동심원 모양의 도랑이 발굴되었고, 둑길로 둘러싸인 인클로저로 확인되었다. 인클로저 및 농장 시스템의 일부가 형성되었다는 것을 추정할 수 있는 유물이 2개의 도랑 끝부분에서 발굴되었다. 내부 도랑이 어떻게 사용되었는지 알 수 없지만 외부 동심 도랑은 내부 도랑보다 굴착이 상당히 넓고 깊었다. 도랑의 연속적인 구덩이를 일부 절단하여 확장했던 것으로 보아 영토의 구분과 그 영역에 대한 통제력을 높이려는 욕구를 나타내는 것으로 추정된다.

이 시기의 건조물은 수비 구조를 이루고 있다. 예를 들어 북부 스코틀랜드의 브로치와 섬에는 언덕 요새 등이 산재해 있다. 가장 유명한 언덕 요새는 메이든 캐슬, 도싯, 캐드버리 캐슬, 서머셋 및 햄프셔의 데인버리 등에 있는 것들이다. 언덕 요새 Hill forts는 청동기 후기의 웨식스 Wessex 지역에서 처음 등장하여 기원전 550년에서 400년 사이에는 일반적으로 흔하게 세워진 것으로 보인다. 최초의 것은 단순하고 긴 도랑이 붙어있는 초기 인클로저 형태이다. 요새 안에는 식품저장과 작업실 등을 갖추고 있어 가정용으로 사용된 것으로 보인다. 반면에, 리틀 우드버리 Little Woodbury와 리스파인 캠프 Rispain Camp의 저지대 농가 주변 언덕 요새는 간헐적으로 방어 목적으로 사용되었을 가능성이 있다.

로마의 역사가인 타키투스Tacitus는 브리튼인이 대륙에서 도착한 사람들의 자손이며, 특히 칼레도니아인(현대 스코틀랜드인)은 그들의 이웃인 게르만인과 유사한 종족으로 묘사했다. 이 시기에 켈트인이 대륙에서 이동한 것은 침략, 이주, 또는 확산 중 어느 것이라고 단정적으로 추정하기 애매한 부분이 있어 여러 가설이 존재한다. 하지만 초기 철기 시대에 중부 유럽에서 서쪽으로 많은 사람들이 이주한 것은 확실하다.

철기 시대에 브리튼의 인구는 기원전 1세기까지 3-4백만 명에 달했을 것으로 추정한다. 브리튼의 남부 농지에 가장 밀집되어 정착 밀도와 토지, 부족 수는 이 기간 동안 사회적 긴장감을 높이는 데 기여했을 것이다. 이 시기의 평균 수명은 약 25세였고, 5세기에는 약 30세 정도이다. 출산으로 여성의 사망률이 높았으므로 여성의 평균 수명이 약간 낮았을 가능성이 있지만 철기 시대 후기에 가서는 남녀의 평균 연령에 차이가 거의 없었던 것으로 추정한다.

DIGEST

6

UNITED KINGDOM

켈트족의 이주

갈리아 지방에서 이주해온 켈트족

기원전 900년에서 600년경 영국의 청동기시대가 끝날 무렵 전사들이거나 농경 부족 또는 초기 형태의 교역을 했던 켈트족이 영국으로 이주해 왔다. 이들은 당시 영국에 이미 거주하던 부족들 즉, 매장지에 비커 모양의 술잔이 발견된 비커족과 화장한 뼈를 항아리에 넣어 매장하던 골호장지(骨壺葬地)하던 부족들과 뒤섞이거나 그들을 대체하면서 살기 시작했던 것으로 보인다. 이주민들의 정체는 유럽 대륙에서 인도유럽어인 켈트어를 사용했던 켈트Celt 족으로 로마의 지배 이전에는 유럽 대륙의 광활한 지역에 상당히 문화적 영향력을 끼치던 부족이다. 그들의 일부가 대륙의 서북쪽인 영국으로 이주한 것으로 추정한다.

2006년 옥스퍼드 대학에서 실시한 유전자 연구에 따르면 대다수의 영국인은 기원전 5000년경 이베리아반도에서 이동한 무리로 밝혀졌다. 북서 이베리아반도 등에 남아 있는 켈트문화와 공통적인 점도 발견되었다. 영국 켈트 부족의 문화는 스위스 뇌샤텔 호 북쪽에 라텐의 초기 철기시대의 고고학적 유물과 유사하여 라텐La Tène 문화에서 켈틱 문화가 비롯된 것으로 추정하기

헤라클레스의 기둥 Pillars of Hercules, 이베리아반도의 남단 지브롤터.

도 한다.

켈트족은 철기시대가 시작되는 기원전 800년경에는 이미 상당히 많이 이주했고, 기원후 43년 말 로마가 침략하자 이들의 지배에 저항하거나 동화되었다. 그리고 일부는 아일랜드로 이동했다. 지금도 로마의 영향을 비교적 덜 받은 아일랜드에는 켈트문화가 남아있다. 켈트Celt는 희랍어와 라틴어로 'Κελτοί' 와 'Keltoi' 또는 'Celtae'이며, 기원전 6세기에서 1세기까지 다뉴브강과 라인강의 위쪽 지역인 라테네La Tène 평지에 본거지를 두었던 부족이다.

하지만 켈트어에는 문자가 존재하지 않아 켈트인들의 특징과 문명에 대한 추정은 주변 국가들의 기록에 의존할 뿐이다. 기원전 5세기 그리스 역사가인 헤로도토스Herodotus는 켈트족들이 유럽의 가장 서쪽 끝에 사는 사이네시안Cynesian에 이웃한 지브롤터 해협 동쪽 끝인 헤라클레스 기둥Pillars of Hercules 이베리아반도의 남단 지브롤터 너머에 사는 사람들로, 켈트족이 사는 피레네 산맥 근처에 다뉴브강의 원류가 있다고 기록했다.

기원전 4세기경에 그리스의 지리학자 퓌테아스Pytheas는 영국 제도를 언급하면서 북쪽에 있는 켈트족의 땅이라고 언급한 바 있다. 또한 기원전 2세기에 그리스 지리학자인 파우사니아스 Pausanias의 기록에 따르면 세계를 둘러싸고 있는 바다를 오케아노스Okeanos라고 하고 바다의 가장 먼 곳에 이베리

힐포트 Hill fort .

아인과 켈트인이 산다고 기술했다. 그리고 이들 켈트족 여성들에 대해서 용감하고 독립적인 것으로 묘사하였다.

켈트인의 이주가 침입 방식이라기보다 대규모 집단 이주를 통해 영국으로 이동해왔다고 추정하기도 한다. 이 시기에 세워진 것으로 보이는 약 1,224개의 언덕 요새 Hill fort가 방위 목적용이었기 때문이다. 켈트인에 의해 세워진 언덕 요새의 일부는 청동기시대에 속하지만, 대부분은 기원전 8세기부터 로마의 지배에 저항을 위한 것으로 알려져 있다.

이 언덕 요새들은 물을 공급할 수 있는 방법을 포함하고 있지 않아 장기 거주를 위해서 사용되기보다는 단기간의 침략과 포위에 맞서기 위해 기존의 캠프 방죽에 이어져서 세워져있다. 비교적 그 요새의 모양이 잘 남아 있는 것들은 북쪽 요크셔의 이스톤 냅 Eston Nab과 헤레포드쉬어 Herefordshire에 있는 브리티시 캠프 British Camp이다. 도르셋 Dorset에 있는 메이든 성은 거대한 언덕 요새 중에 하나로 목재 담장과 흙 둔덕으로 둘러싸여 있었던 흔적이 남아있다. 켈트인들은 장검과 단검을 모두 사용하는 훌륭한 무사였고 가축 몰이꾼이었다. 이들은 전차를 사용하였고 기다란 검으로 싸웠다고 한다.

켈트족들은 또한 최고의 금속노동자였다. 그들은 철에 관련한 많은 지식을 무기와 말굽 편자와 같은 생활용품에 사용했다. 이전에 철을 본 적이 없는 이들에게 철은 너무나 강하고 단단하며, 여러모로 유용했기 때문에 오늘날까지 말굽 편자를 문에 달아 행운을 빌 정도로 철기의 출현은 획기적이었고 한편으로 마술적이었다.

켈트인들은 대장장이, 청동 제련사, 목수, 가죽 무두장이, 도자기공들이었다. 이들은 주로 머리카락을 석회수에 적셔 뾰족뾰족한 스파이크 머리모양을 만들었고, 턱수염보다 콧수염을 선호했다. 몸에 타투를 했고, 부유한 남자나 여자들은 토르크라고 부르는 목걸이 금장식을 사용하였다. 다양한 무늬로 검이나 방패를 장식했으며 에나멜을 사용할 줄 알았고, 유리구슬을 만들어 장신구를 만들 수 있었다. 켈틱 남자는 짧은 튜닉과 바지를 입고 장화를 신었으며, 여자는 울과 리넨으로 만든 긴 드레스에 가죽 벨트 끈을 청동 링으로 묶었고 망토를 걸쳤다. 또한 푸른색, 붉은색, 노란색 등 기본적인 색깔의 염색이 가능했다. 반지나 브로치와 금 팔찌와 같은 아름다운 장신구를 만들었고, 광을 낸 청동 거울을 사용했다.

유럽 대륙과의 잦은 교역은 일상생활에 깊이 영향을 주었다. 구리, 주석, 철, 납과 같은 금속들이나 울, 옷감, 가죽, 곡물들을 대륙으로 수출했고, 정교한 도자기, 값비싼 금속 제품이나, 사치품, 그리고 포도주, 올리브유 등은 유럽에서 수입되었다. 초창기에 철 막대기 화폐를 사용하였으나 기원전 50세기부터는 신의 두상, 달, 별 등의 모양을 낸 금 동전이 사용되었던 것으로 출토된 동전에서 추정하였다. 이들은 보드게임을 했고, 음악을 좋아했으며, 플룻이나 리라를 켜고 보리로 만든 맥주를 양조했다. 날씨가 좋을 때는 전차경주를 하거나 말을 타고 야생돼지 사냥을 즐겼을 것이다. 겨울 동안 실내공간에서 건초를 먹여 가축들을 길렀고, 오월부터는 들판에서 방목을 하였다.

켈트족들은 산발적으로 흩어진 작은 마을에서 밀짚이나 헤더heather를 얹은 둥근 초가집에서 거주했다. 벽을 만든 재료는 지역마다 달랐지만, 대체로 중앙에 기둥을 중심으로 방사형으로 바깥쪽으로 막대를 엮어 지붕을 올렸다. 지붕이 끝나는 지점에서 다시 수직의 나무막대나 윗가지를 땅으로 박아 진흙 반죽을 발라 벽체를 만들었다. 벽 안쪽으로 벤치와 낮은 테이블이 있고, 벤치보다 넓게 만든 평상 모양을 침대로 사용하였다.

이 시기 즈음에 켈트식 농법이 시작된 것으로 추정된다. 켈트식 농법은 좁고 긴 장방형의 논에 여러 마리의 소가 좀 더 무겁고 단단한 철 쟁기를 끄는 방식이다. 켈트인들은 땅을 공동으로 소유했고 부는 가축 소유의 규모에 따라 측정했다. 여성들은 자신의 남편을 고를 수 있었고 남자들과 동등하게 재산을 소유하였다. 이들의 삶은 확대된 가족의 형태인 씨족clan으로 이루어졌으며, 친부모뿐만 아니라 형제들이 함께 자녀를 양육하는 특이한 형태를 이루었다. 씨족은 다른 씨족과 연결되어 부족을 이루었고 같은 지역 신을 모셨다.

DIGEST

7

UNITED KINGDOM

켈트인의 종교, 드루이드교

켈트인의 종교, 드루이드Druid교

철기시대에 영국에 살았던 켈트인의 종교는 드루이드Druid교이다. 드루이드교는 자연에 깃든 신들을 믿는 다신교이다. 나무와 바위, 강, 호수, 늪, 산에 영령이나 신이 깃들어 있다고 하여 자연에 신성한 의미를 부여했고, 이 모든 것을 관장하는 신을 대지의 여신으로 신성시했다. 켈트인이 스톤헨지를 세웠는지는 정확히 알 수는 없다. 다만 켈트인들이 스톤헨지에 죄인을 제물로 바쳤다는 기록은 있다. 골리버Goliber라고 하는 큰 인간 모양의 나무 격자 안에 인간제물을 넣고 불로 태우는 의식을 행했다고 한다. 켈트인은 영혼불멸과 윤회를 믿어, 죽음 후에 영혼이 다른 세계로 가거나 다른 생명체에게로 영혼이 옮겨간다고 믿었다.

드루이드druid는 켈트 부족사회에서 재판, 의학, 정치에 영향력이 상당한 사람이었다. 켈트 귀족계급 중에 왕이 될 사람을 드루이드가 직접 선출했다. 그는 마을 입법자 또는 심판이기도 했고, 교육자, 예언가, 정치 조언자, 의술인 역할을 했던 지도자였다. 또한 스톤헨지에서 종교의식을 거행하는 제사장이기도 했다. 드루이드는 수학에 능했고, 별의 움직임과 우주와 지구의 크

스톤헨지.

기를 연구했으며, 신성한 힘과 주술을 행했다고 믿어진다. 또한 드루이드는 새의 울음이나 날아다니는 모습을 보고 미래를 점쳤다고 한다.

드루이드의 교리나 지식을 문자 형식으로 전수하는 것이 금지되어 있어, 드루이드에 대한 기록은 대부분 로마제국의 기록에 의존한다. 영국에 원정했던 카이사르의 『갈리아 전기』의 기록에 따르면, 켈트족은 절도나 다른 범죄를 저지른 사람을 제사의 인신공양에 사용했고, 범죄인이 없을 때는 죄 없는 사람조차 나무로 만든 사람 형상의 틀에 넣어서 산 채로 불태웠고, 검을 찔러 흘러나오는 피로 미래를 점쳤다는 기록도 있다.

드루이드교의 의식은 주로 야외에서 거행되었고 참나무, 산사나무와 주목을 특히 신성시하였다. 특히 참나무에 기생하는 겨우살이를 귀하게 여겼는데, 겨우살이를 약재로 사용하기도 하였다. 겨우살이를 계절의 성스러운 순환으로 해석하였다. 겨우살이와 나무의 관계를 영혼과 육체와의 관계로 해석하여 죽음에 대한 공포심을 없애거나, 전투하기 전에 용기를 주기 위해 사용했다고 한다.

로마의 정치가이자 시인인 루카누스 Lucanus, AD 39-65에 의하면 켈트족은 네매톤Nemeton이라고 부르는 신성한 장소에서 제사를 지냈는데, 그곳은 새들이 앉지 않고, 짐승들이 숨어들지 않으며, 바람이 불지 않아도 나뭇잎이 흔들리는 공터라고 했다. 켈트족은 네매톤의 중앙에 신의 형상을 지닌 제단에 모여 제사를 지냈는데, 제사 중에 주변의 모든 나뭇가지에 피를 묻혔으며, 땅이 신음했고, 죽은 주목이 되살아났으며, 거대한 뱀이 참나무 주위를 휘감았다고 묘사했다. 드루이드조차도 정오와 자정에는 그 부근을 얼씬하지 않았다고 한다. 루카누스는 드루이드교의 제사를 미개한 의식 또는 사악한 숭배로 기술했다. 그의 묘사는 드루이드교에 대한 두려움이나 이교적 인상을 강하게 확산시켰다. 호수 부근이나 숲속의 빈터에 다른 세계와 차단된 위치에, 제사나 의식을 위해서 사용된 것으로 보이는 한 변의 길이가 30에서 50 미터가 되는 네모꼴의 장소가 실제로 발견되었다.

켈트어는 문자가 없기 때문에 켈트인에 대한 기록으로는 카이사르의 『갈리아 전기』가 가장 오래되고 상세한 기록에 속한다. 기록에 따르면, 이십여 년에 걸쳐 구전되던 지식을 모두 암기하여야 드루이드가 될 수 있다. 드루이드는 전투 복무와 세금 의무에서 면제받고 종교행사에 종사하며, 부족 일원을 파면하고 사회적 제재를 가할 수 있는 권한을 가졌고 전투 중인 두 군대를 중재하여 전투를 멈추게 할 정도로 권위가 있는 사람으로 묘사되어 있다. 또한 이들은 의회에서 왕보다 먼저 발언할 권리를 가지며, 전쟁에서는 친선 사절 역할을 했다고 전해진다. 시를 지었으며, 법의 수호자 역할을 했고, 켈트족을 결속시키는 역할을 했다고 한다.

드루이드교에 대한 그리스 로마의 기록은 시대마다 다르게 나타난다. 키케로Cicero나 테시터스Tacitus, 필리니 더 엘더Pliny the Elder의 기록에 드루이드는 선지자적인 존재로 등장한다. 드루이드교는 기원 1세기, 로마 황제 티베리우스와 클라우디우스의 지배하에서 약화되었고 마침내 기원 2세기 무렵에 없어졌다고 기록되어 있다. 그 후에 한참 동안 기록에서 완전히 사라졌다가, 기원후 750년 순교한 수도사인 블라스맥Blathmac의 시에 "예수님은 드루이드보다 더 지식이 있고, 그 어떤 선지자 보다 훌륭한 분"으로 묘사되어 기록에 출현할 뿐이다. 기독교가 활발히 퍼지기 시작하던 시점에 드루이드교는 이교도로 취급되어 기록에서 거의 자취를 감추었지만, 아일랜드의 켈트 전통으로 일부 남아있다.

문자 없는 켈트어, 야만적인 켈트인

켈트어는 인도 유럽어이지만, 지리학적, 발생학적으로는 유럽 대륙 켈트어인 골어 Gaulish와는 다른 도서(嶼) 켈트어 Insular Celtic languages이다. 도서 켈트어는 크게 브리튼어 Brittany, 콘월어 Cornish, 웨일스어 Welsh로 분류하기도 하지만, 더 세부적으로 게일어 Gaelic, 아일랜드어 Irish, 맨섬어 Manx가 있어 모두 여섯 부류의 켈트어족이 있다. 켈트족의 고고학적 흔적은 기원전 3000년 이후의 발굴에 주로 의존하지만, 켈트어의 언어적 특성은 지명이나 언어 속에 일부 남아있다. 에이번 Avon은 켈틱어로 '강'을 의미하고, 템스 the Thames는 '어두운 것 dark one'을, 체스터는 '신 또는 성스러운 것'을, 도버 The Dover는 도어 Dour에서 비롯되어 물을 의미한다.

그리스와 로마의 켈트인에 대한 기록은 흥미롭다. 그리스에서는 켈트족을 켈토이, 켈타이 또는 갈라타이 Keltoi, Keltai or Galatai로 기록하였고, 로마는 켈티, 켈테 그리고 갈리 Celti, Celtae and Galli로 불렀다. 그리스 역사학자인 에포러스 Ephorus, C. 405-330는 켈트를 세계에서 가장 야만스러운 4개 부족(그 외 Scythians, Persians, and Libyans) 중에 하나라고 했다. 기원전 4세기에 켈트족이 사는 곳에 주석이 생산된다는 기록이 있다. 또한 5세기경에 플라톤의 법 Law에는 켈트인들을 호전적이고 주량이 센 전형적인 야만인으로 묘사하였다. 아리스토텔레스(384-322)는 강한 북쪽 사람으로 강인한 훈육을 위해서 아이들을 옷을 거의 걸치지 않은 채로 혹독한 추위에 노출시켰고 전투에 가족들을 데리고 다녔다고 기록했다. 그뿐만 아니라, 과도하게 비만인 남자는 처벌받았고, 호전적이며 흉포하고 때로는 이성적이지 않을 정도로 두려움이 없다고도 했으며, 이방인에게는 특별히 환대하는 규칙이 엄격했고, 드루이드의 위상에 대해서 언급하였다.

한편, 로마시대의 기록에 따르면, 칸티움(Cantium, 현재의 켄트)에 거주했던 켈트족은 거칠고 두려움이 없는 전사이며, 예측 불가에 믿을 수 없는 무리들이고, 술을 지나치게 많이 마시며, 미신적인 징크스만 없다면 전투의 공격에서 비이성적일 정도로 용감하다고 기록했다. 또한 가능한 맹렬하게 보이기 위해 전투에서 벌거벗고 돌진했으며, 때로 결사적인 전투 시에는 머리에서 발끝까지 대청(Vitrum 또는 woad)이라는 풀로 만든 푸른색 물감으로 온몸에 물들이고, 적에게 공포감을 주기 위해서 괴성을 지르며 돌진했다고 한다. 또한 켈트족은 일부다처제를 시행했고 첩을 두었다. 카이사르의 기록에 따르면, 지역이나 부족마다 다르지만 토테미즘의 영향으로 일처다부제가 있어 형제와 아버지와 아들이 처를 공유하기도 했다고 한다.

켈트인들의 매장지에서는 문양이나 장식이 있는 무기와 전쟁용품이 함께 발굴된다. 은으로 만든 방패와, 흉갑과 투구를 장식하여 자부심과 지위를 논쟁을 좋아하고, 호전적이고, 잔인하며, 사람을 제물로 바치거나 식인을 할 정도로 야만인으로 묘사되었다. 켈트족들이 전투에서 얻은 적의 머리를 트로피처럼 모아 전시했고 문기둥에 걸거나 허리 벨트에 매달아 승리를 표시했다고 기록했다. 켈트인은 정신적인 힘이 머리에서 나온다고 믿었으므로, 적의 머리를 획득하는 것이 그들의 힘까지 빼앗는 것으로 여겼다고 한다. 하지만 로마의 저술에서 켈트인을 야만적이라고 묘사한 것은 그 당시 켈트인들과의 적대적인 갈등을 반영하는 단순하고 과장된 묘사일 수도 있다.

DIGEST

8

UNITED KINGDOM

로마의 침입과 정복: 카이사르의 두 차례 원정

율리우스 카이사르의 브리튼 원정 기록, 『갈리아 전기』

로마의 브리튼에 대한 관심은 율리우스 카이사르의 원정에서 시작되었다. 43년 클라우디우스Claudius 황제가 영국을 정복하기 훨씬 전에, 이미 율리우스 카이사르에 의해 기원전 55년과 54년 두 차례의 원정이 있었다. 로마는 2-3세기를 기점으로 지중해 최강국으로 팽창하였다. 더 많은 속국을 소유하여 제국을 확장하려는 야심찬 귀족 군인들이 원로원에 모여 들었다. 키케로Cicero가 "군인으로서 개인적인 성공과 가문의 영광을 위해서 공적인 명예를 쌓는 방법은 해외 속주를 정복하고 통치할 자격을 얻는 것"이라고 했듯이, 귀족 군인들은 제국을 확장하기 위해 기꺼이 전쟁을 치를만큼 의욕에 차 있었다.

로마 공화국 말기 귀족 군인이었던 카이사르는 기원전 58년부터 기원전 51년까지 9년에 걸쳐 갈리아와 브리튼을 원정하였다. 그리고 기원전 55년과 54년 두 차례에 걸쳐 2차 브리튼 원정을 강행했고, 이 기나긴 9년 전쟁에 대해서 『갈리아 전기』에 기록하였다.

카이사르의 기록에 따르면 브리튼 남동부 지역에 거주하던 부족들은 갈리아 지방의 켈트족과 유사하다고 한다. 내륙에는 켈트인들이 거주하였고, 동쪽 해안가에는 벨가이 부족들이 거주하였는데, 켈트족의 가옥구조는 갈리아 지방과 유사했고, 구리나 쇠고리 화폐를 사용하였다. 지방 정부 형태는 부족 왕조였으며, 농업에 종사하는 평민, 귀족층, 그리고 드루이드라고 불리는 사제로 3개의 계층이 있다고 기록했다. 여러 부족이 산재해 통치되고 있었으므로 카이사르가 한 부족을 정복했다 해도 다른 부족들과 또 다른 전투를 치러야 하는 식의 전쟁을 치렀다고 한다. 그러므로 예상외로 장기적인 전쟁일 수밖에 없었다.

브리튼 1차 원정의 목적은, 브리튼의 부족들이 카이사르의 정복지인 갈리아 지방에 빈번히 출몰하는 데 대한 응징이었다. 그러나 카이사르는 브리튼의 인구가 얼마나 되는지, 함선을 댈 수 있는 항구가 어디인지도 몰랐고, 섬의 크기나 전투 기술도 알지 못했기 때문에 가이우스 볼레세누스에게 함대 1척을 주어 정찰을 보냈다. 가이우스 볼레세누스는 5일 만에 돌아왔지만, 영국해협의 조류 변화, 브리튼인들의 전투 방법이나 영국의 지형에 대해 충분히 파악하지 못했다. 막상 전투에 돌입했을 때 브리튼인들은 전차를 사용하였고, 가파른 경사에서도 전속력으로 말을 몰아 신속하고 숙련된 솜씨로 전차의 방향을 바꾸면서 로마 군대를 위협했다. 카이사르는 아트레바테스 족의 족장인 콤미우스와 갈리아에서 지원을 위해서 건너 온 30기의 보병 전투력으로 가까스로 브리튼 전사들을 이길 수 있었다. 승리한 카이사르는 곧바로 화평을 요청하여 인질을 보내도록 협의했으나 단지 두 부족만이 이 약속을 지켰다. 당시 브리튼은 로마인들에게는 지중해 밖 바다 너머에 있는 미지의 세계였으므로, 1차 원정을 통해 몇몇 유력한 부족으로부터 공납을 받았던 것만으로도 브리튼 정복의 선례를 세운 공을 인정받을 수 있었다.

한편, 기원전 55년 브리튼 침공의 실패 이후 카이사르는 철저하게 전열을 가다듬어 기원전 54년에 2차 원정을 감행한다. 조수의 변화를 감안하여 범선의 선체 높이를 낮게 개조하고, 최대 속력을 낼 수 있도록 노와 돛을 장착하여 600척의 배와 28척의 군선을 건조하였다. 상선까지 포함하여 800척이 넘는 대규모였다. 로마군의 침략에 맞서 템스강 주변에 거점을 두고 대륙과의 무역을 통해 부를 축적한 가장 강력한 부족인 카투벨라우니Catuvellauni족과 카쎄족의 족장인 카시벨라누스Cassivellaunus를 중심으로 여러 부족들이 연합군을 형성하였다. 하지만, 로마 함대의 규모에 놀란 브리튼인들은 도망쳐 숨었고, 보병과 기병 3개의 부대로 이들을 뒤쫓아 결국 카투벨라우니 부족을 굴복시킨다. 가장 강한 부족인 카투벨라우니가 패배하자 트리노반테스족Trinovantes, 케니마그나족Cenimagni, 세곤티아키족Segontiaci, 안칼리테스족Ancalites 등 많은 부족들이 항복하기에 이른다. 카이사르는 브리튼의 부족들과 협상하여 인질을 볼모로 잡아 조공을 바치게 하고 로마로 돌아간다.

카이사르의 2차 원정이 끝나고 바치던 조세는 훗날 로마의 내분으로 인해 조세관리 부실로 흐지부지 해진다. 이후 10여 년 동안 영국은 로마의 관심에서 잠시 사라진다. 반면에 브리튼은 대륙 문화권에 대한 관심이 증폭하였다. 가축, 짐승의 가죽, 곡물, 노예, 금, 은과 사냥개 등을 이전보다 대규모로 수출하였고 와인, 오일, 유리잔 등을 수입하였다. 이 시기에 브리튼의 생활방식과 산업에 변화가 시작되었다.

영국은 로마제국과 로마군에 곡물, 가죽, 소와 철을 수출하였고, 무거운 관세를 로마에 납부하면서도 라인강에 주둔한 로마군에게 필요한 물자를 공급하여, 농업기술의 새로운 방식뿐만 아니라 수공업의 효율성을 높이는 계기가 되었다. 또한 새로운 시장 확대의 기회가 되어, 당시 유력한 세력이었던 카투벨라우니족의 코노벨리누스Cunobelinus왕을 비롯한 지배계급에게 필요한 사치품이 수입되었다. 부족들은 군대에 필요한 보급물자와 금, 은, 노예, 사냥개를 공급해 주면서, 클라우디우스 황제가 기원후 43년 정복을 해올 때까지 로마와 비교적 평화로운 관계를 유지한다.

DIGEST

9

UNITED KINGDOM

클라우디우스 황제의 브리튼 정복

로마 원정 후 '브리테니아' 라고 칭하다

로마의 클라우디우스는 왕실 근위대에 의해 황제로 지명되었기 때문에 영국 원정을 계기로 왕의 권위를 세우고자 했다. 마침 불로뉴에는 전 황제인 칼리굴라의 출정 취소로 출정 명령을 대기하고 있는 네 개의 군단 병력과 함대가 있었다. 뿐만 아니라, 카투벨라우니족의 쿠노벨리누스 왕이 사망하자 내부 반란이 일어나 형제들 중 베리쿠스Vericcus가 축출되어 로마로 망명하여 클라우디우스에게 도움을 요청하였으므로 이를 지원한다는 적당한 구실도 있었다. 무엇보다도 영국은 맨디스Mendips 지역에 매장된 은, 납, 구리와 같은 광산자원이 풍부했을 뿐만 아니라, 울wool 등이 대량 생산되고 있었으므로, 클라우디우스에게 브리튼 원정은 더욱 매력적이었을 것이다.

서기 43년 클라우디우스 황제(서기 41년- 54년)의 명을 받고 출정한 로마군은 항구적인 점령에 필요한 군대 주둔의 터전을 마련할 능력을 갖추고 있었다. 이들은 총병력 4개 군단으로 약 4만 명의 로마 직업군인과 게르마니아와 스페인 출신의 지원병으로 충분한 보급품을 공급받아 잘 방비된 병영을 세워, 오랜 기간의 원정에서도 몇 해 동안 전쟁을 수행할 수 있었다. 반면 브리튼의 군대는 전시에 전투를 하다가 평상시에 농장으로 돌아가는 농가에서 징집된 병사가 대부분이었다. 전투 시에 이륜전차를 몰며 기민하게 돌진하여 로마 군대와 맞서다가도, 농사철이 되면 이륜전차를 농산물 운반 수단으로 사용하는 농부들이었다. 그럼에도 이들은 기원후 47년 클라우디우스 군대가 브리튼의 쎄븐Seven강과 트렌트Trent강 유역을 점령할 때까지 지속적으로 저항하였다.

44년 클라우디우스 황제는 직접 템스강변에 집결한 로마군단과 합류했다. 크노벨리누스가 지배하던 브리튼의 통치 중심부인 콜체스터(영국 남동부 에식스지역의 도시)를 함락한 후 클라우디우스는 로마로 돌아간다. 남아 있던 로마 군대는 영국의 남동부를 완전히 점령하였다. 이때부터 켈트족을 비롯하여 영국에 거주하는 부족들은 '브리튼Britons'으로 불렸고, 점령지를 브리테니아Britannia라고 칭했다. 클라우디우스는 아들 플라우디우스를 브르타뉴쿠스 Britanicus 총독으로 임명하여 남쪽 지방을 속주화하고 로마 식민시를 세웠다.

속주의 안정된 통치를 위해 로마에 충성할 지역 출신 인사들을 관리로 선출하였다. 베리카의 옛 왕국 남부지역은 코기둡누스Cogidubnus에게 맡겨졌고, 노퍼크Norfolk의 이케니Iceni족과는 동맹관계를 유지했으며, 북부 영국 지역에 거주하던 부족의 여왕 카르티만두어와 협약을 하여 속주화된 지역을 그곳 토착귀족이나 토착시민이 통치하도록 하였다. 이들은 로마의 지방통치 단위인 키비타스Civitas로 재조직되었고, 지방 평의회를 구성하여 로마에 충성하는 영국 상류층 원주민들에게는 관직이 주어졌다. 로마의 통치제도가 브리튼으로 그대로 들어오게 된 것이다.

기원후 50년대는 브리튼에 도시가 발달한 시기였다. 예를 들어 콜체스터 Colchester는 로마가 만든 최초의 도시로 로마 군인의 주둔지로 지정되어 도로망이 확장되었다. 황제숭배 의식을 위한 콜체스터 신전을 지었고, 후에는 은퇴한 군인들의 주거지가 되었다. 또한 에식스 해안의 항구보다 템스강을 따라 내륙 깊숙이 보급품이 들어올 수 있도록 런던을 보급항으로 건설했다. 방사형 도로망의 형태로 건설된 런던은 로마와 속주의 물건이 활발하게 교역되는 사업 중심지가 되었다.

부디카 왕비의 저항

클라우디우스 황제가 왕비 아그리피나에게 살해된 후, 그녀의 아들이며 클라우디우스의 양아들인 네로(서기 54년-68년)가 즉위한다. 네로 황제의 재임 시기에 치열하고 비장한 부디카Boudica 여왕의 저항이 있었다. 부디카는 영국 중동부 해안 노퍼크Norfolk 지역에 있는 켈트족인 이케니족Iceni의 왕비로 로마제국에 죽을 각오로 저항하였다. 서기 43년 클라우디우스 황제의 로마 정벌 이후 부디카족을 비롯한 다른 10명의 켈트 부족은 로마군에 자발적으로 항복했다. 로마와 동맹을 맺고 이케니의 부디카의 남편이었던 프라술타구스Prasultagus는 로마 속국의 왕으로 남게 된다. 그러나 59년 프라술타구스Prasultagus가 사망하자, 로마 관행상 속국은 그 왕이 살아있을 때까지만 왕위를 인정하고 왕의 사후에 로마로 편입되고 말았다. 로마제국에 대한 부디카 왕비의 저항은 이즈음 시작되었다. 이케니 왕국에서는 속주로서 세금을 내기 위해 로마 출신의 고리대금업자를 이용했는데 이들의 높은 이자 때문에 귀족과 평민들의 반감이 팽배해 있었다. 상황은 주변 부족들에게도 마찬가지여서, 부디카 왕비가 로마제국에 대한 원성이 높았던 부족을 규합하여 대항을 시작한 것이 기원후 61년 항거이다.

AD 61년 이스트앵글리아의 이케니족의 여성 군주였던 부디카가 이끄는 반군은 초기에 우세하여 남부 브리튼을 석권하였고 카물로두눔(Camulodunum, 지금의 콜체스터)과 론디니움(Londinium, 지금의 런던) 전투에서 로마군을 전멸시켰다. 런던을 점령하여 불태우고 로마인과 로마인 동조자를 처벌하였으며 로마 부대를 참패시켰다. 지금의 성 알반St Albans도 차지했다. 부디카의 23만 반란군은 총독 수에토니우스의 1만 병력을 압박하였다. 그러나 시간이 지나면서 로마군의 군사적 전략과 우수한 무기를 이겨내지 못하고, 결국에는 진압되고 말았다. 로마 군대는 전투 경험이 풍부하고 용병술에도 뛰어났다. 최정예 로마 부대는 협곡을 이용한 전략을 사용하여 반란군을 진압하였다. 브리튼인들은 전시에 가족을 후방에 이끌고 다니므로 이들 때문에 협곡에서 후퇴할 때 퇴로가 없었기 때문에 효율적인 전략을 펼칠 수 없었다. 로마 군대와의 이 전투에서 여자들과 노약자, 가족들까지 약 8만 명의 브리튼인들이 학살되었다.

결국 전투에서 패배 당하자, 부디카의 반란에 대한 로마군의 무자비한 징벌이 있었다. 부디카 여왕은 태형을 받았고, 딸들은 능욕 당했다. 로마의 침략에 저항하여 치열한 전투를 이끌었던 이케니족의 부디카 여왕Boudica, Boadicea과 두 딸을 기리는 동상은 런던시의 웨스트민스터 다리의 의사당과 빅벤을 바라보며 서있다.

DIGEST

10

UNITED KINGDOM

두 개의 긴 방벽, 하드리아누스 황제 방벽과 안토니누스 방벽

하드리아누스 황제 방벽, 로마가 정복한 영토의 경계선

기원후 83년-84년에는 하일랜즈Highlands에 주둔지가 설치되었고 브리튼 총독으로 온 아그리콜라(Agricola, 78-84)에 의해서 브리튼에 실제적이고 조직적인 로마의 통치가 이루어졌다. 아그리콜라 장군은 잔인했었던 수에토니우스 파울리누스 총독 휘하에서 한때 호민관(트리부누스 밀리툼)을 지냈던 인물로 77년과 78-84년 웨일스 지방 일부를 정복했고, 북부 잉글랜드 지역과 스코틀랜드 고원지대 주변까지 점령하여 로마에서 영웅시되었던 인물이다.

유명한 역사가인 타키투스Tachitus가 아그리콜라 총독의 사위였다. 타키투스는 "아그리콜라는 사원, 법원, 주택 건설을 개인적으로 장려하고 공적으로 지원하였으며, 족장의 아들에게 교육을 제공하였다. 흉악한 주민들에게 평화롭고 안락한 삶의 즐거움을 제공하여 안전하고 평화롭게 통치하려고 애썼다"라고 칭송하면서 장인어른인 아그리콜라의 업적을 기렸다. 그리고 "브리튼에는 로마의 의복인 토가가 유행하였고, 현관 주랑Porticus, 욕탕 시설, 만찬 파티 등 로마 풍습이 들어왔다. 타키투스는 브리튼인들이 징병, 공납과 그 외에 로마제국에 대한 의무를 불평 없이 수행했지만, 부정행위에 대해서는 극단적으로 저항했다"라고 기술했다. 아그리콜라가 지배했던 이 시기를 본격적인 로만 브리튼Roman Britain의 시작이라고 일컫는다.

122년을 전후하여 브리튼은 더욱 로마화되어 마치 로마제국의 일부처럼 사회 정치체제를 갖추었다. 이 시기는 브리튼과 웨일스가 정복된 후 로마제국에 찾아온 300년간의 평화시기인 팍스 로마나Pax Romana와 맞물리는 시기이다. 팽창주의보다 기존의 제국령을 유지하고 안정시키려는 로마의 노력이 있었다. 이 시기에 브리튼은 단 한 번도 반란을 일으키지 않았다. 아그리콜라가 크리스트교를 전파했으나 켈트인의 토착신앙을 탄압하지도 않았다. 로마 병사와 브리튼 여성 간의 결혼을 장려했고, 켈트인들은 로마의 문화를 받아들이게 되었다.

일상적인 행정업무의 책임은 지방의 토착귀족들에게 맡겨 그들의 지지를 얻었고, 소규모 정치 도시 단위인 키비타스Civitas를 행정 중심지로 삼았다. 시민들의 사회생활을 위한 시설들로 시장, 법정, 관공서, 평의원 회의실들이 갖추어진 포럼Forum이라고 하는 대화나 토론을 위한 장소가 마련되었다. 로마식의 휴식과 사교생활을 누릴 수 있는 공중목욕탕과, 수도시설, 황제동상 등의 공공 기념물, 극장들과 원형극장들이 세워졌다. 또한 로마식의 가옥을 소유한 토지가 딸린 토착민 농가도 생겨났다. 또한 제대군인들의 거주를 위한 저택들이 콜체스터, 링컨Lincoln, 글로스터Gloucester 등에 세워졌다. 점차 규모를 갖춘 도시들이 형성되었던 것이다.

도시에는 주로 브리튼 속주에 직책을 맡은 관리들, 전문 직업인들, 숙련된 장인들, 다른 지역에서 이주 온 사람들과 로마군 사병들이 거주했다. 켈트족도 로마 군인으로 입대가 가능했고 제대할 때는 로마 시민권과 제대 급여금을 받아, 새로 출현하고 있는 로마화된 사회에서 굳건한 귀족세력으로 합류하였다. 노예제도도 있었지만, 로마시대에는 종종 노예를 해방시키거나 노예가 돈을 모아 스스로 자유를 사서 자유시민이 될 수도 있었다. 또한 숙련된 노동력이 증대되고 교역사업을 하는 계층이 증가하여 로마제국을 비롯해 다른 속국과 교역이 활발해졌다. 교육받은 사회층이 생기고 이들이 주도하는 계급 유동성이 생겨났다.

하드리아누스 방벽 Hadrianus' Wall.

로마 황제인 하드리아누(Hadrianus, 117-138년)는 제국 각지의 실정을 파악하기 위해 제국령을 두루 시찰하던 중 브리튼을 방문했다. 그의 방문은 스코틀랜드와 잉글랜드의 브리칸데스족이 일으킨 싸움을 통제하려 했던 브리튼 주둔군이었던 제9군단이 완패했기 때문이었다. 서기 122년에 하드리아누스 황제의 원정은 성공적이었고, 황제는 자신이 정복한 영토의 경계를 구분하고 칼레도니아(Caledonia, 브르타뉴아 북부지역, 지금의 스코틀랜드)의 잦은 침입을 막기 위해서 타인 Tyne강에서 솔웨이 만 Solwat Firth에 이르는 두 겹의 방벽으로 방벽을 세웠다. 내륙 쪽에서 남하하는 침입 경로를 차단하기 것이었다. 브리튼의 동과 서를 가르는 길이 129km의 이 방벽을 하드리아누스 방벽 Hadrian's Wall이라 부른다.

서기 122년에 시작하여 6년 동안 건축된 하드리아누스 방벽은 그 설계가 독특하다. 돌벽으로 성벽 중간중간에 세운 직사각형 모양의 작은 요새 Milecastles 사이에 두 개의 작은 망루 Turret를 세운 다음 성벽 외곽에는 발룸 Vallum 누벽(壘壁)을 만들고 도랑을 둘렀다. 두 겹의 방벽은 실질적인 방어를 위해 고안된 독창적이지만 많은 시간과 비용이 소모되는 작업이었다. 하드리아누스 방벽은 로마제국의 경계를 확실히 하고 북방세력으로부터 로마 제국을 방어하기 위한 목적으로 건설되었다.

하드리아누스 황제는 경계선 내 브리튼 속주의 생활 기반을 견고히 하고

작은 요새 milecastles.

자 했다. 특히 저지대 농법을 도입하여 펜랜즈(Fenlands, 소택지)를 개량하였다. 펜랜즈는 브리튼 동부 해안의 자연적 습지로 해수면보다 낮아 담수와 해수가 공존하는 저지대였고 석회암으로 둘러싸여 있었다. 이 지역에 배수작업을 하여 저지대 농업을 시도했지만 성공적이지 못했다.

런던에서는 도시 중심에 공공복합 장소인 주요 포럼(forum, 시장)과 로마법정인 바실리카Basillica를 대신할 수 있는 규모의 복합건물을 세우는 등 로마와 비슷하게 도시의 공공건물을 세우려고 했다. 서기 122년 하드리아누스가 브리튼을 방문하여 이를 직접 진두지휘하였고 로마적인 요새를 갖춘 영속적인 도시를 건설하려 했다.

더 북쪽에 둘러친 안토니누스 성벽

서기 139-142년에 하드리아누스의 후계자인 양아들 안토니누스Antoninus는 하드리아누스의 유지를 받들고자 했다. 하드리아누스가 계획한 스코틀랜드 침공 계획을 이어받아 안토니누스는 타인강과 솔웨이 만(灣)까지 정복했다. 안토니누스는 하드리아누스 방벽보다는 좀 더 간편한 방법으로 방어선을 구축하였다. 이것이 안토니누스 성벽Antonine Wall인데 안토니누스의 명령에 따라 브리튼 총독 롤리우스가 건축하였다. 안토니누스 성벽은 글래스고

펜랜즈는 이후에 지속적으로 배수와 둑, 펌프를 이용하여 배수를 하고 홍수를 막아 가장비옥항 농업지역으로 변모하게 되고 대부분의 벼와 야채가 생산되는 지역으로 바뀐다.

부터 에든버러까지 이어지며 길이는 58.5km에 달하는 성벽으로, 하드리아누스 방벽보다 더 북쪽에 동과 서를 이어 북쪽과 가로막고 있다.

안토니우스는 원정을 통한 로마의 팽창보다 평화로운 운영에 치중했다. 때문에 안토니우스는 '피우스'라는 칭호를 받아 안토니우스 피우스라고 불린다. 까다롭고 잔인한 성격의 하드리아누스의 압제적인 통치 기간 동안에 하드리아누스의 모함을 받았던 원로원 의원들은 하드리아누스가 사망하자 하드리아누스를 폭군으로 선언했다. 그리고 현명하고 평화를 우선시하는 안토니누스에게 '피우스' 즉 '자비로운' 또는 '경건한' 황제라는 칭호를 수여한다. 안토니누스 피우스Antonius Pius의 자비로운 마음은 사위인 마르쿠스 아우렐리우스에까지 이어진다. 하지만 안토니누스는 하드리아누스 사후에 얼마 동안은 하드리아누스의 유지를 받들어 하드리아누스보다 더 북쪽으로 나아가 정복하였고, 이를 기념하기 위해서 안토니누스 방비선의 몇몇 장소에 정교한 기념 부조를 세웠다.

하드리아누스 황제와 안토니누스 피우스 황제의 통치 시기 동안 브리튼은 대체로 평온하고 번영했던 황금시대였다. 안토니우스 피우스 황제는 스코틀랜드를 침공한 이후에는 세계 어느 곳도 원정하거나 침략하지 않았다. 그러

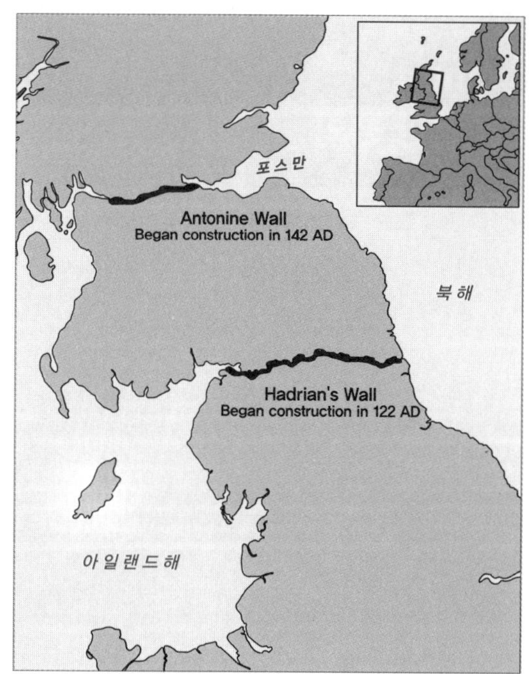

하드리나누스 방벽과 안토니누스 성벽.

나 그가 스코틀랜드를 점령한 후 안토니누스 성벽 위쪽의 켈트족 등의 압력과 저항은 더욱 거세어졌다. 결국 한 세대가 지난 후, 로마군은 안토니누스 성벽에서 하드리아누스 방벽까지 물러나고 말았다. 그리고 그 후 수 세기 동안 스코틀랜드는 로마의 주도권과 지배에서 벗어나 독자적인 문화를 지속할 수 있었다.

DIGEST

11

UNITED KINGDOM

팍스 로마나, 로마에 의한 평화

팍스 로마나 Pax Romana, 브리튼의 로마화

팍스 로마나의 시기는 본격적인 로만 브리튼Roman Britain의 시작이기도 하다. 이 시기 동안 브리튼은 로마제국의 속국으로 로마의 문명과 문화를 받아들이면서 안정화되었다. 팍스 로마나의 '팍스Pax'는 로마신화의 평화의 여신으로 '평화'를 뜻한다. 팍스 로마나는 '로마에 의한 평화'로 팍스 임페리아pax imperia, 즉 '로마의 지배 아래의 평화', '제국주의에 의한 평화'이다. 즉 문자 그대로 헤게모니적 평화를 의미한다. 현지인들을 납세자로 묶어두기 위해서 현지 관료를 통치체계에 복속시켰다. 또한 정복된 속주시민이라도 로마제국의 번영에 공헌을 이룬 사람들은 로마 시민권을 얻을 수 있게 했던 것이다.

시기적으로는 로마 제국이 전쟁과 정복을 통한 영토 확장을 최소화하면서 오랜 평화를 누렸던 1세기와 2세기경과 동일한 기간이다. 기원전 27년부터 180년까지 아우구스투스Augustus의 칭호를 받은 옥타비아누스가 통치하던 시기부터 시작되었기 때문에 '아우구스투스의 평화Pax Augusta'로 불리기도 한다. 또한 아우구스투스가 기원전 30년 8월 알렉산드레이아를 함락하고 권좌에 올랐기 때문에 이를 기리고자 8월은 아우구스투스로 바뀌었다. 아우구스투스는 영어 표현 8월 August의 어원이 되었다.

옥타비아누스의 외종조부인 율리우스 카이사르가 브루투스와 카시우스에 의해서 암살되자 유언에 따라 옥타비아누스는 후계자가 되었다. 팍스 로마나는 옥타비아누스가 기원전 31년 악티움 Actium 전투에서 안토니우스와 클레오파트라는 물리치고 로마 황제가 되었을 때 표면화되었다. 이 전투에서 승리한 후, 아우구스투스는 매년 2월 로마의 평화를 기원하는 야누스의 문을 닫는 평화의 의식을 해마다 열었다.

야누스는 미래와 과거를 모두 볼 수 있는 '문의 신'이다. 야누아리우스 Januarius 신이기도 한 야누스는 하늘의 문을 통과하여 새로운 한 해의 아침 해를 밝게 비추는 신으로 매년 1월에 의식을 거행했다. 또한 황제는 전쟁에 나갈 때 마음을 깨끗이 정화하는 페브루스 februs (February, '2월'의 어원) 축제를 열어 승전을 기원했다. 이때 신전의 정문을 활짝 열어 전쟁의 시작을 알렸다. 그러나 정반대로 아우구스투스는 페브루스 축제 때 야누스의 문을 닫아 전쟁을 끝내는 의식을 거행했고, '아라파키스' 즉 '평화의 제단'을 세웠다. 당시에는 1년은 10개월이었고, 마치 March가 1월이었으나, 기원전 713년에 열 번째의 달 December의 다음에 1월 January과 2월 February을 덧붙여 1년을 12개월 355일로 정했으므로 March는 3월로 밀려나게 되었다.

아우구스투스 황제는 평화로운 통치를 위해서 자신을 '프린켑스 Princeps' 즉 제 1인자로 칭했다. 아우구스투스는 로마에 전쟁이 없을 때 로마인들이 얻을 수 있는 경제적 번영은 위험한 전쟁터에서 획득할 수 있는 잠재적인 부와 명예보다 더 나은 것이라는 사실을 설득하려고 노력했고 그 설득은 성공했다. 아우구스투스의 통치 시기에는 브리튼에서도 다른 종속 식민지에서도 로마제국에 대한 저항이 거의 없었다.

브리튼 안의 로마 사회, '또 하나의 낭비하는 사회'

윈스턴 처질이 이 시기를 '대영제국 역사의 시작점'으로 여길 정도로 이 시기는 이전과 전혀 다른 문화를 형성하는 계기가 되었다. 라틴어가 문자로 사용되었으며, 법에 의해서 사회가 지배되기 시작한 브리튼 문명의 근원적인 변화가 일어났다. 로마의 오랜 지배 기간 동안 대륙과의 교역이 확대되고, 로마의 정치제도가 유입됨에 따라 정치, 경제, 사회, 전반에 걸친 문명의 대전환이 시작되었다.

로마제국과 대규모 장거리 무역에 따라 화폐에 대한 신뢰가 높아지고 화폐 사용이 증가하였다. 로마 속국들의 방대한 지역으로부터 물자가 브리튼으로 유입되어 생필품뿐만 아니라 사치품들이 공급되고 소비되었다. 브리튼의 생산품들은 로마와 로마의 속국으로 수출되었는데 주로 곡물 이외에 금 · 은 · 철 · 가죽 · 노예 · 사냥개 등이 있었다.

로마풍의 문화가 브리튼 사회를 깊숙이 지배하게 된 것이다. 조각, 벽화, 모자이크 등이 대량으로 수입되었고, 다양한 재료들을 바탕으로 자유로이 표현된 예술품들이 등장하였다. 로마제국과 지속적으로 교역하면서, 여러 속주의 지역 산업이 유지되었고, 로마 귀족 및 로마시민의 생활패턴이 브리튼에도 자리 잡게 되었다.

로마시대에는 농업에 사용되는 단단한 철기도구뿐만 아니라 일상생활에서도 철기도구를 사용하게 될 정도로 부유층이 생겨났다. 이 부유층은 로마에서 수입된 풍요롭고 사치스러운 일상용품, 고급 예술품들의 소비인구가 되었다. 로마의 낭비적인 문화는 브리튼의 상류계급에서 가장 두드러졌고, 로마가 '낭비하는 사회'였듯이 브리튼도 '또 하나의 낭비하는 사회'로 탄생하게 되었다.

타지역 부족 출신도 로마의 직업군인이 되어 로마시민의 신분을 얻게 되자, 본래의 로마시민과 시민권을 얻은 새로운 신분이 생겨났다. 그러나 대체로 법률상 새로운 계급구조는 고귀한 시민Honestiores과 미천한 시민Himiliores으로 구분되었다. 고귀한 시민이 쓰던 언어 즉 라틴어와 미천한 시민이 사용하던 영어가 구분되었다. 고대 프리지아(지금의 독일)에서 북해를 건너온 안젤론드Angelond들은 브리튼의 원주민으로 정착하여 앵글족이 되었고, 앵글족과 색슨족이 쓰던 방언들을 통틀어 영어English라 불렀다.

로마 지배 초기에 종교적인 주류가 되었던 것은 그리스 로마 신들과 켈트인들의 신을 융합한 형태였다. 예를 들면 바스Bath의 신전과 공중목욕탕 시

바스 Bath에 있는 로마노-켈트식 공중목욕탕.

설에 술리스 미네르바 Sulis Minerva의 제단이 세워졌는데, 로마의 지혜의 신인 미네르바와 켈트의 토착민 신인 온천의 신령을 융합한 것이다. 이처럼 로마 통치하에 세워진 건축물의 특징을 고고학자들은 로마노-켈트식이라고 일컫는다. 로마노-켈트 건축물들은 사각형, 원형 또는 다각형으로 형태는 다양하지만 대체로 원형의 회랑이 딸린 구조였고, 신성한 숲을 갖추고 있다.

로마의 지배하에 브리튼 속주에는 세 개의 군단이 머물렀다. 원래 브리튼에 거주하던 토착 부족들은 로마의 지배하에 얼마 동안은 온순하게 지내면서 평화를 유지하였다. 켈트 부족들은 속주에 복속되기 전에는 체스터 Chester, 남부의 웨일스의 칼리언 Caerleon, 북쪽에 요크 Yorker에 강력한 요새를 갖고 있었다. 로마는 폭동에 사용될 것을 우려하여 더 이상 요새의 구축을 허용하지 않았지만 270년대까지 산악지대의 폭동이나 다른 부족의 침략에 대비해야 한다는 이유로 황제의 명시적 허가를 받아, 느리지만 꾸준히 성곽이 구축되었다. 이리하여 브리튼 남부에 산재한 성곽들은 정교한 설비를 갖추었고 오랜 포위전을 지탱하는데 필요한 병참 시설을 포함한 방비 수단이 철저해져 점점 더 공략하기 어렵게 만들어졌다.

서기 180년 즈음에 일어난 변방 침범에 대한 긴급한 방비를 위해 흙방벽을 세웠던 흔적도 있다. 당시 북쪽에서 침략한 부족들은 로마군에 의해서 밀려 올라간 켈트족의 일부이거나 이즈음 브리튼을 침략하기 시작한 색슨족 해적인 것으로 추정된다. 아이러니 하게도, 일부 영국 역사가들은 이들을 폭도들 또는 야만인으로 서술한다. 이즈음 토착 원주민들과 북쪽의 켈트족 등이 대대적인 반란을 일으켜 50-60여 개의 도시들이 점령되었다. 그러나 174년 철인황제(哲人皇帝)'로 불리던 마르쿠스 아우렐리우스(Marcus Aurelianus, 161-180년) 황제가 갈리아 지역에 이어 브리튼을 중앙정부하의 속국으로 다시 복속하였다. 그러나 그의 죽음을 기점으로 로마 역사에서 가장 행복했던 오현제 시대가 막을 내렸고, 브리튼에 평화적인 영향력도 종식되었다.

DIGEST

12

UNITED KINGDOM

로마 지배의 영향력, 대영 제국 역사의 시작점

로마제국 제3세기 혼란기(서기 201-300)의 브리튼

서기 180년대는 로마의 혼란기로 마르쿠스 아우렐리우스의 쌍둥이 아들 중 콤모두스Commodus가 황제가 된다. 콤모두스는 포학제(暴虐帝)라고 불릴 정도로 포악한 정치를 했다. 콤모두스, 페르티낙스 황제가 연이어 암살당하고 디디우스 율리아누스가 돈으로 황제를 사는 등의 혼란기가 지속되었다. 이때 셉티미우스 세베루스 황제는 알제리 변방에 군 사령관으로 있다가 황제로 추대되었다. 셉티미우스 세베루스(193-211년)는 황제가 된 후 이전의 근위대를 모두 처형하고 자신에게 충실한 군인들로 그 자리를 채웠다. 세베루스 황제는 경쟁자들을 잔인하게 물리치고 나서야, 군과 민심을 수습하는 정책을 폈다. 셉티미우스 세베루스 황제 시대에 이르러 런던은 다시 정비 사업이 이루어져 새 건물들이 많이 새워졌고 강변에 반 마일이 넘는 긴 부두가 세워지기도 했다.

세베루스 황제의 반란 방지 정책은 브리튼 속주에서도 시행되었다. 세베루스 황제는 브리튼을 두 개의 속주로 분리하였다. 두 개의 속주가 서로 견제하도록 런던과 요크를 각각 수도로 선정하고, 각각의 속주에 있는 군단의 수를 줄여 반란을 미연에 방지하고자 하는 정책을 폈다. 세베루스 황제는 새롭게 출현한 픽트족에 맞서 브리튼의 평정을 이루기 위해 생애의 마지막을 브리튼에서 보내다가 요크에서 사망하고 아들 카라칼라에게 황제 자리를 세습한다. 세베루스 황제가 계획했던 스코틀랜드 정복은 그의 죽음으로 중단되었다. 세베루스 황제는 남동부 해안가에 브랜커스터Brancaster와 리컬버Reculver 등의 성채를 세웠는데, 로마제국에 대한 반란을 위해 대륙으로 진출하는 통로를 사전에 차단하려는 것이었다.

세베루스 황제 이후 235년부터 284년까지는 군인들이 난립하는 '군인 황제 시대'라고 불리는 로마의 정체기이다. 특히 238년에서 253년 사이 15년 동안 12번이나 황제가 바뀌는 혼란이 찾아왔다. 황제가 암살되고, 새로운 황제가 등장해서 1년을 채우지 못하고 황제가 바뀌는 상황이 반복되었다. 로마에 정치적 혼란이 있을 때마다 영국 해협을 건너야 내란의 통제가 가능하기 때문에 브리튼을 속국으로 유지하는 데 어려움을 겪을 수밖에 없었다.

브리튼에 대한 관리 소홀의 대표적인 예는 카라우시우스 장군이다. 서기 287년 게소리아쿰(지금의 프랑스 북부 도버해협의 블로뉴 쉬르메르)에 출몰하는 해적을 소탕하는 임무를 맡았던 카라우시우스Carausius는 오히려 해적들의 약탈 물건을 탈취했던 것이 보고되자, 이에 대한 처벌이 두려워 브리튼으로 도망가 브리튼의 지방 통치자가 되었다.

대담한 카라우시우스는 스스로 속국의 황제로 자처하였고, 화폐에 로마의 다른 황제와 초상화를 나란히 새기고 황제의 문구를 새겨 넣었다. 마치 자신이 다른 황제들과 로마제국을 공동지배하는 것처럼 자신을 내세우고 싶어 했다. 사실상 로마제국의 다른 황제들에 대한 반역행위였지만, 브리튼은 해협을 가로질러 광대한 바다가 가로막고 있었으므로 로마제국은 카라우시우스 체제를 통제할 수 없었던 것이다. 카라우시우스는 결국 부하이며 속주로서 세금을 관장하던 알렉투스에 의해서 살해됨으로써 통치의 종지부를 찍게 된다. 알렉투스가 뒤를 이어 황제의 지위를 계승하려 했으나 서기 296년 로마제국의 강력한 황제 디오클레티아누스Diocletianus가 브리튼의 반란 정부를 진압하고 브르타뉴아를 재탈환한다.

콘스탄티누스 황제 시기의 브르타뉴아 대번영기

서기 306년에는 스코틀랜드 원정에 황제가 되기 전의 젊은 콘스탄티누스가 전쟁에 참여하여 승리를 거두면서 명성을 얻었다. 젊은 콘스탄티누스는 안토니누스 성벽을 되찾고 하일랜드Highlands의 동편까지 진입하여 승리를 거두었다. 콘스탄티누스 대제의 아버지 콘스탄티우스는 로마의 서방을 다스리는 부황제로 오르게 된다. 콘스탄티누스는 아버지 콘스탄티우스 부황제와 여관집 딸이며 독실한 기독교 신자인 성 헬레나 사이에 태어났다. 아버지 콘스탄티우스가 사망하자 콘스탄티누스는 그의 뒤를 이어 부황제가 되었다.

콘스탄티누스는 로마제국의 세력을 확장하기 위해서 군대 시설을 재건하고, 브리튼에 군대를 주둔시켰다. 정예부대를 거느리고 다양한 전투 경험을 한 콘스탄티누스는 변방에 군부대를 증가시켜 반란이 일어나면 즉각적이고 무자비하게 진압했고 붙잡힌 포로들은 원형경기장에서 모두 살육하였다. 때문에 임페리움 갈리아룸의 라인강 방위선은 안정적이 되었다.

콘스탄티누스는 사분령(四分領) 체제하에 있던 로마를 통합하여 로마제국의 유일한 최고 권력자가 되었다. 단독으로 황제에 오른 콘스탄티누스는 당시 급속도로 퍼지고 있던 기독교를 공인하는 밀라노 칙령(313년)을 발표했다.

콘스탄티누스 황제 시기에 들어온 기독교는 로마 지배가 끝난 후까지 브리튼에 존속하였다. 기독교를 합법화한 313년 밀라노 칙령 1년 후 4개 속주의 수도에 고위 성직자인 주교가 파견될 정도로 기독교는 빠르게 유입되었다. 콘스탄티누스 황제는 3세기경 기독교의 일신교적인 요소가 왕권을 강화하는 데 도움이 될 것이라고 여겨 기독교를 국가 종교로 인정했던 것으로 추론되기도 한다.

콘스탄티누스 황세의 재임 시기인 서기 272년부터 337년까지 브리튼에는 다시 대번영기가 지속되었는데 콘스탄티누스의 브리튼에 대한 관심으로 가능했다. 콘스탄티누스 황제의 번영기에 브리타니아에 변화의 바람이 불었다. 런던의 이름을 아우구스타Sugusta로 변경했고, 요크 요새 등의 건축양식에도 변화가 왔다.

이 시기에 대규모의 빌라가 세워졌는데, 빌라에는 중앙난방의 시설, 유리

세공, 모자이크 된 마루, 목욕탕 시설 등이 있었고, 농업용 건물들이 인근에 있었으며 토지가 딸려있었다. 이 빌라들은 우드체스터Woodchester, 체드워스 Chedworth 혹은 노스 리North Leigh와 같은 지역에 단독으로 또는 여러 채가 모여 군집하기도 했다. 하지만 로마에서 온 귀족들이 옮겨 다니면서 이 빌라를 사용했는지, 토착귀족들이 사용하였는지는 정확히 알 수 없다.

3세기에 이르러 게르만 민족 대이동으로 원거리 무역이 쇠퇴하였다. 무역이 불가능하자 닌 계곡 Nene Valley에 자체 수요를 위한 도기 산업이 조성되었다가 향후 더욱 확장되어 햄프셔Hampshire에 거대한 도자기 산업이 번성하게 되었다. 후기 로마제국 시대에도 초기 행정제도는 유지되면서 총독 제도가 생겨났고 브리튼 속주의 총독 본부는 런던에 위치했다. 런던에는 로마 군대에 군복 원자재 등을 공급했던 직포 공장도 있었다.

로마 지배 초기와 중기에 속주 재정관의 권력을 대리하는 비카리우스 Vicarious가 현물 과세를 책임지는 재무관 속주나 군단에 파견되었다. 5세기에는 브리튼인들이 비카리우스직을 표시하는 기장insignia을 사용하기도 한 것으로 보아 얼마간의 군대도 가지고 있었던 것으로 보인다. 그러나 점차 비카리우스 직위는 민간인들 중 교육받은 중상류층에서 배출되었다. 그러나 로마 시민의 견제로 고위직으로 올라갈 수는 없었다.

콘스탄티누스 황제는 속주들의 행정을 재건하여 갈리아 지역과 브리튼의 통제력을 강화하였다. 전리품인 노예들의 노동에 의존했던 영지제도estate system는 노예의 공급이 줄어들고 몰락한 자유민이 증가하자 단기 임대 농장으로 방향이 바뀌었다. 이러한 변화로 토지에 얽매인 농노(콜로누스, colonus) 계층이 생겨났다. 자유민이었던 소작인들은 이동의 자유를 잃게 되고 반노예의 신분으로 전락하여 농노가 되었다.

후기 로마제국의 쇠퇴 시기에 있었던 브리튼의 대혼란

350년대 이후 로마제국은 혼란에 빠지게 된다. 동로마 지역은 파르티아 제국의 뒤를 이은 강대한 페르시아 제국의 위협에 시달려야 했다. 콘스탄티누스 황제에 뒤이어 그의 삼 형제였던 콘스탄티누스, 콘스탄티우스, 콘스탄스 황제가 즉위하였다. 콘스탄티누스 황제(337-340)가 24세에 살해되고, 마그넨티우스Magnentius라는 게르만 출신 장교가 옹립되자 이를 반대하는 로마제국의 서부 지역과 찬성하는 동부 지역 간에 전쟁이 일어나게 되었다.

로마제국이 혼란하고 군대의 사기가 떨어진 틈을 타서 360년에는 몸에 문신과 색을 입히고, 브리튼인 여자를 납치하여 아내로 삼는 것으로 유명한 픽트족과 스코틀랜드 스코트Scots족이 로마와의 협약을 깨트리고 브리튼 변방 지역으로 쳐들어왔다. 더구나 364년에는 아일랜드 출신인 아타코티Attacotti족과 색슨족까지 합세하여 대규모 침공을 감행했다. 외부의 침입으로 브리튼 속주의 오랜 수난기가 시작된 것이다.

367년, '야만인의 음모Barbarian Conspiracy'로 알려진 브리튼 주변의 부족들이 일치단결한 공격이 있었다. 픽트족, 스코트족, 아타코티족 등이 모두 합세하여 브리튼을 침략했으며 프랑크족과 색슨족은 갈리아 해안을 습격하였다. 또한 일개 병사에서 황제에까지 오른 발렌티니아누스(Valentinianus, 재위기간, 364-375)황제와 브리튼을 담당하던 고위 관리들은 갈리아 지방에서 주변 부족들에게 기습공격을 당하기도 했다. 브리튼에 주둔하던 수비대 둑스dux가 전투력이 잃었고, 해안 경비를 맡았던 코메스comes 군사령관이 살해되기도 했다. 브리튼에 분열되어 있던 여러 주변 부족들이 일치하여 일시에 브리튼 관구의 속주를 공격했다는 것은 주목할 부분이다.

브리튼의 대규모 반란을 진압하기 위해 발렌티니아누스는 코메스 휘하에 있던 대규모 정예 특수부대와 플라비우스 테오도시우스(테오도시우스 대제의 아버지)가 파견되어 반란은 평정되었다. 플라비우스 테오도시우스는 반란을 진압한 이후 요새들을 다시 축조하고 훼손된 도시들을 복구하였다. 4세기 중기에는 방어를 위한 구조물들이 대대적으로 건립되었다. 도시 주변 방벽의 원형을 유지하면서 대규모의 성곽을 개조하였고, 이어 4세기 중기부터 말기까지 도시와 공공건물을 재건하였다. 이러한 대규모 공사를 위해 지방 참사원들이 경비를 충당해야 했기 때문에, 세금을 부담하고 있던 참사원들은 세납자들이 주거지를 옮기는 일이 없도록 법률로 규제했다.

하지만 후기 로마제국은 내부적인 혼란과 훈족의 위협으로 인해 지방 곳곳의 속주까지 그 세력을 미치지 못하였다. 브리튼에서도 브리튼을 거점으로 한 장군이 황제위에 오르려는 시도가 있었다. 바로 마그누스 막시무스 Magnus Maximus이다. 382년 막시무스 장군은 픽트족과의 전투에서 승리한 후 스스로를 황제로 칭하고, 갈리아 집정관구에 속했던 브리튼을 5년간 통치하였다.

DIGEST

13

UNITED KINGDOM

로마 지배의 끝

로마 멸망의 시작, 서로마와 동로마 제국으로 분리

테오도시우스 황제(379-395년) 재임 시기에 로마는 서로마와 동로마로 완전히 분리된다. 서로마 제국의 공식 언어는 라틴어로 유럽과 북아프리카 지역의 농업 위주 산업이 중심을 이루고 있었고, 인구와 도시가 적어서 경제적으로 취약했다.

반면 동로마 제국은 그리스, 소아시아, 시리아와 이집트 같은 고대 문명이 번성한 지역이다. 도시가 많고 상업이 발달했으며, 인구가 많아서 경제적으로 서로마 보다 우위에 있었고 480년 서로마가 완전히 멸망한 후에도 1453년까지 존속하였다. 동로마 제국은 알렉산더 대왕 이후 300여 년 동안 그리스 식민지였기 때문에 그리스어가 공식 언어로 사용되었다.

410년까지 로마가 동로마 제국과 서로마 제국으로 내적인 분열을 거듭하고 있던 와중에, 중앙아시아 지역의 훈족이 집단적으로 남하하기 시작했다. 이들에 밀린 게르만족의 대이동이 시작된 것이다. 게르만족에는 고트족, 반달족, 앵글로 색슨족, 프랑크족들이 포함되는데, 이들은 상대적으로 쇠약해진 서로마 지역으로 침입하기 시작했다. 로마제국이 새로운 위협에 직면하는 동안, 브리튼도 마찬가지로 게르만족과 스칸디나비아Germanic and Norse에서 건너오는 부족들의 침략을 당한다.

칼레도니아(지금의 스코틀랜드)에서 건너오는 침입자들뿐만 아니라, 프리지아와 유틀란트반도, 그리고 북해를 건너온 게르만족의 침입이 이어졌다. 이들은 주트족, 앵글족, 색슨족이었다. 설상가상 로마제국 내부의 혼란으로 로마 군대는 철수하기 시작한다. 특히 408년에는 콘스탄티누스 황제의 주력부대가 에스파냐에 주둔하였는데 브리튼 주변 부족들의 침략에 대한 어떠한 대응도 하지 못했다. 그리고 409년 브리튼 태생 사령관의 부대가 군대 폭동을 일으켰을 때에도, 색슨족이 침입하였을 때에도 브리튼은 로마제국의 관심 대상이 되지 못했다.

마침내 호노리우스 황제는 "브리튼 국민들이여, 로마를 위해 자신의 지역은 스스로 방어하길 바란다"라는 말을 남기고, 410년 브리튼에서 로마 군대를 완전히 철수한다. 이때 로마군의 철수로 브리튼은 로마의 지배를 완전히 벗어나게 된다.

게르만족의 대이동

브리튼에서 로마가 물러간 배경에는 게르만족의 대이동이 있었다. 게르만족은 하나의 종족이 아니라 여러 종족들이고 매우 이질적인 종족집단들로 이루어져 있다. 게르만족이 이 시기에 처음으로 브리튼에 들어온 것은 아니다. 게르만족의 분파인 앵글, 색슨, 주트Jutes족은 고대 브리튼에 7왕국을 이루었고 본토인이었던 켈트족은 웨일스와 스코틀랜드 및 아일랜드로 쫓겨 올라갔다.

게르만족 대이동의 출발은 375년 중앙아시아의 훈족이 서진하여 서고트Wisigoth족을 압박하면서 발생했다. 서고트족은 로마에 피난을 요청했고, 호노리우스(Honorius, 395-423) 황제는 다뉴브강 어귀와 이베리아반도 남부에 정착한 서고트족의 자치 왕국을 허락하였다. 그러나 로마는 무기력과 타성에 젖은 부패한 행정체계 상태에서 이들을 전적으로 수용할 수 없었다. 그러자 생존을 목적으로 이동해온 서고트족은 반란을 일으키고 약탈을 시작하였

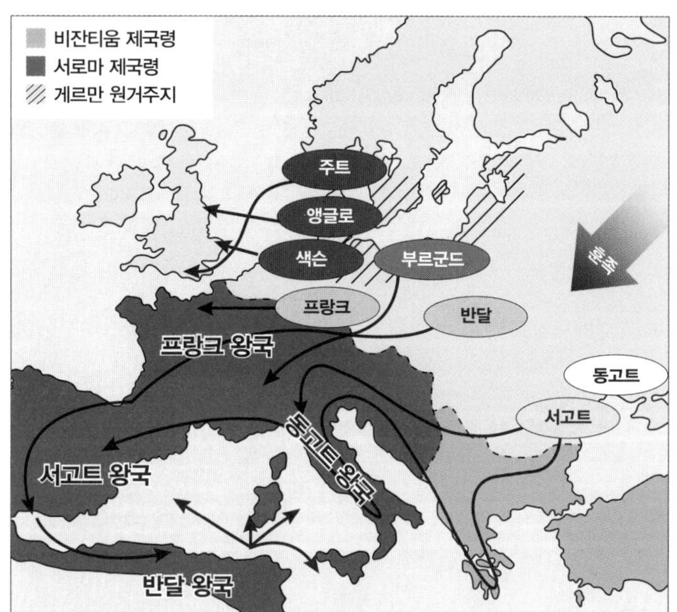

게르만족의 대이동으로 앵글로족과 색슨, 유트족이 들어옴.

다. 서고트족의 성공적인 정착 이후 반달, 수에비 알라만족이 406년 라인강을 넘어 갈리아 지역으로 진입하였고 이어 브르쿤트족도 뒤이었다. 그리고 아틸라가 이끄는 훈족이 450년 로마제국으로 대규모로 서진하면서 결정적인 대이동이 이루어졌다.

그 후 4세기 말에서 6세기 중반까지 약 200여 년간이라는 장기간에 걸쳐 이루어진 게르만족의 대이동으로 로마제국은 더욱 쇠락하게 되었다. 이 시기에 게르만족에 속하는 앵글로족과 색슨족이 브르타뉴아 섬을 침입하였고 로마는 아에티우스를 파견하여 브르타뉴아를 일시적으로 방어한다. 아에티우스 장군이 일시적으로 이들을 저지하지만 게르만족들은 픽트족을 물리치고 브리튼인들을 몰아내고 비옥한 동남부 지역을 장악하였다.

DIGEST100SERIES

제2장
앵글로 색슨 시대에서 노르만의 정복까지

UNITED KINGDOM

DIGEST

14

UNITED KINGDOM

로마제국이 물러간 후의 브리튼

켄트왕국을 세운 주트족

300여 년간 브리튼을 지배했던 로마제국이 410년에 완전히 물러가자 게르만족 대이동의 여파로 5세기경에는 스코트어와 게일어를 사용하는 스코트족이 아일랜드의 해안 얼스트Ulster와 글래스고 북쪽 해안인 아가일Argyll로 유입해 들어와 거주하면서 현재 스코틀랜드 명칭의 유래가 되었다. 그리고 북부지역에는 픽트족들이 들어와 거주하게 된다. 픽트족은 몸에 문신을 하였다는 라틴어 픽티Picti에서 유래되었다.

로마제국이 물러가고 난 후 383년 브리타니아 군단을 이끌고 세력을 확장했던 브리튼인 보티건Votigern이 400년대 중반 동남부 브리튼을 통치했다. 부유한 지주 계급 출신인 보티건은 마그누스 막시무스 황제의 딸 세베라와 결혼하여 세력을 얻게 된 인물이다. 5세기에서 6세기까지 게르만의 여러 부족들이 동부 해안을 습격하고 약탈하자 보티건은 주트족 용병을 고용하여 이들을 막아내고자 했다. 보티건이 게르만족과 같은 족인 주트족을 용병으로 고용했다는 사실은 8세기 노섬브리어의 수도사였던 비드Bede의 『영국민의 교회사Ecclesiastical History of English People』에 기록되어 있다. 『영국민의 교회사』는 5세기에서 8세기 중반까지의 앵글로 색슨 왕국에 관련된 주관적인 서술이다.

픽트족.

이 시기의 혼란은 6세기 중엽 와이즈 섬 수도원의 켈트계 수도사인 길더스Gidas의 『브리튼의 멸망과 정복De excidio et conquestu Britanniae』에도 기록되어 있다. 5세기경 앵글족과 색슨족들이 주트족 용병을 이끌고 행기스트Hangist와 호르사Horsa 형제들이 브리튼에 건너왔다. 보티건이 픽트족과 스코트족의 침략을 막기 위해 고용했기 때문이다. 그러나 이들은 보수를 올려달라는 빌미로 보티건을 위협했다. 『앵글로 색슨 연대기』는 보티건을 무모하고 사려 깊지 않은 왕으로 기록했다. 하지만 행기스트가 이끄는 주트족은 위페스플레오트Wippedsfleot 전투에서 보티건에게 패배했고, 호르사는 455년 아일스포드Aylesford 전투에서 사망했다. 행기스트는 자신의 아름다운 딸을 보티건과 결혼시켜 보티건과 화해하였다. 그리고 행기스트는 딸을 빌미로 보티건에게서 왕국을 분할 받는 조약을 맺게 되고 그곳에 켄트 왕국을 세운다. 더 많은 색슨족이 남부 브리튼으로 이동해왔고 세력이 커지자 그곳에 거주하던 켈트족은 지금의 웨일스로 쫓겨나거나 노예가 되었다. 보티건은 내부 반란으로 왕국을 지탱하지 못하고 사망했다 반면에 색슨족과 주트족은 주변지역을 평정하고 켄트 왕국을 확장해 나간다.

색슨족과 주트족에 밀린 일부 켈트족은 서쪽으로 이동하여 웨일스Wales에 거주하거나 콘월 지방으로 이동하게 된다. 다른 일부는 바다를 건너 서유럽의 브르타뉴반도에 정착하게 된다. 켈트족이 이렇게 밀려나는 와중에 켈트족 중에 뛰어난 활약을 했던 영웅담이 아서왕의 전설이다.

DIGEST

15

UNITED KINGDOM

아서왕과 원탁의 기사들 전설

전설 속의 아서왕

아서왕의 전설은 영웅적인 아서왕과 원탁의 기사들에 대한 무훈시와 기사문학에 언급되어 있다. 로마가 물러간 브리튼에 침입해왔던 게르만인, 앵글로 색슨과 켈트족 간에 벌어진 수많은 전투와, 7개 왕국 간에 벌어진 전투에 대한 웨일스 지역의 전설에도 켈트족인 아서왕에 대한 이야기가 전해지고 있다. 아서왕은 5세기에서 6세기까지 색슨족 게르만인의 침략을 막아낸 켈트인의 영웅적 군주로 묘사되어 있다. 아서왕의 이야기는 『캄브리아 연대기』 『브리튼인의 역사』 『어 고도딘Y Gododdin』, 그리고 12세기에 이르러 제프리의 『브리타니아 열왕사』 같은 초기 시문학 자료에 등장한다. 11세기에서 15세기 사이에 수많은 버전의 전설이 등장했고 적어도 12개의 언어로 번역되었다. 그럼에도 불구하고 아서왕이 실제로 있었는지에 대해서 학자들의 합의를 이끌 수 없을 정도로 객관적인 자료가 부족하다.

초기 아서왕의 전설에는 아서왕의 아버지 우서 펜드래건, 아서왕의 목숨을 구한 마법사 메릴린, 아서의 아내 귀네비어 왕비, 성검 엑스 칼리버, 아서왕이 탄생했다고 하는 콘월의 틴타겔성 이야기 등이 전해진다. 아서왕의 이야기는 캄란에서 모드레드와 최후의 결전을 치르고 아발론에서 최후의 안식을 맞이하는 이야기로 끝을 맺는다. 12세기에 프랑스 작가 크레티앵 드 트루아가 아서왕의 이야기에 랜슬롯과 성배를 추가했다.

아서 왕은 레어드그랜스 왕의 딸 귀네비어와 결혼하였는데 결혼 선물로 레어드그랜스 왕으로부터 100명이 둘러앉을 수 있는 둥근 원탁을 선물로 받는다. 그러나 이 원탁에 둘러앉을 수 있는 기사의 수는 아서왕의 전설마다 다르다. 가령 12세기 작가인 토마스 말로리Thomas Malory의 『아서왕의 죽음』에서는 원탁의 기사가 300명이나 앉을 수 있는 것으로 묘사되기도 했다. 가장 많이 알려진 이야기에 의하면, 이 원탁에는 지위의 구별이 없이 둘러 앉아 자유로이 의견을 나누었으며, 아서왕을 포함한 13인의 기사를 위한 지정석이 있다. 그러나 13번째 자리는 비워 둔 채 선한 기사가 올 때까지 아무도 앉지 못하도록 되어 있었다. 13번째 기사는 성배를 찾아 여행을 떠난 세 명의 기사 중 한 사람이었던 갤러해드Galahad이다. 갤러해드는 아서왕의 기사들 중 젊은 기사였던 랜슬롯과 아서왕의 아내 귀네비어 왕비 사이의 아들로 돌에 박혀있는 성검 엑스 칼리버를 뽑은 세상에서 가장 위대한 기사라고 아서왕이 선언한 인물이다.

『캄브리아 연대기』에 서술된 앵글로 색슨족과의 바돈산 전투(516-518)와 모드레드와 상대한 캄란전투(537-539)에 묘사된 아서왕의 이야기에 대한 역사적 고증을 실시하였으나 대부분의 역사학자들은 아서왕을 실존 인물로 인정하지 않았다. 역사가들은 동시대 역사서인 『앵글로 색슨 연대기』나 『영국민의 교회사』에는 아서왕에 대한 이야기가 없다는 것을 이유로 내세웠다. 하지만 아서왕이 켈트족 출신인 것을 감안하면, 앵글로 색슨이 주도한 역사서에 당시에 적대적인 켈트족의 영웅에 대해서 자세히 언급할리 만무하다.

색슨 침략을 방어한 브리튼의 지도자, 아서왕

아서왕은 중세의 역사 로맨스에 따르면 5세기 말과 6세기 초 색슨족 침략에 대해 브리튼을 방어하기 위해 싸웠던 전설적인 왕이었다. 아서왕 이야기의 세부적인 사항은 주로 민속학과 문학에 창의적 상상력으로 혼합되었기

아서왕.

때문에 인물의 역사적 존재 여부에 대한 논쟁은 추론에 의한 것일 뿐이다. 아서의 희박한 역사적 배경은 웨일스의 디버드 왕국의 세이느데이비즈 성당에서 발견된 여러 라틴어 연대기 문헌을 정리한 『캄브리아 편년사Annales Cambriae』 웨일스의 수도사 네이니스의 『브리튼인의 역사Historia Brittonum』 및 6세기 브리튼의 수도승인 길다스Gildas의 저서를 비롯한 다양한 출처에서 수집되었다. 아서의 이름은 고도딘 왕국의 멸망을 애도하는 비가를 모은 중세 웨일스어 시집인 『어 고도딘』과 같은 초기 시가(詩歌)에서 출처를 찾을 수 있다.

12세기에 이르러 전설적인 아서왕에 대해서 『브리타니아 열왕사Historia Regum Britanniae』를 통해 관심이 더욱 커지게 되었다. 중세 영국의 수도승이면서 기발하고 상상력이 풍부한 연대기 작가인 몬머스Monmouth의 제프리Geoffrey에 의해서 웨일스어로 쓰인 브리타니 열왕사에 등장하는 아서왕은 인간과 초자연적인 적으로부터 브리튼을 보호하는 위대한 전사 또는 때로는 신비한 인물로 묘사된다. 제프리의 버전은 그 이후의 아서왕의 다양한 이야기에 대한 출발점이 되었다. 제프리는 켈트족인 아서왕이 색슨족을 물리치고 브리튼, 아일랜드, 아이슬란드, 노르웨이 및 갈리아에 제국을 세웠다고 기술하였다. 아서왕의 아버지인 우서 펜드레건Uther Pendragon, 마법사 메릴린Merlin, 아서왕의 아내 귀네비어Guinevere, 아서의 검 엑스칼리버Excalibur, 틴타겔Tintagel성, 아서왕의 마지막 전투인 모드레드Mordred와 싸우다가 치명적인 부상을 입은 캄란Camlann전투 등 아서왕에 관한 필수적인 요소와 사건이 제프리의 버전에서 등장하였다.

아서왕 전설의 역사적 근거는 오랫동안 논의의 대상이 되었다. 5-6세기 초반 앵글로 색슨이 침입하던 시기에 이에 대항했던 왕으로 네니우스 Nennius가 있었다. 당시 열두 번의 전투를 열거한 브리튼의 역사 Historia Brittonum 기록에 의하면, 바돈 Badon 전투에서 960명의 적군을 혼자서 물리쳤다고 하는 네니우스라고 하는 역사적 인물이 아서왕이라고 주장하는 견해도 있다.

아서의 역사적 실존을 뒷받침하는 것으로 보이는 다른 텍스트는 10세기 캄브리아 편년사 Annales Cambriae에서 537-539년 모드레드와 싸운 캄란 전투가 아서왕이 참여한 전투로 기록하고 있다. 그러나 이러한 기록이 웨일스의 8세기 후반 연대기를 기반으로 쓰였고, 이 연대기가 사라졌으므로 캄프리아 연대기에 허구적으로 아서왕이 추가되었을 가능성이 제기되기도 한다. 또한 비드 Bede의 초기 8세기 『영국인들의 교회사』에는 아서왕이 빠졌기 때문에 초기 기록에 의한 증거의 부족으로 역사가들이 아서왕을 영국 역사에서 제외하기도 한다. 1998년 콘월의 틴타겔성 Tintagel Castle 유적지에서 발견된 아서 스톤 Arthur stone은 6세기의 것으로 추정되지만 아서왕과 직접적인 관련은 확실치 않다.

DIGEST

16

UNITED KINGDOM

앵글로 색슨족의 침입

앵글로 색슨족의 침입과 정착

로마의 핵심 지배층이 물러가자, 브리튼에서 그들이 활약했던 경제활동이나 사회적 활동에 공백이 생겼다. 주변 부족 출신의 지방 유력자들 사이에는 몰락한 로마과 유사한 생활이 유지되었고, 혼란한 통치가 지속되었다. 이 시기의 혼란은 6세기 중엽 와이즈섬 수도원의 켈트계 수도사인 길더스Gidas의 『브리튼의 멸망과 정복De excidio et conquestu Britanniae』에 기록되어 있다.

로마가 물러간 브리튼에 게르만족 일파인 앵글로족과 색슨족은 그 이전과 달리 대규모로 이동하였다. 4-6세기 300년 동안 유럽 전역에서 진행되었던 게르만 대이동의 여파였다. 앵글족은 프리슬란트Friesland와 슐레스위그Schleswig 등지에서 왔고 색슨족은 네덜란드 동부와 북부 독일의 작은 지방에서 왔으며 주트족은 현재의 덴마크인 유틀란드에서 밀려왔다.

브리튼 각지에서 군벌들은 혼란의 시기에 색슨족들을 용병으로 고용하였다. 브리튼 북서쪽에서 픽트족이나 바이킹, 또는 아일랜드에서 오는 약탈자들의 침략이 시작되어 혼란스러운 상황이 이어졌기 때문이다. 초기에 용병으로 고용되어 평화로운 방식으로 들어온 색슨족은 지금의 잉글랜드 남부에 정착하다가 세력이 커지자 반란을 일으켰다. 495년 앵글로 색슨족은 마운트 바돈 전투에서 켈트족을 패배시켰고, 이후 6세기까지 앵글로 색슨족의 세력은 지속적으로 확대되었다.

앵글족은 지금의 잉글랜드 북동부에 확산되어 정착하였고, 주트족은 지금의 켄트 주에 주로 정착하여 켄트Kent 왕국을 세웠다. 게르만족의 일파인 주트족이 켄트 왕국을 새웠다는 소식이 퍼지자, 옛 게르만족의 연맹부족인 작센(Sachsens), 즉 색슨족이 그 소문에 고무되어 같은 동기로 대규모로 이동해왔다. 역사가들은 이 시기 색슨족의 브리튼 정착을 비교적 평화롭게 이루어진 것으로 보았다. 이 시기를 기점으로 브리튼에 정착한 앵글로 색슨족의 역사적 관점에서 바라본 추론이라고 볼 수 있다.

색슨족은 윌란반도 일부와 독일 북서부 해안에서 발원한 작센Sachsens 족이다. 작센 족은 전투적인 종족으로 이들 일부가 동족 간의 세력 다툼으로 밀려나 브리튼으로 오게 되었고, 작센의 영어식 발음이 색슨족이다. 『앵글로 색슨 연대기The Anglo-Saxon Chronicle』에 따르면, 477년 색슨족 우두머리 전사 엘레Aelle가 세 척의 배에 무리를 이끌고 영국 남부 셀시빌 해안에 상륙하였다. 491년, 색슨족의 세력이 커지고 인구가 많아지자 이전에 정착했던 켈트족을 몰아내고 지금의 험버 남쪽에 서식스Sussex 왕국을 세웠다. 이 서식스 왕국의 첫 군주 엘레는 브레트왈다Bretwalda로 불렸는데 '브리튼의 통치자'라는 의미였다.

495년에는 다른 색슨 무리의 족장인 체르디크Cerdic가 5척의 배로 브리튼에 상륙하였다. 이들은 햄프셔와 윌트셔의 켈트인을 몰아내고 웨식스Wesses 왕국을 세웠다. 8세기경 웨식스 왕국은 웨일스와의 전투에서 승리하고 글로스터, 시런세스터, 서머싯 등까지 확보하여 잉글랜드 서부까지 영토를 확장하였다. 『앵글로 색슨 연대기』의 기록에 따르면, 체르디크가 웨식스 왕국의 진정한 주인이 된 것은 519년이다. 또한 비슷한 시기에 동부 지방에 정착한 색슨족 무리가 세운 왕국은 에식스Essex 왕국이다.

색슨족은 강력한 전투력을 지닌 전사들 집단이었다. 난폭하고 야만적이어서 싸움을 알리는 뿔 나팔 소리와 고함소리가 울려 퍼지면 거주민들은 공포에 떨었다고 한다. 침략한 색슨족의 약탈과, 겁탈, 살육을 피해 이전에 정착했던 켈트족들은 쫓겨 가거나 혹은 노예가 되었다. 8세기 노섬브리어의 수도사였던 비드는 『앵글로 색슨 연대기』에 켈트족의 처지에 대해서 다음과 같이 묘사했다. "많은 생존자들은 황무지에서 붙잡혀 한꺼번에 비참하게 살해당했다. 잔인하게 살해된 사람들을 매장의식을 해줄 사람도 남아있지 않았다. 겨우 살아남은 굶주리던 몇몇 사람들은 먹을 것을 구걸하며 적에게 투항하여 노예가 되었다. 몇몇 사람들은 슬픔 속에서 해외로 도망했으며, 그러지 못한 사람들은 고향 땅에서 숨어 살면서 숲이나 광야나 암벽 위에서 비참한 삶을 견뎌나갔다."

앵글로족은 윌란반도(지금의 유틀란드반도)의 앙겔른Anglen에서 발원한 종족이다. 이들은 브리튼의 북동부 지역으로 유입되었고, 5세기 초에 잉글랜드의 동해안인 오늘날의 노퍽주와 서퍽주 일대에 거주하기 시작하였다. 웨하Wehha가 이끄는 앵글로족은 노퍽과 서퍽 지역을 장악하여 이스트앵글리아East Anglia 왕국을 건설했다. 이스트앵글리아 왕국은 템스강 상류의 거주민과 교류가 있었고 레드월드Raedwald 왕의 재임 시기에 가장 번영하여, 한때 잉글랜드의 패권을 쥐었다.

5세기 말 이셀Icel이 이끌고 들어온 앵글로족의 다른 무리는 스태퍼스셔, 더비셔, 노팅엄셔, 웨스트 미들랜드, 워릭셔 북부를 차지하여 머시아Mercia 왕국을 건설했다. 630년경 펜다 왕 때 크게 번영하였고 8세기 후반 오파 왕이 나머지 6개 왕국을 지배하는 패권 왕이 되어 웨섹스 왕국을 압박하였다. 이 시기에 캔터베리 주교에 머시아인을 임명하였다. 왕은 대주교와 협력하여 강대한 국가를 조직하였고 대륙과 교역하여 문화교류를 도모하였다.

데이라 왕국과 버니시아 왕국이 6세기 말 험버강과 타인강 사이에서 하나로 합치고 베르니시아에서 547년 노섬브리아Northumbria 왕국을 세웠다. 7세기 스코틀랜드 서부와 얼스터 동북부에 존재했던 스코트족와 픽트족 계열인 달 리아타Dál Riata 왕국을 통합하면서 영국 중부의 강력한 왕국으로 발전하게 되었다. 547년 노섬브리아를 이다Ida 왕이 12년간 통치하면서 더욱 세력을 키웠다. 616년 노섬브리아 왕국은 체스터 전투의 승리로 웨일스의 컴브리아까지 획득하였다. 앵글로 색슨족의 영토는 9세기경 현재의 잉글랜드 전역까지 확대되었다. 오늘날 잉글랜드라는 지명은 이들에게서 유래하게 된 것이다.

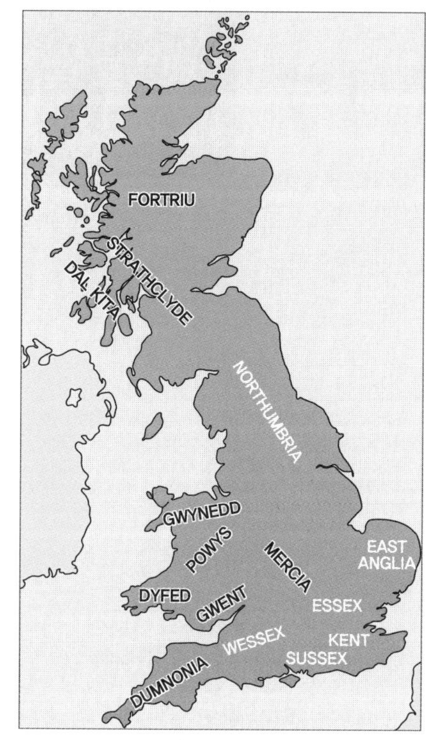

7왕국 시대.

앵글로 이전에 거주하던 켈트족들과는 달리 로마의 지배 이후에 영국으로 건너온 대륙문명의 영향을 받은 종족으로 게르만적 요소를 더 많이 간직하고 있었다. 혈연공동체로서 가문에 대한 충성심이 강해, 가문 간의 싸움에서 복수를 게을리하지 않는 것을 미덕으로 여겼으며, 복수에 성공하면 희생자의 친족에게 희생자의 신분에 따른 보상금 베어길드 Wergild로 보상받았다.

앵글로 색슨족은 브리튼으로 침입하여 성공적으로 정착하였다. 이전에 거주하던 브리튼인들인 켈트족은 치열하게 저항하다가 데번, 콘월, 웨일스 등 북서부 지대로 밀려나갔다. 쫓겨간 켈트족이 지속적으로 앵글로 색슨족을 침입에 저항하며 남하했지만, 앵글로 색슨족은 확고하게 정착하여 7왕국 시대를 열고, 5세기경부터 기독교를 받아들이고 문화적인 번영을 이루게 된다.

DIGEST

17

UNITED KINGDOM

앵글로 색슨의 정착: 7왕국 시대

고대 7왕국 시대, 헵타카리 Heptarchy

『앵글로 색슨 연대기』에 따르면 로마의 지배가 끝난 후 이동해 들어온 부족들은 기원전 약 500년에서 800년 사이에 여러 왕국을 건설하였다. 이 시기에 실제로 존재한 왕국은 100여 개가 넘는 것으로 추측된다. 많은 왕국 중에서도 강력한 7개의 왕국들이 서로 패권을 다투었는데, 이 시기를 7왕국 시대라고 부른다.

침략과 이동, 그리고 서로 패권을 장악하려는 격렬한 다툼은 약 400년간 지속되었고, 이 혼란의 시기를 암흑기 Dark Ages라고 부르기도 한다. 많은 왕국 중 강력한 7개의 왕국은 이스트앵글리아 East Anglia, 에식스 Essex, 켄트 Kent, 머시아 Mercia, 노섬브리아 Northumbria, 서식스 Susses, 웨식스 Wessex였다. 이들 왕국들에서 존재했던 강력한 부족 내에 유대의식이 전통적 민중의식으로 각인되어 있어, 오늘날까지도 여전히 지역적 결속의식으로 남아있다.

7개 왕국 간의 전쟁에서 패배한 왕국은 속국이 되어 승리한 왕국이 지배했고 패권 왕국의 왕을 고대 영어로 브래트월다 Bretwalda라고 칭하였는데 이 명칭은 '브리튼의 통치자'라는 의미였다. 『영국민 교회사』와 『앵글로 색슨 연대기』에는 총 7명의 브레트월다가 나타나는데 5번째 6번째 7번째는 노섬브리아 왕국의 왕이 브레트월다가 되었다.

7개의 왕국은 8세기 들어 3개의 왕국(노섬브리아, 머시아, 웨식스)로 통합되었다가 9세기에 이르러 드디어 하나의 강력한 왕국인 웨식스 왕국이 됨으로써 점진적으로 통일되었다. 8세기 초부터 강력한 세력을 유지하던 노섬브리아 왕국은 북쪽으로 에어셔 해안과 포스만 남쪽의 리블강과 험버강에서 머시아 왕국과 맞닿아있었다. 8세기 말에는 잉글랜드 남부에 위치한 머시아 왕국이 험버강, 이스트앵글리아, 템스강으로 세력을 확장하였다. 웨식스 왕국은 강력한 머시아 왕국 오파에게 굴복하고 속국으로 전락하게 되었다가 에그버트가 웨식스 왕국의 왕위로 오르고 난 후 주종관계에서 벗어났다.

웨식스 왕국의 에그버트 왕은 켈트족의 콘월을 병합하고, 825년 엘런듄 전투에서 머시아 왕 베언울프에 승리하여 머시아 왕국의 종주국이었던 켄트 왕국, 서식스 왕국, 이스트앵글리아 왕국, 에식스 왕국까지 장악하게 된다. 그리고 웨식스 왕국의 에그버트 왕은 8번째 브레트월다가 되었다. 그러나 맹위를 떨치던 웨식스 왕국은 바이킹인 데인족의 공격을 받아 위기에 처하게 된다. 아래 브레트 월다의 출신 왕국에서 볼 수 있듯이, 브레트월다는 각각의 다른 패권 왕국에서 등장하였고 7세기에는 노섬브리아가 연속적으로 패권 왕국이었다.

1번째 브레트월다: 서식스 왕국을 건설한 엘레Ælle (재위기간 488-514)

2번째 브레트월다: 웨식스 왕국의 케올린Ceawlin (재위기간 560-592)

3번째 브레트월다: 켄트 왕국의 에설버트Æthelberht (재위기간 590-616)

4번째 브레트월다: 이스트앵글리아 왕국의 래드월드Rædwald (재위기간 600-624)

5번째 브레트월다: 노섬브리아 왕국 에드윈Edwin (재위기간 616-633)

6번째 브레트월다: 노섬브리아 왕국의 오즈월드Oswald (재위기간 633-642)

7번째 브레트월다: 노섬브리아 왕국의 오스위Oswiu (재위기간 642-670)

5세기 서식스 왕국의 엘레가 강력한 힘을 발휘하다가 웨식스 왕국의 케올린에게로 주도권이 넘어간다. 6세기 말에 가장 강력한 지배자는 켄트의 에설버트였는데 그는 험버강 북쪽까지 영토를 확장했다. 7세기 초반 켄트와 이스트앵글리아가 브리튼의 주요 왕국이었지만, 616년 에설버트가 사망한 후 이스트앵글리아의 래드월드가 가장 강력한 지도자가 되었다. 그 후에는 줄곧 노섬브리아의 에드윈에 이어 노섬브리아의 왕이 연이어 강력한 지도자로 브레트월다가 되었다.

비드가 『잉글랜드 교회사』에 기록한 바에 따르면, 7명의 브레트월다의 목록에는 7세기에서 9세기 초에 패권국이었던 머시아 왕국의 패권자는 빠져있는데 비드가 노섬브리아 왕국 출신이고 노섬브리아와 적대적이었던 머시아 왕국을 제외했을 가능성이 있는 것으로 추정된다. 또는 머시아가 기독교화가 되지 않았으므로 이교도 군주에서 브레트월다를 제외한 것일 수 있다고 추측하기도 한다.

앵글로 색슨 7왕국에 전파된 기독교, 7–8세기에 기독교화

600년 이전에 앵글로 색슨 7왕국에는 기독교가 전반적으로 전파되기 시작했다. 아우구스티누스의 명으로 로마의 점령 기간 동안 기독교가 이미 전파되었지만, 조직적으로 개종시키려는 시도가 있었던 것은 아니다. 초기에는 영국에 도착한 로마의 장인들과 상인들이 이교도 신들의 이야기와 함께 예수라고 하는 선지자의 이야기를 전했던 것으로 시작되었을 것이다. 이교도와 달리 기독교는 유일신을 믿는 종파였고 추종자들에게 독점적인 충성을 요구했다. 로마시대에 반복적으로 기독교인들이 박해를 받았던 것은 기독교가 다른 이교신들을 배제한 것에 원인이 있었다. 초기에 박해받던 그리스도인들은 비밀리에 모여 예배를 드렸다.

하지만 유일신을 믿는다는 것은 로마 황제 콘스탄티누스 대제에게 호소력이 있었다. 왜냐하면 기독교가 광활한 제국을 결속시키는 군사적, 정치적 역할을 할 수 있다는 것을 깨달았을 것이다. 로마 황제 콘스탄티누스는 313년 밀라노 칙령으로 로마제국 내에서 기독교의 공식적인 예배를 허용하였다. 그 후 테오도시우스 황제(378-395)의 통치 시기에 기독교가 로마제국의 공식 종교가 되었다. 기독교는 상인들과 장인들의 이야기로 영국에 들어왔겠지만 유입 초기에 마음과 정신에 전달되거나 흡수되지 않았다. 여전히 영국 내에 존재하던 이교도에 대한 신념과 신앙이 강력하게 존재하였고, 기독교는 소수만의 신앙일 뿐이었다.

로마제국이 브리튼을 떠난 이후 새로운 침략자였던 앵글로, 색슨, 주트족 등이 도착할 즈음에 기독교는 널리 전파되기 시작했다. 431년 교황 켈레스틴 1세에 의해서 아일랜드인을 복음화하려는 시도가 있었다. 하지만 앵글로 색슨족이 브리튼으로 정착하기 시작했을 때 브리튼에 기독교인이 얼마나 있었는지는 명확하지 않다.

본격적으로 켈트족에게 기독교가 전파되었던 것은 563년 성 콜럼바St. Columba에 의해서였다. 아일랜드 왕가의 후예였던 성 콜럼바는 사제서품을 받고 아일랜드에서 포교하고자 하였으나, 아일랜드 가문 사이의 다툼에 말려들었다가 이를 피해 스코틀랜드 연안의 이오나Iona섬으로 옮겨가 수도원을 세우고 수도원장이 되었다. 콜럼바는 그곳에 거주하던 픽트족에게 복음을 전파하였다. 픽트족의 브루드 국왕이 기독교로 개종하자 픽트족 전체에 기독교가 전파되었다. 이들은 북웨일스의 켈트 전도단이 되어 잉글랜드의 서민층에까지 복음을 전파하였다.

그 후 598년 로마 가톨릭의 교황 그레고리우스 1세가 앵글로 색슨족을 복음화 시키라는 사명을 주어 베네딕투스 수도회의 원장인 아우구스티누스를 파견하였다. 그는 40명의 수도사로 구성된 로마 전도단을 이끌고 잉글랜드 전 지역을 다니며 포교를 하였다. 잉글랜드 남동부에 도착하자 켄트의 에셀버트 왕은 교회를 세울 땅을 아우구스티누스에게 수여했다. 아우구스티누스는 캔터베리에 성당을 설립하고 초대 대주교가 되었다. 로마 전도단은 주로 상류층 계급에 복음을 전파하였다. 운이 좋게도 기독교인이었던 왕비 베르샤의 도움으로 켄트의 왕 에설버트 1세가 앵글로 색슨족의 왕 중 최초로 601년에 세례를 받았다. 아우구스티누스는 에셀버트 왕에게 침례를 주었고, 브리튼인을 개종시켜나갔다. 그리고 655년 머시아의 강력한 군주인 펜다왕(재위기간 628-655)이 세례를 받음으로써 잉글랜드의 왕국들에 본격적으로 기독교가 전파되었다.

성자 니니안.

브리튼에서는 기독교의 유입 초기에 혼란을 겪었지만, 스코틀랜드와 아일랜드에는 비교적 순조롭게 전파되었다. 스코틀랜드에 파견된 선교사 성 니니안St. Ninian과 아일랜드에 파견된 성 패트릭St. Patrick은 종교적 의식보다는 성경 위주의 복음 전파를 강조하였다. 성 니니안은 솔웨이 지역 족상의 아들로 로마에서 성 마르땡St. Martin fo Tours과 성 예로니모 제롬으로부터 기독교를 정통으로 배운 선교사였다. 성 니니안은 수도원을 세워 라틴어로 된 성경 그대로의 교육에 치중하여 문자를 익힌 지식층인 크리스천 수도사들을 배출하였다. 이때 발렌시아Valencia의 픽트인들도 개종하였다. 성 니니안은 그 공로로 갤러웨이의 초대 주교가 되었고, 칼레도니아 화이트혼Whitehorn에 백색 대리석을 반석으로 한 석조 교회 건물을 지었다.

한편, 성 패트릭(386-461년)은 로마계 브리튼 출신의 선교사로 아일랜드에서 포교활동을 하였다. 그는 매년 3월 17일에 열리는 성 파트리치오St. Patrick's Day 축일로 유명한데, 성 패트릭의 선종일을 기억하고자 시작된 기념일이다. 성 패트릭은 부유한 집안에서 태어났지만 16세에 해적에 납치되어 아일랜드에서 노예로 지내다가 도망쳐 갈리아 오세르의 교회에서 417년 사제가 되었다. 그러다가 아이러니하게도 아일랜드에 선교사로 파견되었다.

성 패트릭은 교회 공동체로 사람들을 초대하여 대화를 통해서 기독교를 전파하였다. 당시, 아일랜드에 퍼져있던 드루이드교가 숭배하는 태양에 더 큰 십자가의 이미지를 전경에 내세워 켈트인들의 드루이드교와 기독교를 융합하여 직관적이고 감성적인 전교를 한 것으로 알려져 있다. 또한 켈트족의

드루이드교가 믿는 태양보다 십자가를 더 큰 이미지로 쓴 조각상이 이후로 만들어졌다.
성자 패트릭.

가장 대중적인 취미인 매듭 묶기를 상징으로 사용하여 인간과 하느님과의 관계를 설명했다. 이처럼 성 패트릭의 기독교 전파는 자연친화적인 선교였고, 기독교는 성공적으로 정착하게 되었다.

성파트리치오 축일에는 강물에 초록색 물감을 타고 아이들이 초록색 옷을 입고 축제를 즐긴다. 삼위일체를 설명하기 위해서 성 패트릭이 토끼풀을 사용한 데서 비롯되어, 녹색 착용 The Wearing of the Green이라는 축제 민요가 남아 있을 정도로 녹색은 아일랜드 기독교를 상징하는 색이 되었다.

DIGEST

18

UNITED KINGDOM

최초의 영웅 서사시, 『베오울프』

역사적 인물에 근거를 둔 영웅서사시 『베오울프』

『베오울프』는 정확한 연대는 알 수 없지만 8세기에서 11세기 사이에 쓰인 것으로 추정되는 작자 미상의 영웅 서사시이다. 북유럽 게르만족의 영웅을 주인공으로 쓰인 『베오울프』는 길이가 3,183줄에 달하는 두운체의 영웅 서사시로 2부로 나누어져 있다. 두운체는 각 단어의 앞부분에 같은 발음을 반복하는 시의 형식이다(예, Curiosity can kill the cat, 호기심이 고양이를 죽인다. 에서처럼 /k/ 발음의 반복). 베오울프의 전설은 오랫동안 구전으로 전해지다가, 8세기경 수도자들에 의해 정리되어 서사시로 남게 되었다. 작자 미상의 『베오울프』는 고대영어의 가장 오래된 서사시로 고대 영어 문학의 중요한 작품으로 인용된다.

스칸디나비아 지역을 배경으로 한 서사시의 주인공 베오울프는 기트(Geatas, 또는 고트족)의 왕족인 에즈데우오의 아들이며 히예릭 왕의 신하로 지금의 스웨덴 남서부 지방, 기트 왕국 최강의 용사이다. 그는 고귀한 성품을 지녔으며 체구가 크고 튼튼하여 손아귀의 힘이 서른 명의 용사와 맞먹을 만큼 힘센 자로 묘사된다. 『베오울프』는 데인족 왕가의 가계를 설명하면서 시작되는데 데인족의 시조인 전설적인 용사 쉴드 셰핑 Scyld Scefing이 왕가를 세우고 죽은 후 그의 시신을 배에 실어 바다로 떠내려 보냈다. 세월이 흐르고 쉴드셰핑의 증손자인 데인의 왕 흐로드가르 Hrothgar가 헤오로트 Heorot라는 큰 연회장에서 연회를 베푸는데, 그렌델이라는 괴물의 공격을 받게 된다. 베오울프는 데인의 왕 흐로드가르 Hrothgar를 도와주기 위해 온다. 우여곡절 끝에 베오울프는 괴물인 그렌델을 물리치고 고틀란드로 돌아가 고트족의 왕이 된다. 50년이 지난 후 베오울프는 용을 물리치고 전투에서 치명상을 입고 사망한다. 그의 장례식에 참석자들은 베오울프의 시체를 화장하고 그를 기리는 탑을 세운다.

고대 앵글로 색슨의 서사시의 원고 사본은 두 사람에 의해서 쓰였으나 첫 페이지에 새겨진 필사자의 이름인 로렌스 노웰 Laurence Nowell을 따서 노웰 코덱스 Nowell Codex라고 한다. 노웰 코덱스는 4개의 중요한 앵글로 색슨 시가의 원고이다. 현존하는 원고 중에 가장 유명한 두 번째 노웰 코덱스 원고는 1731년 화재로 제목과 첫 페이지 그리고 각각 페이지의 가장자리가 손상되었지만 내용으로 『베오울프』임이 알려졌고 영국 국립도서관에 보관되어 있다. 『베오울프』의 이름은 스칸디나비아의 기록에 등장하는 일반적으로 잘 알려진 영웅이다. 베오울프가 실제로 존재하는 역사적 인물에서 유래된 것이라는 것을 추정하게 하는 흔적이 발견되었는데, 덴마크의 레제 Lejre 유적지에 있는 6세기 중반의 것으로 추정되는 '천국 제일의 홀'이다. 이 유적지에서 『베오울프』에 묘사되었던 것처럼 길이 50미터에 달하는 거대한 홀을 세웠던 흔적이 발견되었다. 또한 감라 웁쌀라 Gamla Uppsala에서 발굴된 강력한 남자의 것으로 추정되는 고분의 흔적이 발견되어 베오울프의 영웅전설과 서사시가 6세기 스칸디나비아의 역사적 인물을 기반으로 하고 있다고 추정한다.

전설 속의 영웅 베오울프의 이야기

서사시의 전반부는 데인족 왕가의 가계를 설명하면서 시작된다. 덴마크에 12년 동안 밤마다 나타나 데인 왕인 흐로드가르의 용사들을 잡아먹는 사악한 괴물 그렌델이 있었다. 베오울프는 고트족 최강의 용사로서 왕의 요청으로 덴마크에 출몰하는 괴물을 죽이기 위해 쇠비늘 갑옷과 면갑이 달린 투구로 무장한 14명의 용사를 거느리고 덴마크로 간다. 그렌델은 파티에서 울리는 음악소리와 노랫소리 때문에 괴로워하다가 파티 장소에 출몰하여 30명의 데인 용사를 죽인다. 그러나 정작 왕인 흐로드가르는 죽이지 못한다. 흐로드가르 왕이 그렌델의 어미와 맺어 낳은 괴물이 그렌델이기 때문이라는 설도 있고, 흐로드가르 왕이 신의 보호를 받고 있기 때문이라는 설도 있었다.

베오울프는 연회가 끝난 후 용사들과 그렌델이 오기를 기다린다. 그렌델이 마침 도착하고 베오울프와 그렌델이 맨몸으로 밤새도록 처절한 혈투를 벌인다. 팔힘이 센 베오울프는 맨손으로 그렌델의 팔을 어깨에서 뽑아 버린다. 어깨가 뜯겨버린 그렌델은 늪지대의 은신처로 달아나지만 그곳에서 죽음을 맞이한다. 그렌델의 죽음에 분노한 그렌델의 어미는 복수를 위해 미드홀을 습격하여 흐로드가르 왕이 총애하던 젊은 에쉬헤레Aeschere를 죽이고 뽑힌 채 바닥에 떨어져 있던 그렌델의 팔을 가지고 늪지대로 달아난다. 흐로드가르 왕은 베오울프에게 그렌델의 어미도 죽인다면 보물을 선물하겠다고 약속한다. 베오울프는 흐로드가르 왕의 신하인 운페르트로 집안의 가보인 흐룬팅Hrunting이라는 보검을 받아 홀로 괴물의 동굴을 습격한다. 그러나 그렌델의 어미에게는 이 보검은 효과가 없었다. 그러나 마침내, 베오울프는 동굴 안 벽에 걸려있던 커다란 거인의 검을 발견하고 그것으로 그렌델의 어미를 죽이는데 성공한다. 그렌델의 어미를 죽인 베오울프는 자신의 땅 스웨덴으로 돌아온다.

서사시의 후반부는 고국으로 돌아온 베오울프가 히옐릭 왕의 아들 헤아르드레드를 보필하다가 헤아르드레드 왕이 죽자 그의 뒤를 이어 왕이 되는 것으로 전개된다. 왕위를 이어받은 베오울프가 50년 동안 태평성대를 이루고 있었다. 그러던 어느 날 한 용사의 노예가 금으로 된 술잔을 용의 서식지에서 훔쳐 오자 분노한 용이 입에서 불을 뿜으며 나라를 짓밟고 다닌다. 나이가 들었지만 여전히 용감한 베오울프 왕은 용을 찾아 결투를 벌인다. 베오울프는 회색 빛을 발하는 거대한 네일링 보검으로 용을 내려치지만 검은 부서지고 베오울프가 상처를 입는다. 베오울프는 충성스러운 부하인 위갈프

Wigalf의 도움을 받아 지배자의 검으로 알려져 있는 잉 Ing의 검으로 용을 죽이지만, 용에게 당한 부상으로 베오울프는 죽음에 이르게 된다. 그의 부하들은 베오울프의 고향인 기트랜드(또는 고트랜드)에서 베오울프의 주검을 화장하여 장례를 치르고 애가를 읊는 것으로 베오울프의 서사시는 막을 내린다.

DIGEST

19

UNITED KINGDOM

바이킹, 데인족의 1차 침입

데인족, 바이킹의 침입: 8–11세기

바이킹은 『앵글로 색슨 연대기』에 의하면 북게르만족에 속하는 노르드인을 통칭한다. 스칸디나비아에서 생활하던 이들의 인구가 유례없이 크게 증가하면서 노르드인들은 유럽 각지로 뻗어나갔다. 특히 데인족인 바이킹은 지금의 덴마크 지역에 거주하기 시작하면서 브리튼으로 건너와 습격을 되풀이했다. 787년 3척의 배로 습격을 시작한 이래 거의 매해 침략해왔고, 789년에는 잉글랜드와 포틀랜드를 대대적으로 공격했고, 793년에도 잉글랜드 동부 해안을 습격하였다. 당시 바이킹들은 브리튼에 위협을 가하는 거대한 약탈자 세력으로 알려졌다. 고대 노르드어인 바이킹 Viking은 '만'을 뜻하는 Vik와 '탐험하는 사람'이라는 뜻을 지닌 합성어로 '만에서 온 탐험자'를 뜻한다. 브리튼에게는 '해적'이나 '침략자'로 여겨졌지만 노르드들은 자칭 '탐험가'였다.

당시 바이킹들은 스웨덴계 바이킹과 덴마크계 데인족 바이킹이 있었다. 스웨덴계 바이킹은 고틀란드를 중심으로 발틱 해에서 볼가강과 드네프르 강으로 가는 동쪽으로 침입하였다. 반면에, 덴마크계 데인족은 스칸디나비아반도의 남부에 거주하다가 5세기 덴마크로 이주했던 종족으로 영국과 프랑스 남부를 자주 침범했다. 커다란 도끼를 들고 투구를 쓴 데인족 바이킹은 유럽 각지 해안가를 침략하여 조직적으로 해적질을 하던 무리였다. 이들은 항해에 능숙하고 사납고 용맹하다고 알려졌다.

조선술과 항해술이 뛰어난 바이킹들은 8세기에서 11세기에 2차 민족 대침공의 주역으로 잉글랜드 프랑스 등지의 해안지방을 닥치는 대로 침입하여 노략질을 일삼았다. 아일랜드에 침입하여 더블린과 코크 등지에 작은 왕국을 세우기도 했다. 이들은 매년 씨족 의회Thing 또는 althing를 소집하여 분쟁을 해결하였는데 이러한 문화는 영국의 의회 구성에 큰 영향을 주었던 것으로 보인다. 이 의회는 씨족 간의 분쟁을 줄이고 사회 무질서를 바로잡기 위해 조정하는 균형적 구조를 가지고 있었다. 이 씨족 의회에서 왕을 뽑기도 했고, 법에 따라 협상과 논의를 거듭했다.

『앵글로 색슨 연대기』에 이교도 군대Great Heathen Army라고 기록된 데인족 바이킹은 잉글랜드의 북동부를 지배하여 요르빅 왕국을 설립하였다. 요르빅 왕국은 866년 이스트앵글리아 왕국, 머시아 왕국, 노섬브리아 왕국까지 점령하였고, 871년 에식스의 런던을 차지하였다. 이때 웨식스 왕국을 제외한 모든 왕국이 바이킹의 지배를 받게 되는데 이 지역을 데인로Dainlaw지방이라고 부른다. 또한 1018년에서 1042년에는 데인 왕이 실제적으로 지배하기도 했다. 1066년부터 노르만이 영국을 정복하여 오랫동안 지배를 시작하기 전까지 영국은 바이킹의 침략을 받았다. 바이킹의 영토가 된 노섬브리아와 머시아 북서부, 이스트앵글리아에 많은 덴마크인 바이킹들이 이주하였으며 10세기 초 더블린에 노르드 왕국을 세우기도 했다.

바이킹이 사용하던 고대 노르드어Old Norse는 고대 영어에 영향을 주었는데 영어 단어에 그 흔적이 남아있다. 예를 들면, Tyr's day(전쟁의 신의 날)는 Tuesday로, Odin's day(바람, 죽은 자의 영혼의 날)는 Wednesday로, Thor's day(토르신의 날)는 Thursday로, Frigg's day(사랑과 미의 여신의 날)은 Friday로 각각 그 당시 노르드의 신들을 상징하는 단어가 영어의 요일로 그 흔적을 남겼으며, 그 밖에도 고대 노르드어는 약 139개의 영어 단어로 남아있다.

DIGEST

20

UNITED KINGDOM

웨식스 왕국의 부흥기, 바이킹을 물리친 알프레드 대왕

웨식스 왕국의 부흥기: 알프레드 대왕

8세기에서 11세기 사이에 덴마크와 노르웨이를 중심으로 한 스칸디나비아 출신의 침략자인 바이킹은 정기적으로 브리튼 제도와 서유럽을 약탈했다. 이들의 침략은 정기적으로 더욱 잦아졌다가 835년 본격적으로 대대적인 침공을 실시하였다. 바이킹들은 10세기에는 노르망디 공국을 건립하였고 정복왕 윌리엄을 시조로 하는 잉글랜드의 노르만 왕조를 열었다. 시칠리아에도 바이킹이 정착하여 작은 왕국을 세웠다.

9세기 데인족 바이킹의 침범은 브리튼에 큰 타격을 주었다. 도시와 마을, 수도원들이 파괴되었고 상당한 인명과 경제적 피해를 입혔다. 앵글로 색슨 혈통인 웨식스 왕국의 에그버트 왕의 손자 애설래드 왕이 데인족 바이킹의 공격으로 사망하고, 871년에 동생인 알프레드가 왕위를 이어받았다. 알프레드는 대왕으로 불릴 만큼 바이킹과의 전투에서 공을 세웠다. 알프레드 대왕 집권 초기에는 데인족과 평화 협상을 벌여 일시적으로 데인족이 물러나게 하였다. 그 후 데인족 바이킹이 878년 웨식스 왕국을 기습 공격하였는데 이 공격이 성공하여 웨식스 왕국 대부분이 데인족 바이킹에게 정복될 뻔하였다. 기적적으로 서머싯의 애셜니 섬으로 피신한 알프레드 왕은 그곳에서 민병대를 조직하였고, 서머싯의 습지를 지나 깊숙한 곳에 아델니Athelney 요새를 세웠다.

878년 5월 알프레드 왕은 서머싯과 윌트셔어, 햄프셔의 민병으로 군대를 구성하여 에딩턴Edington 전투에서 데인족 바이킹을 격파하였다. 알프레드 왕이 바이킹을 포위공격하자 바이킹은 항복했고, 알프레드 왕은 웨식스 왕국 대부분의 영토를 되찾게 되었다. 알프레드 왕은 데인족 바이킹 왕인 구드롬의 항복을 받고 기독교 세례를 받는 조건을 내세웠다. 그리고 웨식스 왕국과의 경계를 정했다. 웨식스 왕국이 미들랜드와 남쪽을 지배했고 데인족 바이킹은 이스트앵글리아와 에식스 지역의 통치를 허용하였다.

알프레드 왕은 데인족으로부터 웨식스 왕국을 지켜냈고, 학문과 교육을 장려하여 나라를 번성시킴으로써 왕국의 부흥기를 이루어 냈다. 알프레드 왕은 왕권강화에 힘썼다. 사위 앨도르만 앨스레드가 통치하던 머시아를 백작령으로 격하시키고 콘월을 웨식스 지방으로 편입시켜 잉글랜드의 유일한 왕이 되었다. 890년부터는 잉글랜드의 군주라는 칭호를 사용하였고 대왕The Great라는 칭호를 얻게 되었다.

에딩턴 전투에서의 승리로 평화 조약이 이루어지자, 한동안 웨식스 왕국에 평화로운 시기가 찾아왔다. 그 후, 알프레드 대왕은 영토 확장보다는 내치에 더욱 힘썼다. 지방 행정제도를 개편하여 셔(Shire, 주)제도를 도입하였다. 세금 징수를 위해서는 귀족과 자유인(하층계급)의 중간 계급인 세인thane에게 징세를 맡겼다. 요새를 새로 축조하여 버흐Burths를 건설했는데, 버흐는 후에 자치구 버로우Boroughs로 발전하게 되었다. 버로우는 방어적 구조를 갖추고 있어 바이킹의 웨식스 왕국 내부 침입을 원천봉쇄할 수 있었다. 버로우와 상비군을 유지하기 위해서 과세 체제도 새로 정비했다. 버로우는 기본적으로 방어 구조로 설계되었지만, 상가 및 시장을 유사시에 피난처로 사용하게 하여 상업 중심지가 되었고, 점차 지방행정 단위로 정착했다. 한편, 알프레드 대왕은 해군을 증설하고 군대를 재편성했으며 전함을 사용하여 해안에 데인족이 상륙하는 것을 대비했다.

평화로운 시기가 도래하자 알프레드 왕은 학문의 부흥과 기독교 전파를 위해 성직자와 학자를 초빙하고, 라틴어 책을 직접 영어로 번역하기도 하였다. 비드의 『앵글로 색슨 연대기』도 이때 집필되었다. 또한 켄트 왕국의 에셀버트 법전, 웨식스 왕국의 이내 법전, 머시아의 오파 법전을 집대성한 법전을 편찬하였다. 대외적으로는 머시아와 웨일스와 우호적인 관계를 유지하면서 데인족 바이킹의 침입에 공동으로 대응하는 협약을 맺었다.

그러나 데인족 바이킹은 891년 다시 침략하였고 이 전쟁은 3년 이상 지속되었다. 알프레드가 구축해놓은 새로운 방어 시스템으로 가까스로 데인족 바이킹의 침략을 막을 수 있었다. 마침내 896년 여름 바이킹들은 물러가고 웨식스 왕국은 부흥기를 맞게 되었다.

DIGEST

21

UNITED KINGDOM

웨식스 왕국의 애설스탠 왕, 잉글랜드 통합

웨식스 왕국의 애설스탠 왕, 937년 잉글랜드를 통합

899년 알프레드 대왕의 사망 후 아들 에드워드가 웨식스 왕국의 왕위를 이어 받았다. 에드워드는 매형인 머시아 백작 앨스레드와 함께 왕국을 확장하고, 알프레드 대왕의 통치 방식을 본받아 확장한 영토에 요새와 셔(Shire, 주)를 세웠다. 알프레드 대왕 이후 노르웨이와 덴마크 왕국 내에 내란이 이어졌다. 그동안 데인족은 내란 때문에 잉글랜드를 침략하지 않았으나, 내란이 진압되자 다시 침략을 재개했다. 바이킹의 침략이 극심해지자 에드워드 왕의 손자인 애설스탠, 에드먼드 1세, 에드레드 왕까지 바이킹에 대한 저항 정책이 계속되었다.

알프레드의 장자 에드워드 왕은 영토 확장에 힘썼다. 에드워드 왕은 데인족이 지배하던 미들랜즈의 동부와 이스트앵글리아 왕국을 점령했다. 913년 에드워드 왕은 에식스까지 탈환하였다. 머시아를 통치하던 에드워드 왕의 매형 앨스레드가 사망하자, 에드워드 왕의 친누이인 애셀프레드 백작부인이 머시아를 통치하였다. 918년 친누이인 애셀프레드 백작부인마저 사망하자 에드워드 왕은 친누이가 통치하던 머시아의 왕위까지 이어받게 되었다. 한편 에드워드 왕의 장자 애설스탠의 활약으로 920년 험버강 남쪽 일대를 장악했기 때문에 노섬브리아는 에드워드 왕과 종주권을 인정하는 협정을 체결한다.

924년 에드워드는 사망을 앞두고 장남 애설스탠에게 머시아 왕위를, 둘째 왕후에게 얻은 차남 애플웨어드에게 웨식스 왕위를 물려주었다. 하지만 애플웨어드가 일찍 사망하면서 애설스탠은 웨식스의 왕위까지 차지했다. 927년 애설스탠은 노섬브리아에 더블린 왕국의 바이킹 래그날 왕이 918년 세웠던 요크 왕국에서 바이킹을 몰아냈고, 노섬브리아를 합병하여 웨일스 왕을 복종시켰다. 그리고 이어 934년 스코틀랜드까지 침공할 정도로 세력을 확대하였다.

위기를 느낀 스코틀랜드 왕 콘스탄틴 2세가 주변의 왕국들과 힘을 합하여 937년 침공하였고 이에 더블린 왕국도 가세하였다. 애설스탠 왕은 그들과의 브루넌부르 전투에서 승리하여 스코틀랜드, 데인, 바이킹을 꺾고 잉글랜드 전체를 실질적으로 통치하게 되었다. 애설스탠 왕은 웨식스, 머시아, 노섬브리아, 웨일스, 스코틀랜드에 이르는 모든 지역에 영향력을 갖고 있는 브리튼섬 전체의 '아버지이며 군주'로 불렸다. 잉글랜드는 최초로 하나의 왕국이 되었다. 애설스탠 왕의 통치 기간에 그의 초상화가 새겨진 동전이 주조되었고 토지대장에 그의 인장이 찍혔다. 하지만 애설스탠이 잉글랜드를 통합하기는 했지만, 각 지역은 정치적으로 독립적인 성향을 유지하였다.

평화로운 에드거 1세(959년–975년)와 순교왕 에드워드(975년–978년) 시대

애설스탠 왕은 아들이 없었으므로, 939년 애설스탠 사망 후에 그의 이복동생인 에드먼드 1세가 왕으로 즉위하였다. 946년 에드먼드 1세가 미사에 참석하러 가던 중 도적의 칼에 찔려 사망하자 동생 이드리레드가 2년 동안 통치하다가 소화기에 심각한 병이 걸려 사망하고 말았다. 그 후 형 에드먼드 1세의 장남이던 이드위그(955년-959년)가 왕위에 올랐으나 4년도 안되는 재위기간을 마치게 된다. 이그위드 왕은 통치 기간 내내 가족과 귀족들, 교회 세력과 대립했다. 자신의 세력을 형성하기 위해서 토지를 나누어주자 교회의 주축이었던 오도 주교와 성 던스탄 등과 갈등이 빚어졌고 점차 던스탄 추종자들의 세력이 커졌던 것이다. 이들은 이그위드의 이복동생이고 나이어린 에드거 1세를 지지하였고 마침 이드위그의 세금 징수에 불만을 품었던 머시아와 노섬브리아 귀족들도 에드거 쪽으로 기울게 되자 결국 에드거가 왕으로 추대되었다. 18세 전후의 에그위드는 정확히 밝혀지지 않은 원인으로 사망하였다.

957년 알프레드 대왕의 증손자이며 에드먼드 1세의 아들인 에드거Edagr는 12세의 어린 나이에 왕좌에 올랐다. 973년 에드거 1세의 체스터에서 대관식에 모인 여러 지역의 왕들이 체스터에서 에드거 1세에게 속국으로서의 충성을 맹세했다. 에드거 1세는 영국 왕관Bath of England과 영국 황제British Emperor of Britain의 왕관을 썼고 주화에 '영국의 왕EADGAR REX ANGLORUM'이라고 새겨졌다.

에드거 1세는 12세로 통치하기 어렸기 때문에 그를 대신하여 에설스텐 왕의 정책을 유지하고자 하는 귀족들이 주도하였다. 에드거 1세는 형이 다스리던 머시아와 노섬브리아를 통치하였고, 959년 형 이그위드가 정체 모를 사망에 이르자 웨식스도 넘겨받으면서 다시 잉글랜드 전체의 왕위에 올랐다. 그 후 그의 치세 기간은 평화로웠다. 당시에 던스탄은 글래스톤버리 수도원장이었고, 국가의 주요 장관을 역임하였다. 강력한 성직자인 던스탄Dunstan의 조언으로 에드거 1세는 선임 왕들에 의해서 성취된 정치적 단결을 더욱 강화했다. 에드거 1세 시기에 정치적 통일성은 공고해졌고 잉글랜드 왕국의 체계가 확립되었다. 에드거 1세의 통치 말기에는 예전의 분열되었던 잉글랜드로 돌아갈 수 없을 정도로 잉글랜드의 통일이 굳어졌다.

왕권을 확고하게 수립하고 왕국의 체계가 확립되는데 던스턴의 영향력이 컸다. 기독교 의식의 확산, 교회의 재건, 성직자와 평신도의 도덕적 개혁 등으로 통일된 체계가 확립되었다. 에드거 1세는 성직자와 주교들의 지지를 받았으므로 공로가 컸던 던스턴을 캔터베리 대주교로 재임명하고 대수도원 건설을 후원하였다. 또한 유럽 대륙에 있는 베네딕트 수도회의 엄격한 규율을 잉글랜드 수도원에 도입하기도 했다. 하지만 이때 성직자가 왕권과 결탁하게 된 것이 오히려 이후의 분열을 조장하는 계기가 된다.

에드거 1세는 대외적으로 데인족 바이킹과 통일과 화해정책을 폈으므로 잉글랜드 왕국에 평화가 유지되었고, 이후 11세기는 왕국 통치에 기본이 되는 제도적 발전에서 가장 중추적인 역할을 한 시기였다. 실제로 11세기 초에 크누트 대왕이 사신들에게 '모든 국가, 교회와 평신도 모두가 선택한 에드거의 법을 확고하게 준수하는 것이 나의 의지'라는 서신을 남기기도 했을 정도로 에드거 1세의 영향력이 두드러진 시기였다.

에드거 1세가 975년 사망하자 던스턴 대주교는 장남 에드워드 왕을 지지했고, 윈체스터 주교는 에드워드의 이복동생 애설레드 2세를 지지했다. 더스턴 대주교의 지지로 장남 에드워드 왕(975년-978년)이 먼저 에드워드 1세로 왕위에 올랐으나 3년 만인 978년 16세의 어린 나이로 코르페성에서 암살당하고 만다. 에드워드 1세는 계모인 앨프스리스를 방문하러 가다가 애설레드 2세의 지지 세력에 의해서 암살되었다. 국민들은 에드워드 왕의 암살에 대해서 안타까워했고, 에드워드의 죽음을 순교로 받아들이게 되면서 에드워드 왕에게 순교왕 the Martyr이라는 명칭이 붙게 되어 동방정교회, 가톨릭, 성공회에서 성인으로 추앙되었다.

평소에 부친 에드거 1세가 에드워드 1세를 후계자로 인정하지 않았기 때문에 정통성에 의문이 제기되었다. 또한 윈체스터 주교와 귀족들은 그의 이복동생인 애설레드 2세를 후계자로 지지했다. 에드거 1세의 3번째 아내이면서 애설레드 2세의 친모였던 앨프스리스의 전략과 모략도 있었다. 에드워드가 대주교와 추종자들의 힘으로 왕위에 올랐을 때 그의 나이는 고작 12세였다. 나이도 어렸지만 권력기반이 약했으므로 그를 지지했던 귀족들은 왕의 권력을 빌어 정치권력을 휘둘렀던 것이다.

DIGEST

22

UNITED KINGDOM

바이킹, 데인족의 2차 침입과 지배

애설레드 2세(978년-1013년, 1014년-1016년), 준비되지 않은 왕

애설레드 2세가 즉위 당시 12살에 불과했으므로 애설레드Æthelred 2세를 추대했던 성직자들과 귀족 세력의 권력 다툼이 극심했다. 더구나 애설레드 2세는 에드워드 왕을 암살한 배후로 의심받고 있었기 때문에 왕의 권위가 약해진 상황이었다. 애설레드 2세의 전체 통치 기간은 38년이었지만 덴마크에 대한 투쟁의 역사였고, 1013년에 1년 동안은 데인족에 지배를 받기까지 했다. 데인족 바이킹이 끊임없이 영국을 침략했으므로 애설레드 2세는 영국의 역사상 가장 비참한 왕으로 불린다. 바이킹은 원하는 곳에 언제든지 습격을 했고, 영국은 거의 저항하지 못했다. 알프레드 대왕이 만들었던 버로우Boroughs라고 하는 요새화된 굴과 도로망은 더 이상 효과가 없었다. 애설레드 2세는 바이킹에 맞서 싸우기보다, 바이킹을 피해 은신처에 숨었으므로 침략에 대한 적절한 조치를 취할 수 없었다.

영국의 알프레드 대왕 이후, 노르웨이 왕국과 덴마크 왕국의 내란이 연이어 있었다. 그리고 애설레드 2세의 아버지 에드거 1세가 덴마크인을 제압해 놓았기 때문에 한동안 데인족의 잉글랜드 침략이 잠잠했다. 때문에 애설레드 2세가 어렸을 때는 평화로웠다. 그러나 내란을 정리한 덴마크 왕의 주도로 980년 데인족의 침략이 대대적으로 재개되었다. 이때의 침략을 데인족의 2차 침입이라고 한다. 국내정세가 혼란해졌지만, 애설레드 2세는 국내의 혼란에 대해서도 국외의 침입에 대해서도 제대로 대응하지 못했다. 이런 이유로 에설레드 2세는 '준비되지 않은 the Unready' 또는 '조언을 제대로 받지 못한 the Unadvised' 왕이라는 별칭이 생겼다.

데인족 바이킹의 2차 침입

982년에 데인족은 포틀랜드 섬을 약탈하고 런던을 불태웠으며, 988년에는 데번을 공격하였다. 991년에는 잉글랜드 동부를 습격하였다. 애설레드 2세는 작은 습격을 피해 은신처에 숨어 지냈고, 잉글랜드는 말던 Maldon 전투에서 데인족에게 크게 대패하였다. 그 결과 캔터베리 대주교인 시게릭의 조언에 따라 데인족에게 공물을 보내는 협상을 했다. 결국 잉글랜드 국민들은 데인족에게 보내는 공물을 마련하기 위한 세금 '데인세' 또는 '데인겔트 Danegeld'에 시달려야 했다. 데인족은 점차 공물 요구액을 높였고, 요구에 부응하지 않으면 잉글랜드를 약탈하거나 침공했다. 웨식스의 주화는 강력한 권력을 상징하였으므로 매 5-6년마다 새로운 화폐를 발행하여 데인족에게 데인세를 지불하기로 결정하는 평화조약을 맺었다. 그리고 데인세를 지불하면서 얼마간 평화가 찾아왔다.

그러나 997년 덴마크가 다시 침략했고, 1001년에도 침략이 재개되었다. 에설레드 2세는 다시 조공을 바치고 평화협정을 맺었다. 애설레드 2세는 프랑크 왕국 북서부 해안의 바이킹 일파인 노르망디 공작 리샤르 2세의 여동생 엠마와 재혼함으로써 노르만족이 데인족과 연합하는 것을 막았다.

하지만 데인겔의 양이 점점 늘어났고 잉글랜드에 거주하는 데인족에 대한 원성이 높아졌다. 결국 1002년 세인트 브라이스 데이 St. Brice's Day에 거주하던 데인족이 학살을 당했다. 데인족은 이 당시에 앵글로 색슨의 마을 바깥쪽에 자신만의 고립된 거주지에서 무리 지어 살았다. 데인족들은 밀밭에 튀어나온 잡초들처럼 잘려나가고 파괴되었다고 한다. 대학살에 대해서 알게 된 데인족은 분노하였다. 더구나 희생당한 데인족에 덴마크왕 스벤 1세의 누이가 포함되어 있었기 때문에 스벤 1세는 살해당한 누이와 데인족의 복수를 명분으로 1003년과 1004년 대대적으로 침략해왔다.

단번에 성공하지는 못했지만 1013년 스벤 1세의 아들 크누트가 잉글랜드를 대대적으로 침공하여 승리를 거두었다. 크누트는 남부 잉글랜드의 대부분을 정복했고 템스의 북쪽으로 나아가서 머시아 왕국까지 점령했다. 결국 데인족의 침공을 막지 못한 애설레드 2세는 노르망디로 도망했고 스벤 1세가 1013년 잉글랜드의 왕으로 오르게 된다.

잉글랜드를 지배하게 된 덴마크의 왕 스벤 1세는 아들 크누트Cnut를 덴마크의 후계자로 임명하였으나 귀족들은 스벤 1세의 장남 하랄 2세를 덴마크의 왕으로 추대하였다. 이를 정리하기 위해서 크누트가 덴마크로 돌아간 1년 동안 노르망디에 망명 중이던 애설레드 2세가 1013년 잉글랜드로 귀국하여 왕위에 복위했다. 크누트는 덴마크에 돌아가 형 하랄 2세의 덴마크 왕위계승을 인정하고, 1015년 다시 잉글랜드로 돌아와 1016년 노섬브리아를 장악하고 웨식스로 향하였다. 크누트는 승승장구하여 몇 달 만에 잉글랜드를 대부분 차지했다. 1015년 크누트가 침공하자 에드먼드 2세는 애설레드 2세와 함께 런던에서 도망하고 만다. 1016년 애설레드 2세가 사망하자 왕위는 아들 에드먼드에게 계승되어 에드먼드 2세가 되었지만, 데인족의 크누트의 지배가 시작되는 상황이었다.

7개월간의 용맹왕, 에드먼드 2세(1016년 4월 23일–1016년 11월 30일)

애설레드 2세가 사망하자 웨식스 귀족, 성직자들로 구성된 위턴 평의회Witenagemot에서 잉글랜드의 왕권을 크누트에게 바치기로 결정하였다. 그러나 그동안 덴마크에 조공을 바치던 데인겔트를 수치스럽게 여기던 에드먼드 2세를 런던의 시민들이 지지하자 에드먼드 2세가 왕위에 올랐고 크누트와 충돌이 재개되었다.

에드먼드 2세는 용맹하게 크누트에 맞섰지만, 1016년 10월 에싱턴 전투에서 크누트에게 패배하고 말았다. 크누트와 에드먼드 2세는 평화조약을 체결하였고 에드먼드 2세는 웨식스를 지배하고 노섬브리아와 머시아는 크누트가 지배하기로 합의하였다. 그러나 에드먼드 2세는 1017년 크누트의 지지자에 의해서 갑작스럽게 살해되었고 결국 크누트가 잉글랜드의 단독 왕이 되었다.

에드워드 2세는 겁이 많아 숨어지내던 아버지 애설레드 2세와는 달리 크누트와 데인족에 맞서 용감하게 싸웠기 때문에 알프레드 대왕 다음가는 투사로 인정받아 '용맹왕Edmund Ironside'라고 칭해졌다. 심지어 크누트도 그가 사망하고 난 후 그의 무덤에 찾아와 참배하며 명복을 빌었다고 한다.

DIGEST

23

UNITED KINGDOM

크누트 대왕의 시대, 북해제국의 등장

데인족 스벤 1세의 아들, 크누트 1세 시대

크누트는 잉글랜드 왕위에 오르자마자 잉글랜드의 귀족세력들을 모두 숙청하고 왕위를 이을 가능성이 있었던 에드먼드 2세의 동생 에드위그 마저 암살하였다. 그리고 다른 한편으로는 잉글랜드인들의 지지를 얻기 위해 애설레드 2세의 미망인인 노르망디의 엠마와 결혼하였다. 크누트는 애설레드 2세와 엠마의 자식들이 잉글랜드가 아니라 노르망디에서 사는 것을 조건으로 살려주기도 하였다. 크누트는 1016년 런던에서 대관식을 올리고 크누트 1세로 잉글랜드 왕위에 올랐다. 1018년 덴마크의 왕인 형 하랄 2세가 사망하자 잉글랜드의 군대를 이끌고 덴마크로 가서 덴마크의 왕위에 올랐고, 1028년 노르웨이 왕으로도 추대됨으로써 '북해 제국(앵글로 스칸디나비아 대제국)'을 건설하고 크누트 대왕이라는 칭호를 얻었다.

크누트 대왕은 잉글랜드를 무자비하게 정복하였으나 왕위에 오른 후 덴마크인과 잉글랜드인 사이의 갈등을 극복하려고 애썼고, 서로의 문화가 융합되도록 노력하였다. 군대를 해산하였고 기독교로 개종하였다. 요크의 대주교 울프스턴을 자문관으로 삼고, 경건한 기독교인으로서 교회의 가장 강력한 후원자가 되었다. 교회와 수도원의 지지를 얻기 위해 십일조 세금징수를 시행했다. 크누트 1세는 교회를 존중하고 상인을 보호하여 잉글랜드에 평화와 번영을 가져다준 유능한 군주로 평가받게 된다.

무엇보다도 잉글랜드인들을 관리로 임명해 정책을 일임하였다. 또한 잉글랜드의 법과 에드가의 법을 토대로 집대성한 에드가 법전The Canons of Edgar을 준수할 것을 서약하였고, 앵글로 색슨족의 관습을 존중하였다. 문화적으로도 스칸디나비아의 영향을 받았을 뿐 아니라, 덴마크 문자와 앵글로 색슨 문자가 혼용되어 사용되었다. 스칸디나비아의 영향으로 인해 스칸디나비아의 어원을 가지는 영어 단어가 3천여 개가 남아있고, 1,500여 개의 지명이 스칸디나비아 어원이다. 크누트 1세는 잉글랜드 국민과 교회의 지지를 받는 처음이자 마지막 덴마크 출신 영국 왕이 되었다.

크누트 1세는 잉글랜드를 4개의 영지(노섬브리아, 이스트앵글리아, 머시아, 웨식스)로 나누고, 고대 노르드어의 족장을 의미하는 '야를Jarl'에서 유래된 '얼Earl'이라 불리는 백작들에게 3개의 영지를 맡기고 웨식스 지역만 직접 통치하였다. 또한 연대책임 제도인 프랭크플레지Frankpledge 제도를 실시하였다. 프랭트플레지란 마을village와 주Shire의 중간 규모 정도의 지방행정단위인 헌드레드에 소속된 농노와 자유민의 법 준수를 연대책임지게 한 제도이다. 가령, 범죄가 발생했는데 범죄자가 자수하거나 잡히지 않을 경우 전체 농노와 자유민이 벌금을 내는 공동책임제도이다. 여자 및 성직자와 부유한 자유민은 이 제도에서 면제되었으나 12세가 넘은 모든 남자는 이 공동책임 제도에 해당되었다.

크누트 1세는 19년간 영국과 덴마크와 노르웨이를 통치하여 북해제국을 이룩했다. 역사학자들은 크누트 1세가 뛰어난 왕이며, 앵글로 색슨 역사상 가장 유능한 통치자로 평가하고 있다. 크누트 1세는 잉글랜드, 덴마크, 노르웨이의 왕위에 오른 후 잉글랜드와 덴마크, 노르웨이를 직접 간접적으로 통치했으며, 스코틀랜드 통치자 말콤Malcolm의 충성을 맹세 받았다. 그러므로 영국 역사상 헨리 2세 이전에 가장 넓은 영토의 통치자이기도 했다. 로마로 순례를 다녀온 후에는 스칸디나비아반도에 기독교를 전파하기도 했다. 크누트 1세가 기독교로 개종하고 난 후에 "왕의 권력이 얼마가 공허하고 가치가 없는 것인지 모든 사람이 알게 하라"라고 했다고 전해진다.

DIGEST

24

UNITED KINGDOM

에드워드 참회왕과 웨식스의 벌거벗은 레이디 고디바

해럴드 1세(1035년-1040년)부터 에드워드 참회왕 Edward the Confessor 까지

1035년 크누트 1세(995년-1035년)가 사망하자 본처였던 앨프지푸 왕후의 아들들과 엠마의 아들 사이에 내분이 일어났다. 이 내분으로 앵글로-스칸디나비아 제국이었던 북해 제국은 무너지고 말았다. 크누트와 엠마 사이의 적자로 덴마크 왕위를 물려받은 하레크누드가 노르웨이의 망누스 1세와 대치하여 덴마크의 상황이 불안해지자 잉글랜드에 신경 쓸 수가 없었다. 잉글랜드에 관심이 소홀한 틈을 타서 앨프지푸 왕후의 아들 해럴드가 해럴드 1세로 잉글랜드 왕이 되었다.

1040년 해럴드 1세가 1037년부터 1040년까지 통치하다가 병으로 사망하자 하레크누드는 62척의 전함을 거느리고 잉글랜드로 돌아왔다. 하레크누드는 자신의 왕위를 빼앗은 것에 대한 분풀이로 이미 죽은 해럴드 1세를 부관참시(剖棺斬屍) 하였고, 왕이 될 가능성이 있는 이복형제 에드워드의 동생 앨프리드를 죽임으로써 복수를 했다. 또한 지방 행정을 재편하면서 웨식스를 아예 없애버렸다. 1041년 지병을 앓고 있었던 하레크누드는 죽기 1년 전에 왕권 이양을 위해 노르망디에 추방되어 있던 의붓형 에드워드를 불러들인다.

결국 하레크누드는 통치 말년에 갑자기 심한 발작으로 사망하고 말았다. 사망 당시 23세였던 하레크누드는 덴마크 핏줄이 섞인 마지막 왕이었다.

하레크누드가 사망하자 웨식스의 백작 고드윈의 지지를 받은 에드워드가 41세에 잉글랜드의 왕위를 이어받아 앵글로 색슨 왕조의 에드워드 참회왕(Edward the Confessor, 1042-66)이 되었다. 앵글로 색슨의 에드워드는 애설레드 2세와 노르망디공의 딸 엠마 사이에서 태어난 7번째 아들이다. 애설레드 2세와 스벤 1세는 왕위를 두고 싸웠으며, 두 왕이 죽고 난 후 두 왕의 아들들이 대를 이어 왕위를 두고 싸웠다. 애설레드 2세 사후에 왕권이 크누트에게 넘어갔었기 때문에, 큰 키의 마른 체격에 창백하고 약한 에드워드는 어머니의 영지 노르망디로 망명하였다. 에드워드는 어머니가 이부(異父)형제인 동생 하레크누드를 왕으로 지지했었기 때문에 자신이 왕이 될 것이라고 생각하지 않았었다. 그러나 하레크누드의 병이 위중해지자 에드워드를 잉글랜드로 불러들였던 것이다.

하레크누드가 죽자 1042년 윈턴 참의회의 결정과 앵글로 색슨족인 국민들의 열렬한 지지로 에드워드가 왕위에 올랐다. 에드워드는 25년간의 오랜 노르망디 망명생활 동안 모친의 영향으로 경건한 신앙심을 가지게 되었다. 에드워드 왕은 순교는 하지 않았지만 경건하고 두터운 신앙심과 비세속적인 이미지 때문에 에드워드 참회왕Edward the Confessor으로 불린다. 에드워드 왕은 로마의 성지순례 대신에 수도원을 증축하여 오늘날 웨스트민스터 사원을 세웠다.

에드워드 참회왕은 색슨계 귀족 고드윈의 딸 이디스와 결혼하였으므로, 왕위 초기 11년은 고드윈이 실권을 휘두르게 되었다. 특히 고드윈 일가는 잉글랜드 남부의 대부분을 지배하는 권력을 가지고 있었다. 에드워드 참회왕은 이를 견제하기 위해서 색슨 백작인 고드윈에 맞설 수 있는 지방행정관을 파견하고, 궁정에서도 고드윈이 이끄는 색슨 귀족들에 반대하는 프랑스 출신의 노르망 귀족을 등용하는 이원적 구조를 지탱하려고 했으므로 궁정에서의 긴장이 증가하였다. 1050년 중반에 이르러 에드워드 참회왕이 고드윈의 세력을 압도한 후에는 정치를 멀리하고 매일 사냥을 다니게 된다.

한편, 1051년 참회왕 에드워드를 지지하는 레오프릭 백작과 맞섰던 고드윈은 프랑스로 망명하였다가 이듬해, 반 노르만 물결이 일어나자 런던으로 돌아와 세력을 규합했다. 1065년 헤럴드 1세의 동생 토스티그가 백작으로 있던 노섬브리아에서 일으킨 반란을 진압하고 난후 1066년 에드워드 참회왕은 사망하게 된다. 에드워드 참회왕이 후사 없이 사망하게 되자, 잉글랜드의 귀족이 주도한 윈턴 참의회는 에드워드 참회왕의 아내인 이디스 왕비의 부친인 고드윈의 아들 해럴드에게 왕권을 계승할 것을 결정하였다. 그러나 윌리엄 1세는 에드워드 왕이 생전에 사촌인 자신에게 왕위를 주겠다고 공공연히 말했고 해럴드도 그에 동의했으므로 잉글랜드의 왕위에 자신이 올라야 한다고 주장하면서 군사력을 동원하여 잉글랜드 원정에 나섰다. 참회왕 에드워드가 매장된 다음날 고드윈의 아들 해럴드 2세(1066년 1월 5일-1066년 10월 14일)가 잉글랜드 왕위에 오르지만 9개월도 채 되지 않는 동안 통치하다가 윌리엄 1세에게 왕위가 넘어가고 노르망 왕조가 탄생한다.

웨식스의 벌거벗은 '레이디 고디바Lady Godiva'

참회왕 에드워드의 편이면서 고드윈에게 대적할 세력을 가진 귀족 웨식스의 레오프릭Leofric 백작이 있었다. 그는 벌거벗은 '레이디 고디바Lady Godiva'로 유명한 고디바God's gift, Godgifu의 남편이기도 하다. 북유럽 바이킹 족인 데인족 출신인 레오프릭 백작이 무거운 세금을 영지 주민에게 부과하자 앵글로 색슨족인 젊은 부인 고디바는 이를 부당하다고 생각하였고 그 뜻을 조심스레 전했다. 레오프릭은 부인에게 "벗은 몸으로 마을을 한 바퀴 돌면 뜻대로 해주겠다"고 했다. 순진한 고디바 부인은 그가 말한 대로 코벤트리 지방 도시를 벌거벗은 채로 말을 타고 누드 행진을 하여 세금을 낮추게 하였다는 일화가 있다.

벌거벗은 고디바가 말을 타는 동안 고디바 부인의 숭고한 뜻을 기려 모든 주민들이 커튼을 치고 내다보지 않기로 약속했다고 한다. 그러나 호기심을 이기지 못하고 훔쳐본 단 한 사람이 재단사였던 톰 브라운이었고, 그는 그 죄로 그만 눈이 머는 천벌이 내려져 장님이 되고 말았다. 그 후 이 사건은 관

레오프릭 백작의 색스족 출신 고디바.

음증이 있는 사람을 뜻하는 'peeping Tom'이라는 알레고리 표현(이야기가 포함된 은유)으로 남았다. 벨기에에서 초콜렛을 판매하는 고디바사의 설립자 조셉 드랍스는 잉글랜드의 고디바 백작부인의 고귀한 이타심과 관용, 아름다움과 우아함에서 영감을 받아 고디바를 상표로 정했다고 한다.

DIGEST100SERIES

제3장
노르만의 정복, 노르만 왕조의 잉글랜드 왕국

UNITED KINGDOM

DIGEST

25

UNITED KINGDOM

정복왕 윌리엄 1세와 노르만의 정복

북쪽에서 온 노르만의 정복

'북쪽에서 온 사람'이라는 뜻을 가진 '노스먼Norseman' 또는 '노르만Norman'인들은 지금의 프랑스 서쪽 해안 노르망디 지방을 침략한 바이킹의 후손이다. 8 세기경 바이킹의 우두머리였던 롤로Rollo가 프랑크 샤를 왕의 봉건 제후가 되어 노르망디 공국이 되었고, 프랑크 왕국의 언어와 풍습, 기독교를 받아들이면서 정착하였다. 11세기경 노르망디 공국은 잉글랜드를 자주 침략했지만, 노르망디 공국의 리샤르 1세의 딸 엠마가 잉글랜드 애설레드 2세의 두 번째 아내가 되어 양측의 평화협정이 이루어졌다. 에설레드 2세가 사망한 후, 엠마는 크누트 1세의 두 번째 아내가 되어 재가(再嫁)가 이루어졌으므로 평화가 이어졌다. 리샤르 2세의 사망 후 왕위에 올랐던 장자인 리샤르 3세가 불과 1년 만에 갑자기 사망하자, 동생 로베르 1세가 형 리샤르 3세를 죽이고 공작이 되었다는 의혹이 만연했지만, 결국 노르망디 공작에 올랐다.

노르망디 공작된 로베르 1세와 팔레즈 출신 평민의 딸 아를레트(Arlette, 또는 에를르바Herleva라고도 알려짐) 사이에서 윌리엄 1세는 서자로 태어났다. 윌리엄 1세(기욤 2세)는 로베르 1세의 서자이지만 유일한 아들이었기에 후계자로 정해졌다. 경건한 신앙심을 갖게 된 윌리엄의 부친 로베르 1세가 1035년 예루살렘 순례를 마치고 돌아오는 길에 사망하자, 프랑크 왕국의 앙리 1세의 후원을 받은 윌리엄 1세는 8살의 나이에 노르망디의 공작 기욤 2세가 되었다. 윌리엄 1세는 8세에 서자로서 왕위에 올랐기 때문에 정통성 면에서 불안정하여 통치 초기부터 1047년까지 무정부 상태처럼 혼란을 겪어야 했다.

그러나 윌리엄 1세는 어린 시절, 왕권 유지의 어려움을 극복하고 노르망디 공국을 서프랑크 왕국(지금의 프랑스)과 대등할 정도로 발전시켰다. 안정적인 권력이 확보되자, 1066년에는 도버해협을 건너 잉글랜드 침략을 시도했다. 그리고 치열했던 헤이스팅스 전투에서 잉글랜드 왕 해럴드 2세에게 크게 승리하여 잉글랜드를 정복하였다. 잉글랜드를 정복한 윌리엄 1세는 잉글랜드의 노르만 왕조의 시조가 되었다. 윌리엄 1세는 '정복왕'으로 불리거나 그의 태생 때문에 '서자왕the Basrard'이라고 불리기도 한다.

윌리엄 1세는 큰 키에 건장하고 강건한 체격을 지녔으며, 저음의 목소리로 말솜씨가 뛰어나고 열정적인 성격을 지닌 전제군주로서의 위엄이 있었다. 한편 평민 어머니에게서 태어난 서자라는 신분 때문에 반대세력에 둘러싸여 성장하면서 냉정하고 이성적이 되었다. 독실한 기독교 신자였고 군사 전략에 밝았지만, 때로는 극도의 폭력도 행사하였다. 하지만, 정치적 균형감각을 가진 야심에 찬 청년으로 성장했다.

1050년 이웃 영지인 플랜더스 카운티의 플란데런 백작의 딸 마틸다Matilda of Flanders와 결혼함으로써 강력한 협력과 동맹을 얻게 되었다. 당시 교황 레오 9세는 모계 쪽으로 친척인 두 사람의 결혼이 근친결혼이라는 이유로 반대하였으나, 노르만 주교와 이복동생인 수도원장의 지지를 받아 결혼하기에 이르렀다. 그리고 1059년 캉에 성 슈테판교회 겸 남자수도원과 성삼위교회를 건립하여 교황과 화해하였다.

윌리엄 1세와 마틸다가 결혼할 때까지 우여곡절이 있었지만, 결혼생활은 행복했던 것으로 알려져 있다. 마틸다는 강력하고 지적인 여성으로 남편의 잉글랜드 정복을 지지했고, 잉글랜드 원정을 위해 개인 재산을 털어 '모라

마틸다의 배 '모라'.

Mora'라는 깃발이 달린 선박을 선물했다.

윌리엄 1세의 잉글랜드 정복과 헤이스팅스 전투

잉글랜드 정복을 결심한 윌리엄 1세는 원정 준비를 위한 회의를 자주 열었다. 초기에 국왕의 봉신인 대남작들의 군사적 지지를 호소했지만, 대부분 거절당했다. 윌리엄 1세가 잉글랜드 정복에 성공하려면, 말을 운반할 배가 필요할 뿐만 아니라, 순풍이 불어야 하고, 잉글랜드에 잘 도착한다 해도 잉글랜드 지리를 너무도 잘 아는 전투 병력이 그들을 기다리고 있을 것이기 때문에 승산이 없을 것처럼 보였던 것이다.

윌리엄 1세는 결국 대남작들에게 용병을 모집하면서 정복한 영토를 주겠다는 약속을 하고 약 9개월 동안 원정을 위한 세심한 준비를 하였다. 노먼 연대기에 따르면 교황 알렉산더 2세는 교황기와 베드로 성당의 성스러운 유물을 윌리엄 1세에게 보내 원정을 격려하였으므로 외교적 지원을 확보했다고 기록했다. 한편 윌리엄 1세는 1066년 6월 노르망디의 주요 귀족들을 캉Caen에 모여 신의 축복을 기원하고, 원정의 정당성을 선포하였다.

1066년 9월에는 잉글랜드의 자유농민으로 구성된 민병대인 퓌르드Fyrd

가 수확을 위해 농지로 돌아가야 하는 때였다. 퓌르드는 비상사태를 제외하고 보통 2개월 군복무를 하고 농지로 돌아가도록 되어있었다. 실제로 헤럴드 2세는 곡식의 수확기가 다가오자 영국 남부에 주둔했던 군대를 9월 8일 해산했다. 영국해협에 군사력의 공백이 생긴다는 것을 알아챈 윌리엄 1세는 9월 28일 700척의 군함과 기병 4000과 보병 7000을 이끌고 순풍의 힘을 받아 서섹스의 페펜시Pevensey에 도착했으며 몇몇의 배들은 롬니Romney에 도착했다.

윌리엄 1세는 1066년 10월 북서풍이 남풍으로 바뀌자 도버해협을 건너 잉글랜드를 침략하였다. 윌리엄 1세가 도버해협을 건너올 즈음, 헤럴드 2세의 군대는 헤이스팅스에서 북쪽으로 400킬로나 떨어진 지금의 요크에서 전투를 막 끝낸 상황이었다. 그러나 윌리엄 1세의 침략을 보고받자마자 헤럴드 2세는 하루 평균 약 43킬로를 행군해 남쪽 해안 헤이스팅스로 도착했던 것이다. 북쪽에서 토스티그와 노르웨이의 전투를 치른 후 19일 만이었다. 하지만 헤럴드 2세는 부지런히 군대를 움직여 헤이스팅스의 언덕과 계곡의 전투에 유리한 고지를 선점할 수 있었다. 헤럴드 2세의 군대는 센레크 언덕Senlac ridge의 위쪽 산마루에 주둔하여 언덕 밑에 있는 윌리엄 1세의 군대를 내려다보며 그들의 움직임을 파악할 수 있는 상황이었다.

불리한 위치에 있던 윌리엄 1세는 자신의 거짓 죽음을 알리는 전략을 써서 기병들에게 퇴각 명령을 내렸다. 윌리엄 1세의 전략에 속은 헤럴드 2세의 보병부대가 퇴각하는 윌리엄 1세의 기병을 뒤쫓아 언덕 아래로 내려오자 윌리엄 1세의 기병은 뒤돌아 반격을 가함으로써 쉽게 보병을 공격할 수 있었다. 이러한 전략으로 후퇴와 반격을 반복하자 잉글랜드 군대는 흐트러진 대열을 수습하기 어려웠고 수적으로도 줄어들게 되었다. 또한 윌리엄 1세는 궁병들에게 화살을 높이 멀리 쏘도록 명령하여 헤럴드 군이 방패로 이를 막는 동안 기병들이 공격하도록 했다. 잉글랜드 군의 방어력은 점차 무너졌고 헤럴드 2세도 비 오듯 날아오는 화살에 눈을 맞고 쓰러져 결국 전사하였다. 헤럴드의 형제인 거스Gyrth와 레오퓐Leofwine도 이 전투에서 목숨을 잃었다.

가장 결정적인 전투였던 헤이스팅스 전투에서 헤럴드 2세가 죽자, 런던 주

헤이스팅스 전투.

변의 귀족들이 항복해왔고 윌리엄 1세는 런던으로 진격하였다. 그리고 런던의 귀족들이 다음 왕으로 추대했던 에드먼드 2세의 손자 에드가 에설링을 굴복시켰다. 결국 1066년 크리스마스에 윌리엄 1세는 런던의 웨스트민스터 대사원에서 불만에 찬 브리튼의 귀족들이 조용히 침묵하는 가운데 잉글랜드 왕위에 즉위하여 노르만 왕조가 시작되었다. 윌리엄 1세는 통치 기간 동안 영국이 아닌 노르망디 공국에 지내면서도, 1075년까지 수차례 침공을 지속하면서 영국을 실제적으로 지배하였다. 영국의 영토를 노르만식 봉건제도로 바꾸었고, 중앙집권적인 봉건 국가를 수립하였다. 영국의 지배 계급은 노르만 출신의 귀족들로 채워졌고 앵글로 색슨족은 평민으로 전락하였다. 이후부터 영국의 상류 지배 계급들은 프랑스어를 사용하였고 평민들은 영어를 사용하게 되었다.

DIGEST

26

UNITED KINGDOM

윌리엄 1세의 잉글랜드 통치, 노르만 왕조의 시작

정복왕 윌리엄 1세의 잉글랜드 통치

정복왕 윌리엄 1세의 잉글랜드 통치는 반란과 진압의 반복으로 시작되었다. 1069년 노섬브리아의 요크에서 일어난 반란을 윌리엄 1세는 무자비하게 진압하였다. 마을을 전소시키고 가축을 몰살하여 거주민들은 굶어 죽거나 노예가 되었다. 당시 노르만의 참혹한 공격으로 일세기가 지나도록 잉글랜드에는 노르만에 대한 증오심이 그대로 남아있다.

1071년 링컨셔어Lincolnshire의 호족인 헤리워드Hereward the Wake가 다시 반란을 일으켰다. 하지만 뇌물을 받은 일리Ely 섬 수도승의 배반으로 반란은 바로 진압되었다. 치열하게 노르만에 맞선 헤리워드는 전설적인 애국자로 남게 되었다. 1075년에도 왈데오프Waltheof 백작은 노포크의 백작 랄프와 헤러퍼드의 백작 로저와 작당하여 반란을 일으켰다. 윌리엄 1세는 즉각 잉글랜드로 건너와 이들을 평정하였다. 또 이복동생인 바이외 주교이자 켄트백작인 오도가 교황이 될 욕심으로 군대를 일으키자 1082년 윌리엄 1세는 잉글랜드로 건너와 사태를 수습하고 반란에 협력했던 주요 귀족들로부터 충성 서약을 받았다.

충성을 맹세하지 않는 앵글로 색슨인은 정치적인 영향력을 행사하는 위치에 오르지 못하도록 대륙과 유사한 봉건제도를 실시하였다. 또한 윌리엄법을 제정하여 영국인이 노르만인에게 잘못을 했을 경우 재판에 바로 회부되고 노르만인이 영국인에게 위해를 가했을 경우 결투재판이나 신성재판으로 고의가 아니라는 것을 입증해야 재판에 회부되었다. 이러한 법률적 차별로 노르망디에서 건너온 노르만 상인들은 유리한 위치에서 앵글로 색슨 상인들과 경쟁하거나, 지배자와 피지배자 관계가 되었으므로 마찰은 불가피하였다.

윌리엄 1세는 통치수단으로 교회에 주목하였다. 그리고 교회의 권위를 보장하겠다는 법령을 발표했다. 교회에 대한 믿음을 기반으로 앵글로 색슨인들과 노르만인 사이에 평화와 통합을 꾀했던 것이다. 당시의 주교였던 스티건드Stigand 대신에 캉의 수도원 출신 란프랑크Lanfranc를 캔터베리 주교로 임명하고 사실상 그를 통해서 잉글랜드를 통치하였다.

란프랑크는 윌리엄 1세의 심복 역할을 하며 정기적으로 성직자 회의와 왕의 자문회의를 개최하여 세력이 커진 성직자들이 왕의 자문역할을 하도록 했다. 1085년 윌리엄 1세는 둠스데이Domesday book을 편찬하도록 명령하여 영국의 토지 보유 리스트를 작성하였다. 둠스데이는 잉글랜드 통치 구역 내의 경제 상황을 파악하기 위한 것으로, 대남작들의 탈세 논쟁을 없애기 위한 세금 명세와 액수를 조사하여 기록한 것이다. 둠스데이의 존재 덕분에 당시에 노포크와 서퍽에 16만여 명이 거주하였으며 이스트앵글리아가 가장 인기 있는 지역이었던 것이 알려지게 되었다. 요크셔에는 3만여 명, 런던에는 2만 5천여 명이 거주한 것으로 조사되었다. 유럽의 어떤 국가에서도 둠스데이 같은 기록은 없었으므로 둠스데이는 기록 이상의 역사적 가치를 갖게 되었다.

윌리엄 1세는 중앙집권적 봉건제도를 도입하여 둠스데이로 시행한 토지 조사를 토대로 조세제도를 정립했다. 즉 윌리엄 1세가 잉글랜드 왕국의 실질적인 토지 보유자가 되어 신하들에 봉토를 나누어 주었고 최하층 농민들의 토지를 봉건귀족에게 종속시켜 농민들은 장원에 속한 비자유민 농노로 전락하였다. 따라서 프랑스의 독립적인 봉건제도와는 달리, 잉글랜드의 봉건

제도는 중앙 집권적 모습을 띠게 되었다. 이러한 방식으로 경제와 사회적 안정을 추구했기 때문에 윌리엄 1세의 노르만이 정복한 이후 수백 년간 잉글랜드를 통치할 수 있었다. 바이킹의 침략은 멈추었고 지방끼리의 내분도 사라졌다. 웨일스와 스코틀랜드 국경지역의 영주들은 다소 독립적으로 자신의 영지를 통치하였다. 그들 자신의 판사를 임명했으며 성을 짓고 군대를 소집했다.

노르만의 봉건제도 실시로 앵글로 색슨인들은 최하층민이 되었다. 자유농민들은 영주에게 절대적인 충성을 바치는 농노가 되거나 군역에 종사하게 되었다. 영주의 허락 없이는 땅을 사고파는 것이 불가능할 뿐만 아니라 여행도 금지되었다. 왕의 행정관에 의해서 법을 실행했던 헌드레드와 주Shire는 노르만의 영주가 절대적 권력을 휘두르는 영지로 바뀌었다. 봉건지역에 속한 농노들은 타지역과 의사소통이나 이동이 줄어들었다. 때문에 지역적 차이를 조정할 수 있는 기회가 사라졌고, 영어방언의 지역적 차이가 급격히 증가하게 되었다.

윌리엄 1세는 잉글랜드와 노르망디를 오고 가며 반란을 진압해야 했고, 프랑스의 필리프 왕과 전쟁도 치러야 했다. 결국 1087년 프랑스 북쪽 망뜨에서 포위되어 말에서 떨어지는 부상을 당해 사망하고 말았다. 윌리엄 1세가 노르망디와 잉글랜드를 하나의 제국으로 통합하려 하지 않았기 때문에 그의 사망 이후에 노르망디 왕국은 분할되고 말았다. 노르망디는 장자인 로베르 커토즈Robert Curthose가 물려받아 로베르 2세가 되었고, 둘째 아들 윌리엄 루퍼스Willliam Rufus가 잉글랜드를 물려받아 윌리엄 2세가 되었다.

붉은 얼굴의 윌리엄 루퍼스Lufus, 윌리엄 2세(재위기간, 1087–1100)

윌리엄 1세의 차남 윌리엄 루퍼스는 잉글랜드 왕국을 상속받아 윌리엄 2세로 잉글랜드의 왕위에 올랐다. 윌리엄 2세는 붉은 안색을 지녔기에 루퍼스(라틴어로 붉은 사람이라는 의미)라고 불렸다. 능숙한 전사로서 호전적이고 대담하며 활기에 넘치는 인물이었지만, 평생을 독신으로 살아 후사 없이 사망하자 남색을 즐겼다는 설이 있기도 했다. 왕위에 오른 지 불과 1년 후인

붉은 머리의 윌리엄 루퍼스, 윌리엄 2세, 윌리엄 1세의 두 번째 아들.

1088년 노르망디를 다스리고 있던 형 로베르 2세를 동부 잉글랜드의 왕으로 옹립하려는 반란이 일어났다. 윌리엄 2세는 군사적으로 열세였고 형이었기에 타협을 하고 반란을 잠재웠다. 하지만 노섬벌랜드의 백작 로버트 모브레이가 다시 2차 반란을 일으키자, 반란에 대비하고 있던 윌리엄 2세는 이를 무자비하게 진압하였다.

란프랑크 대주교가 강력한 세력을 누리게 되자 윌리엄 2세는 교회권력보다 왕권을 강화하고자 대주교의 세력을 견제하기 시작했다. 그리고 캔터베리 대주교 란프랑크가 사망하자, 안셀무스를 캔터베리 대주교로 임명하였다. 이탈리아 북부 출신으로 고전교육을 받았으며, 스콜라철학의 창시자이기도 한 안셀무스는 학문적인 깊이와 깊은 신앙심을 인정받아 란프랑크의 뒤를 이어 베크 대수도원장에도 임명되었다.

1093년 캔터베리 대주교로 임명된 안셀무스는 윌리엄 2세가 성직 임명에 관여하고 성직을 매매하려하자, 이에 불만을 품고 마찰을 빚다가 1095년 3월 교황의 사절이 대주교를 승인하는 팔리움 예복을 가져왔을 때 윌리엄 2세의 성직임명을 거부하고 로마로 되돌아갔다. 윌리엄 2세는 안셀무스가 로마로 떠난 뒤 곧바로 캔터베리 대주교령을 몰수하였다.

한편 윌리엄 2세는 노르만 스타일의 옷과 유희, 건축에 심취하여 낭비가 심했다. 1093년 윌리엄 2세는 덜함Durham에 국경 요새의 기능을 담당하는 성과 가장 큰 규모의 성당 건립을 명령했다. 이 성은 원통형 구조와 기둥으로 아치를 세운 노르만 양식으로 1133년에 완공되었다. 후에 덜함 성은 스코틀랜드의 침입을 막는 요새가 되었고 현대에 이르러 해리포터의 영화 촬영지가 되기도 하였다. 또한 템스강변의 웨스트민스터 홀을 가장 기독교적이면서 세속적인 큰 건물로 변모 시켰다. 이러한 소비는 국가 재정을 점점 어렵게 만들었다.

윌리엄 2세는 스코틀랜드의 왕 맬컴 3세를 노섬벌랜드에서 패배시키고 처형하여 스코틀랜드를 지배하였으며 1097년 웨일스도 차지했다. 또한 그의 형 로베르 2세의 노르망디 지방을 빼앗기 위해서 7년 동안 전쟁(1089-1096)을 벌여 결국 형을 굴복시켰다. 1096년 형 로베르 2세는 1차 십자군 원정을 떠나면서 윌리엄 2세에게 통치를 위임하였다. 윌리엄 2세는 영토 확장을 위해 수많은 전투를 치렀기 때문에 주변에 정적들이 많았다. 그의 정적들은 동생 헨리 1세에게 왕에 오르도록 부추겼다. 결국 1100년 윌리엄 2세는 동생인 헨리 1세와 뉴포리스트 숲속으로 사냥을 갔다가 동행했던 명사수 월터 티럴 대남작의 활에 맞아 절명하였다. 함께 사냥 갔던 동생 헨리 1세는 곧바로 옥새가 있는 윈체스터로 향하였고, 3일 뒤에 왕위에 올랐다.

DIGEST

27

UNITED KINGDOM

헨리 2세의 야심과 장남 윌리엄의 죽음

헨리 1세, 형제들과 왕위찬탈 다툼, 장남 윌리엄의 허무한 죽음

헨리 1세는 학식이 높았지만, 서열상 셋째 아들이었고 부친 윌리엄 1세로부터 단지 5천 파운드만을 상속받아 불만이 많았다. 왕위에 오른 후 헨리 1세는 봉건 제후들의 지지를 얻으려고 애썼다. 봉건 제후들은 십자군 원정에서 돌아오고 있는 만형인 로베로 2세를 정당한 계승자로 지지했기 때문이다. 헨리 1세는 귀족들의 지지를 얻기 위해 모든 압제적인 왕의 통치를 멈추겠다고 공언하면서 자유헌장을 선포하였다. 부당한 왕실의 과세를 멈추고, 교회의 수입활동을 금하며, 왕실의 권력남용을 방지하겠다고 선언한 것이다.

얼마 후 형인 로베르 2세는 군대를 이끌고 잉글랜드를 침입하였고 자신이 정당한 왕위계승자임을 주장했다. 헨리 1세의 그동안의 노력에도 불구하고 일부 잉글랜드의 귀족들은 로베르 2세의 편에 섰다. 헨리 1세는 형인 윌리엄 2세와 불화로 캔터베리 주교직을 떠났던 안셀무스를 다시 불러들였다. 헨리 1세는 안셀무스와 그를 지지하는 귀족세력들의 지원을 얻어 로베르 2세와 전투를 벌였다. 십자군 전쟁으로 재정적인 부담을 가지고 있던 로베르 2세는 잉글랜드 왕위를 포기하는 대신 노르망디의 안전과 부담금을 요구하였고 헨리 1세는 이를 받아들였다. 협상이 끝나자 로베르 2세는 노르망디 공국으로 돌아갔다.

재정적으로 취약했던 로베르 2세의 실정으로 노르망디 공국이 혼란에 빠지자 노르망디 성직자들은 헨리 1세에게 노르망디 공국을 다스려달라고 요청하러 왔다. 아버지의 영토를 통일하겠다는 대의명분으로 성직자들의 지지를 얻은 헨리 1세는 노르망디의 탱슈브레 전투에서 로베르 2세에게 승리하고 노르망디 공국을 얻게 되었다. 헨리 1세는 잉글랜드와 노르망디 왕국을 통합하고 행정체제를 정립하였다. 한편, 스코틀랜드와 관계를 완화하기 위해 윌리엄 2세가 처형했던 멜컴 3세의 딸인 마틸다와 결혼하여 외교적 안정을 이루었다.

헨리 1세는 바다를 건너 노르망디 공국을 오가며 통치하였다. 헨리 1세가 노르망디에 가있을 때는 왕비인 마틸다에게 잉글랜드를 맡겼다. 그리고 순회법정제도를 시행하여 자신이 임명한 판사가 잉글랜드 각 주를 순방하며 통치하도록 하였다. 헨리 1세는 안셀무스를 캔터베리 대주교로 다시 임명하였다. 하지만 안셀무스는 주교직 임명권을 헨리 1세에게 양보하지 않았고, 스스로도 왕에 대한 충성을 맹세하지 않았다. 웨스트민스터 협약으로 헨리 1세는 임명권을 포기하지만 대주교와 대수도원장이 축성 전에 국왕에게 경의를 표하도록 하는 내용을 담았다. 이를 거부한 안셀무스는 다시 노르망디로 떠나고 말았다.

헨리 1세는 왕비인 마틸다와 사이에서 낳은 딸 마틸다를 신성로마제국(오늘날의 독일) 황제인 하인리히 5세와 결혼시켰다. 헨리 1세는 자신의 죽음 후 왕위 쟁탈 전쟁이 반복되지 않도록 아들인 윌리엄 더 아델린(고귀한 이라는 뜻)을 후계자로 선포하였다. 그러나 1119년 프랑스 루이 6세와 헨리 1세와의 전투에 아들 윌리엄이 참전하였다가, 1120년 11월 잉글랜드로 귀환 중에 윌리엄을 태운 화이트쉽이 침몰하면서 목숨을 잃고 말았다. 선장과 일부 선원이 항해 도중 술에 취해 있었고 배는 암초에 부딪혔던 것으로 알려졌다.

헨리 1세의 외동딸 마틸다, 조카 스티븐과 왕위계승권 싸움

1135년 헨리 1세가 사망했을 때 외동딸인 마틸다가 왕위계승권을 갖고 있었다. 헨리 1세의 딸 마틸다는 1114년 12세에 16년 연상의 신성로마제국(독일)의 황제 하인리히 5세와 결혼하였다. 그러나 6년 만에 하인리히 5세가 사망하자 잉글랜드로 돌아와 있다가 1128년 앙주 백작 제프리 플랜태저넷과 재혼하여 헨리 2세를 낳았다.

마틸다에게 왕위계승권이 있었으나 당시 잉글랜드 귀족들은 헨리 1세의 조카 스티븐을 왕으로 내세웠다. 블루아의 스티븐Stephen of Blois은 정복왕 윌리엄 1세의 외손자로 헨리 1세가 양육했다. 헨리 1세는 스티븐에게 블루아 지역의 광대한 영토를 상속해 주면서, 마틸다의 왕위상속을 인정하게 했고 충성을 맹세하게 했었다. 그러나 마틸다가 노르만인들이 적대시하던 앙주 백작 제프리와 결혼한 사실과 여성의 왕위 상속 자체를 못마땅해 하는 귀족들의 지지를 받지 못하자, 스티븐은 귀족들과 대주교의 지지를 얻어 왕위를 이어받았다.

귀족들의 지지를 받은 스티븐이 잉글랜드의 통치권을 이어받기는 하지만 마틸다와 앙주 백작의 끊임없는 반란과 귀족들과의 반목으로 실질적인 통치를 하지 못했다. 특히 1138년 마틸다의 이복동생인 글로스터 백작 로버트가 '마틸다가 헨리 1세의 정통 왕위계승자'임을 주장하며 반란을 일으켰다. 스티븐은 마틸다와 그녀를 지지하는 세력들과 맞서 싸워야 했다. 마틸다와 내전 초기에 스티븐은 전투에서 승리하기도 했다.

1139년 스티븐은 솔즈베리 주교, 링컨의 주교, 일리의 주교가 마틸다를 지지했다는 혐의로 체포하였다. 교황은 이들의 석방을 촉구하는 서신을 보냈지만 이를 무시하자 스티븐은 성직 귀족들의 지지를 잃었다. 스티븐은 플랑드르 출신의 용병을 고용하였다. 이 용병들이 잉글랜드의 귀족들과 반목하였고, 스티븐은 잉글랜드 귀족들의 지지마저 잃게 되었다. 마틸다는 글로스터 백작의 지원으로 전투를 벌였고 스티븐을 생포하였다.

1141년 4월 마틸다는 잉글랜드의 레이디Lady of the English로 칭해지며 왕위에 오를 수 있는 기회가 있었다. 그러나 6월 대관식을 위해 런던에 도착한 마틸다가 화려한 대관식을 위해 귀족들에게 거금을 요구했으며 시민들의 감세 요구를 오만한 태도로 거절하였다. 이에 귀족들과 시민들이 마틸다에게 강력하게 저항하였고, 신변의 위협을 느낀 마틸다는 옥스퍼드로 피신하였다. 마틸다가 왕위에 오르지 못하고 우왕좌왕하는 와중에 스티븐의 아내에게 사로잡힌 글로스터 백작과 스티븐이 맞교환되어 풀려나 다시 왕위에 복귀하였고, 마틸다는 노르망디로 도망치고 말았다. 스티븐의 통치기간에 대해『앵글로 색슨 연대기』에서는 '19년간의 겨울'로 기록하였고, 이 시기를 무정부 시대로 일컫기도 한다. 결국 스티븐이 사망한 1154년 12월 마틸다의 아들 헨리 2세가 웨스트민스터에서 왕위에 올랐다.

DIGEST
28
UNITED KINGDOM

플랜태저넷 왕조의 헨리 2세와 엘레오노르 왕비

플랜태저넷Plantagenet왕가의 첫 번째 국왕, 헨리 2세

헨리 2세(재위기간, 1154-1189)는 헨리 1세의 외동딸인 어머니 마틸다와 아버지인 프랑스의 앙주왕가 앙주 백작의 아들로 태어났다. 유일한 왕위계승권을 가졌던 마틸다의 모계 상속권으로 플랜태저넷 왕가를 세운 국왕이 되었다. 플랜태저넷Plantagenet이라는 이름은 헨리 2세의 부친 앙주 백작이 잉글랜드에 널리 서식하는 노란색 덤불 꽃인 금작화가지Planta Genista를 투구에 꽂았다는 것에서 유래되었다고 알려진다.

헨리 2세는 작지만 탄탄한 체격을 가졌고, 잘생긴 얼굴에는 주근깨가 있으며, 황갈색 머리카락과 회색 눈을 가진 사람이었다. 성격이 침착하고 냉정했고, 위트와 재치가 넘치는 말솜씨에 학식이 풍부하여 품위 있는 대화를 이끌 줄 알아 후일 아키텐 왕국의 엘레오노르 왕비의 호감을 사고 청혼을 받게 된다.

헨리 2세는 어머니 마틸다의 영향으로 앙주에서 지내면서 그 시대의 문법학자라고 알려진 상트의 피에르Peter of Saintes나, 브리스틀의 성 어거스틴St Augustine's in Bristol의 수사 신부들에게 교육받았다. 1144년 앙주로 돌아와 콘

잉글랜드에 널리 서식하는 플랜태저넷 가문을 상징하는 꽃.

슈의 귀욤William of Conches에게서 교육을 받는 등 군주가 되기 위한 교육을 받으며 인품과 교양을 넓혀 나갔다. 서서히 헨리 2세의 인품은 주목받았고 귀족들에게 호감을 얻었다. 정력적이고, 추진력이 있으며, 때로는 냉혹하고, 무자비하며, 충동적이었고, 심지어 포악했다. 하지만 세력을 확장하기 위해서는 이성적이고 냉정하게 판단할 줄 알아 후일 엘레오노르 왕비와 정략결혼을 하고 정치적 동맹관계를 맺는다.

헨리 2세는 14세에 이미 모친 마틸다의 잉글랜드 왕위계승권에 대한 야망을 가지고 있었고, 할아버지인 헨리 1세의 땅과 왕좌를 되찾을 열망을 품었다. 17세에 노르망디 공작이 되고 난 후 1149년 헨리 2세는 북부 스코틀랜드의 데이비스 1세David of Scotlans, 그리고 헨리의 종조부 체스터의 라널프Ranulf of Chester와 동맹을 맺고 잉글랜드 요크를 공격하였으나 스티븐의 신속한 반격으로 좌절되기도 했다.

헨리 2세와 루이 7세와의 갈등과 11살 연상인 엘레오노르와 결혼

1151년 헨리 2세는 11살 연상의 엘레오노르와 결혼하였는데 엘레오노르가 프랑스 루이 7세와 이혼한 직후였다. 루이 7세는 봉건 제후들과 좋은 관계를 가지고 있었으나 광활한 토지를 소유한 앙주 백작과는 사이가 좋지 않았다. 더구나 앙주백작의 아들 앙리가 1154년 잉글랜드의 왕위를 계승하여 헨리 2세가 되자 잠재적 세력 확장에 위협을 느끼는 동시에 적대감을 가지고 있었다. 그러나 헨리 2세의 아버지 앙주 백작은 헨리 2세에게 루이 7세와 화평 관계를 유지하도록 조언했고 이들은 서로를 존중하여 경의를 표하는 관계를 유지했다.

그러나 이 관계는 헨리 2세가 루이 7세와 이혼한 엘레오노르와 결혼하면서 완전히 깨지고 만다. 사실, 루이 7세는 아키텐 공작의 딸 엘레오노르와 비록 정략결혼(1137년)을 했으나, 아름다운 엘레오노르를 극진히 아끼고 사랑했다. 카를 오르프라고 하는 음유시인의 「카르마나 부르나」의 10번째 합창에 등장할 정도로 엘레오노르의 미모는 널리 알려져 있었다. 그런데 루이 7세가 2차 십자군 원정을 갔을 때, 엘레오노르의 숙부인 레이먼드 푸아티에뿐 아니라 적장인 살라딘 술탄과의 염문설이 퍼졌다. 이에 분노한 루이 7세는 엘레오노르와 이혼하였다. 이혼을 당한 엘레오노르는 루이 7세에 대한 복수심으로 가득 차 있었다. 엘레오노르는 루이 7세와 경쟁 관계에 있던 헨리 2세가 '봉건제후의 예'를 표하기 위해서 파리를 방문했을 때 결혼을 제안했는데 이혼한지 겨우 2개월 만이었다.

엘레오노르는 이혼 후에도 아름답고 생기발랄했다. 여러 소문이 무성했으나 루이 7세와의 사이에 아들이 없었으므로, 엘레오노르의 청혼을 받은 헨리 2세는 자신의 세력을 확장할 목적으로 11세 연상인 아름다운 엘레오노르의 청혼을 받아들였다. 헨리 2세는 프랑스 왕 루이 7세를 능가할 정도로 세력을 더욱 확장할 수 있었다. 결혼 후 헨리 2세는 엘레오노로가 보유했던 광활한 아키텐Aquitaine 왕국까지 세력을 확대할 수 있었다. 부친인 앙주백작 체프리 5세Geoffrey V에게서 앙주Anjou 왕국을 물려받았고, 멘느Manine, 뚜렌느Touraine등 피레네산맥에 이르는 프랑스 남서부 지방의 방대한 영토가 잉글랜드 소유가 된 것이다.

강력한 세력을 키운 헨리 2세는 1153년 군사를 이끌고 잉글랜드를 침략하여 당시에 잉글랜드를 통치하고 있던 스티븐을 굴복시키고 잉글랜드 왕위계승권을 차지하는 월링포드Wallingford 조약을 체결하였다. 헨리 2세는 앙주왕

아키텐 공국은 당시 프랑스의 중부와 남부에 걸친 노르망디보다 상당히 세력이 큰 공국이었다.

국의 가문에 반감을 갖고 있던 잉글랜드의 귀족세력을 평정하고, 반란을 일으킨 영주들을 굴복시켰으며, 스코틀랜드와 웨일스까지 주도권을 가지게 되었다. 이 시기부터 헨리 2세는 잉글랜드뿐만 아니라 프랑스에 광대한 영국령을 갖게 되어 백년전쟁의 시발점이 된다. 엘레오노르의 결혼으로 모욕을 당한 루이 7세는 이후 20여 년에 걸쳐 헨리 2세와 싸우게 되고, 그 자손들까지 100여 년 동안 전쟁에 휘말리게 된다.

헨리 2세는 프랑스 서쪽까지 영토를 확장하려고 했고, 이에 맞서 루이 7세는 수년간 전쟁과 평화조약을 반복하였다. 평화조약 후에도 헨리 2세는 브르타뉴를 차지하는 등 프랑스 중부와 남부 뚤루즈Toulouse까지 지배권을 확장하였다. 영토 확장에 집중했던 헨리 2세는 1170년, 1172년, 1177년에 벌어진 십자군 전쟁에 재정적으로 후원하였지만 몸소 원정하지는 않았다. 반면 루이 7세는 직접 십자군 원정에 참여한 자신의 명성을 이용해 거룩한 신의 부름인 십자군 원정에 직접 참여하지 않는 헨리 2세의 행동과 성격에 대해서 나쁜 소문을 퍼트리기도 했다.

하지만 1172년에 이르러 헨리 2세는 잉글랜드와 웨일스의 많은 부분, 아일랜드의 서쪽과 스코틀랜드, 프랑스의 서쪽 피레네산맥까지 방대한 영토를 통치하였다. 이를 앙주 제국Angevin Empire 또는 플랜태저넷 제국이라고 부른다.

헨리 2세의 오랜 친구, 토마스 베켓Thomas Becket 대주교의 살해

헨리 2세와 오랜 친구이며 캔터베리의 대주교였던 토마스 베켓Thomas Becket은 잉글랜드 교회의 권력과 조직 개편 문제로 갈등을 일으켰다. 초기에 토마스 베켓은 대법관에 오를 정도로 헨리 2세의 신임을 받았다. 그리고 토마스 베켓 주교도 헨리 2세를 도와 봉건 영주들을 통제하고 재판의 절차와 질서를 세웠다.

그러나 종교인이 파문을 당했을 경우 세속 재판에서 다시 심판을 받게 하는 법령을 두고 토마스 베켓이 왕권 남용의 문제점을 지적하자 왕권 강화의 목적을 갖고 있던 헨리 2세는 몹시 언짢아했다. 헨리 2세의 불편한 마음을 감지한 성직 제후들이 클래런던 종교회의를 열어 토마스 베켓으로 하여금 클래런던 헌장(The Constitutions of Clarendon, 1164)에 복종할 것을 요구하였다. 클래런던 헌장은 국왕의 주교 및 성직자 임명권을 강화하고, 로마에 청원권과 교회에 대한 국왕의 권리를 천명하는 내용을 담고 있었다. 토마스 베켓은 이 헌장에 대해서 불복종을 표명하였다.

그 당시, 잉글랜드에서는 왕권이 강화되어 국왕이 교황 대신에 대주교를 임명하는 등 교회의 많은 것을 결정했다. 반면 대륙에서는 교황의 권위가 왕권 위에 있던 시기였다. 교황은 헨리 2세를 파문하기로 결정하였다. 당황한 헨리 2세는 토마스 베켓과 서로 권위를 존중하기로 타협했다. 그러나 1170년 헨리 2세에게 과잉 충성하던 4명의 기사가 캔터베리 성당에 있던 토마스 베켓을 살해하는 사건이 벌어졌다. 베켓은 흰 피와 붉은 피를 쏟으면서 죽어갔다. 그를 마지막까지 보호하기 위해 방패를 들었던 에드워드 그림Edward Grim수사에 의해서 이 사건의 전말이 소상히 알려지자 기독교인들은 그를 '캔터베리 성자'라 부르게 되었고 그 후 300여 년 동안 캔터베리 성당은 토마스 베켓을 추모하는 순례지가 되었다. 이 사건을 무마하기 위해 헨리 2세는 교황에게 연금을 보냈고 수도원을 건립하는 동시에 클래런던 헌장을 포기해야 했다. 잔인한 죽음을 당한 토마스 베켓 주교는 캔터베리 사원에 묻히게 되고, 200여 년 후 제프리 초서의 『캔터베리 이야기』는 캔터베리로 성지순례를 떠나는 무리들의 이야기로 시작된다.

토마스 베겟의 죽음.

헨리 2세의 아들들과의 불화

헨리 2세는 엘레오노르와 8명의 자녀를 낳았는데 만년에 이르게 되었을 때, 복잡한 영토 상속문제와 왕권 상속문제로 아들들과 갈등이 끊이지 않았다. 특히 4명의 아들 헨리, 제프리, 사자왕 리처드, 무지왕 존이 성장하면서 제국의 상속에 대해 첨예하게 대립하였다. 더구나 헨리 2세의 여성편력으로 엘레오노르와 충돌하기도 했는데, 경쟁관계였던 루이 7세와 그의 아들인 필리프 2세가 이들의 갈등을 조장했던 것으로 알려지고 있다. 왕위 상속의 문제로 헨리 2세가 엘레오노르와도 불화와 갈등이 일어나면서 엘레오노르는 왕자들과의 세력 다툼에 개입했고, 아들들이 부왕에 대해서 반란을 일으키도록 배후조종하기도 했다.(이 때문에 엘레오노르는 셰익스피어의 희곡 『존 왕』에서 '타락한 할망구, 하늘과 땅을 망가뜨리는 괴물'로 묘사되었다.) 왕실의 불화는 전반적인 왕국의 반란과 내란으로 확대되었다.

헨리 2세는 아들들에게 영지를 나누어주기는 했으나, 실제 권력은 본인이 직접 지니고 있었으며, 맏아들 헨리를 공동 통치자로 임명(1170)한 후에도 실권을 내놓지 않았다. 1173년 '젊은 헨리'가 헨리 2세에게 불만을 품고 반란을 일으키자 엘레오노르는 아들의 반란에 군사적 지원을 하였다. 동생인 리처드, 제프리까지 합류해 헨리 2세에게 대항하였지만, 헨리 2세에 대한 충성심과 뛰어난 행정력을 지니고 있던 지역 영주들이 합세하여 반란을 진압하였다. 1173년 엘레오노르는 피난 도중 헨리 2세의 병사들에게 붙잡혀 구금되었다. 헨리 2세는 이들의 반란에 관용을 베풀었지만, 엘레오노르에 대해서는 용서하지 않았고, 오랜동안 구금 상태를 유지하였다.

1183년 어머니의 구금 해제를 요구하면서 어린 헨리와 제프리Geoffrey는 다시 반란을 일으켰다. 결국 이 반란은 실패하고 어린 헨리는 이 과정에서 죽음을 맞이했다. 또한 막내아들 존을 특히 총애했던 헨리 2세가 존에게 영지를 물려주기 위해서 아일랜드를 침공하자 존에게 왕위계승권이 넘어갈 것을 우려한 리처드가 1189년 다시 반란을 일으켰다. 이 와중에 제프리가 사망했고, 헨리 2세가 가장 총애했던 존마저 필리프 2세와 연합하여 반란에 가담하였다. 급기야 프랑스, 스코틀랜드, 플랑드르Flanders, 불로뉴Boulogne까지 헨리 2세에게 대항하는 전쟁에 참여하게 되었다. 마지막 전투에서 필리프 2세의 계략에 빠진 헨리 2세는 결정적으로 패배하게 되고 앙주의 쉬농Chinon성으로 도망하여 1189년 그곳에서 생을 마쳤다. 리처드는 헨리 2세의 뒤를 이어 왕위에 올랐다.

DIGEST

29

UNITED KINGDOM

헨리 2세의 아들, 사자왕 리처드 1세

사자왕(재위, 1189~1199)의 3차 십자군 원정과 엘레오노르 여왕의 섭정

헨리 2세가 사망하자 리처드 1세는 1189년 9월 32세로 왕위에 올랐지만, 그 다음 해에 바로 3차 십자군 원정을 나갔다. 1187년 이슬람을 통합한 살라딘 왕이 예루살렘을 점령하자, 교황 그레고리오 8세가 이를 탈환하기 위해 잉글랜드와 프랑스에 십자군 원정을 호소했기 때문이다. 더구나 신성로마제국의 황제 프리드리히 1세가 십자군 원정에 나가 사망했고, 십자군들이 수세에 몰려 있던 상황이었다. 리처드 1세는 십자군 원정의 비용을 마련하기 위해 왕실 금고를 탕진하였다. 비용이 부족하자 과도한 세금을 부과하였으며, 살 사람만 있다면 런던도 팔겠다고 말할 정도였다고 한다. 리처드 1세는 성과 영지까지 팔아 모은 자금으로 십자군 원정에 나섰다.

리처드 1세는 이슬람 세력으로부터 예루살렘을 회복하기 위해서 3차 십자군원정에서 용맹하게 싸운다. 헨리 2세의 아들 여덟 명중 가장 용맹스러웠던 리처드 1세는 십자군 원정에서 팔레스타인의 살라딘Saladin과의 아크레 전투, 카이사레아 전투, 아르수프 전투와 야파 전투 등에서 모두 승리한다. 리처드 1세는 큰 키에 유달리 넓은 어깨와 전사적 신체조건을 가지고 있었으

십자군 전쟁 영웅, 사자왕 리처드 1세. 의사당 빅벤 건물 앞에 위치함.

며 전투에 능한 왕이었다. 머나먼 이국땅의 고된 생활을 견디면서, 끝까지 남아 3차 십자군 원정의 마지막 해까지 이슬람 세력의 살라딘 왕과 단독으로 마지막 1년간 용맹하게 싸웠다. 이 때문에 리처드 1세가 '사자의 심장을 가진 것처럼 용맹하다'하여 '사자왕 Lionheart'이라 불리기 시작했다.

한편, 리처드 1세는 왕위에 오르자마자, 부친 헨리 2세에 의해서 16년 동안 영국 여러 곳을 옮겨 다니며 유폐되었던 어머니 엘레오노르 Éléonore를 풀어주도록 명령했다. 풀려난 엘레오노르는 리처드 1 세가 3차 십자군 전쟁으로 원정을 떠난 동안 잉글랜드를 통치하며 영주들과 성직자들로부터 왕에 대한 충성서약을 받아냈다. 엘레오노르는 잉글랜드에서 프랑스에 걸친 광활한 앙주 제국의 2인자로서 섭정하였다.

1194년 엘레오노르는 가장 사랑하는 아들 리처드 1세가 십자군 전쟁에서 돌아오던 중 포로로 잡히자, 직접 아들을 구하기 위해 몸값을 협상했고, 귀족들로부터 몸값을 모금하여 직접 리처드를 데려오기도 했다. 리처드 1세는 잉글랜드로 돌아와 존을 굴복시키고 왕권을 회복했지만, 채 1개월도 되지 않아 필리프 2세에 대한 복수전쟁을 위해 프랑스로 떠났다. 필리프 2세로부터 대부분의 영토를 회복했던 리처드 1세는 프랑스 중부의 리모주 자작령 샬뤼 Chalus의 반란을 진압하는 전투에서 석궁에 맞아 42세의 나이에 사망하고 말았다.

엘레오노르는 리처드 1세가 후계자 없이 사망하자 막내아들 존을 왕으로 추대하였다. 엘레오노르는 막내아들 존이 왕위에 올라 치세를 펼칠 때까지 살아남았고, 존의 정치를 도와 영국과 프랑스 간의 평화를 위해 외교 활동을 했다. 1204년 중세의 여인으로는 이례적인 장수를 누렸던 엘레오노르는 88세의 나이에 죽음을 맞이했다. 그리고 남편 헨리 2세와 가장 사랑했던 아들 리처드의 시신이 묻힌 퐁트브로 수도원에 안장되었다. 그녀의 묘비명에는 "세상의 모든 여왕을 능가하는 여왕이 여기 잠들다"라고 쓰여 있다. 이후 13세기에 마리아의 정결과 정숙에 대한 찬미가 확대되어 마리아와 닮은 여성관이 요구되자 엘레오노르의 적극적인 여성으로서의 이미지는 왜곡되었고 그녀의 통치 업적은 종종 축소되기도 했다.

영웅적인 중세 기사, 사자왕 리처드 1세

리처드 1세(재위기간 1189-1199)는 헨리와 엘레오노르 사이의 세 번째 아들로 재위기간은 10년이지만 잉글랜드를 직접 통치한 기간은 불과 6개월뿐이다. 통치 기간 동안 3차례나 십자군 원정을 나갔기 때문에 그가 나라를 비우는 동안 잉글랜드는 정치적 혼란을 겪어야 했다. "춥고 비가 많이 오는" 잉글랜드에 머물기 보다는 전쟁터에 나갔고, 십자군 원정을 위해 잉글랜드 국민들에게 막대한 세금을 징수하였다. 국내의 정치적 혼란 속에서 나타난 의적인 로빈 후드Robin Hood 이야기에서는 '선한 왕 리처드'의 이미지가 부각되었는데, 이때 리처드 1세를 대신하여 통치하고 있었던 엘레오노르의 영향력인 것으로 해석된다.

젊은 리처드 1세는 십자군 전쟁에 합류하고 싶었으나 헨리 2세가 총애하는 막내아들 존을 왕위 후계자로 세울까 두려워 원정을 떠나지 못하고 있었다. 그러나 리처드 1세는 프랑스 왕 필리프 2세와 동맹관계를 맺고 헨리 2세에 대항한 반란에 지원을 받는 조건으로 봉신 충성을 맹세하였다. 필리프 2세의 지원을 받은 리처드 1세는 부친 헨리 2세에 대항해서 싸웠고 결국 헨리 2세는 리처드에게 왕위계승권을 주는 조건으로 1189년 휴전을 맺었다. 헨리 2세는 앙주왕국으로 피신하고 그곳에서 죽음에 이른다. 이 전쟁의 승리로 리처드는 왕위에 올랐다.

리처드 1세는 1189년 왕위가 확보되자 3차 십자군 원정을 나갔다. 그러나 리처드 1세가 십자군 전쟁을 치르는 동안 먼저 돌아온 프랑스의 필리프 2세는 프랑스 내에 있는 플랜태저넷 왕가의 영지를 침입하였다. 또한 신성로마제국의 하인리히 6세와 결탁하여 리처드 1세의 동생 존의 왕위 찬탈을 지원했다. 1192년 이 소식을 전해 들은 리처드 1세는 예루살렘을 회복하지 못하고 순례자들의 예루살렘 성지 통행권을 보장하는 조건으로 3년간 휴전 조약을 맺고 귀환을 한다.

리처드 1세가 변장을 하고 귀환하면서 오스트리아 영토를 통과할 수 밖에 없었다. 오스트리아를 통과하던 중, 리처드 1세는 비엔나에서 3차 십자군 원정 동안 갈등을 빚었던 오스트리아의 레오폴트 공작에게 잡혀 1192년 뒤른슈타인Durnstein 성에 유폐당하고 말았다. 리처드 1세는 레오폴트 5세에게서 하인리히 6세에게로 양도된 후, 하인리히 6세는 리처드 1세의 몸값으로 15만 마르크를 요구한다. 모친 엘레오노르가 그 많은 보석금을 치르고 나서야 1194년에 리처드를 잉글랜드로 데려올 수 있었다. 리처드 1세는 잉글랜드로 돌아와 존을 굴복시키고 왕권을 회복했다.

리처드 1세가 감금되었을 때 그를 석방하기 위해 엘레오노르와 보석금을 마련했었던 캔터베리 대주교였던 휴버트 월터Hubert Walter는 이번에는 3차 십자군 전쟁 비용의 적자를 메우기 위해서 세금을 징수했다. 1196년 세금징수를 위해서 최초로 도량형의 일반표준이 세워졌다. 또한 1198년에 토지에 대한 과세 표준을 재평가하고, 봉건적인 병역제도를 수정하였다. 이 시기에 모든 허가증, 서한, 특허, 벌금 기록을 보관하는 관습이 생겨났고 행정 조직의 틀이 마련되었다. 휴버트 월터가 했던 행정적 공헌은 리처드의 치세로 평가되었다.

1199년 브르타뉴에서부터 북부의 노르망디에 이르는 대부분의 영토를 회복한 리처드 1세는 아키텐의 영지에 속하면서 필리프 2세의 편을 들었던 리모주Limoges 자작령의 샬루스Chalus 성을 공격하는 복수를 위한 전투에 나선다. 불행하게도, 리처드 1세는 철제 갑옷도 입지 않고, 살뤼 성을 공격하다가 석궁에 맞아 42세의 나이에 사망하고 말았다. 당시 왕이나 백작의 유해가 여러 조각으로 나뉘어 다스리던 영지의 곳곳에 안치되는 관습이 있었다. 리처드 1세도 그의 유언에 따라 머리는 프랑스 서부 푸아투 지역의 샤루Charroux

수도원에, 몸은 브르타뉴 지역 앙주의 퐁트브로Fontevraud 수도원에, 그리고 심장은 노르망디 지역의 루앙의 대성당의 작은 납 상자에 안치되었다.

리처드 1세는 '싸웠지만 다스리지 않는 왕'이었고, '사자의 심장을 지닌 용감한 기사'였으나 '영혼이 없는 무자비한 전투 왕'으로 평가받았다. 리처드 1세는 십자군 전쟁에서 보여준 담대하고 용맹한 압도적 승리 덕분에 중세 기사의 전형적인 영웅으로 회자되었다. 특히 후일 제국주의가 확대되던 시기에 십자군 원정에 참여했던 영웅적인 군주로 윈스턴 처칠에 의해서 재부각되기도 했다.

DIGEST

30

UNITED KINGDOM

헨리 2세의 총애를 배신한 막내아들, 무지왕 존

무지왕(無地王) 또는 실지왕(失地王), 존

1199년 사자왕 리처드 1세가 후계자 없이 죽자 헨리 2세의 막내아들 존(재위기간, 1199-1216)이 왕위에 올랐다. 존이 태어났을 때 엘레오노르와 헨리 2세와의 갈등이 심해졌기 때문에, 엘레오노르는 어린 존을 돌보지 않고 프랑스의 푸아티에Poitiers로 떠났다. 헨리 2세는 혼자 남겨진 어린 존을 돌보며 남다른 애착을 갖게 되었다. 그리고 존에게 아키텐 왕국을 물려주려고 했다. 이에 반대한 엘레오노르 왕비는 1173년 존의 형들인 헨리, 리처드, 제프리를 부추겨 반란을 일으켰고, 결국 존은 봉토를 하나도 얻을 수가 없었다. 존은 봉토를 물려받지 못했기 때문에 '랙랜드lackland' 또는 '무지왕(無地王)'이라고 불렸다.

헨리 2세는 1185년 가장 총애하던 존을 아일랜드 왕으로 선포하고 봉토를 주고자 했다. 존 왕은 300명의 기사와 행정관들을 이끌고 아일랜드를 통치하기 위해 떠났지만 19세에 불과한 어린 존 왕의 아일랜드 통치는 쉽지 않았다. 시기적으로 아일랜드가 얼마 전에 앵글로 노르만 군에 의해서 정복되었기 때문에 기존 세력들이 여전히 긴장상태에 있었기 때문이다. 더구나 존 왕이 아일랜드 토속 귀족들의 긴 수염을 조롱하는 일이 벌어지자 아일랜드인들의 분노가 증폭되었다. 또한 앵글로 노르만 정복 귀족들과도 우호적인 동맹관계를 이루지 못했기 때문에 아일랜드에서 지지 세력을 얻지 못한 존 왕은 같은 해에 통치를 포기하고 되돌아오고 말았다.

존은 부친과 형을 모두 배신하여 부친과 형을 지지하는 그 어느 귀족 세력에게도 지지를 얻지 못했다. 1189년 리처드 1세가 반란을 일으켰을 때, 존은 처음에는 부친인 헨리 2세 편을 들었지만, 리처드가 우세한 형국이 되자 부친을 배신하고 리처드 1세에게 충성을 맹세하였다. 두 번째 배신은 1189년 리처드 1세가 왕위에 오른 이후 3차 십자군 원정을 나가자, 존은 형인 리처드 1세를 배신하고 프랑스의 필리프 2세와 연합하여 왕위 찬탈을 위한 반란을 일으켜 왕위에 올랐다. 그러나 리처드가 돌아오자 그의 반란은 바로 진압되었다. 존은 교양과 학식을 갖추기는 했으나 "위험한 성격을 소유했으며, 옹졸하고 악의적이고 잔인하여 혐오스러운 왕"으로 묘사되기도 했다.

한편 1200년 존 왕의 첫 번째 부인인 글로스터Gloucester의 이사벨라와 친족관계라는 이유로 결혼이 무효화되었고, 노르망디의 세력 있는 가문인 앙굴렘의 이사벨라Isabella of Angoulême과 서둘러 재혼하였다. 그러나 앙굴렘의 이사벨라가 마르슈의 백작 위그 10세Hugh of Lusignan와 약혼한 사이였기 때문에, 이에 분노한 루지냥 가문의 마르슈 백작 위그 10세는 필리프 2세에게 이를 탄원하였다. 필리프 2세는 존 왕을 법정에 소환하였지만 존 왕이 이를 무시하자 이를 구실로 내세워, 필리프 2세는 1202년 선전포고를 하였다. 필리프 2세는 존 왕의 조카 아서의 군대를 보내 존 왕의 모친이자 전처인 아키텐 왕국의 엘레오노르를 위협했다. 존 왕은 어머니를 보호하기 위해 역공을 개시하고 미라보Mirebeau 전투에서 승리를 거두었다.

그러나 초기 전투에서 승리한 존 왕은 포로들을 잔인하게 다루었고, 포로로 잡았던 조카 아서를 잔인하게 죽였다. 조카 아서는 리처드 1세의 후계자로 추대되었던 인물이었으므로 존 왕에게는 왕위계승권에 대한 경쟁 인물이었다. 이 일로 인해 프랑스의 브르타뉴와 앙주지역 귀족들의 공분을 샀고, 이전에 존 왕에 협력했던 귀족들도 필리프 2세에게로 돌아섰다. 더구나 존 왕은 전투경험이 없어 전투지역에 가까이 접근하려 하지도 않았고 용병에게만 의존했다. 결국 존 왕은 필리프 2세와의 전투에서 패하고 1204년 잉글랜드로 도망치고 말았다. 존 왕은 아키텐을 제외한 노르망디를 비롯한 프랑스령의 많은 부분을 필리프 2세에게 빼앗겼다. 이처럼 프랑스 내의 잉글랜드 영토를 거의 모두 잃어 실지왕(失地王), 무지왕(無地王) 또는 결지왕(缺地王)이라고 불렸다.

존 왕, 마그나카르타에 서명

당시 교황 인노첸시오 3세가 1205년 스티븐 랭턴Stephen Langton을 캔터베리 주교로 임명하자, 존 왕은 성직자 임명권은 왕인 자신에게 있음을 주장하면서 랭턴의 임명을 무효화했다. 교황은 1209년 잉글랜드 교회 내의 성직자들의 성직활동에 대한 성무금지령을 내리고, 존 왕을 파문했다. 존은 1209년부터 1211년까지 성직자의 재산을 몰수하여 국가에 귀속시키면서 교황에 맞섰다. 수도원 주교들은 존 왕을 '신앙심 없는 폭군'으로 규탄했고, 존 왕은 저항하는 주교들을 투옥시켰다. 교황 인노첸시오 3세는 프랑스의 필리프 2세를 움직여 영국을 공격해왔다. 결국 1213년 존 왕은 도버해협 근처의 땅을 로마 교황에게 주고 해마다 1000 마르크를 공물로 바치는 봉신이 되었다.

국내에서 종교와 정치적 입지가 약해진 존 왕은 프랑스의 노르망디 땅을 되찾기 위해 프랑스와 전쟁을 재개하려 했다. 1204년 어머니 엘레오노르가 사망한 후 1206년까지 보통법을 개정하여 세입을 올리고 전쟁자금을 모으기 시작했다. 대대적인 세금을 거두어들였던 존 왕은 1214년 신성 로마 제국의 오토 4세와 플랑드르 영주와 연합하여 프랑스령을 침공하였다. 연합군의 지원까지 받아 병력 규모에 있어서 존 왕이 유리한 전투였음에도 불구하고, 1214년 존은 부빈 전투에서 필리프 2세에게 완패하고 잉글랜드가 소유했던 브르타뉴와 노르망디의 앙주지역을 완전히 필리프 2세에게 넘겨주었다. 이로써 존 왕은 국민의 신뢰를 잃게 되었고, 국가적 자존심에도 상처를 주었다.

존 왕은 전쟁을 치르기 위해서 소득세, 왕실 소유림 조사 후 과세, 유대인에 대한 과세, 봉건 토지 보유에 대한 대규모 조사를 실시하여 귀족들의 봉건적 특권을 위협하였다. 존 왕이 전쟁에 패하고 잉글랜드로 돌아왔을 때, 1215년 랭턴이 부추긴 대남작들의 반란을 대면해야 했다. 잉글랜드 북동부와 런던 주변의 대남작들은 잉글랜드 귀족들에 대한 존 왕의 부당한 대우와 지나친 세금징수에 대해서 불만을 품고 있었다. 존 왕은 대남작들이 중심이 된 반란군에 항복하고 1215년 윈저 성 근처 템스강변에서 마그나카르타 평화조약에 서명했다. 1년 후인 1216년 존 왕은 이질에 걸려서 사망하였고, 여왕인 앙굴렘의 이사벨라는 이전 약혼자였던 마르슈의 백작 위그 10세와 재혼하였다.

역사소설 「로빈 후드」에 난폭한 왕으로 등장하는 존 왕

로빈 후드Robin Hood는 12, 13세기경부터 잉글랜드 민담이나 발라드(음유 시인의 노래 혹은 발라드)에 등장하는 전설적인 가공의 인물이다. 초기 민담에서 평민 신분으로 궁술, 검술, 변장술에 뛰어나 60여 명의 호걸들을 거느리고 불의한 권력에 맞서는 영웅으로, '부자 귀족들을 약탈하여 가난한 이를 돕는' 의적으로 그려진다.

「로빈 후드」는 시대마다 다른 지역 출신의 의적 이야기로 변형되어왔다. 초기에는 노팅엄셔의 셔우드 숲속에서 리틀 존, 터크 수도사 등과 무리를 지어 함께 사는 의적으로 구전되었다. 「로빈 후드」의 내용은 악독한 지역 영주들의 재물과 세금을 빼앗아 가난한 이들에게 나누어주는 권선징악의 이야기였다. 그러나 「로빈 후드」는 색슨족 출신으로 당시의 노르만 귀족의 지배에 저항하는 앵글로 색슨족 출신의 귀족과 서민들의 생활과 어려움을 드러낸 이야기이기도 하다.

후기 민담에서 로빈 후드는 평민 출신이 아니라 헌팅턴 백작으로 표현되기도 한다. 로빈 후드의 궁술은 머리 위에 사과를 쏴서 반으로 쪼갤 정도로 활 솜씨가 좋은 것으로 묘사된다. 로빈 후드의 활 솜씨는 영어의 관용어구로 남아 양궁 시합에서 앞서 꽂힌 화살을 둘로 쪼갤 만큼 정확하게 활을 쏘았을 경우를 로빈 후드 샷robin arrow shot이라고 부르기도 한다.

로빈 후드는 인쇄술이 발달한 15세기 다양한 발라드에 등장하였다. 초기 발라드에서 "로빈 후드는 셔우드 숲에 산다네"로 다소 낭만적으로 시작한

노팅엄 성의 로빈후드 동상.

다. 그러나 후기에는 요크셔의 브란스데일의 숲속에서 귀족들에게 저항적으로 활약한 의적으로 부각되었다가, 16세기에는 록스레이(지금의 스테닝턴)에서 활약한 것으로 장소가 바뀌고 실존했던 인물의 행적을 바탕으로 내용이 조금씩 바뀌기도 하였다. 한편 1439년 잉글랜드 의회에 올라온 탄원서에 로빈 후드의 이름이 등장하는데, 여기서는 노략질을 일삼는 도적 또는 부랑자로 언급되어 있다. 당시에 산적과 유랑민의 수가 늘어났던 것은 리처드 1세가 십자군 원정을 떠나면서 부과한 과중한 세금과 존 왕의 폭정 때문이었다.

19세기 「아이반호」에서 리처드 1세는 동생 존의 폭압적인 정치에서 나라를 구하고 의적 로빈 후드와 의형제를 맺는 것으로 등장한다. 「아이반호」는 후에 토마스 칼라일과 러스킨에 영향을 주었던 월터 스콧 경(Sir Walter Scott, 1st Baronet, 1771-1832)이 쓴 소설로 영국 중세 시대 노르만계의 귀족이 지배할 당시 앵글로 색슨 계의 귀족과 서민의 이야기이다. 주인공 아이반호는 색슨족으로 노르만족 출신 왕인 리처드 1세에게 충성을 바치는 아버지에 대해 못마땅해 하는 아들이다. 로빈 후드는 잉글랜드계의 록슬리라는 이름의 자유민이다. 그가 유랑민을 모아 노르만족 귀족에 저항하고 서민을 돕는다는 이야기이다.

DIGEST

31

UNITED KINGDOM

마그나카르타와 의회의 태동

마그나카르타, 자유 대헌장 Magna Carta, the Great Charter of Freedoms

존 왕 재위 마지막 해인 1215년 6월 15일 그의 폭정에 대해 대남작들을 중심으로 귀족들의 반란이 일어났다. 프랑스와 영국 내에 영지를 소유하고 있던 대남작들은 존 왕이 프랑스에 있는 영국령을 잃어버리게 되자 영국 내의 영지에 관심이 집중되었다. 존 왕이 프랑스에 영국령을 다 잃어버리자 대남작들은 영국 내의 영지의 권리와 특권에 대한 존 왕의 간섭을 견제하기 시작했다. 더구나 존 왕은 리처드 1세의 십자군 원정 때부터 발생한 막대한 전쟁비용으로 과도한 세금을 거두어들였고, 프랑스와의 전쟁과 외교정책에서 실패했으며, 국내의 상황을 악화시키는 실정을 거듭해왔다. 존의 실정에 견디지 못한 귀족들이 런던

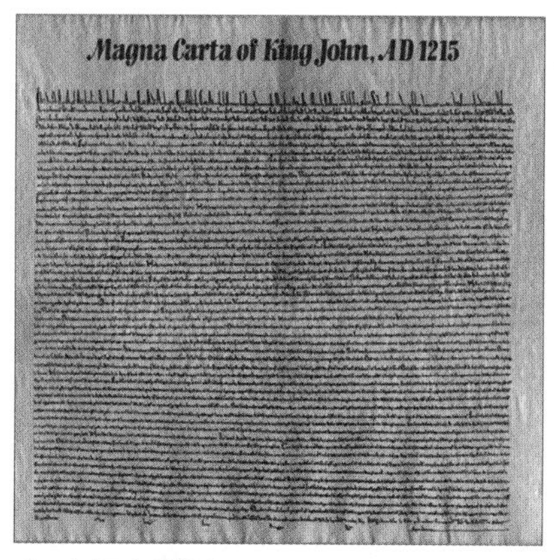

마그나카르타 대헌장.

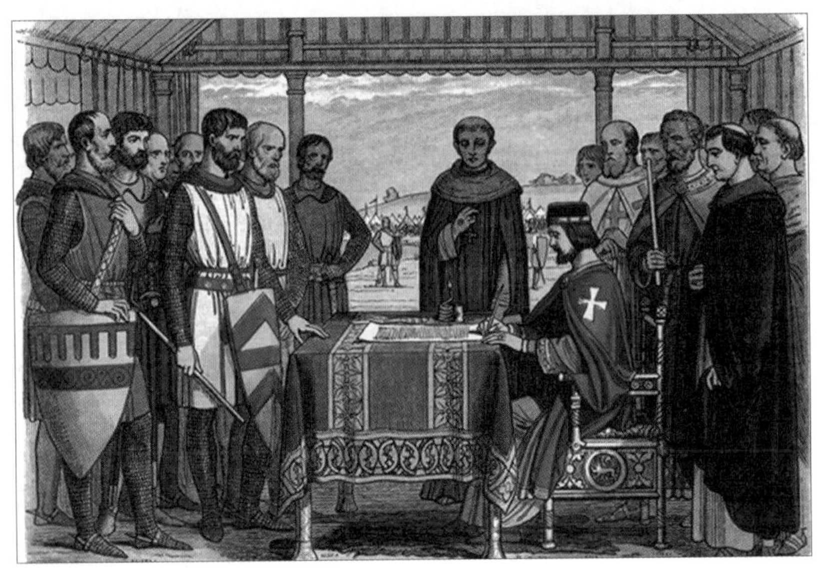

러미나드 들판에서 마그나카르타에 사인하는 존왕.

시민의 지지를 얻어 존 왕에 대한 반란을 일으켰던 것이다.

왕은 어쩔 수 없이 템스강변의 러니미드Runnymede 들판에서 왕의 권리를 제한하는 문서에 옥새를 찍게 된다. 이것이 서구 최초의 성문법으로 불리는 '마그나카르타,' 즉 '대헌장,' 또는 '자유헌장'이다. 이 문서는 영국 민주주의의 시발점으로 강조되고 있지만, 당시 문서 자체에 민주주의적 요소가 있다기보다는 전제군주의 절대 권력에 제동을 걸기 시작한 것으로 지속적으로 민주주의적 요소가 확대되는 계기가 되었다.

총 63절로 이루어진 대헌장의 내용은 국왕의 권리의 한계를 명시한 것으로 전제왕권에 대한 전면적인 도전이었다. 즉 관습적으로 전제 왕권이 지녔던 왕의 권리를 제한하고, 법적 절차에 따라, 국왕이 할 수 있는 일과 할 수 없는 일을 문서화한 것이다. 상세하게는 교회의 자유 보장, 봉건적 부담의 제한, 재판 및 법률적 절차, 도시 특권과 지방 관리의 직권 남용 방지, 사냥 등 그 당시 당면한 애로 사항의 처리에 관한 여러 규정들을 포함하고 있다.

마그나카르타의 주요 조항 중 주목할 만한 부분은 다음과 같다.

제12조 오래된 관습상 인정되어 온 것(관례로 굳어진 것) 외의 과세 혹은 봉건 지원금은 귀족들의 자문을 거치지 않으면 부과할 수 없다. 다만 왕이 인질이 되었을 때의 협상금, 왕의 아들이 기사가 될 때 필요한 비용, 왕의 장녀의 혼인에 필요한 비용 등은 예외로 한다.

제21조 대귀족은 동료 귀족에 의해서만 처벌될 수 있다. 그러나 큰 죄목(반역죄 등)일 경우로만 제한한다.

제39조 자유민은 동등한 신분을 가진 자에 의한 합법적 재판 혹은 국법에 의하지 않고서는 체포, 감금, 추방, 재산의 몰수 또는 어떠한 방식의 고통도 받지 않는다.

마그나카르타는 국왕도, 성직자도, 귀족도 법위에 군림할 수 없다는 법의 지배에 따른 통치를 천명하여, 성직자와 귀족, 그리고 봉건 제후의 권리를 법으로 보장하는 문서였다. 제39조에서 성직자, 귀족으로 국한한 것이 아니라, 최초로 자유민으로 기록하였다. 또한 이 헌장에서 '짐의 왕국의 모든 자유민' all the free men에게 자유권을 부여하고 있다. 그러므로 세대가 거듭할수록 '자유민'에 대한 더 확대된 해석과 실천을 가능하게 하는 단초가 되었다.

생명의 위협을 느껴 대헌장에 옥새를 찍었던 존 왕은 날인하고 얼마 지나지 않아 대헌장의 조약 준수를 거부하였다. 교황 인노첸시오 3세 Innocentius III에게 청원하여 귀족들을 파문하는 등 관련 귀족들에 반격을 가했다. 주동적으로 참여한 귀족들의 로체스터 성을 점령하였고, 북부지역을 여지없이 공격했다. 교황은 1215년 8월 24일에 마그나카르타가 무효라는 교서를 내렸다. 그러자 귀족들은 루이 8세에게 잉글랜드 왕위를 주겠다는 조건으로 원조를 요청하여 프랑스 군이 잉글랜드를 침공하였다. 존 왕은 프랑스와의 전쟁에서 패하고, 이질에 걸려 민간요법으로 치료하다가 악화되어 1216년 10월 19일에 사망하고 말았다.

마그나카르타는 초기의 혼란에도 불구하고 1216년, 1217년, 그리고 1225년에 수정을 거치면서 결국 영국 보통법 체계의 기초가 되었다.

1265년 의회의 아버리라 불리는 시몽 드 몽포르Simon de Montfort가 헨리

3세의 이름으로 소집한 회의에서 헨리 3세는 마그나카르타를 지키겠다고 다시 맹세를 하게 된다. 마그나카르타의 1265년 버전은 사본으로 작성되어 인스펙시무스inspeximus라 불렸고, 헨리 3세는 1237년과 1253년에 마그나카르타에 대한 선서를 다시 했다. 존 왕 이후 맹세가 지켜지지 않자, 귀족들에 의해 강제된 맹세였다. 인스펙시무스 서문에는 "우리는 잉글랜드의 자유권에 관한 우리의 선왕, 헨리의 대헌장을 점검하여 아래와 같이 기록한다"라고 라틴어로 시작한다. 헨리 3세의 1225년 대헌장 원문은 인스펙시무스와 함께 제정법 기록집Statute Roll에 등재되었고, 1297년 버전부터 '마그나카르타'라는 명칭이 붙게 된다.

DIGEST

32

UNITED KINGDOM

신앙심 깊은 헨리 3세

헨리 3세(재위기간, 1216-1272)의 즉위와 의회의 태동

1216년 존 왕이 사망하자 존의 9세 난 아들 헨리가 헨리 3세로 왕위에 오른다. 대남작들이 존 왕에게 저항하여 대헌장을 받아냈을 때 스코틀랜드의 알락산다르 2세는 군대를 이끌고 잉글랜드로 가서 대남작들의 편을 들었고 귀족들은 프랑스의 루이 8세를 초빙하여 잉글랜드 왕위에 앉히려 했다. 존 왕이 폐위되자 대남작들과 귀족 등은 루이 8세보다 어린 헨리 3세가 왕위에 오르는 것이 낫다고 느꼈다. 헨리 3세와 섭정 윌리엄 마셜이 수정된 마그나 카르타를 추인하자 루이 8세에게 철군을 요구하였고, 1217년 9월 헨리 3세, 프랑스의 루이 8세, 그리고 잉글랜드의 속국이었던 스코틀랜드의 알락산다르 2세 사이에 킹스턴에서 평화조약이 체결되었다. 이 조약에서 루이 8세는 왕위를 포기하는 대신에 1만 마르크를 지불 받는 조건으로 프랑스군과 스코틀랜드군은 각자의 나라로 귀국했다. 1221년 알락산다르가 헨리 3세의 누이인 조안과 정략결혼을 하면서 평화외교가 이루어졌다. 존 왕의 장남, 헨리 3세는 9세의 나이로 즉위하여 56년간 재위기간을 누렸다.

헨리 3세가 성년이 되는 1227년까지 11년 동안 윌리엄 마셜과 대법관인

헨리 3세.

휴버트 드 버그Hubert de Burgh가 섭정하였다. 섭정기간 동안 헨리 3세의 이름으로 1215년 제정되었던 헌장이 수정되어 1216년 반포되었고, 1217년에는 자유헌장Charter of Liberties과 삼림헌장Charter of the Forest이라는 2개 헌장이 헨리 3세의 이름으로 반포되었다. 이후 1297년까지 대헌장을 점검하는 과정에서 왕의 권한은 지속적으로 축소되었고, 귀족과 성직자들의 권리는 늘어났다. 헨리 3세의 권한을 제한할 필요가 있을 때마다 의회가 소집되었고, 대헌장의 문구에 대한 새로운 해석과 사례들로 내용이 개정되었다. 그리고 그 과정에서 의회가 빈번하게 열리면서 의회 민주정치의 기틀을 마련한 것으로 평가된다.

헨리 3세는 하루에도 세 번이나 미사에 참여할 정도로 신앙심이 깊었고, 예술을 사랑하여, 사치스러운 종교 행사를 열고 예술을 위한 많은 기부금을 냈다. 그의 예술적 성향이 반영되어 성을 증축하고 웨스트민스터 사원의 재건이 추진되었다. 1245년부터 웨스트민스터 사원 Westminster Abbey을 고딕 양식Gothic Architecture으로 재건하면서 귀족들과 국민들을 상대로 세금을 추가로 거두었다. 헨리 3세는 끊임없이 대헌장 이전의 왕권을 되찾으려 노력했으나, 의회에서 세금징수를 의결해야 했으므로 귀족들과 불화와 갈등이 고조되었다.

1254년 헨리 3세는 종교적 원인으로 정치적으로 큰 실수를 저질렀다. 인노센트 4세는 헨리의 아들 에드워드를 시칠리아의 왕위에 올려준다는 조건으로 시칠리아를 상대로 한 전쟁 비용을 헨리 3세가 부담하도록 요구했다. 또한 교황은 헨리 3세의 아들 리처드를 로마 황제의 후보로 올리겠다고 하면서 외교비용까지 대도록 요구했다. 헨리는 이 모든 비용 지불을 독단적으로 약속했던 것이다.

그러나 사실상 대헌장의 맹세를 한 이후 왕권이 상당 부분 축소된 탓에 이 약속들을 실행할 수 없었다. 잉글랜드의 귀족과 성직자들이 헨리 3세의 무모하고 허황된 계획에 동의하지 않았다. 더구나 당시 잉글랜드는 흉년과 냉해로 인한 피해가 극심했던 시기였다. 4년이 지나도록 헨리 3세가 약속을 이행하지 않자 교황은 헨리 3세의 왕위를 파문하겠다는 위협을 가했다. 할 수 없이 헨리 3세는 귀족들에게 다시 자금 지원을 요청했다. 이를 기회로 귀족들은 대헌장 마그나카르타의 수정안에 헨리 3세가 조인하는 조건으로 일부 재정지원을 동의했다. 이것이 '옥스퍼드 조례Provisions of Oxford'이다.

1258년 봄 의회를 소집하였을 때, 매제이기도 한 레스터 백작 시몽 드 몽포르를 중심으로 7명의 대남작들이 단합하여 의회에 칼을 차고 출석하였다. 그리고 헨리 3세에 대해서 재정적인 지원을 해주는 대신 왕권을 제한하고 자유민의 권리와 자유를 보장하는 '옥스퍼드 조례'에 조인하게 하였다. 그리고 이 조례가 향후 12년간 효력이 있음을 맹세하라고 강요하였다. 옥스퍼드 조례의 핵심은 15명으로 구성된 귀족 자문위원회를 설치하여 국왕의 자문과 행정 전반에 대해서 감독하는 것이다. 옥스퍼드 조례의 주요 내용은 아래와 같다.

첫째, 15명의 왕의 자문위원회가 구성될 것이며, 왕은 국정의 제반사에 관해서 이들의 권고를 따라야 하고, 이들의 지명에 따라 대사법관, 재무관Treasurer 등을 임명해야 한다. 15명의 자문위원들은 24명으로 구성된 왕립위원회에서 선출된다. 왕립위원회 위원은 12명은 왕이 임명하고 나머지 12명은 대남작 귀족들에 의해 선출된다.

둘째, 영국 교회의 수입과 교회재산 직위에 관련된 것은 왕이 아니라 24명의 왕립위원회가 수정한다.

셋째, 이전의 관직들이 회복되고 모든 세입은 왕의 부속 기구가 아니라 국고인 회계청에 납부된다.

넷째, 헌금이나 면역세 scutage와 같은 세금에 대한 협의는 주 장관 sheriff과 집행리 bailiffs에 의해서 소집된 왕의 직속 차지인들 tenants of the Crown을 통해 소집되고 또한 대주교, 주교, 대수도원장, 백작과 대영주들에게 개별적인 소환장이 발부되어야 한다.

다섯째, 의회 Parliament라 불리게 된 자문회의를 일 년에 세 차례 열어야 한다.

옥스퍼드 조례 이후 시몽 드 몽포르를 중심으로 하는 자문위원회가 몇 해 동안 통치하였다. 시몽은 세력가이면서 야심만만 한 인물이었다. 프랑스, 교황청, 신성로마제국 등지에 사절단을 보내 동맹관계를 맺었고, 4차 십자군 원정에도 참여하여 성공적인 성과를 거두었다. 그러나 시몽 드 몽포르의 세력이 지나치게 확대되자 이를 경계하는 온건파 귀족들이 헨리 3세를 중심으로 규합하여 시몽을 고립시켰다. 위협을 느낀 시몽은 프랑스로 도피하였다.

시몽 드 몽포르, 의회의 아버지

강력했던 시몽 드 몽포르가 프랑스로 도망가자 헨리 3세는 약속을 지키기는커녕 오히려 1261년과 1262년 교황에게 청원하여 옥스퍼드 조례를 무효화하는 교황의 칙서를 받아냈다. 헨리 3세가 약속을 지키지 않자, 격분한 귀족들은 1263년 시몽을 다시 잉글랜드로 불러들였다. 이때 프랑스 왕 루이 9세가 중재에 나섰는데, 루이 9세는 오랫동안 잉글랜드령이었던 르와르강 이북의 프랑스와 프와투 내의 모든 영지에 대한 권리를 완전히 포기하는 조건으로 헨리 3세의 잉글랜드 왕권을 옹호해 주기로 했다.

이 중재에 불만을 품은 시몽은 군대를 모아 루이 9세에 맞섰다. 시몽은 귀족, 지방 기사들, 런던 남동부의 5개 항구에서 시민들과 성직자들의 광범위한 지지를 받으면서 1264년 헨리 3세와 루이 9세에 대한 반란을 일으켰다. 이것이 2차 남작 전쟁 Second Barons' War이다. 이 전쟁에 하급 기사들이 참여하였으므로 더 광범위한 계급들이 반란에 참여하게 된 것이다.

헨리 3세는 아들 에드워드와 함께 반란 진압에 나섰지만, 루이스 전투에서 시몽이 승리를 거두고 헨리 3세와 에드워드는 포로로 잡히고 말았다. 시

헨리 3세와 맞선 시몽드 몽포르, 의회의 아버지.

몽 드 몽포르는 1265년 1월 왕실의 혈통이 아닌 귀족이지만, 사실상 군주와 다름없는 세력을 휘두르면서 귀족으로서는 최초로 의회를 소집했다. 시몽은 세금 징수에 관한 문제와 에드워드 왕자의 석방에 관련하여 1264년과 1265년 두 차례 의회를 소집하였다. 1264년 의회에는 기사들이 포함되었고, 1265년 의회에는 도시의 대표들까지 참여하였다. 시몽은 귀족들뿐만 아니라 중간 계층과 성직자들, 기사들, 시민대표들, 주교들, 그리고 학자들까지 광범위한 지지를 얻고자 했다. 여기에 참석했던 교회의 성직자와 귀족들은 후에 영국의 상원House of Lords이 된다. 시몽의 의도로 지방 행정단위인 각 주Shire에서 2명, 각 도시와 성읍Borough에서 2명의 평민대표가 의회에 참석했다. 당시 평민대표들은 단순 참관자에 불과했지만, 정책설명에 대해 논의하는 관습이 생겨났고 이들이 영국의 하원House of Commons으로 성장하였다.

왕족 혈통이 아닌 귀족 출신인 시몽이 반란에 성공하여 권력을 잡은 것은 민주적 의회정치 발전의 귀중한 의미가 있다. 또한 귀족들뿐만 아니라 각 지역의 대표를 모아 정책에 대한 논의를 시도했다는 점에서 시몽 드 몽포르는 '의회의 아버지'로 불리고 있다. 하지만 시몽의 귀족 중심 통치는 왕권 계승의 정당성을 근거로 반발하는 귀족세력으로 인해 오래 지속되지는 못했다.

헨리 3세의 장남 에드워드가 시몽의 반대 세력과 연합하여 1265년 군사를 일으킨 전쟁에서 시몽은 이브셤Evesham 전투에서 처참하게 전사하였다. 시몽 드 몽포르의 육신은 여러 개로 잘려 그를 지지했던 도시들에 보내졌으며, 나머지는 공중에 매달려 전시되었다. 시몽 드 몽포르는 왕당파 귀족들에게는 반역자로 지탄을 받았지만, 일반 서민들에게는 자유를 위한 순교자로 여겨졌다.

이브셤 전투에서 아들 에드워드의 활약으로 헨리 3세가 복위되었지만, 그는 옥스퍼드 조례를 완전히 폐기했다. 그리고 에드워드는 실질적인 권력을 얻게 되자 보복 정책을 시행했다. 잔인한 보복 정책은 반대 세력들을 자극했지만, 에드워드의 삼촌인 콘월 백작 리처드를 비롯한 온건파들이 나서서 설득하여, 어느 정도 반란을 누그러뜨릴 수 있었다. 헨리 3세는 아들 에드워드 덕분에 왕위를 되찾았지만 통치력을 제대로 발휘하지 못하다가 1272년 11월에 세상을 떠났다.

DIGEST

33

UNITED KINGDOM

에드워드 1세, 법치주의 시대 시작

에드워드 1세의 법치주의

에드워드 1세(Edward I, 재위기간 1272~1307년)는 아버지 헨리 3세와는 달리 강한 의지와 탁월한 군대 통솔력을 갖추고 있었다. 에드워드의 통솔력은 1265년 8월 4일, 우스터셔Worcestershire의 이브셤Evesham 전투에서 시몽의 군대와 마주쳤을 때 유감없이 발휘되었다. 에드워드는 빠르게 이동하다가 다시 돌진하는 전술을 이용하여 시몽을 패배시킨다. 1265년 시몽 드 몽포르를 격파한 후 부친의 왕위를 되찾았고, 1271년 8차 십자군 전쟁에 참가하여 전투에서 명성을 얻기도 했다. 1274년 헨리 3세가 사망하자 십자군 전쟁에서 돌아와 에드워드 1세로 왕위에 올랐다. 에드워드 1세는 노르만 정복 이래 최초의 '국민적 왕'이라고 불렸다. 키가 188cm에 달해 '긴 다리 왕Longshanks'이라고 불리기도 했다.

에드워드 1세는 법과 제도를 정비하고 토지 등 부동산 양도 및 상속에 관한 중요한 법률을 만들었다. 그리고 주요 행정기관으로 상서청, 회계청, 왕실, 자문회의를 정비하였다. 상서청에서 특허장, 영장 등 공문서가 작성되면 문서에 날인할 것인지를 검토하였다. 회계청은 재정관하의 왕실의 수입과 지출을 관장했고, 사법 집행관 등의 재정 관리들의 회계를 감사(監査)했다. 자문회의는 주요 대신들, 재판관, 서기, 대영주로 구성되어 중요한 결정에 대해서 왕에게 자문하는 기관으로 발전하였고, 때로는 최고 법정 역할을 담당하기도 했다. 에드워드 1세의 통치 후기에 경제적으로 산업 장려 정책을 펼쳤는데, 1285년 상인보호법을 발효하고 양모와 가트코뉴의 와인 생산을 장려하여 국가 재정을 확대하기도 했다.

한편 에드워드 1세는 브리튼의 통일을 시도했다. 즉 1282년 웨일스에서 직접 실권을 발휘하려고 원정을 나갔다. 웨일스의 산간지역에 소왕국처럼 할거하던 켈트족 공후들의 독자적인 세력을 무너뜨리고 웨일스에 대해서 실질적인 통치를 위해 귀네드에 읍성을 보호하는 성곽이 둘러싸는 방어시설과 카나번 성을 축성하였다. 1294년 잉글랜드의 통치에 반발하는 켈트족 웨일스 인들이 반란을 일으켰으나 곧 진압되었다.

1297년 혹한이 이어져 런던의 템스강이 겨우내 얼어붙었다. 극심한 한파와 폭풍과 돌풍으로 많은 농토가 소실되었고 식량부족으로 질병이나 전염병이 번져 많은 사람이 죽어 나갔다. 그러한 상황에서도 잉글랜드에 막중한 세금을 내야 했던 스코틀랜드의 윌리엄 웰레스가 반란을 일으켰다. 이들을 진압하기 위해서 1297년 에드워드 1세는 대부대를 스코틀랜드에 진군시켰다. 웰레스의 군사가 5,000-5,500명에 불과하였으므로 에드워드 2세는 수적으로 우세한 상황이었다. 그러나 스털링에서 웰레스가 대승을 거두게 된다. 웰레스는 기다란 나무창으로 바리케이드를 만들어 공격해 들어오는 잉글랜드 기병을 무력화시켰다. 그러자 에드워드 1세는 스코틀랜드의 토착귀족들을 뇌물과 권력으로 포섭하여 회유책을 썼고, 반항하는 귀족들과 시민들에게는 잔혹한 응징과 학살을 가했다. 결국 1298년 폴커스 전투에서 웰레스가 이끌던 스코틀랜드 반란군은 패배하고 웰레스는 1305년 체포되어 사형 당했다.

스코틀랜드의 반란이 심해지면서 로버트 1세가 토속 귀족들을 규합하고 왕이 되어 스코틀랜드의 독립을 선언하였다. 에드워드 1세는 다시 이를 진압하기 위해 원정을 나섰다가, 1307년 스코틀랜드의 칼라일 근처에서 병으로 사망하였다. 사망하기 직전 장남 에드워드 2세에게 "나를 화장하여 가죽 부대에 넣고 진군하라. 그리고 스코틀랜드를 정복하여 그곳에 묻어 달라"라는 유언을 남겼다고 한다.

모범의회 Model Parliament

노르만 왕조에는 최초의 회의 기구로 위탄게모트 Witangemot라는 귀족들의 부족 국가적 회의 제도가 있었다. 이는 초기 지배집단이 모여 의견을 나누는 회의였다. 이후 왕실 의회로 발전하여 강력한 중앙 지배계급의 의결기구 역할을 하였지만 13세기에는 왕권을 제약하기 위한 의회의 특징에 융합되었다. 왕권 제약 목적의 최초 의회는 존 왕 이후 귀족이 통치력을 행사했던 시기의 시몽 드 몽포르 의회이다. 시몽 드 몽포르는 정당한 왕권 계승자가 아니었으므로 의회에서 하층 귀족과 시민대표, 귀족 등의 다양한 지지를 얻기 위해 의회 참여 구성원을 하위 계급까지 확대했다. 귀족과 고위성직자들과 각 주 장관 2인, 자치구 버로우 borough와 자치주 카운티 county에서 두 명의 기사가 참여하였고, 그리고 각 도시의 시민대표 2인이 포함되어 구성된 3계층 계급이 참석하기 시작했던 것은 주목할 만하다.

에드워드 1세가 몽포르를 처형함으로써 이 의회는 중단되었다. 1295년 에드워드 1세 통치하에는 본격적인 영국 의회로 '모범의회'가 출현하였다. 의회는 에드워드 1세의 재임기간(1272-1307) 동안 46회가 열렸다. 즉 1년에 2회 정도로 비 상설의회가 열렸다. 이 의회에서도 각 자치주 도시에서 시민 2명이 하원 burgesses으로 참가하여 후일 영국 의회 하원을 구성하는 의회의 모델이 되는 모범의회가 되었다. 사법적 행정적 자문 기관에 구성원에 시민이 참관하였다는 것은 당시로서는 획기적인 변화였다. 에드워드 1세는 의회에서 프랑스어보다는 영어를 사용하도록 권장하였다.

1327년 의회가 에드워드 1세의 아들을 왕좌에서 물러나게 한 이후 모범의회는 국왕을 견제하고 정책을 논의하는 기구로 발전하였다. 이 의회가 에드워드 3세에 이르러서는 정치적인 성격이 강화되었고 1376년에는 상 · 하 양원으로 발전하였다.

모범의회에서 귀족들은 「대헌장」의 조항에 의거하여 국왕도 의회의 승인

모범회의 진행하는 모습.

없이 과세할 수 없도록 하였다. 결국 에드워드 1세는 전쟁비용을 위해 조세를 거둘 필요가 있을 때마다 의회를 소집하였다. 그 과정에서 에드워드 1세는 귀족들이 요청하는 법령을 반포하여 에드워드 1세는 법치주의를 세운 '잉글랜드의 유스티니아누스'라 불린다. 예를 들어, 범죄, 시민, 봉토 재수여 금지와 관련된 2차, 3차 웨스트민스터 성문법(1285, 1290), 교회의 토지 획득을 통제한 부동산법(1279), 공공질서를 위한 경찰행정에 관한 윈체스터 성문법(1285), 무역과 상업에 관한 버넬 법령(1283)과 상인법(1285) 등이 제정되었다. 이렇게 만들어진 여러 법령들은 잉글랜드의 관습법common law이 되었다.

에드워드 1세는 반포된 법의 오류나 혼란을 시정하기 위해서 '제정법Statute'을 채택하여 수정 변경 또는 보완하는 과정을 거쳤다. 제정법은 소수 자문관Councillor들이 모여 국왕이 결정하고 반포한 왕령과는 달리, 국왕의 서기들이 기초한 선언을 의회 또는 대자문회의에서 토의를 거쳐 동의를 얻고 왕이 재가하여 공포하는 과정을 거치는 것이다. 1274년에는 순회재판관을 지방에 파견하여 수탈이 심한 사법 집행관, 부패한 관리, 검사관을 파악하여 지방 정치의 실태를 조사하게 하였다. 1289년 부패한 재판관, 회계청 관리, 사법 집행관 등을 심문할 특별위원회를 열었고 비리를 단속하였다. 또한 그 지방의 젠트리 출신에서 치안유지관Keeper of peace이라고 하는 새로운 지방관리를 선발하여 질서를 유지하고, 범법자를 체포하여 법정에 출두시키도록 하는 책임을 헌드레드에 부과하였다. 헌드레드는 법을 지킬 것을 보증하기 위하여 범법자를 체포하지 못할 경우 헌드레드 주민들에게 벌금을 부과했던 지역단위다.

에드워드 1세는 법령을 통해 강력한 교회의 권력을 억누르려 했다. 1279년 '양도불능재산에 관한 법Statute of Mortmain'을 제정하여 봉신이 영주의 동의 없이 교회에 토지를 팔거나 기증하는 것을 금지하였다. 토지가 교회에 기증되면 봉신의 영주는 혼인세, 상속세, 후견권과 같은 봉건적 권리가 사라지기 때문이다. 이로써 강력한 권력을 누리던 교회의 권력을 견제하고, 영지를 재분배하여 세력을 약화시켰다.

에드워드 2세(재위기간, 1307-1327)와 동성연애 관계인 게버스턴 피어스

에드워드 1세의 아들들이 10살 전후하여 유아사망으로 요절하자 에드워드 1세가 45세에 얻은 넷째 아들 에드워드 2세가 후계자가 되었다. 에드워드 2세는 정치에 관심이 없고 놀기를 좋아하는 왕이었다. 1307년 부왕 에드워드 1세가 스코틀랜드를 정벌하기 위해서 원정을 나갔다가 병사하자 왕위에 오르게 되었다.

에드워드 2세는 아버지를 닮아 건장한 체구에 잘생긴 남자였지만, 사냥이나 전쟁, 그리고 정치보다는 음악이나 도자기 기술을 사랑했다. 다정다감하지만 카리스마가 없고 소심하고 의지가 약해 왕으로서 위엄이 없어 귀족들과 왕족들에게 평판이 좋지 못했다.

에드워드 1세가 생존 시에 에드워드 2세의 마상 창던지기 훈련을 도와줄 하급 기사인 피어스 게버스턴Piers Gaveston을 소개하였다. 그러나 에드워드 2세가 게버스턴과 동성연애를 하고 있다는 소문이 퍼지자 게버스턴은 국외로 추방되었다. 에드워드 2세는 왕위에 오른 후 게버스턴을 불러들여 콘월의 백작으로 임명하였다. 오만하다고 알려진 게버스턴이 왕의 인사권에 개입하자 귀족들의 불만이 더욱 커졌다.

게버스턴은 에드워드 2세의 결혼생활에도 영향을 끼쳤다. 에드워드 2세가 프랑스 남서부 지방의 가스코니Gascony 지역을 봉건영주 자격으로 상속받았

에드워드 2세와 게버스턴 피어스.

으므로, 프랑스의 필리프 4세가 봉건 신하로서의 예를 갖추도록 요구했으나 에드워드 2세가 응하지 않았으므로 잉글랜드와 프랑스는 긴장상태에 놓이게 되었다. 이 갈등을 해소하기 위해 교황의 중재로 에드워드 2세는 필리프 4세의 딸 이사벨라와 1308년 정략결혼을 하였다. 이때 이사벨라는 12살이었으나 상당한 미녀로 에드워드 2세가 '미녀 이사벨라'라고 부를 정도였다. 왕실의 교육을 받은 이사벨라는 매력적이고 외교적 수완이 뛰어났다고 한다. 그러나 이사벨라와의 결혼식 연회에서 에드워드 2세가 게버스턴과 함께 시간을 보내자 이사벨라의 숙부인 샤를 드 발루아가 불만을 제기하였다.

더구나 에드워드 2세가 이사벨라와 결혼하면서 주기로 된 보석을 게버스턴에게 주고, 여왕에게 관습적으로 수여해오던 성과 영지도 수여하지 않았다. 이사벨라의 부친인 필리프 4세는 랭커스터 백작인 토마스에게 부탁하여 의회의 귀족들의 지지를 얻어 게버스턴을 추방하도록 하였다. 의회의 결정에 따라 게버스턴은 잉글랜드에서 무기한으로 추방당하였고 왕의 인사권도 대폭 제한되었다. 게버스턴이 추방되고 난 후에야 이사벨라는 여왕으로서 영지와 성을 받게 되었다.

그러나 에드워드 2세의 노력으로 게버스턴이 돌아오자, 1309년에서 1311년까지 이사벨라는 남편이 총애하는 게버스턴과 좋은 관계를 유지하기 위해 애썼다. 또한 랭커스터 가문과 적대적인 관계에 있는 버몬트 가문과도 가까이 지내려고 하였다. 게버스턴이 돌아오자 의회는 에드워드 2세의 사촌인 랭커스터 백작 토머스를 주축으로 하는 21명의 칙령 기초위원회를 조직하여 에드워드 2세를 겨냥한 40여 개의 칙령을 선포하였다. 그중 20개의 법령(Ordinances, 1311)으로 게버스턴은 다시 추방되었다.

에드워드 2세와 랭커스터 백작의 갈등이 지속되어 관계가 멀어지자 에드워드 2세는 다시 게버스턴을 불러들였다. 그러나 영국으로 들어오려 했던 게버스턴은 펨브로크와 써리의 백작들에게 잡혀 랭커스터 백작인 토마스의 약식 재판에 의해 1314년 결국 참수되었다.

스코틀랜드 원정과 실패, 에드워드 2세의 '악마적 시간'

에드워드 2세의 부친인 에드워드 1세는 스코틀랜드와의 전쟁 중 죽음을 맞이하면서 '스코틀랜드를 완전히 장악하여 자신의 뼈를 묻을 것'을 아들인 에드워드 2세에게 유지로 남겼었다. 그러나 에드워드 2세는 부친이 사망하자 왕위에 오르기 위해 런던으로 와버렸고 한동안 부친의 유지(遺志)였던 스코틀랜드 정복은 잊고 지냈다.

한편 부왕인 에드워드 1세와의 전쟁에서 참패하여 아일랜드로 달아났던 스코틀랜드의 로버트 더 브루스Robert the Bruce가 세력을 키워 로버트 1세로 왕위에 올랐다. 로버트 1세가 다른 토착 스코틀랜드 귀족들을 복속시키고 스코틀랜드의 대부분을 탈환했다. 그 소식을 들은 에드워드 2세는 1314년 추락한 위신을 회복하고, 왕권을 강화하기 위해서 랭커스터 백작의 지원을 받아 2만여 명의 군사를 보내어 스코틀랜드를 침공하였다.

로버트 1세는 잉글랜드를 수적으로 이길 수 없다고 판단하여 잉글랜드 군이 사용할 수 있는 집과 작물을 철저히 불태웠고 험악한 스코틀랜드 산지를 이용하여 야밤을 틈타 기습전투를 벌였다.

1314년 로버트 1세는 에드워드 2세와 습지인 배녹번 전투에서 잉글랜드와 정면으로 맞서게 되었다. 습지가 있음에도 불구하고 에드워드 2세는 전진을 명령했다. 뒤이어 뉴파크숲에서 쏟아져 돌격하는 스코틀랜드 창병에 의해서 공격을 받았을 때 에드워드 2세의 궁병들은 공격 시기를 놓쳤고, 기마병은 좁은 지역에서 창병을 맞이하여 불리한 전투를 하다가 완패 당하고 말았다. 멀리서 전투를 바라보며 명령만 했던 에드워드 2세의 잘못된 전략이 스코틀랜드와의 전투에서 참패를 불러오고 말았다. 이 전투에서 로버트 1세가 승리함으로써 잉글랜드는 스코틀랜드에 대한 통치력을 완전히 잃게 되었다.

에드워드 2세는 1319년 스코틀랜드와의 전투를 다시 벌였으나 전투부대원의 식량을 공급할 비용을 감당하지 못할 정도였다. 잉글랜드를 포함한 유럽 전역에 대기근The Great Famine이 일어났고, 연달아 대홍수가 일어났기 때문이었다. 1321년까지 불안정한 기후로 인해 수확이 적어지자 에드워드 2세는 농산물 가격을 조정하려는 시도를 했으나 성공하지 못했다. 기근과 연속되는 악천후와 스코틀랜드에 대한 원정의 실패는 신이 내린 벌이라는 시각이 확산되었다. 이 시기는 '에드워드 2세의 악마적 시간'이라고 불릴 정도로 에드워드 2세에 대한 불만은 높아져갔다.

이사벨라의 오빠인 샤를 4세가 프랑스 왕위에 오르자, 프랑스에 가스코니 봉토를 가지고 있던 에드워드 2세에게 신하의 예를 갖추도록 요구하였다. 에드워드 2세는 자신의 통치에 대한 국내 반대 세력이 증가하고, 프랑스 왕과 문제가 생기자 1325년 평화조약을 맺기 위해 아내인 이사벨라를 프랑스로 보냈다. 또한 프랑스에 가스코니 봉토를 에드워드 3세에게 넘겨주고 아들인 에드워드 3세도 함께 프랑스로 보냈다. 남편 에드워드 2세와 휴 드스펜서에 대해 강렬한 반감을 가지고 있던 이사벨라는 에드워드 2세에게 밀려나 프랑스로 망명을 한 로저 모티머Roger Mortimer를 만나 동맹적 연인관계가 되었다. 또한 이사벨라는 헤이노 백작the Count of Hainaut 윌리엄의 딸 필리파Philippa를 에드워드 3세와 결혼시키겠다는 약속을 하고 132척의 운송선과 8척의 전함을 원조 받았다.

마침내 1326년 이사벨라는 프랑스에 망명 왔던 다른 귀족들과 강력한 전력을 지닌 프랑스군과 연합하여 잉글랜드를 침공했다. 이사벨라와 로저 모티머의 군대가 침입하자, 수세에 몰린 에드워드 2세는 웨일스로 도망했으나 결국 사로잡혀 폐위되어 감금되었다가 1327년 사망하였다. 같은 해 14살의 아들 에드워드 3세가 왕위를 계승하였다.

DIGEST

34

UNITED KINGDOM

에드워드 3세, 대륙진출의 꿈, 백년전쟁의 시작

에드워드 3세(재임기간, 1327-1377), 어머니 이사벨라와 정부 모티머의 섭정

에드워드 3세는 부친 에드워드 2세가 스코틀랜드와의 전쟁에서 끊임없이 실패하여 무능하다는 평가를 받고 있었을 뿐 아니라 게버스탄에 대한 특별한 총애로 논란이 많았던 시기에 태어났다. 에드워드 3세의 탄생은 일시적으로 귀족들 간에 에드워드 2세의 위상을 올려주었다. 에드워드 3세는 12세가 되자 체스터의 공작으로 임명되었다. 1325년 부친 에드워드 2세의 뜻에 따라 아키텐에 있는 가스코니 봉토의 봉신으로서 예를 갖추기 위해 모친 이사벨라와 함께 프랑스로 평화조약을 맺으러 떠났다. 하지만 1327년 에드워드 3세의 프랑스인 모친인 이사벨라는 정부 모티머와 공모하여 영국을 침공했고 부친인 에드워드 2세를 폐위시켰다. 이사벨라와 모티머는 의회를 소환하여 14세인 에드워드 3세를 잉글랜드 왕위와 아일랜드의 주군으로 옹립하였고 섭정을 시작하였다.

에드워드 3세는 17세의 나이에 실질적인 통치자가 되었지만, 섭정을 하던 어머니 이사벨라와 모티머와 갈등이 생겼다. 섭정하는 동안 모티머는 영토와 직위를 얻는데 세력과 권세를 이용했기 때문이다. 모티머가 스코틀랜드와 스테호프 파크 전투에서 치욕스러운 패배를 하고 난 후, 1328년 에든버러-노샘프턴 조약Treaty of Edinburgh - Northampton 을 맺자 모티머의 세력이 약해지게 되었다. 이 조약으로 스코틀랜드의 국왕 로버트 1세는 공식적인 왕으로 인정받았으며 잉글랜드는 스코틀랜드에 대한 많은 권리를 포기하였다. 또한 모친 이사벨라의 주장으로 로버트 1세의 아들과 에드워드 3세의 여동생 사이에 정략결혼이 성사되어 양국 간에 평화조약이 이루어졌다. 에드워드 3세는 에드워드 1세의 유언을 생각하여 이 조약에 대해 못마땅해 했지만, 모친의 섭정에 굴복할 수밖에 없었다.

1328년 에드워드 3세가 프랑스 에노 백작의 딸 필리파와 결혼한 후 왕으로서 실권을 행사하려고 하자, 자연스럽게 모티머와 충돌하게 되었다. 급기야 1330년 에드워드 3세는 모티머에게 쿠데타 음모 혐의를 물어 직접 노팅험 성을 급습해 모티머를 납치하여 처형하였고 모친 이사벨라를 수도원에 유폐하였다.

1329년 에드워드 3세는 다시금 스코틀랜드에 주목하였다. 스코틀랜드의 로버트 1세가 사망하고 그의 매제인 어린 데이비드 2세가 왕위에 오른 이후 정치적으로 불안정한 상황이었다. 또한 프랑스와의 대립에 있어서 스코틀랜드의 중요성이 부각되었다. 스코틀랜드와 프랑스가 동맹관계를 유지하는 한 영국은 두 개 국경에 대한 경계를 의미하기 때문이다. 더구나 프랑스는 자주 영국의 해안 도시를 습격했고, 프랑스가 전격적으로 침공할 것이라는 소문이 떠돌았다. 결국 스코틀랜드와의 평화조약에 만족하지 못했던 에드워드 3세는 로버트 1세가 추방했던 친잉글랜드 귀족들을 지원하여 반란을 일으키도록 부추기고 스코틀랜드를 침입하여 1331년 두플린 무어Dupplin Moor 전투에서 대승을 거두었다. 에드워드 3세는 존 벨리를 새로운 왕으로 세우고 스코틀랜드 남부의 막대한 영지를 얻었다. 그러나 후에 1341년 스코틀랜드 왕이었던 데이비드 2세가 힘을 다시 규합하여 왕위를 탈환했다.

에드워드 3세는 50년간의 재임기간 동안, 의회와의 갈등을 통해 법과 통치를 발전시키고, 의회가 개혁되었다. 전쟁과 전술에 관심이 많아 중세 시대의 군왕으로는 이상적이었지만, 당대에도 그리고 후세에도 무모한 전쟁을 일으킨 것으로 비난을 받았다.

대륙진출의 꿈, 백년전쟁의 시작(1337~1453년)

1337년 프랑스 발루아 가문 필리프 6세와 잉글랜드 플랜태저넷 가문의 에드워드 3세 사이에 프랑스 왕위계승 문제를 두고 시작된 일련의 전쟁을 백년전쟁이라고 한다. 1328년 에드워드 3세의 어머니 이사벨라의 오빠인 프랑스 샤를 4세가 사망하자, 에드워드 3세는 자신이 프랑스 왕의 후계자임을 자청하고 전쟁을 일으켰다. 이것이 백년전쟁의 시작이다. 초기에 차질을 빚기는 하지만, 크레시와 프와티에Crécy and Poitiers에서 승리하여 브레티니 조약Treaty of Brétigny을 맺고 영토를 획득한 후, 자신이 프랑스 왕위계승권이 있음을 공식 선언하였다. 에드워드 3세는 자신이 사용하던 방패와 망토에 영국을 상징하는 세 마리 사자와 프랑스를 상징하는 백합 무늬의 문장을 사용했다.

거의 모든 전쟁 발단에는 경제적인 원인이 존재하곤 한다. 백년전쟁도 플랑드르 지역의 지배에 대한 분쟁으로 시작되었다. 플랑드르는 잉글랜드에서 모를 수입하여 가공하는 모직물 공장지대로 번창한 큰 도시였고, 부근의 기옌은 프랑스 최대 포도주 생산지였다. 프랑스령을 가지고 있었지만 에드워드 3세는 충성의 예를 표하기는커녕 오히려 플랑드르로 수출되는 양모 공급을 중지했다. 그러자 프랑스 필리프 왕은 잉글랜드의 봉토인 기옌(지금의 가스코뉴지방)을 몰수했다. 1337년 필리프 6세가 영국의 아키텐 공작의 영지와 퐁티외 영지까지 몰수하자 분쟁이 더욱 격화되었다.

네쪽 중에 붉은 바탕에 영국을 상징하는 사자 세 마리가 두 쪽을 차지하고 다른 두 쪽은 프랑스를 상징하는 백합의 문양이 그려져있다.

백년전쟁이 일어난 두 번째 발단은 에드워드 3세가 프랑스 왕위 계승권이 있음을 전격적으로 주장하였기 때문이다. 에드워드 3세의 모친인 이사벨라의 오빠인 샤를 4세가 후사 없이 사망하자, 전왕인 필리프 4세의 손자로서 자신이 왕위를 계승해야 한다고 주장했다. 프랑

백년전쟁, 플렌테저넷 가문의 프랑스 원정.

스 살리카 법Lex Salica에 근거해 가장 가까운 남자 친족인 에드워드 3세를 거부하고, 샤를 4세의 조카인 필리프 6세가 왕위를 계승했던 것이다. 결국 에드워드 3세는 왕위 계승권을 주장하며 전쟁을 선포했고, 백년전쟁이 시작되었다.

1336년 에드워드 3세는 프랑스에 대한 전쟁준비를 시작하기 전에 대륙의 영향력 있는 왕자들과 동맹관계를 형성했다. 1338년 교황 루드비히 4세는 에드워드 3세를 신성로마제국의 주교 대리라고 칭하고 전격적인 원조를 약속했다. 1373년 후반기에는 앵글로-포르투갈 동맹을 맺었다. 모직 산업이 주력산업이던 플랑드르의 봉건귀족들은 잉글랜드의 양모 수출이 막히자 잉글랜드의 편을 들었다. 1337년 야콥 반 아르테베르테가 겐트강에서 반란을 일으켜 친프랑스의 플랑드르 백작이 쫓겨났고, 1338년 에드워드 3세가 앤트워프에 상륙하자 플랑드르 봉건귀족들은 앞다투어 에드워드 3세에게 충성을 맹세했다. 동맹과 연합의 전략으로 1340년 슬루이스Sluys 항구에서 프랑스 함대 190척을 격파하며 영국 해군이 승리하였고, 잉글랜드로부터의 물자 보급로인 도버 해협 통제권을 확보할 수 있었다.

한편, 국내에서는 전쟁 비용 때문에 불만이 생겨나기 시작했다. 전쟁이 진행됨에 따라 국내의 섭정기구는 부채가 늘어나는 것에 대해 항의했고, 대륙에 있던 에드워드 왕과 장군들은 잉글랜드가 충분한 자금을 지원하지 않는 것에 대해 분노했다. 이 상황을 해결하기 위해 1340년 에드워드 3세는 주변에 알리지도 않고 영국으로 돌아와 자금지원을 반대하던 관련 장관과 판사 등 왕실의 관리들을 추방했다. 그러나 이러한 조치는 국내의 안정을 가져오기보다 캔터베리 대주교인 존 드 스트랫퍼드와의 관계가 결렬되는 결과를 가져왔다.

스트랫퍼드 대주교는 에드워드 3세가 왕실 관리를 체포할 때 법을 어겼다고 주장하였다. 1341년 4월 의회가 소집되고 에드워드 3세의 재정적 행정적 관여를 엄격하게 제한을 하는 법률안이 통과되었다. 그러나 에드워드 3세는 같은 해 10월 이 법령을 부정하고 대주교인 스트랫퍼드를 배척하였다. 에드워드 3세는 사실상 무한에 가까운 중세 국왕의 권력을 휘둘렀다.

백년전쟁에 주요 전투: 크레시 전투와 칼레 포위 전투

1346년 8월 백년전쟁에서 가장 중요한 전투로 손꼽히는 크레시 전투Battle of Crécy에서 대규모의 프랑스 군대를 격파했다. 솜므Somme강의 북쪽이고 항구도시 칼레보다는 남쪽에 위치한 크레시Crécy에서 전투에 유리한 낮은 언덕 지형을 발견한 에드워드 3세는 필리프 6세가 이끄는 프랑스군과 그곳에서 교전하였다. 약 1만 2천여 명밖에 없었던 잉글랜드군에 비해 약 3~4만 명이 이르는 프랑스군이 수적으로 우세한 전투였다. 프랑스군은 군사력을 과신했고, 혈기왕성하여 적을 무시했다. 반면 잉글랜드군은 장궁병과 기마병을 활용한 전략적인 전투를 펼쳤다. 장궁병은 자유농민이었지만 오랫동안의 훈련으로 프랑스의 석궁병보다 화살을 더 많이 더 멀리 쏠 수 있었다. 프랑스군의 돌격을 늦추기 위해 장애물을 전방에 깔아놓고 프랑스군을 진흙탕으로 몰아갔고, 함정에 빠져들면, 잉글랜드 장궁병이 화살로 공격했다. 프랑스군의 전열이 흐트러지면 기마병이 측면공격을 했다. 프랑스군은 돌격 위주의 보병부대 중심이었기에 전열이 흐트러지면 수습이 어려운 형태였다. 더구나 프랑스군은 무거운 철갑옷을 입고 있어 기동성이 떨어졌다. 이 전투가 끝난 후 부상자와 포로를 즉결 처형했기 때문에 '기사도 정신의 종말'이라고 보기도 한다.

두번째로 백년전쟁에서 중요한 전투는 칼레 포위 전투이다. 약 35,000명의 잉글랜드군은 프랑스의 항구도시이며 프랑스군의 보급로 역할을 했던 칼레Calais를 포위 공격했다. 포위 공격은 1346년 9월 4일 시작하여 1년 후인 1347년 8월 마을이 항복할 때까지 11개월 동안 지속되었다. 당시 칼레에는 시민 8천여 명이 있었다. 칼레 시민들도 시민군을 조직하여 싸웠지만 전쟁이 길어지자 식량이 고갈되었고 끝내 항복하고 말았다. 오랜 포위에도 항복하지 않았던지라, 에드워드 3세는 '시민들 중 6명을 뽑아오면 칼레 시민 전체를 대신하여 처형하겠다.'라는 항복조건을 내세웠다. 그러자 칼레의 부유한 시장이었던 외슈타슈 생피에르Eustache de Saint Pierre를 비롯하여 고위 관료와 부유층 6명이 자원했다. 하지만, 이들의 사형이 집행되려는 순간 임신하고 있던 에드워드 3세의 아내가 태아에게 불행한 일이 닥칠지도 모른다며 처형을 만류했다. 1880년 오귀스트 로댕Auguste Rodin이 목에 밧줄을 맨 칼레의 시민들이라는 동상을 세웠고, 후일 노블레스 오블리주noblesse oblige, 즉 가진 자의 의무를 행했다는 칭송을 받게 된다. 한편 에드워드 3세는 흑사병으로 일시 휴전을 맺고 본국으로 귀환했지만, 이후 칼레는 200여 년간 보급로를 제공하는 전략적인 입지였으므로 향후 백년전쟁에서 잉글랜드의 승리에 가장 큰 교두보 역할을 했다.

에드워드 3세의 동맹정책 비용과 전쟁비용은 많이 들었지만 재정적 성과가 분명히 드러나지 않았다. 에드워드 3세가 전쟁비용을 위해서 어마어마한 양의 대출(금화 약 1,365,000 플로린)을 하고 채무 불이행이 이어지자 피렌체의 대출기관이 파산에 이르기도 했다. 더구나 1347년 흑사병이 발생하자 전쟁을 수행할 양측의 병사들이 전염병으로 죽어나갔다. 자크리의 난으로 궁지에 빠져있던 프랑스는 잉글랜드에 화평을 청했고 1360년 9월 25일 양국은 브레티니-칼레 조약에 의해서 2년 동안 휴전하기로 결정하였다. 잉글랜드 역시 스코틀랜드와의 관계에서 데이비드 2세와 문제가 생겼기 때문이다.

DIGEST

35

UNITED KINGDOM

백년전쟁을 잠시 멈춘 흑사병

전쟁을 멈춘 흑사병 Black Death

에드워드 3세가 프랑스의 칼레Calais를 함락시켰지만, 1347년 흑사병이 발생하여 유럽에서 5년 동안 유행병처럼 번져나가 전쟁을 할 수 없는 상황이 되었다. 흑사병으로 최소 7500만에서 최고 2억 명이 사망에 이른 것으로 추정하는데 이 수는 유럽 총인구의 절반에 달하며, 사회구조가 완전히 붕괴되는 수준의 사망 인구였다. DNA 분석 결과 흑사병의 원인은 페스트 균인 것으로 밝혀졌다. 중앙아시아에서 시작하여 비단길을 따라 크림반도까지 분포되어 있는 검은 쥐와 벼룩들에 기생하던 페스트 균이 유동인구의 움직임에 따라 유럽전역에 퍼져나간 것이다. 흑사병Black Death은 피부가 검게 변하여 괴저가 발생하기 때문에 얻어진 페스트의 별명이다.

흑사병은 페스트Yersinia pestis균의 숙주인 쥐에 기생하는 벼룩에 의해 전달되거나 공기를 통해서 전염되었다. 유럽의 전역에 출몰하였지만 무역로를 따라 운행되는 선박에서 전염병이 발생했을 때 더 치명적이었다. 유럽의 무역로 였던 메시나 항구에서 전염되기 시작하여, 프랑스의 마르세유 항구와 북아프리카의 튀니스 항구로 퍼졌다가 교역로의 중심에 있었던 로마와 피렌

백년전쟁을 멈춘 흑사병.

체로 전염되었고, 1348년 중반에는 파리, 보르도, 리옹을 거쳐 런던과 영국의 남서부 전역에 빠르게 퍼지게 되었던 것이다. 그리고 1350년에는 영국에서 스코틀랜드, 스칸디나비아, 발트해 연안에까지 이르게 되었다.

흑사병이 유럽 전역과 잉글랜드를 강타하자 교황 클레멘스 6세의 중재로 1355년까지 휴전 협정이 이루어졌다. 프랑스의 필리프 6세는 흑사병이 유행하던 시기의 혼란 속에 1350년 사망하고 아들 장 2세가 왕위를 물려받았다. 에드워드 3세는 장 2세에게 프랑스 왕위를 포기하거나, 아키텐 영토를 잉글랜드령으로 인정하고 투레인, 앙주, 메인 등의 영토를 양도할 것을 요구했다. 장 2세는 이를 거부했지만, 백년전쟁은 흑사병으로 잠시 멈추게 된다. 1348년 흑사병이 잉글랜드도 강타하여 전체 인구의 1/3이 죽음에 이르게 되었기 때문이다.

흑사병으로 인한 사망자 수가 늘어나자 농촌의 노동력이 부족해졌고, 임금이 상승했다. 임금 인상을 억제하기 위해 국왕과 의회는 1349년 노동자 법령을, 1351년에는 노동 법령을 선포하였다. 임금 인상을 규제하여 단기적으로는 국내의 거대 농장 소유자들의 상황에 활력을 되찾았다. 당시의 재무 장관이었던 윌리엄 에딩턴William Edington과 대법원장 윌리엄 드 샤슬레William de Shareshull와 같은 왕실 행정관의 즉각적인 대처 덕분이었다.

DIGEST

36

UNITED KINGDOM

백년전쟁을 재개한 흑태자

푸아티에 전투(1356년), 젊고 용맹한 용사, 흑태자

흑태자 에드워드는 에드워드 3세의 장남으로 생후 3세에 체스터 백작으로, 7세에 콘월 공작으로, 13세에 웨일스 공의 작위를 받으면서 후계자로서 확고한 위치를 갖고 있었다. 1346년 16세에 크레시 전투에서 프랑스군을 격파하였고, 그 후 칼레에서의 전투와 윈헬시에서의 전투에서도 승리를 거두는데 한몫을 했다. 흑태자로 불리는 이유는 전투에서 검은색 갑옷을 입었기 때문이라고 알려져 있기도 하고, 프랑스와의 전쟁에서 잔혹한 행위와 전투력으로 프랑스어의 '검은'을 뜻하는 느와noir라고 불렸다고도 하는데 어떻게 이름을 얻었든, 흑태자 에드워드는 전투에 있어서 냉혹한 전사였다.

흑태자는 1350년대 중반까지 대륙에서의 군사 작전을 대규모로 재개하였다. 1355년 보르도로 진군하여 아키텐에 머물면서 프랑스 남부의 대부분을 점령하였다. 1356년 푸아티에Poitiers 전투에서는 수적으로 열세인 상황이었으나 소수 기병들로 하여금 위장 퇴각을 명령하여 미리 배치한 궁수들을 V자로 배치하여 뒤따라온 프랑스 기병들에게 수많은 화살 공격을 가했다. 언덕 위에 위치했던 흑태자 부대는 화살 공격 또는 기병대로 공격하여, 무거운

백푸아티에 전투에서 흑태자의 활약.

갑옷을 입은 프랑스 보병들은 쉽게 공황상태에 빠트렸고, 전열을 재편할 수 없어 결국 퇴각했다.

1356년 9월 푸아티에 전투Battle of Poitiers는 잉글랜드에 결정적인 승리를 안겨준 전투 중 하나이다. 잉글랜드의 결정적인 전투는 크레시 전투, 푸아티에 전투, 아쟁쿠르 전투로 알려져 있다. 흑태자 에드워드는 영국령인 아키텐에서 시작하여 북쪽으로 대규모 기병 약탈전을 펼친다. 거의 저항도 받지 않으면서 수많은 마을을 불태우고 약탈하여 루아르강 인근의 투르Tours까지 이르렀을 때 폭우가 내렸다. 프랑스의 장 2세는 대군을 소집하여 흑태자의 군대를 뒤쫓았고, 푸아티에 남서쪽 몇 마일 밖에서 전투가 벌어지게 되었다.

에드워드는 크레시 전투에서 사용한 전술을 다시 사용하여 장궁 궁수를 V자 형태로 배치하였고 소수 기병을 후방 숲속에 매복시켰다. 프랑스 기사들은 궁수를 향해 돌진했고 매복한 기병대들이 측면에서 공격하자 공황상태에 빠져 퇴각하고 말았다. 푸아티에 전투는 백년전쟁에서 결정적인 역할을 했으며, 결국 1360년 브레티니 조약Treaty of Brétigny을 맺게 된다. 푸아티에 전투에서 흑태자는 프랑스 왕 장 2세와 아들 필리프를 포로로 잡는 중요한 승리를 거두었다. 장 2세는 자신이 억류되고 후계자 샤를 5세를 살리는 방법을 선택하였다.

장 2세는 당시 프랑스 1년 치 수익의 두 배인 300만 크라운을 준비해야 했다. 장 2세는 잉글랜드에서 포로로서는 비교적 좋은 대접을 받았지만, 프랑스는 그의 몸값을 지불할 경제적 상황이 되지 못했으므로 프랑스로 돌아가지 못했고, 왕권을 포기한 채 잉글랜드에서 병사하고 말았다. 에드워드 3세가 프랑스 왕위를 주장하지 않았기 때문에, 정말로 프랑스의 왕위계승을 원했던 것인지 아니면 단순히 압력을 행사하려는 정치적 의도였는지는 여전히 역사적인 논란이 있다.

한편 1362년 에드워드 흑태자는 그동안 전투에서의 공을 인정받아 아키텐 공작으로 임명되면서 프랑스 남부의 광대한 지역을 통치하게 되었다. 보르도 궁정에서 연회와 토너먼트를 개최할 정도로 승리에 대한 보답을 누렸다.

흑사병 재난 이후의 백년전쟁의 재개

1347년에서 1351년 흑사병이 유럽전역에 나돌자 브레티니 조약으로 전쟁이 잠시 휴전이 이루어졌지만 흑사병이 사그라지자, 다시 전쟁이 재개되었다. 1367년부터 1369년까지 카스티야 연합왕국에서는 페드로 1세(잔혹왕)와 배다른 형제인 엔리케 2세(은총왕) 사이의 왕위 다툼이었다. 페드로 1세가 엔리케 2세에게 격파 당하자, 에드워드 흑태자는 페드로를 지원함으로서 백년전쟁이 재개되었던 것이다. 흑태자는 나바레테 전투에서 대승을 거두고 페드로 1세를 왕위에 복원시켰다.

그러나 이즈음 에드워드 흑태자는 원인불명의 병에 시달리기 시작했다. 더구나 페드로가 당초에 약속했던 사례금을 지불하지 않았고, 흑태자 에드워드는 보르도 궁에서의 사치스러운 생활로 재정이 파산지경에 이르렀다. 재정을 충당하기 위해 아키텐 공작령에 추가적인 세금을 부과하자 주민들의 원성이 높아졌다. 이 때문에 아키텐의 귀족들은 에드워드 흑태자를 프랑스 샤를 5세의 법원에 제소했고, 샤를 5세는 법원 출두 명령을 내렸다. 연이은 승리에 의기양양해 있던 에드워드 흑태자가 "군대를 이끌고 법원에 출두 하겠다"라고 하자, 장 2세 뒤를 이은 샤를 5세가 아키텐 공작령을 몰수하겠다고 선언함으로써 전쟁이 재개되었다.

프랑스 샤를 5세는 국내 정치를 정비하고 전쟁을 위한 국가 재정(財政)의 재건에 착수하였다. 또한 에드워드 흑태자에 불만을 가지고 있었던 아키텐의 귀족들을 선동하여 잉글랜드의 지배에 저항하게 하였다. 1369년 에드워드 흑태자의 동생인 고트의 존이 이끄는 잉글랜드 군이 프랑스로 침입하였다. 그러나 고트의 존 군대는 프랑스군의 반격에 패배하고, 잉글랜드 해군마저도 프랑스 해군에게 잇달아 패전하였다. 1375년 프랑스는 에드워드 3세 때 브레티니-칼레 조약에서 잉글랜드가 차지했던 프랑스 영토의 대부분을 탈환하는 휴전협정을 체결하였다. 이제 백년전쟁에서 프랑스에 유리한 방향으로 전환되었다.

원인 모를 병으로 쓰러진 후, 흑태자는 전장을 지휘할 수 없게 되었다. 에드워드 3세와 흑태자가 정복하여 지배했던 프랑스의 성과 도시는 다시 프랑스군에게 되돌려졌다. 1370년, 흑태자는 건강상의 무리에도 불구하고 출병하여 포위전에서 리모주Limoges 성을 함락시킨다. 그러나 리모주의 주교인 요한 데크로스는 흑태자를 배신하고 프랑스 편을 들었고, 리모주가 프랑스군에 별다른 저항 없이 항복한 것에 대해 못마땅했던 흑태자는 그 처벌로 여자와 아이들을 포함하여 3천 명의 주민을 학살하였다. 이 사건으로 프랑스 내의 반발은 더욱 거세어졌고 프랑스군은 맹렬하게 반격을 하게 된다.

아키텐 영지의 대부분을 상실한 흑태자가 병까지 위중해지자 1371년 런던으로 귀환하였다. 1376년 45세의 나이로 흑태자는 병사하게 되고, 다음 해 에드워드 3세도 사망하여 흑태자의 아들 리처드 2세가 왕위에 오르게 된다.

DIGEST

37

UNITED KINGDOM

에드워드 3세의 치세, 법치주의의 발전

법치주의의 발전

에드워드 3세의 치세 동안 법치주의가 발전했다고 할 만큼 입법 활동이 왕성했다. 가장 잘 알려진 법안은 흑사병으로 야기된 노동력 부족문제를 다루는 1351년 노동법령 the Statute of Labourers이다. 이 법령은 흑사병이 퍼지기 이전과 동일하게 임금으로 고정시키고, 농민의 이동을 제한한 것이다. 하지만 노동임금에 대한 지주들 간의 경쟁이 과열되자, 이 법령은 실패하고 말았다. 노동력이 점점 부족해지자 토지 소유자들 간에 이익 공동협의체를 만들어 임금 하향을 합의하였고, 이에 농민들은 분노하여 1381년 농민 반란으로 이어졌다.

백년전쟁이 지속되는 동안, 프랑스에 대한 저항감과 동시에 프랑스와 가까운 교황에 대해서도 저항의 움직임이 일어나기 시작했다. 영국 교회에 대한 교황의 세입으로 프랑스에 전쟁자금을 지원했다는 의구심도 생겨났다. 또한 프랑스 성직자들에게 이익이 되는 교황령 시행 조항에 대해서 귀족들과 국민들이 저항하기 시작했다. 따라서 1350년과 1353년에 제정된 법령들은 잉글랜드 내에서 교황청의 권력과 이익을 제한하는 것에 목표를 두었다.

그러나 이러한 법령들로 에드워드 3세와 교황 간의 상호 의존 관계가 완전히 끊어지지는 않았다.

에드워드 3세의 치세 중 훌륭한 치세로 평가되는 것은 평화적 합의 재판에 관한 것이다. 반역법(1351)과 같이 논란의 여지가 있는 범죄에 대해서도 합의를 통한 판결을 하도록 한 것이다. 1350년 전까지는 범죄가 확정되기 전에 조사하고 체포할 수 있는 권한뿐만 아니라 중범죄를 포함한 사례 조사를 할 수 있는 권한이 법관에게 주어졌었다. 그러나 이후에는 "재산이나 신분에 관계없이 누구나 법의 적정 절차에 의하지 아니하고는 토지 또는 보유재산을 박탈당하지 아니하며, 체포 또는 구금되지 아니하며, 상속권을 박탈당하지 아니하며, 사형에 처해지지 아니한다"라는 법안이 채택된다. 이때부터 법을 우선하는 것이 정의로운 것으로 인식되기 시작하였으므로 법치주의의 기초를 세운 법령으로 칭송받고 있다.

에드워드 3세 통치 시기에 의회는 잉글랜드의 대표적인 의결기관으로 발달하였다. 이전에 다소 불명확했던 의회 참석자 구분이 '남작 귀족'에서 '소환장을 받은 사람'으로 변경되었다. 또한 의회가 점차적으로 상원뿐 아니라 일반 시민들의 정치적 역할을 포함하는 양원제로 발달하면서 초기 형태의 하원House of Commons과 상원House of Lords이 포함되었다.

의회의 의결은 왕이 필요로 세입을 얻기에 좋은 제도였지만, 왕권을 견제하는 정치적 권력의 균형으로 작용할 수 있다는 인식이 있었다. 왜냐하면 의회의 의결 과정에 탄핵 절차와 연설의 절차가 생겨났기 때문이다. 연설로 여론형성이 가능해졌고, 그에 따라 탄핵이 이루어질 수도 있기 때문이었다. 귀족들의 이득이 충족된 후에야 왕은 귀족의 지지와 경제적 이득을 얻을 수가 있었다. 왜냐하면 왕의 절대 권력에 제동을 걸기 시작했던 의회 정치는 조정과 견제, 설득의 과정이 포함되기 시작했던 것이다. 의회 정치 성립 과정은 영국 의회 민주주의 정치 역사의 분수령으로 평가된다.

에드워드 3세의 치세

에드워드 3세는 과세를 통해 전쟁 비용을 충당했다. 조세가 정당화되기 위해서는 국왕이 필요성을 입증해야 했다. 또한 특정 지역공동체에 세금이 부과된다면, 그 공동체에 어떤 혜택이 주어질 것인가에 대해 의회에서 합의했다. 세금을 부과하는 것 외에도 왕에 대한 불만을 담은 탄원서가 논의되었는데, 대부분 왕실이나 관리들이 잘못한 것에 대한 것이었다. 에드워드 3세가 원하는 것은 전쟁비용이었다. 양측은 의회에 요구사항을 상정하여 의회와 법치주의라는 독특한 정치제도가 성장하게 되었다. 에드워드 1세와 2세가 귀족들의 권리를 제한하려 했지만, 젊은 에드워드 3세는 귀족들의 과세에 의존하여 전쟁비용을 얻으려 했다. 그 과정에서 하층 귀족들의 불만을 경청하면서 그들의 협의를 얻어내는 의회 정신이 형성되었다고 평가되었다.

한편 에드워드 3세는 1337년 임박한 백년전쟁을 준비하면서 6개의 백작 지위를 확대하고, 왕의 가까운 친척들을 위한 새로운 공작 지위를 도입하여 귀족의 수를 늘렸는데, 이것도 세원을 확충하기 위한 전략이었다. 또한 에드워드 3세는 1348년 기사단에게 수여하는 훈장으로 가터 훈장the Order of the Garter을 창설하였다. 이 훈장은 잉글랜드와 영국 연방의 최고 훈장으로, 붉은 십자가 문양과 "악(惡)을 생각하는 자에게 수치를Honi soit qui mal y pense"이라고 둥근 원에 수놓아 왼쪽 어깨에 붙이는 벨벳훈장이다.

에드워드 1세 때부터 프랑스가 영어를 말살시키려 계획한다는 소문이 널리 존재했었다. 에드워드 3세는 국민적 공포를 충분히 활용하였다. 두려움은 잉글랜드 국민의 일체감을 강화시켰다. 결과적으로 영어 사용이 특히 장려되어, 1362년 탄원 법령Statute of Pleading은 법정의 공식어로 영어를 사용하도록 최초로 규정했다. 그리고 다음 해 1363년 의회 개회사도 영어로 거행되었다.

윌리엄 랭랜드William Langland, 존 구어John Gower, 제프리 초서Geoffrey Chaucer의 문학 작품을 통해서 영어 사용에 인식이 확대되었고, 문학적 언어로 영어의 부흥이 일어났다. 하지만 프랑스와 영국의 합법적인 왕으로 자청했던 에드워드 3세 자신도 이중 언어 사용자였고, 영어 사용 법령이 발효되었지만, 1377년까지도 의회는 프랑스어로 진행되었다.

에드워드 3세의 성격은 충동적이고 변덕스럽지만 용맹한 전사인 동시에

악(惡)을 생각하는 자에게 수치를 Honi soit qui mal y pense.

전쟁과 전략에 관심이 많은 중세적 군주였지만, 관대한 왕으로도 알려져 있다. 그 예로 부친 에드워드 2세를 찬탈했던 모친 이사벨라의 정부였던 로저 모티머는 반역죄로 처형되었지만 모티머의 손자는 반역죄의 처벌을 면해주었다. 그 후 모티머의 손자는 프랑스와의 전쟁에서 중요한 역할을 했고 후에 가터 훈장을 수여받았다.

에드워드 3세는 아내 필리파와 다섯 아들들에게 헌신적이었으므로 전대 왕들이 겪었던 아들들의 반란은 결코 없었다. 하지만 말년에 아내 필리파의 시녀였던 앨리스 페러즈Alice Perrers와 사랑에 빠진 후, 아들 곤트의 존에게 정권 농단을 당하기도 했다. 에드워드와 37세 차이가 나는 야심에 찬 앨리스 페러즈의 지지를 받은 곤트의 존은 에드워드 3세와 흑태자가 전쟁으로 국내에 없는 틈을 노려 1374년 잉글랜드로 돌아와 세력을 휘둘렀다.

에드워드 흑태자가 죽고 그 다음 해에 에드워드 3세는 사망하였는데 사망 직전에 삼촌들인 클라렌스Clarence의 라이오넬, 랭카스트 공인 곤트의 존, 요크공인 랭글리의 에드먼드를 제치고 장남 흑태자 에드워드의 10살 된 아들 리처드 2세에게 왕위를 물려주었다. 한 세대를 건너뛰어 어린 10세의 손자에게 이어진 왕위세습이었으므로 분쟁의 소지가 분명했다. 얼마 지나지 않아, 에드워드 3세의 셋째 아들인 랭카스트 공 곤트의 존과 넷째 아들 요크 공 랭글리 에드먼드 사이에 계승권을 놓고 치열하게 분쟁을 일으키는데 이것이 장미전쟁이다.

DIGEST

38

UNITED KINGDOM

플랜태저넷 왕조의 마지막 왕, 리처드 2세

10세의 리처드 2세(재임기간, 1377~1399), 곤트의 존의 섭정

흑태자의 죽음에 이어 에드워드 3세가 사망하자, 손자인 리처드 2세가 10세의 나이로 왕위에 올랐다. 리처드 2세가 어렸으므로 숙부인 랭커스터 공 곤트의 존이 섭정을 하여 실제적인 권력을 가지게 되었다. 프랑스에서도 1380년 샤를 5세가 죽고 12세의 아들 샤를 6세가 왕위에 올랐다. 프랑스의 왕 샤를 6세도 같은 상황이었으므로 백년전쟁은 잠시 중단되었다. 그 외에도 잉글랜드는 스코틀랜드와의 국경 갈등과 흑사병 이후의 경제적인 어려움 등 다양한 문제에 직면해 있었다.

리처드 2세는 키가 크고 잘생긴 외모를 지녔고, 어려서부터 옷차림에 신경을 쓰고 규칙적으로 목욕을 했으며 손수건을 고안할 정도로 청결과 예술에 관심이 있었다. 문화와 예술이 번영하던 시대의 궁정 분위기에서 성장하였기 때문이다. 그러나 동시에 성미가 급하고 신경질적이고 폭력적인 기질을 가졌다고 한다. 게다가 충동적이고 게으르며 정치적 현실감각이 부족해 사람과 상황을 판단하는 능력이 없었다고 평가받았다.

리처드 2세가 평의회를 통해 국왕의 표면적인 권위를 행사하기는 했지만,

숙부인 곤트의 존이 비공식적이지만 실제적인 권력을 행사했다. 리처드 2세가 성장하는 동안 왕에게 가까운 귀족들이 지배권을 행사하였고, 이들의 권력다툼으로 1380년에는 의회가 지속되지 못할 정도로 갈등이 심해졌다. 특히 1377년과 1381년 새로운 세금이 부과되었기 때문에 불만이 더 커졌다. 또한 1381년에 영국 사회의 신분이 낮은 계층에서 지배계층에 대한 깊은 분노가 표출되기 시작하다가 표면으로 드러난 것이 1381년 와트 타일러의 난이다. 와트 타일러의 난은 농민의 난으로 리처드 2세의 통치 기간 동안 가장 심각한 도전이었다.

농민 반란, 주동자 와트 타일러

1381년 일어난 농민반란의 직접적인 원인은 인두세였지만, 근본적으로는 흑사병의 창궐로 인한 농민과 토지 소유자 사이의 갈등에서 시작되었다. 흑사병이 발생했을 때 노동력의 부족을 해결하기 위해서 임금수준을 흑사병 발발 이전과 동일하게 강제 집행했던 법령인 「노동자 조례」로 농민들은 더욱 생활고에 시달리고 있었다. 더구나 오랫동안 이어진 백년전쟁과 스코틀랜드와의 분쟁에 사용된 전쟁비용으로 비어있는 국고를 채우기 위해 1377년 의회는 부자이든 가난하든 관계없이 15세 이상 성인 남자에게 4펜스의 인두세를 부과하기로 결정했다. 인두세를 전국적으로 실시하자 국민적 반감이 더 커지기 시작했다.

1380년에는 14세 이상의 남녀 구분 없이 일인당 1실링(약 4펜스)의 인두세가 일괄적으로 부과되었고, 납부하지 않은 농민과 상인들에게 과도한 독촉과 구타에 이어 납세 거부자에 대한 체포명령이 떨어졌다. 그러자 1381년 남부 에식스, 이스트앵글리아 지방에서 농민들의 반란이 일어났다. 1381년 5월 켄트와 에식스에서 반란이 시작되어 6월 와트 타일러Wat Tyler, 존 볼John Ball, 잭 스트로Jack Straw 등 반란 지도자가 결집했다. 이들은 랭커스터 백작 곤트의 존이 소유한 사보이 궁전을 불태우고 국왕의 고등 재무관 로버트 헤이즈Robert Hayes를 살해하였으며 농노제의 완전 폐지를 요구했다. 잉글랜드 시민의 2/3가 봉기에 나섰다. 반란세력들은 런던 탑으로 진입하여 13세가

와트 타일러의 난.

된 리처드 왕과 협상을 위해서 알현을 청했다.

농민들은 런던 외곽에 마일엔드Mile End 벌판에서 협상을 하기로 했다. 긴장된 협상 자리에 리처드 2세는 옷 속에 장검을 감춘 기사 200명을 대동하고 협상 회의장에 나타났다. 하지만 어린 왕이었던 리처드 2세는 랭커스터 경에 조종되었다고 여겨져 농민들의 동정을 받았다. 반란군의 요구는 농노제 폐지, 토지 분배, 인두세 폐지, 간신 척결 등이었다. 리처드 2세는 그들의 요구를 받아들일 것을 약속했고, 리처드 2세가 농민들이 원하는 해방 헌장에 사인함으로써 폭동은 진정상태에 들어갔지만 완전히 해산한 것은 아니었다.

미알엔드 협상의 다음날, 스미스 필스Smith field에서 런던 시장 윌리엄 월워스William Walworth가 농노의 대표자 와트 타일러를 그 자리에서 처형하고, 정부군이 급습하여 15,000명을 살해하면서 어린 리처드 왕은 농민들의 반란을 참혹하게 진압하였던 것이다. 또한 6월 노위치의 주교 헨리 르 디스펜서가 이스트앵글리아에서 일어난 존 리처John Richer의 반란을 무참히 진압하였다. 에식스에서도 농민의 난이 이어지자 이를 진압하기 위해 군대를 보냈다.

그리고 그 해 6월 빌러리케이Billericay에서 마지막 반란을 종식시켰다. 그 후, 리처드 2세는 그가 한 약속을 철회했고 전제주의적 권력을 유지했다.

성인이 된 리처드 2세의 복수와 폭정, '무자비한 의회'

1389년 22세가 된 리처드 2세는 곤트의 존을 해임하고 친정을 시작했다. 성인이 되면서 곤트의 존의 영향력에 반발했고 관련 귀족들을 멀리했다. 그리고 자신에게 가까운 궁정 관리들에게 편향적으로 의존하자 귀족들의 불만이 시작되었다.

귀족들의 불만은 1386년 곤트의 존이 아내의 고향인 카스티아 왕국의 왕위계승 문제로 떠난 시기에 표면화되었다. 리처드 2세를 보위하던 곤트의 존이 자리를 비우자 1387년 리처드 2세는 마이크 들라 포울을 다시 불러들였다. 귀족들은 리처드 2세가 총애하여 서퍽의 백작이 된 마이크 들라 포울 궁정인과 로버트 드 비어 시종장에 대한 해임을 요구하며 마이크 들라 포울을 감옥에 가두고 개혁 위원회를 구성했는데 이들이 청원파lords appellant이다.

청원파는 곤트의 존의 동생인 글로스터 백작을 중심으로 리처드 2세에게 불만을 품었던 5명의 주요 귀족들이 단합하여 만든 것이다. 이들은 리처드 2세의 폭압적이고 변덕스러운 통치에 저항하기 위해 의회소집을 요구했다. 또한 이들은 리처드 2세에 대한 무장반란을 시도하여 옥스퍼드 외곽의 전투에서 왕의 군대를 격파하였다. 왕의 최측근인 상인의 아들 출신으로 서퍽 백작이 된 마이크 글라 포올과 시종장으로 임명되었던 무능한 궁정인 로버트 드비어를 의회에서 탄핵하였고 이들에게 사형을 선고하고 재산을 몰수했다. 리처드 2세는 의회에 이러한 결정이 왕권에 대한 도전이라고 격분하였다. 1388년 소집되었던 의회를 '무자비한 의회'라고 한다. 1388년 신변의 위험을 느낀 리처드 2세는 일시적으로 의회에 굴복하였고 일이 마무리되었다. 의회는 11인의 위원회를 구성하여 국왕을 감시하게 하였다.

때마침 1389년 숙부인 곤트의 존이 스페인에서 돌아와 중재에 나섰다. 그 사이에 리처드 2세는 추종자들을 결속하여 글로스터 백작을 중심으로 한 청원파들과 1397년까지 약 9년 동안 표면적으로 평화관계를 유지하였다. 하

무자비한 의회, 귀족들이 검을 차고 의회에 등장.

지만 리처드 2세는 청원파 귀족들에 대한 복수의 칼을 갈고 있었다. 마침내 1394년 27세의 나이에 흑사병으로 사망한 왕비 앤의 장례식에 여러 귀족들이 늦게 도착하자 이를 빌미로 청원파들을 감옥에 가두었다. 1397년에는 의회는 왕의 군대가 포위하고 지켜보는 가운데 진행되었는데, 글로스터, 워리크, 애런 등에 대한 의회 재판이 열렸다. 청원파 귀족들은 처형되었고 글로스터 백작은 감옥형에 처해졌다.

리처드 2세와 청원파의 갈등을 만류하던 곤트의 존이 1399년 사망하자 곤트의 존에게 속했던 랭커스터가의 영지를 몰수하였다. 이러한 조치에 곤트의 존의 아들 헨리 볼링브로크가 부당하다고 저항하자 외국으로 추방해버렸다. 리처드 2세가 반대귀족들을 가혹하게 탄압하자, 중립적이었던 귀족 세력들까지 강력한 왕권에 대해 회의를 품고 결집하게 되었다. 불안한 정국이 지속되는 와중에 1399년 5월 리처드 2세는 무리하게 아일랜드를 방문계획을 세웠고 주변의 측근들의 만류에도 떠나게 된다. 반란의 기회를 엿보던 의회파에게 결정적인 틈을 준 것이다.

결국 리처드 2세가 자리를 비운 동안 추방되었던 헨리 볼링브로크가

1399년 6월 자신의 세습재산을 되찾기 위해서 침략하였다. 불만에 싸여있던 귀족들이 그에게 합류함에 따라 반란군의 숫자는 증가하였다. 힘을 합세한 헨리 볼링브로크는 왕위를 찬탈하기에 이른다. 리처드 2세가 8월 황급히 잉글랜드로 돌아오지만 상황은 회복될 수 없는 지경이었으므로 9월 30일 폐위되어 폰티프랙트 성에 감금되었다가 1400년 사망하였다.

리처드 2세가 사망하자 리처드 2세와 보헤미아의 앤 사이에 후세가 없었으므로 흑태자의 가문은 끝나고 말았다. 결국 곤트의 존의 아들인 랭커스터 가문의 헨리 볼링브로크가 헨리 4세로 왕위를 계승한다는 의회의 결정이 내려졌다.

리처드 2세가 갖고 있는 포악한 국왕의 이미지는 윌리엄 셰익스피어의 희곡 「리처드 2세」에서 잘 드러난다. 리처드 2세의 통치방식은 당시의 정치 체제에서도 용납될 수 없었으므로 정치체계의 몰락으로 평가되고 있다.

DIGEST

39

UNITED KINGDOM

롤러드 운동, 종교개혁의 시초와 민족주의

'국민의, 국민에 의한, 국민을 위한 정부를 위한 위클리프 Wycliffe 운동

리처드 2세가 통치했던 14세기 후반기에 대륙과 차이는 있었지만 기독교 세력은 매우 강해졌다. 캔터베리와 요크는 2명의 대주교가 관할했는데 그 아래 21명의 주교가 있고, 그 아래 8,600명의 교구 사제가 있었다. 그리고 한 교구 안에 많은 수도자 들이 있었다. 성직자의 수가 점점 증가하여 총 6만 여 명에 이르렀고, 이 숫자는 당시 총인구의 약 2%에 달할 정도였다. 그리고 총 인구의 2%인 성직 귀족 계급이 잉글랜드 토지의 1/3을 소유하고 있었다. 강력한 잉글랜드 교회는 로마 가톨릭교회의 지지와 후원을 받고 있었다.

로마교회는 무력과 종교적 믿음으로 잉글랜드 교회를 사실상 지배하고 있었다. 영국의 로마교회는 성직을 매매했고, 복수 성직제를 채택하였으며, 탐욕스럽고 오만한 고위 성직자들은 무력을 휘둘렀고, 교구 사제와 탁발 수도사들은 타락해 있었다. 종교 재판소에서도 부정과 부패가 만연했고, 죄를 사면한다는 면죄부의 남용 등 교회의 추악한 모습이 극에 달했다. 14세기 들어 프랑스와 동맹을 맺은 아비뇽의 교황들은 영국 교회에 직접적으로 간섭했다. 심지어 교황이 잉글랜드의 주교직, 성당 참사회원직, 교구 사제직의 임명

영국 종교개혁가, 존 위클리프(John Wyciliff, 1324-1384).

권한을 가지게 되었다. 주교들은 교황에게 수입세를 바쳤고, 교황 법정의 결정에 상소권은 없었다.

교회의 추악한 모습과 권력의 부패가 만연해지자 교회를 비판하는 무리가 점점 늘어나게 되었다. 그 선구자가 존 위클리프John Wycliffe이다. 위클리프는 요크셔의 중류지주 가문 출신으로 옥스퍼드 대학을 졸업한 기독교 신학자이며 종교 개혁가였다. 1374년 교황이 납세 문제로 에드워드 3세를 불렀을 때 사절단의 일원으로 위클리프도 따라갔다. 그 후 교구장이 되어 로마 교황청의 부패를 탄핵하기 시작했다. 위클리프는 랭커스터 공 고트의 존의 애호와 지지를 받아 설교와 저술을 통해서 로마교회의 부패와 수도원의 타락을 폭로하였다. 교황 그레고리우스 11세로부터 이단이라는 비난을 받았지만 계속 교황의 권력과 로마 가톨릭교회의 교리와 부패상을 공격했다. 그뿐만 아니라 위클리프는 민중들에게 복음을 전하기 위해서 라틴어로 된 성서를 영어로 번역하였고 마침내 1382년 완성하였다.

당시에는 일반인의 성경 묵독이 금지되었고, 성경의 라틴어 필사는 교회만이 하는 것이었으며, 번역이 금지되었던 시대였다. 따라서 성경은 소수 가톨릭 사제들만의 전유물이었다. 위클리프의 성경 번역은 '국민의, 국민에 의한, 국민을 위한 정부'를 만들어낼 것이라고 주장했다. 이러한 그의 주장은 근본적인 민주주의 개념의 기초를 제공하였고, 훗날 미국 대통령 링컨은 이 말을 연설에 인용하였다. 위클리프는 국가 권력 지상주의인 에라스투스적 신념을 가지고 있었다. 즉 사람의 행위가 잘못된다면 교회가 파문으로 처벌할 것이 아니라, 국가가 법으로 처벌해야 한다고 주장했다. 리처드 2세의 통치기간 중 위클리프의 신념을 바탕으로 반란을 주도하던 젠트리 그룹이 있었는데 이들은 롤러드 기사Lollard Knight로 알려졌다.

위클리프의 사상은 당시의 견해로는 급진적 이단으로 몰릴만한 요소가 있었다. 예를 들어 재산의 보호권을 세속 정부가 가지므로 부패한 성직자에 대한 재산 몰수권을 국가가 가진다고 주장했기 때문이다. 또한 교회는 구원을 위한 신자들의 공동체이며, 죄를 지은 자는 교회에 의해서가 아니라 자신의 공덕과 참회의 행위에 따라 구원이 예정된다고 주장했다. '오직 믿음에 의한 의로워짐 justification by faith only'이라는 위클리프의 주장은 당시의 교황과 가톨릭교회의 권위에 정면으로 도전한 것이다. 마르틴 루터의 종교개혁이 시작되기 2세기 전에 시작된 위클리프의 운동을 '종교개혁의 샛별'이라고 불렀다.

1382년 고위 신학자들은 런던 도미니코 수도원에 모여 위클리프를 이단으로 규정하고 설교를 금지했다. 그럼에도 불구하고 위클리프는 자신의 의견을 고수하다가 1384년 사망하였다. 그가 죽은 후 1415년 콘스탄츠 공의회가 그를 이단으로 판결하자 그의 무덤은 파헤쳐지고 위클리프는 부관 참시되어 불태워졌고 뼈는 스위프트강에 버려졌다.

롤러드 Lollard 운동

위클리프의 운동 이후 반성직주의와 반로마가톨릭의 풍조가 대중에게 널리 퍼졌다. 라틴어가 아니라 영어로 성경 교육받은 이들은 소리를 내어 중얼거리면서 기도했다. 그러한 모습을 비웃는 뜻에서 '중얼거리는 자, 게으른 자'를 의미하는 '롤러드 Lollard'라고 불렸지만 점차적으로 롤러드는 '이단'을 의미하게 되었다. 이들은 체계적인 조직은 없지만 영어로 쓰인 성경을 중심으로 모인 종교 집단이었다. 즉 성경을 유일하게 타당한 교리의 근원으로 인정한다는 존 위클리프 John Wycliffe의 신념을 따른 것이다. 롤러드 운동은 처음에는 지하운동으로 퍼지기 시작하여 고위 성직자들의 오만과 사치에 대해서 청교도적인 비판을 가하는 운동으로 하급 성직자와 젠트리, 상인과 장인 그리고 대학생들에게 퍼져나갔다.

이들은 위클리프의 정신을 따르는 '가난한 사제들'로 영국 전역의 마을을 돌며 영어로 번역된 성경을 토대로 영어로 설교했다. 설교는 교회의 세례식, 고백성사가 구원에 필요하지 않으며, 성인, 예수님, 신의 이미지 또는 조각상

롤라드파의 운동.

에 대한 기도와 금식 기도는 성경적 근거가 없으며 우상숭배라는 주장이었다. 교황의 사면권과 교회 내 계급의 존재를 아예 거부했다. 또한 교황의 권력과 로마 가톨릭교회의 부패에 반대하면서 종교개혁을 주장하였다.

롤러드 운동은 교황 그레고리우스 11세를 위시하여 영국 교회와 로마가톨릭교회로부터 심한 박해를 받았다. 롤러드에 대한 탄압은 정부 차원에서 시행되었다. 1401년 헨리 4세가 자신의 왕위 계승권을 인정받는 대신 의회에서 '이단자 화형에 관한 법'을 통과시켰기 때문이다. 이 법규로 1410년 평신도였던 존 배드비John Badby가 화형 당한 것으로 시작되어, 1413년 헨리 4세의 가까운 친구였던 존 올드 캐슬John Oldcastle도 화형에 처해지는 등 수많은 사람이 화형 당하였다. 위클리프도 사후 32년이 지나 부관참시되어 화형 되었다. 그럼에도 불구하고 15세기까지 100년 이상 롤러드 운동은 지하운동으로 줄곧 확산되었고, 16세기 루터의 종교개혁 사상의 토대가 되었다. 하지만 이들을 탄압하는 화형법은 사라지지 않았고 1510년에서 1532년 사이에 310명의 롤러드 운동가들이 기소되어 화형 되었다.

잉글랜드의 민족주의와 영어의 발전, 초서의 『캔터베리 이야기』

14세기 이전 잉글랜드의 귀족과 성직 귀족들의 상류사회는 대륙의 영향을 고스란히 받고 있어 다분히 로마의 영향과 프랑스 문화에 젖어 있었고, 기독교적인 정신세계와 종교관을 가지고 있었다. 따라서 미술과 교회건축물과 궁전 등은 대륙의 고딕양식이 주류를 이루었다. 기독교적 믿음으로 무장하고 충성과 용맹과 사랑을 중시하는 기사도 정신은 잉글랜드 지배계층의 전유물이었다. 중세의 기사도 정신에 종교적 가치가 더해져, 기사들은 기독교적 믿음을 위해서 이슬람교와의 십자군 전쟁에 기꺼이 참전하였다.

14세기 중엽 백년전쟁을 거치면서 프랑스 문물에 대한 반감이 생겨나고, 위클리프 운동과 롤라드 운동으로 로마 카톨릭교회에 대한 거부감이 생겨났다. 위클리프의 성경의 영어 번역으로 영어는 종교개혁과 더불어 국민 전체의 힘을 결집시켰다. 프랑스 문화에 대한 집단적 반감과 종교 부패의 거부감은 잉글랜드의 민족성을 일깨우는 힘으로 작용했다.

당시에 라틴어는 학문적 용어이자 성직의 용어였고 지배계급인 성직 귀족과 일반 귀족들의 언어였다. 노르만 정복 이후 프랑스어는 잉글랜드의 상류 지배층의 궁정 용어와 법률 용어로 남아 있었다. 반면 영어는 농민과 평민들의 언어였다. 영어는 하층민의 단순하고 실용적인 언어로 어미변화가 적은 언어였으나 라틴어와 프랑스어의 특징이 더해지면서 영어는 융통적인 언어로 성장하였다.

무엇보다도 국민적 공감을 얻기 위해서 왕실에서 영어를 사용하기 시작하였다. 헨리 4세가 1399년 대관식을 영어로 거행하였고, 1362년 에드워드 1세 때 법정 용어가 프랑스어에서 영어로 대체되었다. 1363년에는 최초로 의회에서 영어를 사용하였다. 무엇보다도 획기적인 변화는 1382년 영어 성경이 위클리프에 의해서 번역된 것이다. 이후, 1385년에는 문법학교에서 프랑스어가 아니라 영어로 수업을 하게 되었다.

영어의 발전과 민족주의적 정서는 서로 영향을 주며 성장했다. 초서가 『캔터베리 이야기The Canterbury Tales』를 작업할 당시 지배적인 언어는 프랑스와 라틴어였다. 하지만 초서가 영어로 『캔터베리 이야기』를 저술함으로써 문학적 언어로 영어의 위치를 고양시켰고, 문학적 사용에 적합한 언어로 인식되기 시작하였다.

캔트베리 이야기를 묘사한 삽화.

14세기 제프리 초서Geoffrey Chaucer는 런던의 부유한 포도주 상인의 아들로 태어났으나, 아버지의 연고로 사절단, 런던항의 관세 징수 책임자, 에드워드 3세의 사역서기 등으로 근무하였다. 초서는 에드워드 3세가 백년전쟁의 원정을 갔을 때 따라갔다가 전쟁 중 포로로 잡혔다. 놀랍게도 에드워드 3세가 그의 몸값 16파운드를 지불하고 나서 석방되었다. 초서가 『캔터베리 이야기』를 저술한 후, 에드워드 3세는 그의 예술적 노력에 대한 대가로 평생 동안 매일 1갤런(3.78 리터)의 포도주를 수여했다. 나중에는 계관시인으로 임명했을 정도로 초서는 영어를 문학적 언어로 고양시킨 인물로 평가되었다.

『캔터베리 이야기』는 당시 템스강 남쪽 서더크의 타바드 여관에서 캔터베리로 가는 순례 여행 중인 순례자들의 이야기이다. 순례자 중에는 부유한 상인, 사냥하는 수도사, 음란한 법정 소환인, 세속적인 탁발 수도사, 부유한 시골 지주, 가난한 학자 등이 있고 이들 각자가 자신의 이야기를 들려주고 있다. 당시 중세 영국의 다양한 모습과 인간의 희비극적인 요소들이 영어로 저술되었다는 점에서 잉글랜드의 민족주의와 영어의 발전에 큰 영향을 끼쳤다고 평가되고 있다.

D I G E S T 1 0 0 S E R I E S

제4장
랭커스터 가문과 요크 가문의 시대

UNITED KINGDOM

DIGEST

40

UNITED KINGDOM

헨리 4세의 왕위 찬탈, 흑장미 랭커스터 왕가의 시작

헨리 4세(재임기간, 1399~1413), 붉은 장미의 랭커스터 왕가의 시작

플랜태저넷 왕조의 에드워드 3세의 넷째 아들인 랭커스터의 공작인 곤트의 존의 아들 볼링브로크의 헨리가 헨리 4세로 왕위에 올랐다. 아버지 곤트의 존은 리처드 2세의 재임 시기에 엄청난 영향력을 행사했다. 그리고 이어 곤트의 존의 아들 헨리 4세가 사촌인 리처드 2세에게서 왕위를 찬탈하여 랭커스터 왕가를 열게 되었다. 헨리 4세는 노르만 정복 이후 대관식에서 영어를 사용한 영국 최초의 왕이었다.

랭커스터 가문의 문장.

헨리 4세의 모친 브랑쉬는 랭커스터 영지 출신으로 헨리 3세의 막내아들 '곱사등이 에드먼드'의 증손녀였다. 모친의 모국어가 영어였기 때문에 자연스럽게 헨리 4세의 모국어는 영어였으므로 대관식에서 영어로 연설하는 것은 어쩌면 자연스러운 것이었다. 헨리 4세는 플랜태저넷 가문과 잉글랜드 출신의 어머니의 결합으로 이루어진 랭커스터 왕가의 첫 번째 왕이다. 헨리 4세가 시작한 랭커스터 왕가는 가문의 위엄과 권위를 보여주기 위해서 붉은 장미를 문장에 사용하였다.

왕이 되기 전 헨리 4세는 사촌 동생인 리처드 2세로부터 해리퍼드 공작, 더비 백작으로 봉해져 어느 정도 세력을 누리고 있었다. 그러나 1386년 아버지 곤트의 존이 카스티야 왕국으로 떠나자, 헨리 4세는 1387년 리처드 2세의 폭압적이고 변덕스러운 통치를 저지하기 위해 리처드 2세가 편애하는 다섯 명을 탄핵하려던 청원파의 일원이 되어 리처드 2세의 반대편에 섰다. 리처드 2세가 이에 격노했지만 때마침 헨리는 1390년 리투아니아와 프로이센으로 십자군 원정을 떠난 덕분에 화를 면하였다. 그러나 1398년 리처드 2세가 청원파에 대한 복수를 하던 시기에 국외로 추방되었다.

1399년 리처드 2세는 곤트의 존이 죽자 헨리 4세가 물려받을 랭커스터의 영지를 몰수했다. 반발한 헨리 4세는 랭커스터 공작으로서의 권리와 영지를 다시 되찾겠다고 선언하고 아룬델Arundel과 함께 잉글랜드를 침략하였다. 결국 헨리 4세는 리처드 2세의 항복을 받아냈고 자신이 헨리 3세와 에드워드 3세의 후손인 점을 이용해 왕위 찬탈을 정당화하였고, 의회의 절차를 통해 왕이 되었다.

헨리 4세는 큰 키에 인상적인 용모를 가진 정력적인 왕이었다. 불굴의 전사였고, 인내심이 있고 결단력이 있는 정치가이기도 했다. 충동적이고 고집스러운 성격도 있었으나, 국외로 추방당한 동안 조심성과 인내심, 자제력이 생기게 되었다. 전사였지만 십자군 전쟁에서 영광을 얻지는 못했다. 얼굴이 지나치게 창백하여 나병이나 매독에 걸렸다는 소문이 돌기도 했다. 하지만 끈질긴 노력으로 국내외의 반란과 도전을 무력화할 만큼 군사적 능력을 가지게 되었다.

반란에 의한 왕위계승, 연이은 반란을 겪다.

헨리 4세는 왕위계승 서열에서 후순위였기 때문에, 리처드 2세의 왕위를 찬탈하고 왕위에 오른 후 왕위계승 순위가 높은 왕족들의 연이은 반란의 위협을 겪어야 했다. 이러한 반란은 1399년부터 1408년까지 여섯 차례 이상이 있었다.

가장 먼저 일어난 반란은 1399년, 리처드 2세의 지지자들이 리처드 2세를 복위하려는 음모를 꾸민 것이었다. 리처드 2세 지지자들은 에피파니 축제 기간 동안 윈저궁에서 헨리 4세를 사로잡으려 했다. 그러나 내부자의 밀고로 1400년 윈저궁 성곽은 포위되었고 음모자들은 체포되었다. 반란 관련자들은 모두 재판에 회부되어 처형되었으며 리처드 2세도 이때 죽음을 맞이하였다.

1400년 웨일스에서도 반란이 일어났다. 1400년에서 1415년까지 지속해서 일어난 글린두르Glyndŵr의 반란은 15년 동안이나 지속되었다. 헨리 4세가 직접 지배하는 해안지대의 웨일스 공령을 제외하고, 웨일스 지방의 2/3에 해당하는 40개 영주령이 자치적으로 운영되고 있었다. 웨일스 영주령의 자치적 운영으로 인해서 잉글랜드 영주와 지주들이 막대한 이익을 얻는 반면에, 웨일스 소작인들은 잉글랜드 지주들의 착취에 분노하고 있었다. 반란과 저항의 분위기가 이미 깊이 내재해 있었다. 반란을 지휘했던 오와인 글린두르Owain Glyndwr는 귀족 출신으로 런던의 법학원에서 공부하였으며 리처드 2세 때 주요한 지위에 오르기도 했다. 리처드 2세는 웨일스를 반자치적으로 운영하면서 오와인 글린두르를 비롯한 일부 웨일스인을 귀족 신분으로 올려주었기 때문에 이들은 리처드 2세를 지지하고 있었다. 그러나 리처드 2세가 사망하자 이들의 신분이 불안해졌던 것이다.

오와인 글린두르는 잉글랜드 지주들과 장기간에 걸친 토지 분쟁에 연루되었다. 헨리 4세가 왕위에 오르자 헨리 4세를 지지하는 세력들에 의해 글린두르의 토지분쟁은 기각되었다. 분노한 글린두르는 1400년 9월 웨일스 북동쪽에서 시작하여 반란을 일으켰던 것이다. 웨일스 출신 옥스퍼드 대학생과 웨일스인 학자, 노동자들이 몰려들어 민족주의적 반항으로 발전하였고, 글린두르는 웨일스 전역의 지배권을 주장하며 반란을 일으켰다. 글린두르는 병력을 모아 잉글랜드의 도시들을 공략하였고 산악지형을 이용하여 공격하고 산으로 사라지곤 해서 잉글랜드 군사들의 방어력을 떨어뜨렸다. 반란은 점점 더 번지기 시작해 웨일스 북부 전역이 글린두르와 힘을 모아 잉글랜드 지주가 통치하고 있는 영지를 주로 공격하였다.

1401년 헨리 4세는 웨일스의 반란에 대처하기 위한 법령을 반포했다. 이 법령은 웨일스 내의 잉글랜드인이 거주하는 도시에서 웨일스인들의 무기 소지를 금지했고, 웨일스인과 잉글랜드 여자의 결혼을 금지했으며, 잉글랜드인들은 웨일스의 법에 따라 유죄로 선고받을 수 없다는 조항을 담고 있었다. 이때부터 잉글랜드와 웨일스는 다른 민족으로 차별되고 웨일스인들은 열악한 지위로 강등되어 미천하고 열등한 취급을 받게 되었다. 자연스럽게 웨일스인들의 반감과 불만은 격화되었고 민족운동은 웨일스 전역으로 확산되었다. 1402년 웨일스 내란에는 잉글랜드의 불만분자들까지 합세하면서 더욱 혼란스러운 상황이 되었다.

더구나 이때 스코틀랜드가 북쪽에서 공격해오자 헨리 4세의 상황은 점점 어렵게 되었다. 퍼시Percy의 반란은 스코틀랜드와의 전쟁에서 열성적으로 헨리 4세를 지원해서 싸웠던 귀족들의 반란이었다. 1402년 올버니 공이 이끄는 스코틀랜드 군이 잉글랜드로 침략해 왔을 때 노섬벌랜드 백작 헨리 퍼시Henry Percy와 그의 아들, 헨리 홋스퍼 퍼시Henry Hotspur Percy는 이들을 호밀던 힐 전투Battle of Humbleton Hill에서 격파하고 스코틀랜드 귀족을 포로로 잡는 성과를 거두었다. 퍼시 가문은 1399년 반란에서도 헨리 4세를 가장 열성적인 지원했으므로 헨리 4세는 약속했던 보상을 했어야 했다. 그러나 헨리 4세는 이를 거절할 뿐 아니라 호밀던 힐 전투에서 받은 포로의 몸값을 독차지하려 했다. 그러나 헨리 4세의 탐욕에 분노한 퍼시 부자는 헨리 4세에게서 등을 돌리고 1403년 글린두르, 모티머, 그리고 더글라스 백작 등이 반란을 일으킬 때 이 반란에 합류하게 된다.

헨리 4세는 슈루즈베리 전투Battle of Shrewsbury에서 웨일스 군에 합류하기 위해 성급하게 진출한 홋스퍼 퍼시 헨리를 격파하여 최대 위기를 모면할 수 있었다. 이 전쟁에서 퍼시가의 아들 홋스퍼 퍼시 헨리는 1403년 사망하였으나 아버지 헨리 퍼시는 투옥되고 만다.

프랑스가 개입한 웨일스의 글린두르Glyndŵr의 난

1405년 글린두르가 프랑스의 원조를 요청하여 프랑스의 개입이 최고조에 달하게 되었다. 요크 대주교 리처드 스크루프Richard le Scrope, 노포크 공작 토머스 모브레이Thomas de Mowbray 등이 헨리 4세에게 포로로 잡혀있던 에드먼드 모티머Edmund de Mortimer를 왕위에 올리기 위해 반란을 일으켰으나 바로 진압되었다. 이에 글린두르는 프랑스의 원조를 요청했고, 프랑스 군대가 잉글랜드 남부 해안을 침범하여 글린두르의 반란을 도왔다. 이들은 와이트 섬과 펨브루크셔에 상륙하여 잉글랜드 지주들이 소유한 성을 점령하였다.

이 시기에 스코틀랜드도 반란에 동조했다. 1406년 스코틀랜드의 제임스 1세가 잉글랜드 군에 잡히자 웨일스와 스코틀랜드와의 동맹관계는 무너졌다. 또한 1407년 잉글랜드와 프랑스가 휴전을 맺으면서 반란군들은 프랑스의 도움을 얻을 수 없었을 뿐 아니라 오랜 전쟁으로 글린두르는 인력과 자금난을 겪게 되었다. 헨리 4세는 거세고 강력하게 반란을 진압하여 애버리스트위스 성과 할레크 성을 탈환하면서 웨일스에서의 지배력을 확고히 했다. 그러나 글린두르는 끝까지 항복하지 않고 싸웠기 때문에 현재까지도 웨일스의 민족주의 영웅으로 기억되었다.

헨리 4세는 대부분의 재임기간 동안 스코틀랜드의 침입, 웨일스의 반란, 프랑스와의 백년전쟁으로 국비와 국력을 소모했다. 더구나 프랑스 칼레의 잉글랜드 영지의 유지비용을 감당해야 했고, 반란을 진압하거나 전쟁을 치르는 막대한 비용을 충당하기 위해서 과세에 대한 동의권을 가진 의회의 처분에 의존해야만 했다. 따라서 헨리 4세의 재위기간은 영국 중세 시대 중에서 의회가 가장 막강한 권위를 가졌던 시기이기도 하다.

막강해진 의회는 과세 조건을 제도화했다. 1404년 헨리 4세가 막대한 전쟁비용으로 과세를 요구하자, 하원은 부가적인 세금을 관리할 재무관을 지명하고 왕의 자문회의를 둘 것을 조건으로 추가적 과세에 동의했다. 때문에 1406년에 이르러 헨리 4세는 세금 사용에 대한 하원의 회계감사도 받아야 했다. 헨리 4세는 전쟁을 치를 비용은 얻어내기 위해서 의회의 요구에 비교적 평화적으로 동의했고, 제도적으로 조건을 내세우는 의회의 간섭을 받아들이게 되었다.

헨리 4세는 의회뿐만 아니라 교회와 우호적이고 평화적인 관계를 유지하였다. 대주교와 교회 귀족들은 헨리 4세의 왕위계승을 인정하고 대관식을 치렀다. 헨리 4세는 교회의 요구에 따라 1401년 이단을 화형하는 법을 선포함으로써 롤라드 운동에 관련된 많은 사람들을 처형시켰다. 1408년에 이르러서야 위협적인 반란은 사라졌다. 잉글랜드와 웨일스, 스코틀랜드 일부 지역에 그의 통치가 효력을 미쳤고, 의회와 교회의 지지도 얻었다. 재임기간 동안 힘겹게 대처한 덕분에 랭커스터 가문의 탄탄한 토대를 세우는데 성공할 수 있었다.

DIGEST

41

UNITED KINGDOM

헨리 5세의 프랑스 정복, 백년전쟁의 재개

헨리 5세, 아버지 헨리 4세의 대립

리처드 2세 통치시기에 반란을 꾀했던 볼링브로크의 헨리 플랜태저넷(Henry Plantagenet of Bolingbroke, 헨리 4세)이 국외로 추방되었을 때, 12세의 헨리 5세는 리처드 2세의 보살핌 아래 양육되었다. 헨리 5세는 대학 총장이었던 삼촌 헨리 보퍼트Henry Beaufort에 의해서 옥스퍼드 대학 퀸스 칼리지에서 공부하였다. 망명 중이던 부친이 돌아와 리처드 2세의 왕위를 찬탈하고 헨리 4세가 되자 헨리 5세는 왕위계승자가 되었다. 헨리 5세는 곤트의 존의 손자이고 에드워드 3세의 증손자이므로 왕권 계승 최우선 순위였다. 헨리 5세는 웨일스 공, 랭커스터 공, 체스터 백작, 콘월 공작, 아키텐 공작으로 임명되었다가 헨리 4세가 사망하자 왕위를 계승하였다.

왕세자 시절에, 헨리는 1404년 웨일스의 오웨인 글린두르 반란을 진압하기 위해서 군대를 이끌고 나갔다가 한때 충신이었던 헨리 홋스퍼를 슈르즈베리Shrewsbury에서 격파했다. 그러나 이 전투에서 얼굴에 화살을 맞아 평생 얼굴에 흉터가 남게 되는데 이 흉터를 전투 참여의 흔적으로 평생 자랑스러워했다고 한다.

부친 헨리 4세의 건강이 악화되면서, 헨리 5세의 정치적 권위가 높아졌고, 1410년에는 숙부들과 토마스 뷰포트Thomas Beaufort의 도움으로 정권의 실세가 되었다. 헨리 5세는 헨리 4세의 평화정책을 배척하고, 자문회의를 장악하려 애썼다. 왕세자와 그 추종자들이 자신의 왕위 퇴위를 노린다는 소문이 나돌자, 1412년 건강을 회복한 헨리 4세는 애런들 대주교를 내세워 왕세자 헨리와 이복동생 토머스 뷰포트를 자문회의에서 몰아내기도 했다.

왕세자 헨리가 야심은 크지만 방탕하고 놀기를 좋아했다는 기록은 셰익스피어의 작품에 의한 묘사였다. 1413년 눈보라가 심하게 오던 날 헨리 4세가 사망하고, 헨리 5세가 즉위하였다. 헨리 5세도 영어를 모국어로 사용하였으므로 대관식도 영어로 거행되었다. 대관식 날 키가 크고 늘씬하며, 검은 머리에 건강한 혈색과 날카로운 코를 가진 헨리 5세는 무드에 약하지만 사자의 광휘와 비둘기의 온후함을 모두 갖춘 눈빛을 지녔다고 기록되어 있다.

백년전쟁의 재개, 아쟁쿠르 전투에서의 승리

1415년 10월 헨리 5세는 백년전쟁을 다시 재개하였다. 글리두르의 반란을 지원했던 프랑스를 징벌하겠다는 구실이었다. 정신병을 앓고 있는 프랑스의 샤를 6세가 쉽게 대응할 수 없다는 것도 전쟁을 재개할 기회로 작용했다. 헨리 5세는 1415년 하플뤼어Harfleur 요새를 포위하고 점령했으며 영국 의회의 반대를 무릅쓰고 칼레로 향했고, 아쟁쿠르Agincourt 전투를 벌인다. 헨리 5세의 군사들은 지쳐있었고, 수적으로 열세였으며 영양상태도 좋지 않았지만, 헨리 5세는 단호하게 프랑스군과 전투를 단행했다.

아쟁쿠르 전투 전에 헨리 5세는 전세를 바꿀만한 장렬한 연설을 했다. '성 크리스핀 날의 연설'이라고 세익스피어가 「헨리 5세」에서 칭송할 정도로 설득력이 있는 연설이었다. "우리의 숫자는 적고, 우리가 얻을 행복은 적을 것이나, 우리는 함께 피 흘리며 싸운 형제이다. 잉글랜드의 남자들은 잠자리에 누워, 이 전투에 참석하지 못해 안타깝게 생각할 것이다. 살아남아 무사히 귀환하는 자는 오늘을 기념하는 최고의 자리에 서게 될 것이다. 나를 따라 잉글랜드의 영광을 위해 싸우자"라는 내용이 아쟁쿠르 전투 직전의 연설

헨리 5세 아쟁쿠르 전투.

이었다.

아쟁쿠르 전투에서 잉글랜드 병사는 궁보병 8000명과 중기병 2000명의 규모였으나 전염병으로 크게 줄어 6000여 명에 불과했다. 이에 비해 프랑스 군은 3만 6000여 명으로 6배에 이르는 병력이었다. 잉글랜드군은 프랑스 군인들을 전날 밤 8월의 폭우로 진흙웅덩이가 된 곳으로 유인하는 전략을 썼다. 25kg의 무거운 갑옷을 입고 정면공격의 전술을 펼친 프랑스군과 기병들이 진흙웅덩이에 빠졌을 때, 이들을 잉글랜드의 궁병들이 활을 쏘아 전멸시키는 전략을 사용하였다. 가볍게 무장한 기동력이 있는 잉글랜드 군이 살아서 도망하는 프랑스 군을 칼과 도끼로 측면 공격하여 격퇴하였다. 3시간에 걸친 이 전투에서 프랑스군은 크게 패했다. 이 전투는 1346년 크레이시 Crecy 전투와 1356년 푸아티에 poitiers 전투와 더불어 백년전쟁의 가장 큰 잉글랜드의 승리로 평가된다. 전투 후에 몸을 움직일 수 있는 포로들은 모두 처형하였는데 이는 적군이 몰려올 때 포로들이 기습공격을 가할 수 있기 때문이라고 해석되었다.

또한 해상에서도 프랑스와 동맹국인 제노바를 몰아내서 영국 해협을 지켰다. 1416년 헨리 5세가 평화조약 협상을 하는 동안 프랑스와 제노바의 함대는 하플뤼어 Harfleur 항구와 마을을 포위공격을 했다. 헨리 5세는 베드포드의 공작인 랭커스터의 존을 보냈고 이들은 7시간의 격렬한 전투 끝에 이들 함대를 물리쳤다.

헨리 5세의 외교적 전략

아쟁쿠르Agincourt 전투에서 프랑스를 패배시키면서 왕으로서 신화적인 업적을 만든 헨리 5세가 프랑스 공주인 샤를 6세의 딸인 발루아 캐서린Catherine of Valois와 정략결혼을 하자 그 사이에 낳은 아들, 헨리 6세는 프랑스의 왕위계승권도 가지게 되었다. 전쟁이 끝나고 난후 프랑스와 친화적 관계를 유지해오던 신성로마제국의 황제인 지기스문트Sigismund는 헨리 5세를 방문했다. 잉글랜드가 노르망디의 해상권을 장악하는 것을 막고, 잉글랜드와 프랑스와의 평화조약을 맺기 위해서였다. 신성로마제국의 황제는 가톨릭 교회를 중심으로 투르크족과 전쟁을 위에서 유럽연합을 만들고자 했으나 프랑스와 잉글랜드의 긴장감이 큰 걸림돌로 작용한다고 믿었기 때문이다.

그런데 오히려 헨리 5세는 지기스문트 황제에게 카터 훈장을 수여하면서 특별한 외교적 관계를 형성하였고, 지기스문트 황제는 헨리 5세를 드레곤의 기사단에 등록해 줌으로써 이에 화답하였다. 지기스문트 황제는 잉글랜드에서 수개월을 보낸 후 1416년 프랑스에 대해서 서로의 공동 방어를 약속하는 캔터베리 조약Treaty of Canterbury을 체결한다. 이 조약에서 지기문트 황제는 잉글랜드를 지지하고 프랑스를 비난함으로써 프랑스 왕권에 대한 잉글랜드의 권한을 인정한 격이 되었다.

헨리 5세는 2년간의 끈질긴 전투로 1417년 노르망디를 점령하여 200년 만에 처음으로 영국령으로 귀속시켰다. 그리고 이어 1418년 루엥Rouen을 포위 공격하였다. 루엥의 굶주린 여자와 아이들을 성 밖으로 내보내달라는 간청을 받았으나 헨리 5세는 이를 허용하지 않았고 굶주린 여자들과 아이들은 결국 기아로 사망했다. 이 결정은 훗날까지도 헨리 5세의 명예를 실추시켰다. 결과적으로 루엥은 항복했고 끝까지 항거한 프랑스인들은 무자비하게 처형되었다. 그 외에도 헨리 5세는 프랑스 내의 정치적 분열을 이용하여 부르고뉴를 포함한 프랑스 왕국의 많은 부분을 정복하고 동맹을 맺었다.

승승장구하던 헨리 5세는 1420년 몽트로Montereau성과 멜렁Melun성을 함락시킨 후, 프랑스의 샤를 6세와 몇 달에 거친 협상 끝에 트로와 조약Treaty of Troyes을 맺었다. 이 조약에서 헨리 5세가 프랑스 왕위의 후계자임을 인정받았다. 헨리 5세가 잉글랜드에 있는 동안 헨리 5세의 형제인 랭커스터의 토마스가 프랑스에 있는 영국군을 이끌었다. 그러나 토마스는 프랑스와 스코틀랜드 연합군과의 보제Baugé전투에서 크게 패하고 죽음을 당하였다. 이를 알게 된 헨리 5세는 격노하였고, 1421년 6월 군대를 이끌고 프랑스로 건너가 드뢰Dreux를 포위 공격했고 차트레의 연합군도 해체했으며, 1422년 모Meaux 전투에서도 승리하였다. 그러나 헨리 5세는 전투에서 얻었을 것으로 추정되는 이질로 보이는 질병으로 벤생Vincennes에서 1422년 36세의 나이에 갑자기 사망하여 9년간의 통치를 마감하고 말았다. 그를 이어 샤를 6세의 딸인 발 루아 캐서린Catherine of Valois과 사이에 낳은 아들 헨리가 왕위를 이어 헨리 6세가 되었다.

DIGEST

42

UNITED KINGDOM

생후 9개월에 영국과 프랑스 왕위에 오른 헨리 6세

생후 9개월의 왕, 헨리 6세(재임기간, 1422-1461)

헨리 6세는 태어난 지 아홉 달 만에 왕위에 올랐고 얼마 지나지 않아 정신병을 앓고 있던 외할아버지 샤를 6세가 사망하자 프랑스 왕위에도 오르게 되었다. 1423년 귀족들은 헨리 6세에게 충성을 맹세하고 국왕의 이름으로 의회를 소집하였다. 유아였던 헨리 6세를 대신할 섭정협의회가 설립되었고 헨리 5세가 임명한 베드포드 공작 존이 섭정을 담당했다. 베드포드 공작 존이 백년전쟁을 나가있는 동안에는 헨리 5세의 다른 형제인 글로스터 공 험프리가 국왕의 수호자로 임명되어 섭정을 대신했고 험프리의 섭정은 헨리 6세가 성년이 될 때까지 지속되었다.

어린 헨리 6세는 1428년부터 워릭 백작 리처드 드 보샹Richard de Beauchamp에게서 교육을 받았다. 1429년 헨리 6세가 여덟 살이 되자 웨스트민스터 성당에서 대관식을 올렸다. 1429년 프랑스 노트르담 성당에서도 프랑스의 왕으로서 대관식을 거행하여, 잉글랜드와 프랑스의 통치자가 되었다. 그러나 1437년 16세에 성년이 되어서야 실제적인 왕으로서의 통치권을 수행하게 되었다.

어린 헨리 6세의 대관식.

헨리 6세의 부친 헨리 5세는 백년전쟁 중에 프랑스 샤를 6세의 딸 발루아Valois의 캐서린과 평화적 외교를 위해 정략결혼을 하였다. 그러나 캐서린이 적국인 프랑스의 공주였다는 이유로 헨리 6세는 어머니의 양육을 충분히 받을 수 없었다. 헨리 6세는 소심하고 수줍어하고 수동적이었으며 전쟁과 폭력을 싫어하는 선한 성격이었으나 정신적으로 불안정했다.

유아기에서 청년기까지 헨리 6세의 제왕교육이 강조되었다. 시대적으로도 교육에 대한 가치가 확립되는 시기였다. 헨리 6세는 온화하고 행복한 성품으로 성장하면서 교육에 대한 중요성을 강조하는 왕이 되었다. 부왕인 헨리 5세가 마련해놓은 음악, 문학, 라틴어, 프랑스어, 영어뿐만 아니라 기사로서 갖추어야 할 적합한 무술을 배웠다. 헨리 6세는 6살 반까지 왕궁에서 혼자 교육을 받았다. 1428년 워릭의 백작인 리처드 뷰챔프William Beauchamp가 공식적인 제왕 교육의 교사이자 책임자가 되었다. 백작은 프랑스에서 어린 왕의 친구이자 동행자가 되어 무술과 학습을 헨리에게 가르쳤다. 그 외에도 문학, 언어 등 왕으로서 필요한 지식과 지혜를 가르쳤다. 헨리 5세에게 과학을 가르쳤던 물리학자인 존 섬머셋John Somerset은 뷰리 세이트 에드먼드 문법학교의 교사였다.

헨리 6세는 어린 시절 사냥을 조금 즐기는 듯했지만, 갑옷이나 전쟁놀이에는 거의 적성과 관심을 보이지 않았다. 오히려 전쟁과 폭력을 혐오했다. 대범하거나 사교에 적극적인 성격이 아니었기 때문에 훗날 왕에 오른 후 적극적으로 각료들과 소통하기보다 친근하게 다가오는 잘못된 조언자에 주로 의존했으므로 효과적인 국정운영의 방법으로 평가되지 않았다.

헨리 6세는 청년기까지 학식이 높은 것으로 유명했던 삼촌인 글로스터의 험프리 공에게 교육을 받았다. 글로스터의 험프리 공은 1435년 77권의 책을 케임브리지 킹스 홀에 기증했으며 옥스퍼드에 새로 설립된 올드 소울 컬리지에도 서책을 기증해 현재의 옥스퍼드의 보들리안Bodleain 도서관에는 그의 서재가 남아있다. 험프리 공작은 시인 존 리드게이트Jonh Lydgate와 역사가인 존 캡그레이브John Capgrave를 후원할 정도로 예술과 문학의 후원자로서도 명성을 얻었다. 또한 험프리 공은 유럽의 유명 인문주의자들과 서신 교환을 하면서 그리스와 라틴어 고전의 번역과 순수 영어를 연구하고 번역하도록 의뢰했다.

이즈음 영어를 사용하는 문법학교가 대거 등장하기 시작했다. 특히 헨리 6세가 학교를 졸업할 무렵 학교와 대학들이 많이 세워졌다. 윌리엄 와크햄William Wykeham이 1382년 윈체스터 학교를 설립했고, 헨리 6세는 뉴 칼리지에 들어가기 위한 예비학교로 이튼과 케임브리지에 킹스 칼리지를 세웠다. 그 후 헨리 6세는 옥스퍼드의 올 쏘울스 칼리지All Souls College도 세웠다. 교육이 더 이상 성직자들이 독점하는 것이 아니라 귀족과 상인 귀족들의 역할과 직업에 맞는 학습을 할 수 있도록 학제와 커리큘럼이 마련되었다. 1430년 런던의 영어가 공문서의 표준어로 사용되기 시작했기 때문에, 런던 영어는 교육에도 채택되었다.

백년전쟁에서의 패배로 정신 착란을 일으킨 헨리 6세

루앙에서의 전투에서 패배하면서 영국은 1450년 노르망디를 잃었다. 그리고 1451년 헨리 2세 때부터 잉글랜드 영토였던 프랑스의 아키텐 공작령도 잃게 되었다. 이후 탤벗이 잉글랜드가 지배하던 기엔느와 가스코뉴 지역을 되찾았고, 보르도를 회복하였다. 보르도의 주민들은 탤벗을 반겼다. 그러나 오를레앙에서 잔다르크와의 전투에서 프랑스가 전투에서 승리하고 존 탤벗은 철수하고 말았다.

1453년 다시 프랑스가 야포로 무장하고 기엔느를 정복하기 위해 접근하였고, 탤벗 장군은 카스티옹 외곽에 진영을 구축하고 버티려 했으나, 프랑스의 화력이 막강하여 잉글랜드는 패주할 수밖에 없었다. 결국 탤벗 장군은 1453년 1월 장렬하게 전사하였다. 1453년 8월 보르도마저 잃으면서 백년전쟁이 프랑스의 승리로 끝났다. 1453년 칼레만 제외하고 정복했던 모든 땅을 잃은 잉글랜드군이 대륙에서 추방됨으로써 백년전쟁은 종결되었다. 헨리 6세는 통치기간 동안 영국이 정복한 프랑스의 땅 대부분을 샤를 7세에게 빼앗기고 말았다.

이 소식을 듣고 헨리 6세는 신경쇠약에 걸려 아무도 알아보지 못하게 되면서 통치나 전쟁이나 그 어떤 것에서도 능력을 발휘할 수 없었다. 1453년 여름 아들 에드워드가 태어났지만 헨리 6세는 신경쇠약에 걸려 아들에게 국왕이 의례적으로 하는 축복을 내리기를 간청하는 왕비 앙주의 마거릿과 버킹엄 공작과 앞에서 멍하게 아무런 반응을 보이지 않을 정도였다. 원래 어려서부터 헨리 6세는 우유부단하면서도 편집증적인 증상이 있었던 것으로 알려져 있다. 그러나 백년전쟁에서의 패배로 긴장성 혼미 증세는 더욱 심해졌던 것이다.

1454년 잠시 제정신으로 돌아온 헨리 6세는 몇 년간 통치하기는 하였다. 그러나 그 후 그는 능력, 관심 등에서 무감각적인 증상과 환각, 종교적 망상을 겪었는데, 정확한 원인은 알려지지 않았으나 현대의학은 긴장성 조현병으로 추정하고 있다. 헨리 6세의 외조부인 샤를 6세가 조울증과 조현병으로 발작을 일으켰던 것과 유사하여 헨리 6세의 증세가 외조부에게서 유전된 것으로 추정되기도 한다.

헨리 6세, 사촌 간의 왕위쟁탈 장미전쟁의 시작

백년전쟁에서 잉글랜드 군이 패전을 거듭하는 동안, 내부적으로는 정치적 혼란이 지속되었다. 1445년 헨리 6세는 샤를 7세의 조카딸인 앙주Anjou의 마거릿과 결혼하였다. 앙주의 마거릿은 야심차고 의지가 강한 여성이었다. 국왕과 왕국에 대한 반역의 작은 징조에도 참지 못했던 헨리 6세와 왕비인 앙주의 마거릿은 1447년 글로스터 공작을 반역 혐의로 소환했다. 그러나 실은 앙주의 마거릿이 특별히 글로스터 공작을 총애하자 못마땅했던 서퍽 백작이 글로스터 공작이 반역 모의를 하고 있다고 밀고했던 것이다. 글로스터 백작은 체포되었고, 그 와중에 심장마비로 사망했다. 모든 것이 서퍽 백작의 음모였던 것이 드러나자 서퍽 백작은 유배형에 처해졌지만, 도버해협에서 누군가에 살해된 채 발견되었다.

헨리 6세는 앙주의 마거릿과 그 측근들을 총애했으므로 비옥한 영토를 프랑스에 돌려주는 친프랑스 정책을 펼치기도 하였다. 결국 헨리 6세의 통치 후반기에 프랑스에 영지를 소유하고 있었던 잉글랜드 귀족들의 지지기반을 잃게 되었다.

랭커스터 가문의 헨리 6세가 귀족들의 지지를 잃고 왕권이 약화되자, 요크 가문의 리처드 공이 1455년 반란을 일으켰고 장미전쟁(1455-1485)이 시작되었다. 요크 가문이 쳐들어왔을 때 랭커스터 군대는 도주했고, 헨리 6세는 노샘프턴 전투Battle of Northampton에서 요크 가문에 생포되기도 했다. 세인트 알반스 전투에서 겨우 다시 구출되었지만, 1461년 랭커스터 가문과 요크 가문이 치열하게 접전했던 타우톤Towton 전투에서만 28,000명이 사망했고 이 전투에서 요크 가문의 승리로 전쟁은 끝났다. 헨리 6세는 런던 탑에 갇혔다가 살해되었고, 랭카스터 가문의 직계 계승자는 끊어졌다.

이처럼 요크가와 랭커스터가 사이에 삼십 년 동안 지속되었던 왕위찬탈을 위한 내란을 장미전쟁이라고 한다. 어린 시절을 함께 보낸 왕족의 사촌들 간의 장미전쟁으로 나라가 더욱 혼란해졌다. 결국 1461년 헨리 6세에 이어 팔촌 동생인 에드워드 4세가 왕위를 잇는다.

DIGEST

43

UNITED KINGDOM

잔다르크의 등장, 백년전쟁의 끝

프랑스를 구한 성녀 잔다르크의 등장

1422년 헨리 5세가 8월, 샤를 6세가 10월에 각각 사망한 후, 샤를 7세는 자신의 왕위 계승권을 주장하며 프랑스의 오를레앙가에서 트로와 조약의 무효 선언을 했다. 이에 영국 왕실은 분노하였고 존 탤벗을 즉시 프랑스로 파견하였다.

존 탤벗은 영국 총사령관이자 최고 와인의 원산지인 보르도 일대의 기엔Guyenne을 소유한 영주였다. 존 탤벗은 1435년 아라스 조약 이후에도 클레르몽을 점령하여 클레르몽의 공작으로 임명되기도 할 만큼 대담하고 용맹한 총사령관이었다. 존 탤벗은 1436년에는 페이 드 코라 지방의 반란을 진압하였다. 이 반란의 진압으로 노르망디에 프랑스 세력이 침략하는 것을 막을 수 있었다. 존 탤벗은 프랑스 주둔 잉글랜드군의 전체 총사령관으로 임명되었다. 1437년 부르고뉴를 상대로 승리하고 1440년 아르플뢰르를 탈환하였다. 그리고 1453년 보르도를 지키기 위해 맹렬한 결전을 했던 존 탤벗을 기리면서 샤토 탤벗Chateau Talbot 와인이 탄생했다.

잉글랜드의 통치를 받을 즈음 프랑스에서는 프랑스를 구할 성녀가 나타

농부의 딸, 잔다르크의 등장.

났다는 소문이 떠돌았다. 바로 17세의 소녀 잔다르크였다. 의심이 많은 샤를 7세는 그녀가 성녀인지 시험을 해보기 위해서 잔다르크가 알현을 하러 왔을 때 하인의 복장을 하고 구석에 숨었다. 잔다르크는 왕의 옷을 입은 신하를 거들떠보지도 않고 샤를 7세에게 다가가 대천사 미카엘, 성 카타리나, 성 마르가리타 및 성녀 마리아로부터 프랑스 왕으로 즉위하라는 계시를 받았다는 말을 전하였다고 한다.

샤를 7세는 잔다르크에게 파리의 남서쪽 오를레앙Orléans을 구해줄 군사를 모집하여 이끌고 오라고 명령을 하였다. 오를레앙은 거의 1 년 동안 잉글랜드 군에게 포위되어 있다가 함락되었던 것이다. 오를레앙에서 샤를 7세가 포로가 될 위기에 처했을 때 각 지방 영주들로부터 지원군을 모집하여 나타난 잔다르크가 샤를 7세를 극적으로 구했다. 잔다르크는 오를레앙을 탈환하고 샤를 7세는 1422년 파리로 가서 왕위 즉위식을 올렸다.

왕위에 오른 샤를 7세는 잔다르크에게 오를레앙을 사수할 것과 지금까지 잉글랜드 군에게 빼앗겼던 영토를 재탈환하라는 명령을 내렸다. 잔다르크는 수차례에 걸친 전투에서 승승장구하였다. 잉글랜드와의 전쟁에서 연이어 승리하자 샤를 7세는 잉글랜드와의 평화협정을 진행하고자 했다. 그러나 잔다르크는 잉글랜드가 항복할 때까지 싸워야 한다고 주장하였다.

강경한 잔다르크가 협정 이후에도 적진을 공격하자는 주장을 하자, 샤를 7세와 잔다르크 사이에 갈등이 생기게 되었다. 그러던 중 잉글랜드가 다시 공격했고, 1430년 오를레앙이 다시 잉글랜드 군에게 함락되었다. 잔다르크는 위기에 처한 퐁피에뉴로 달려가 선두에서 적진으로 깊숙이 들어갔다가 영국군에 생포되고 말았다. 잉글랜드군이 잔다르크의 몸값을 요구하였지만 샤를 7세는 몸값 지불을 거절하였다. 1435년 샤를 7세는 오히려 브르고뉴와 아라스Arras 조약을 맺으면서 평화를 추진했다. 결국 잔다르크는 잉글랜드군에 의해 마녀로 심판받고 1439년 5월 화형 당하였다.

잔다르크가 화형되고 난 후에야, 샤를 7세는 잉글랜드에 대해 강경한 입장으로 바뀌었다. 잔다르크가 처형되었던 도시인 루앙을 공격했고 이 공격에서 루앙을 방어하던 존 탤벗이 패배하고 만다. 프랑스는 에드워드 3세 때에 크레시 전투, 칼레 전투, 푸아티에 전투에서 빼앗겼던 영토를 되찾았다. 샤를 7세는 잉글랜드군을 수세에 몰아넣었고, 프랑스 영토 대부분을 회복하였다. 1456년 마침내, 잉글랜드와 평화협정을 맺고 백년전쟁이 종식되었다.

샤를 7세를 프랑스에서는 '승리 왕'이라 부른다. 샤를 7세는 폐허가 된 도시를 복구하였고 잉글랜드령 귀족들이 다시 반란을 일으키기도 했지만 이를 진압하여 왕권 강화에 힘썼다. 1461년 오랜 전쟁과 전후 복구사업으로 건강이 쇠약해져 사망하고 말았다.

DIGEST

44

UNITED KINGDOM

흑장미 랭커스터가와 백장미 요크가의 장미전쟁

흑장미 랭커스터가와 백장미 요크가의 장미전쟁

플랜태저넷 왕가를 이룬 에드워드 3세의 4명의 아들 중 셋째 아들 곤트의 존의 아들 헨리 4세부터 왕가를 이룬 랭커스터 가문은 흑장미의 문장을 사용하였고, 넷째 아들인 요크공 에드먼드의 후손이 이룬 가문은 백장미를 문장으로 사용하였다. 플랜태저넷의 적자가 아닌 방계 가문인 이 두 가문의 후손들(그림 1 왕가의 계보 참고)이 1455년부터 1487년까지 30여 년간 벌인 잔인한 왕위 쟁탈전을 장미전쟁이라고 한다.

헨리 6세는 백년전쟁에서의 패배와 영국 국내에서의 법과 질서의 붕괴로 인해 귀족들의 비판을 받았고, 적국인 프랑스의 공주인 헨리 6세의 아내 마거릿 왕비도 비난의 대상이 되었다. 특히 헨리 6세의 사촌인 요크 공 리처드는 프랑스와의 전투와 국내 통치에 대해서 헨리 6세의 잘못을 공개적으로 비난했다.

요크 가문의 리처드가 이렇게 공개적인 비난을 할 수 있었던 것은 엄격한 장자상속의 원칙을 따르면 랭커스터 집안의 헨리 6세 보다 왕위계승 서열에서 앞서 있었기 때문이다. 평소에 헨리 6세의 왕위계승과 무능력에 대한 불만을 갖고 있던 요크 공작 리처드는 워릭 백작인 리처드 네빌과 세력을 키우기 위해 동맹을 맺었다. 프랑스 공주였던 마거릿 왕비는 점차적으로 왕권 다툼에서 배제되었다. 더구나 아들 에드먼드가 헨리 6세의 아들이 아니라 서머셋 공작인 존 뷰포트의 아들이라는 소문이 퍼지자, 런던 타워에 억류되고 말았다.

1453년 즈음 헨리 6세의 정신병이 악화되었다. 그 틈을 이용하여 요크 가문의 리처드는 호민관 겸 방위관이 되어 랭커스터 가문의 중심세력이었던 서머셋 공작과 본격적인 전투를 시작하였다. 장미전쟁이 시작된 것이다. 이 전투에서 서머셋 공작을 누르고 요크 가문의 리처드가 세력을 확장하였다.

1454년 헨리 6세가 제정신으로 돌아와 보니, 요크 가문의 리처드가 세력을 확장하여 워릭 백작과 솔즈베리 백작 등과 연합해 국정을 제 마음대로 다루고 있었다는 것을 알게 되었다. 귀족들은 요크 가문의 리처드 공이 헨리 6세 보다 나이도 많고 왕위 서열에서도 앞서므로 리처드를 지지하였다. 마침내 랭카스터 가문과 요크 가문을 지지하는 귀족의 세력들이 나누어졌고 헨리 6세와 리처드 사이에 내전이 시작되었다.

세인트 알반 전투에서 패한 헨리 6세가 감옥에 갇히게 되자, 마거릿 여왕이 측근들과 군대를 모아 런던으로 진격하였다. 1460년 랭커스터 군이 웨이크필드 전투에서 승리하였고, 이 전투에서 요크공작 리처드를 처형하였다. 남쪽에서는 워릭 백작이 전투에 불리해지자 도망하면서 랭커스터 가문의 권력이 일시적으로 회복되는 듯했다.

그러나 요크공 리처드의 사망 소식을 들은 아들 에드먼드(훗날 에드먼드 4세)는 워릭 백작과 합세해 1461년 타우턴Towton전투에서 랭커스터군과 맞서게 되었다. 이 전투에서 에드먼드가 이끌던 요크 군이 대승을 거두고 이번에는 헨리 6세가 포로가 되었다. 에드워드는 스스로 에드워드 4세라 칭하면서 왕위에 올랐고 요크 왕가의 첫 국왕이 되었다.

앙주의 마거릿과 헨리 6세는 스코틀랜드로 도망쳤다. 그러나 에드워드 4세의 통치 기간 9년 동안(1461-1470) 랭커스터 지역에서 헨리 6세와 마거릿 여왕은 저항을 계속했다. 그리고 웨일스의 북북 카운티와 잉글랜드 몇 지역

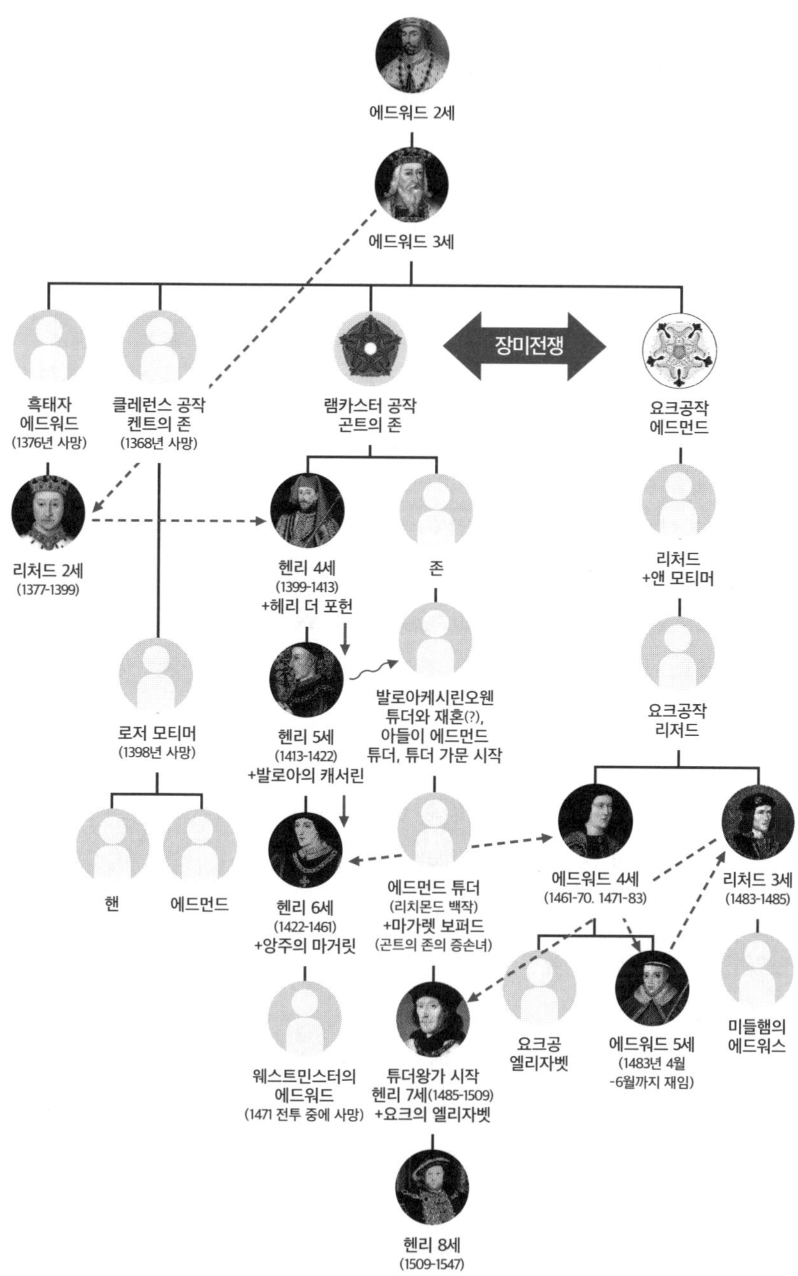

왕가의 계보: 랭커스터 가문과 요크 가문의 장미전쟁(붉은 화살표는 왕위계승 순서, 점선은 왕위찬탈).

의 몇몇 귀족들도 이에 합세하여 저항하였다. 그러던 중에 에드워드 4세가 그의 주요 측근들 중 워릭 백작 리처드 네빌과 동생 조지 클라렌스 공작과 사이가 벌어지게 되었다.

한편, 워릭 백작은 왕권 강화를 위해 에드워드 4세와 프랑스 앤 공주와의 혼담을 주선하고자 프랑스로 건너갔다. 그러나 그동안 에드워드 4세가 영국 귀족 과부인 엘리자베스 우드빌과 전격적으로 결혼을 했고, 프랑스의 적이었던 부르고뉴와 동맹을 맺었다. 에드워드 4세의 처사에 분노한 워릭 백작은 에드워드 4세의 동생인 클래런스 공과 힘을 규합하여 에지코트 전투에서 에드워드 4세를 물리치고 에드워드 4세를 포로로 잡았다.

워릭 백작은 두 명의 국왕 에드워드 4세와 스코틀랜드로 도망한 헨리 6세 중, 자신의 세력을 펼치기에 용이할 것으로 여겨진 헨리 6세를 다시 옹립하기로 결정하였다. 프랑스 루이 1세의 도움을 받아 헨리 6세와 마거릿 여왕은 동맹관계가 되었고, 마거릿 여왕은 아들 웨스트민스터의 에드워드와 워릭 백작 리처드 네빌의 딸 앤 네빌과 혼인시켰다. 이들은 잉글랜드로 돌아와 에드워드 4세를 추방하고 1470년 헨리 6세를 왕좌에 앉혔다.

1470년 헨리 6세는 왕위에 복위되지만 6개월도 지속하지 못하였다. 추방당했던 에드워드 4세가 다시 세력을 회복하여 1471년 4월 바넷 전투에서 승리를 거두어 워릭 백작을 제거하였고 헨리 6세를 다시 런던 탑에 유폐시켰고 이것이 두 번째의 왕위 찬탈이다. 헨리 6세의 아들인 웨스트민스터의 에드워드도 1471년 3월 튜크스베리 전투에서 전사하였다. 랭커스터 왕조의 직계 후계는 여기서 단절되었다.

셰익스피어의 작품 「헨리 6세」에서 묘사된 것처럼 '헨리 6세는 지혜를 잃고, 두 왕국을 잃었으며 자신의 외아들마저도 잃게 된 것'이다. 헨리 6세는 1471년 5월 사망하였다. 공식적으로 우울증으로 죽었다고 했으나 암살되었을 것으로 추정되기도 한다. 1911년 발견된 헨리 6세 유골의 두개골이 머리카락과 피에 엉켜있어 암살 가능성을 뒷받침하고 있다.

DIGEST

45

UNITED KINGDOM

에드워드 4세, 두 번의 왕위찬탈

에드워드 4세(재임 기간 1461–1470), 첫 번째 왕위찬탈과 요크왕가 시작

1461년 왕위에 오른 에드워드 4세는 플랜태저넷 왕가의 요크공 리처드의 아들이다. 요크공 리처드는 헨리 6세의 아들 웨스트민스터의 에드워드가 태어나기 전에는 왕위계승권의 가능성이 가장 높았던 에드워드 3세의 4남 요크 공작 에드먼드의 손자였다. 에드워드 4세는 헨리 6세의 팔촌 동생인 셈이다(복잡한 계보의 이해를 위해 그림 1 참고하시라). 에드워드 4세는 즉위하기 전에 요크 공작, 마치 백작, 케임브리지백작, 얼스터 백작으로 작위를 받았다. 1460년 아버지 리처드 플랜태저넷이 웨이크필드Wakefield 전투에서 사망한 1년 후 부친의 소망대로 에드워드 4세는 왕위에 오르게 되었다.

에드워드 4세는 정계의 실력자이며 킹메이커Kingmaker라고 알려진 워릭 백작의 강력한 지원으로 1461년 2월 랭커스터 가문의 헨리 6세를 모티머의 십자로에서 격파하였다. 연이어 1461년 3월 영국 역사상 가장 피비린내 나는 전투로 알려진 타운턴 전투에서 랭커스터 가문을 물리쳤다. 결국 헨리 6세를 굴복시키고 왕위를 찬탈해 스스로를 에드워드 4세로 선포하고 왕위에 올랐던 것이다.

랭커스터 군이 북쪽에서 저항을 계속했지만 심각한 위협을 주지는 못했다. 마침내 랭카스터 군은 워릭의 존 네빌에 의해서 핵스햄Hexham 전투에서 1464년 완전히 패하고 헨리 6세의 추종자들은 모두 도망쳤다. 이때 에드워드 4세의 나이는 19세였다. 에드워드 4세는 영국 국왕 중 최장신 194cm에 달하는 체격과 유쾌한 성격을 지니고 있고, 나이에 비해서 놀라운 군사적 추진력과 리더십 그리고 통찰력을 보여주었던 것으로 묘사된다.

에드워드 4세의 재임시기는 워릭 백작 리처드 네빌의 영향력이 컸다. 워릭 백작 네빌은 잉글랜드에서 가장 큰 영지를 소유한 백작이었고 에드워드의 왕위계승에 가장 많이 공헌한 사촌이다. 1462년부터 1464년까지 영국 북쪽의 랭커스터 가문의 저항을 꺾고 외교적 역할을 주도하기도 했다. 워릭 백작은 왕권을 강화할 목적으로 랭커스터의 가문인 프랑스 루이 11세의 딸 앤과 에드워드 4세의 정략결혼을 위한 협정을 맺었다. 그러나 워릭 백작이 그 협정을 위해 프랑스에 가 있는 동안 에드워드 4세가 존 그레이John Grey의 미망인이자 평범한 기사의 아름다운 딸이었던 엘리자베스 우드빌과 전격적으로 결혼함으로써 워릭 백작과 멀어지게 되었다. 장미전쟁에서 승리한 에드워드 4세가 다른 가문의 세력을 두려워할 필요가 없다고 여긴 정치적 행보이기도 했지만, 국왕이 최초로 정략결혼이 아닌 사랑을 위해 영국민과 결혼한 것으로 평가되기도 한다.

그 후 엘리자베스 우드빌 가족이 갑작스럽게 신분이 상승했고, 워릭 백작이 선호하는 정책에 반대를 할 정도의 세력이 커졌다. 이에 워릭 가문을 포함하여 잉글랜드의 귀족들 사이에 적개심이 고조되었다. 시간이 갈수록 워릭 집안은 에드워드 4세에게서 멀어져 반역의 길로 향하게 되었다. 에드워드 4세가 왕비 엘리자베스의 가까운 친척들만 관리로 등용하고 그들의 세력이 갈수록 커지자 귀족들의 불만이 공공연히 표출되었다. 결국 1467년 워릭 백작은 에드워드 4세에 불만을 품은 클라랜스 공작인 조지를 내세워 반란을 일으켰다. 1469년 워릭 백작의 딸 이사벨 네빌과 결혼한 클라랜스 공작인 조지는 프랑스로 건너가 앙주의 마거릿과 합류하여 잉글랜드를 침략했다.

에드워드 4세의 군대는 1469년 에지코트 무어Edgecote Moor 전투에서 패배하게 되고 에드워드 4세는 올네이Olney에서 포로로 잡히고 말았다. 워릭 가문은 에드워드 4세를 왕에서 끌어내리려 했으나, 의회에는 에드워드 4세를 지지하는 많은 귀족들이 있었다. 결국, 워릭 백작은 1469년 에드워드 4세를 석방하고, 클라랜스를 조지 1세로 국왕으로 선포하려고 했으나 이도 여의치 않았다. 더구나 에드워드 4세를 지지하는 반란이 북쪽에서 일어나자 워릭 백작의 권력은 무너지고, 반역으로 재판을 받게된다.

워릭 백작과 클라랜스는 1469년 사면을 받기는 했지만, 후환이 두려워 프랑스로 망명하였고 앙주의 마거릿과 동맹을 맺었다. 그리고 에드워드 4세에 반대하는 귀족 무리를 모아 프랑스 루이 11세의 원조를 얻고 힘을 결집하여 잉글랜드로 다시 쳐들어왔다. 결국 워릭 백작은 에드워드 4세를 체포하고 헨리 6세를 복위시켜 6개월간의 짧은 통치를 통치를 하게 된다. 에드워드 4세는 후일을 기약하며 지지자들과 네덜란드로 도망쳤다.

에드워드 4세의 두 번째 왕위찬탈(1471년-1483년)

에드워드 4세는 런던에 자신을 지지했던 귀족들의 도움으로 네덜란드를 거쳐 프랑스로 겨우 도망칠 수 있었다. 에드워드 4세는 동생인 글로스터 공작 리처드와 브르고뉴 지방으로 피난해 갔다가 프랑스에 있는 랭커스터 가문을 반대하는 귀족들의 힘을 모아 군사를 이끌고 잉글랜드에 상륙하였다. 잉글랜드에서 땅을 되돌려 받을 수 있다는 약속을 받은 귀족들이 에드워드 4세를 지원하였고, 에드워드 4세는 남쪽으로 향하면서 더 큰 힘을 규합할 수 있었다. 클라랜스도 헨리 6세 밑에서 신하로 있는 것보다 에드워드 4세 밑에서 왕의 동생으로 남는 것이 낫다는 선택을 하고 에드워드 4세의 진영에 합류했다.

지지 세력을 얻은 에드워드 4세는 쉽게 런던을 장악하였고, 헨리 6세를 감옥에 넣을 수 있었다. 결정적으로 에드워드 4세와 그의 형제들은 1471년 4월 바넷Barnet 전투에서 워릭 백작을 비롯한 랭커스터 가문을 몰살시켰다. 그리고 남아있는 랭커스터 저항군은 1471년 5월 튜크스베리Tewkesbury 전투에서 완전히 진압하였다. 에드워드 4세는 다시 국왕으로 복위하였다. 랭커스터 가문을 잔인하게 전멸시켰기 때문에 그 이후 에드워드 4세에 대한 반란이 없는 상대적으로 평화로운 시기를 누릴 수 있었다.

어렵사리 두 번이나 왕위를 찬탈한 에드워드 4세는 불만세력을 무마하고 국외로 관심을 돌리기 위해 누이인 마거릿과 결혼한 부르고뉴 찰스 공작과 동맹을 맺고 프랑스 원정을 시작하였다. 부르고뉴 찰스 공작도 루이 11세가 통치를 시작하자 프랑스 왕실과 충돌이 잦아지게 되었기 때문에 잉글랜드와 연합하기를 원했다. 또한 부르고뉴 찰스 공작이 신성로마제국의 황제에게 요청하여 프랑스로부터 독립된 왕국으로 승인을 받으려는 시도를 했기 때문에 루이 11세는 부르고뉴에 대해서 경제 봉쇄령을 내리기도 하고 무력을 동원하여 갈등이 심화되고 있었다.

1474년 의회로부터 군비 조달을 위한 재정적 지원을 받은 에드워드 4세는 1475년 프랑스에 대한 선전포고를 하고 칼레에 도착하였다. 그러나 동맹을 약속했던 버건디 공작 찰스가 군사적 지원하지 못해 철수할 수밖에 없는 상황이 되어 픽퀴뉘 Picquigny 평화조약에 승락할 수밖에 없었다. 조약의 내용은 군대를 철수하는 대신 75,000 크라운을 선금으로 받고, 해마다 50,000 크라운을 받는 조건이었다. 원정에서는 실패했지만, 협정에서는 이득을 보았던 것이다.

에드워드 4세는 픽퀴뉘 조약에서 얻은 돈으로 왕궁을 유지할 수 있었다. 따라서 에드워드 4세는 6번의 의회를 소집했을 뿐, 보조금 충당을 위한 동의를 받기 위해 의회를 소집할 필요가 없었다. 재임 후기는 국내의 반란도 없었으므로, 에드워드 4세는 세입을 위한 정비와 재산 축적에 주력했다. 의회에서는 상업 조약, 관세를 증가하기 위해 통상조약 및 기타 내부 질서를 위한 이익에 더 초점이 맞추어 정책결정을 했다.

웨일스의 마치 Marches와 북쪽을 통치하는데 관심을 더 기울였던 에드워드 4세는 영토 확장에도 힘썼다. 웨일스 왕실의 영지를 확고하게 통치하기 위해 왕실 전권대사를 파견하였고 아들 에드워드 5세를 웨일스의 왕자로 추대하여 마치스와 웨일스의 평의회를 설립하였다. 또한 1482년 스코틀랜드의 내란을 틈타 왕좌를 차지하기위해 글로스터 공작을 보냈지만 큰 소득을 얻지는 못했다.

에드워드 4세는 서적 인쇄에도 관심이 많았다. 1476년 독일 퀼른Cologne으로부터 최초로 인쇄술을 도입한 인쇄업자이자 번역 출판업자인 윌리엄 캑스턴William Caxton의 친구로서 그의 인쇄 활동을 후원하기도 했다. 윌리엄 캑스턴은 캔터베리 이야기 등 14세기의 고전과 성경을 인쇄했고, 이솝우화를 번역하는 등 108권의 책을 인쇄했다. 당시의 서적은 번역이 조잡했지만 독서층이 형성되기 시작했고 런던의 방언이 사용되었다. 14세기에 런던을 중심으로 활동하던 제조업자와 무역상 등 중간계급이 사용하던 런던 사투리가 영국 표준어로 등장하게 되었다. 런던과 가까운 옥스퍼드, 케임브리지와 같은 유명 대학들에서도 런던 방언을 사용하였다. 에드워드 4세에서부터 리처드 3세 그리고 헨리 7세에 이르기까지 영어로 인쇄된 서적이 처음으로 부유한 귀족들에게 보급되었으므로 영어를 표준화하는데 기여했다는 평가를 받고 있다. 특히 에드워드 4세는 금박으로 책표지를 장식한 플랑드르어 필사본 등을 수집했는데, 지금은 브리티시 도서관British Library에 보관되어 있다.

에드워드 4세가 40세에 이르렀을 때 갑자기 건강이 나빠지기 시작해 병을 앓게 되자 두 아들의 후견인으로 글로스터 공작인 리처드를 지명하고 1483년 갑작스럽게 사망하였다. 그러나 에드워드 4세의 유언에도 불구하고 글로스터 공작 리처드는 두 조카 에드워드 5세와 리처드를 런던 탑에 가두고 살해한 뒤 왕위를 찬탈한다.

DIGEST

46

UNITED KINGDOM

에드워드 5세 2개월간의 왕위, 헛된 제왕교육

에드워드 5세(재임기간, 1483 4월– 1483 6월)의 어린 시절 헛된 제왕교육

에드워드 5세는 에드워드 4세와 엘리자베스 우드빌 사이의 장남으로 아버지가 네덜란드로 추방당하였을 때인 1470년 웨스트민스터 사원에서 태어났다. 1471년 5세에 웨일스 공에 올랐으며 에드워드 4세가 1483년 4월 사망하자 에드워드 5세는 12세의 나이로 잉글랜드 왕과 아일랜드의 군주로서 아버지의 뒤를 잇는 후계자가 되었다.

부친인 에드워드 4세는 왕세자 에드워드에게 어린 시절부터 제왕교육을 시켰다. 왕비의 형제인 리버의 공작이면서 학자로 알려진 엔서니가 교육을 감독하도록 하였다. 에드워드 4세는 아들의 훈육을 위해서 양육의 정확한 기준을 정하고 일상생활을 위한 규칙을 정하였다. 가령 '나이에 맞게 일어나는 시간을 정하고, 새벽까지 하는 수도원의 야간 예배에 참여해야 하며, 아침에 일어나면 매일 미사로 하루를 시작하고, 식사는 아침 10시에 한다. 또한 미덕과 명예, 지혜의 고귀한 이야기를 매일 읽어야 한다는 규칙을 정했다. 에드워드 5세는 자신과는 달리 아들이 악을 멀리 하도록 예배 참여와 바른 언어 사용을 강조하였다. 또한 '오후에는 나이에 맞는 스포츠 활동에 참여해야 하

에드워드 4세의 아이들.
에드워드 5세, 헛된 제왕교육.

고, 만찬은 4시에, 8시에는 잠자리에 들어야 했다. 그리고 잠자리에 들기 전에 마음을 행복하게 해주도록 시종들에게 지시하였다.

어린 에드워드 5세의 제왕 교육을 관찰한 이태리 방문객 도미닉 만치니 Dominic Mancini는 매우 깊은 인상을 받았다. 그는 이태리로 돌아가 에드워드 5세가 "말과 행동에 있어서 교양교육을 잘 받고 있어 나이에 비해 학식이 높으며, 공손하고 우아하게 대화를 나누었다. 뿐만 아니라, 문학에 대한 지식은 산문이든 운문이든 완전히 이해했다. 귀한 성품과 권위를 지녔을 뿐만 아니라, 얼굴도 매력적이어서 보는 사람이 지치지도 않았다"라고 기록했다.

1480년 에드워드 5세가 10살이 되자 권위 있는 유럽의 가문과 혼인시키기 위해 브루타니 공작인 프랜시스 2세와 동맹을 맺고 당시 겨우 4살에 불과한 딸 앤과 약혼을 시켰다. 둘은 성인이 되면 결혼할 계획이었다. 그러나 이러한 계획은 모두 헛된 것이었다.

DIGEST

47

UNITED KINGDOM

왕위찬탈에 눈먼 잔인한 왕, 리처드 3세

리처드 3세(재위기간: 1483~1485) 조카들을 죽이고 왕위에 오른 왕

리처드 3세는 에드워드 4세의 막내동생으로, 친형 에드워드 4세가 왕위에 오르면서 글로스터 공작이 되었지만, 형의 두 아들을 죽이고 왕위를 찬탈한 요크 가문의 마지막 왕이 된다. 리처드 3세는 워릭 백작 리처드 네빌에 의해서 기사 훈련을 받은 후, 17세에 군 지휘관이 되었다. 에드워드 4세가 네덜란드에 쫓겨났다가 다시 왕위를 회복하는 데 공을 세우기도 하였다. 에드워드 4세는 임종 시에 동생인 글로스터 공작 리처드를 믿고 아들 에드워드 5세에 대한 단독 후원자로 임명하고 섭정을 부탁했다. 리처드는 에드워드 4세가 죽자 12세에 불과한 에드워드 5세를 대신해 잠시 섭정을 했다.

섭정으로 권력을 맛본 리처드는 에드워드 5세의 대관식을 미루었고 에드워드 5세의 어머니였던 엘리자베스 우드빌과 에드워드 4세의 결혼이 무효라는 주장하기 시작했다. 에드워드 4세가 결혼 전에 엘리노어 버틀러와 약혼한 상황에서 결혼했기 때문이었다. 의회에서 이러한 주장이 받아들여지고 티툴루스 레기우스Titulus Regius 법령에 따라서 에드워드 5세가 서자의 신세가 되자 왕위계승권이 글로스터 공작 리처드보다 낮아지게 되었다. 이러한 이유

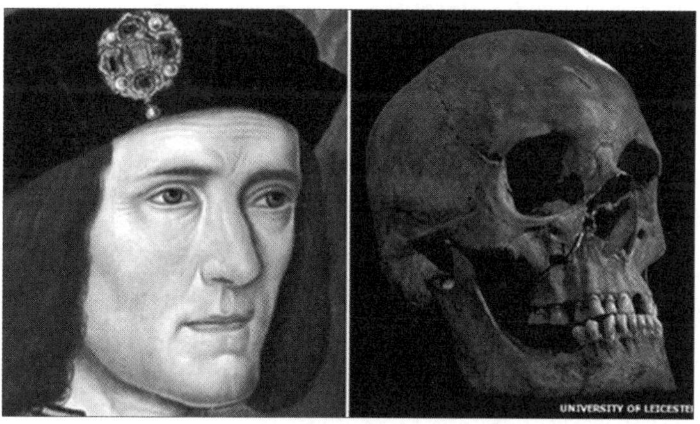

왕위를 찬탈하기위해 조카를 죽인 가장 잔인한 왕 리처드 3세의 밀랍인형과 그의 유골.

로 형인 에드워드 4세가 죽은 지 2개월 만에 리처드 3세가 왕위에 오르고 두 조카를 런던 탑에 가두어 살해했다는 소문이 떠돌았다.

리처드 3세의 왕위 찬탈에 대해서 두 차례의 반란이 일어났다. 1483년 에드워드 4세의 충실한 지지자였던 버킹엄 2세인 헨리 스태퍼드Henry Stafford가 반란을 일으켰으나 바로 진압되었고 버킹엄 2세는 참수되었다. 1485년 8월에는 헨리 튜더와 숙부인 제스퍼 튜더Jasper Tudor가 반란을 일으켰다. 헨리 튜더는 프랑스의 파견군대와 함께 웨일스 남부에서 진격하여 팸브로크쉬어Pembrokeshire에서 군인을 모집하였다. 헨리의 군대는 레이체스터쉬어Leicestershire에 있는 보스워스Bosworth 벌판의 전투에서 리처드 3세의 군대를 물리쳤다. 리처드 3세는 이 전투에서 사망하여 잉글랜드 역사상 전투에서 사망한 왕 두 명 중 한명이 되었다. 두 번째 반란에서 성공한 헨리 튜더가 리처드 3세의 뒤를 이어 왕위에 오르게 된다.

리처드 3세는 척추 측만증이 있어서 꼽추에 한쪽 팔이 기형이며, 권세욕으로 가득 차서 무자비한 음모와 책략을 동원해 조카를 살해한 악인으로 역사에 기록된다. 2012년 리처드 3세의 유골이 발굴되었는데, 그는 172cm의 체형에 척추 측만증이 심한 정도는 아니었던 것으로 드러났다. 그의 유골은 오랫동안 유실된 상태였으며 종교개혁 기간에 기념비까지 소실되었다가, 2012년 발굴되어 2015년 3월 레스터 대성당에 안치되었다.

요크가의 리처드 3세와 랭커스터가의 헨리 튜더, 마지막 장미전쟁

리처드 3세는 아버지와 남편을 잃고 부자로 손꼽히는 상속녀가 된 앤 네빌과 결혼하고자 했다. 그러나 워릭 백작의 첫째 딸 이사벨과 결혼한 리처드의 동생이자 앤 네빌의 형부인 조지 클라렌스 공작이 결혼을 반대하였다. 조지 클라렌스는 앤 네빌을 감금하려고 했다. 앤 네빌이 아이 없이 죽는다면 아내인 이사벨의 재산과 앤의 재산이 모두 남편인 자신에게 모두 상속되는 당시의 법률 때문이었다. 앤 네빌은 형부인 조지 클라렌스에게서 도망쳐 리처드 3세에게 도움을 청했다. 리처드 3세는 재산을 클라렌스 공작에게 상속하기로 약속하고 앤 네빌과 결혼할 수 있었다.

왕이 된 리처드 3세는 왕위에 오르기 위해 저질렀던 잔인한 행위들에 대한 불명예를 씻고 자신의 지지 세력을 키우기 위해 국왕으로서의 역할에 힘썼다. 경제적인 안정을 위해서 통상 정책을 장려하고 재정개혁을 실시하였다. 1484년 리처드 2세는 한 번의 의회를 열어 27일 동안에 18개의 사법과 15개의 공법을 통과시켰다. 18개의 사법은 1483년에 일어났던 버킹엄 2세의 반란을 단죄하고 존 하워드를 노퍽 공작으로 임명하고, 북부지역의 유력 귀족인 스탠리 가문에 토지와 공직을 주기 위한 것이었다. 그러나 이러한 방식은 의회의 권위에 심각한 타격을 주는 것이었기 때문에 리처드 3세는 주요 지지귀족들의 민심을 잃고 말았다. 더구나 1484년에는 리처드 3세의 왕위 후계자였던 외아들이 사망하여 후계가 없었다.

리처드 3세의 왕위 정통성에 귀족들과 젠트리들은 점점 의구심을 품게되면서, 랭커스터 가문의 리치먼드 백작 헨리 튜더에게 은밀한 지지를 보내기 시작한다. 프랑스로 망명한 헨리 튜더는 영국 내의 분위기를 알아차리고, 1485년 2천 명의 병력을 지원받아 웨일스의 밀포드 헤이븐Milford Haven에 상륙했다. 헨리 튜더는 리치먼드 백작 에드먼드 튜더와 에드워드 3세의 넷째 아들 랭커스터 공 곤트의 존의 증손녀 마거릿 보퍼트와 사이에서 태어났다. 튜더 가문이 연고를 가졌다는 이유로 헨리 튜더는 웨일스의 지지와 군대를 얻을 수 있었다.

진압에 나선 리처드 3세는 3주 후 잉글랜드 중부 레스터 지방의 보스워스에서 헨리 튜더의 군대와 대치하게 되었다. 헨리 튜더에 합세한 병력은 5천을 넘지 않았고, 리처드 3세의 병력은 1만 2천에 달했다. 타운턴 전투에서 에드워드 4세가 반란군을 진압하기 위해 3만 5천 병력을 이끌고 왔던 것과 비교해보면 병력 규모의 차이가 컸다. 리처드 3세의 권력기반이 없고 귀족들의 지지를 얻지 못했다는 것을 반증하는 것이었다.

하지만 리처드 3세는 청년 시기에 장미전쟁을 치른 전사였고 더구나 노련한 노퍽 공작 존 하워드가 진두지휘하고 있었다. 리처드 3세는 보스워스 Bothworth의 엠비언 언덕의 유리한 고지를 점하고 있었고 군병력도 두 배였다. 더구나 어린 헨리 튜더는 지휘 경력이 없어 후방에 있었고, 그를 대신해서 옥스퍼드 백작이 군을 지휘하였다. 그러나 막상 전투가 일어나자 헨리 튜더를 지지하는 잉글랜드 북부 스탠리 경 토머스가 리처드 군의 측면을 공격하여 리처드 군이 고립되고 말았다. 더구나 리처드가 왼쪽 진영을 맡고 있는 노섬벌랜드 백작 헨리 퍼시에게 노퍽 공작을 도우라고 명령했지만 이를 거역했다가 옥스퍼드 백작의 책략으로 전사하고 말았다.

결국 리처드 3세가 직접 전투에 앞장서서 헨리 튜더의 호위 기사들을 공격하였고, 교전이 벌어지는 동안 헨리 튜더는 피신한 반면에, 가장 앞장서서 지휘하던 리처드는 헨리 튜더의 군사들에 둘러싸여 단검과 화살에 맞아 사망하고 말았다. 이 전투에서 리처드 3세가 사망함으로써 장미전쟁은 막을 내리게 되었고, 왕위계승권은 튜더 가문으로 완전히 넘어가 튜더 왕가의 시대가 열렸다.

DIGEST100SERIES

제5장

튜더왕가의 시대: 여섯 군주의 절대왕정과 종교개혁

UNITED KINGDOM

DIGEST

48

UNITED KINGDOM

헨리 7세, 웨일스가 지지한 튜더왕가의 절대왕정

헨리 7세(재임기간, 1485-1509년)의 튜더 왕가의 시작

헨리 6세의 어머니 발로아의 캐서린 여왕이 헨리 5세가 사망하자 웨일스의 오웬 튜더와 재혼하여 튜더 가문을 열었고 리치먼드 백작인 에드먼드 튜더를 낳았다. 에드먼드 튜더는 랭커스터 공작 곤트의 존John of Gaunt의 증손녀로 부유한 상속녀 마거릿 보퍼트Lady Margaret Beaufort와 결혼을 하였다. 이들 사이에 태어난 아들이 헨리 튜더이다. 헨리 튜더는 30년간의 장미전쟁을 종식시키고 1485년 왕위에 올라 헨리 7세가 되어 튜더 왕가를 시작하였다.

헨리 7세의 튜더왕가 왕통은 할머니인 발로아의 캐서린에게서 온 것으로 모계에서 이어져온 것이라 당시의 관점에서는 다소 왕권의 근거가 희박했다. 하지만, 1483년 웨스트민스터의 에드먼드가 사망하자, 헨리 7세는 랭커스터 가문에서 왕위계승이 가능한 유일한 혈통의 생존자였다. 헨리 7세는 1485년 망명지였던 프랑스의 브르타뉴 공작령에서 군사를 이끌고 귀국하여 보즈워스 전투에서 리처드 3세를 패배시켰다. 보즈워스 전투에서 헨리 7세는 웨일스 귀족들의 정치적 군사적 지원을 받아 승리할 수 있었다. 헨리 7세는 웨일스를 잉글랜드의 억압에서 해방시킬 '예언에 나오는 아들'로 인식되었다. 후에 요크 가문의 에드워드 4세의 딸 엘리자베스와 결혼함으로써 요크 가문과 랭커스터 가문을 통합하였고, 장미전쟁을 종결지었다.

백장미와 흑장미를 합친 튜더 왕가를 상징하는 꽃.

헨리 7세는 장미전쟁을 끝내고 왕위에 오르기까지 파란만장한 삶을 살았다. 할아버지 에드먼드 튜더는 헨리 6세를 위해서 싸우다가 체포되어 사망했다. 헨리 6세가 사망 당시 숙부인 펨브로크 공작 제스퍼 튜더가 어린 헨리 튜더(미래의 헨리 7세)를 보호하기로 했고 그 약속을 지켰던 것이다. 1461년 요크 가문의 에드워드 4세가 왕이 되자 펨브르크 공작 제스퍼 튜더는 프랑스에 망명하여 헨리 7세를 돌보았다. 1470년 워릭 백작의 반란으로 헨리 6세가 왕위에 잠시 오르게 되자 다시 영국으로 건너와 헨리 6세를 보좌했다. 그러나 1471년 일 년 만에 에드워드 4세가 다시 왕위에 오르자 두려움 속에서 다른 랭커스터 귀족들과 브르타뉴로 피신하여 브르타뉴 공작인 프랜시스 2세의 보호하에 14년의 시간을 보냈다.

헨리 7세는 요크가와 랭커스터가 모두의 지지를 받기 위한 기반을 전략적으로 구축하였다. 우선 1483년 헨리 7세의 모친 마거릿 보퍼트는 헨리 7세가 랭커스터 가문의 유일한 왕위계승 적자라는 것을 강조하였다. 요크 가문의 지지를 얻기 위해 헨리 7세는 에드워드 4세의 딸인 요크의 엘리자베스와 결혼하기로 맹세하였다. 그러면서도 동시에 에드워드 4세에 대항하여 왕위를 찬탈하기 위한 시도를 지속했고, 마침내 브르타뉴 공작인 프랜시스 2세에게 돈과 군사를 지원받아 영국 침략을 시도했다. 그러나 음모가 발각되었고, 주요 공모자였던 버킹엄 공작은 처형되고 말았다.

헨리 튜더를 지원해 주던 프랜시스 2세가 병들자 그의 주요 고문들이 헨리 튜더를 에드워드 4세에게 양도하기로 음모해 헨리 튜더는 브르타뉴 항구로 호송되기도 했다. 우여곡절 끝에 다행히도 프랜시스 2세가 병에서 잠시 회복되었을 때 이 사실을 알게 되었고, 처형당하기 직전에 구출되어 프랑스로 도망친 것이다. 프랑스 왕국은 헨리 튜더를 환영하면서 군대와 장비를 제공하였고 헨리 7세는 왕위찬탈을 위한 두 번째 침공을 계획할 수 있었다. 이번에는 리처드 3세에게 죽음을 당한 에드워드 4세의 장인인 우드빌리스 Woodbilles의 지원도 얻었다. 대규모의 지원을 받게 된 헨리 7세는 숙부 재스퍼 튜더와 옥스퍼드 백작과 동행하여 팸브루크셔의 밀 베이 Mill bay에 상륙하여 잉글랜드로 향해 진격하였다. 웨일스는 전통적으로 랭커스터 가문의 거점 역할을 해주었다. 헨리 7세가 웨일스의 오웬 튜더의 후손이고, 웨일스에서 태어났으므로 웨일스 귀족들은 5000명의 군사를 후원했다. 결국 1485년 8월 보즈워스 전투에서 리처드의 요크 군을 결정적으로 패배시켰다.

헨리 7세는 백년전쟁과 장미전쟁으로 인해 피폐해진 나라를 재정비하고 왕권 강화를 위한 정책에 주목하였다. 1496년 프랑스와 인터커서스 매그너스 Intercursus Magnus 조약으로 무역개방 조약을 맺고 영국의 섬유 수출을 확보하였다. 이 조약으로 영국제도 the British Isles 북부의 양모 산업을 부흥시켰지만, 영국 전체의 국가 경제에 혜택을 주기보다는 개인적인 부의 축적과 세입의 증가가 주목적이었다고 평가받는다.

요크 가문의 반란 평정 후 왕권확립, '정복에 의한 권리'

헨리 7세의 첫 관심사는 왕위계승을 확고히 하는 것이었다. 1486년 요크 가문을 회유하기 위해서 요크 가문의 엘리자베스와 정략결혼을 하였다. 그리고 랭커스터 가문과 요크 가문을 통합시켰다는 의미를 나타내기 위해서 흑장미 위에 붉은 용과 흰 사냥개가 방패 양쪽을 호위하는 문양을 튜더 문장으로 사용하였다. 헨리 7세와 엘리자베스 사이에 에드워드 4세의 외손자인 아서와 헨리 8세가 태어남으로써 튜더가의 왕권은 더욱 공고해졌고, 이후 왕위 쟁탈전의 빌미는 점차 사라지게 되었다.

그는 보즈워스 Bosworth 전투를 통해 '정복에 의한 권리'로 왕이 되었음을 선언하였다. 리처드 3세를 위해서 싸운 귀족들은 반역자로 규정했고, 그들의

튜더왕가의 문장.

재산과 영지를 합법적 절차에 따라 몰수하였으며 그들에게 빼앗겼던 자신의 재산도 환수하였다. 또한 1485년 대관식 직후까지도 반란의 빌미를 줄 수 있는 남작들의 모임이나, 의회소집을 하지 않았다. 대관식 후에는 왕에게 충성을 맹세한 사람은 반역으로 인한 사권박탈(私權剝奪)의 전력이 있더라고 자신의 재산과 직위를 지킬 수 있다는 칙령을 발표하였다. 또한 리처드 3세가 자신의 왕권의 정당성을 확보하기 위해 에드워드 4세와 엘리자베스 우드빌의 결혼을 무효화시켰던 티틀러스 레기우스Titulus Regius 법을 폐지하였다.

헨리는 왕권찬탈의 반란을 미연에 방지하는 조치를 철저히 했다. 보즈워스 전투 직후 레이스터Leicester를 떠나 런던으로 가기 전에 10살이었던 워릭 백작 에드워드를 체포하여 런던 탑에 가두었다. 그러나 그가 성년이 되어 간수를 매수해 탈옥하려 하자, 그를 처형하여 요크 가문을 단절 시키기도 하였다. 에드워드가 클레런스 공작의 아들로서 위협적인 왕권의 경쟁자가 될 수도 있기 때문이었다. 또한 충성심 서약이나 적극적인 유대관계를 통해서 귀족들의 세력이 지나치게 커지기 전에 잠식시키거나 분열시켜 왕권을 확보했다. 그뿐만 아니라 휘장이나 유니폼을 착용했던 귀족들의 봉건가신단(封建家臣團)을 해산함으로써 민간 군대를 구성하는 관행을 금지하여 봉건귀족의 세력 확장을 미연에 방지하였다.

그럼에도 불구하고 왕위에 오른 후 초기 몇 년 동안은 반란에 시달렸다. 헨리 7세가 랭커스터 가문의 지지를 받았으므로 요크 가문의 재산과 지위를 몰수하면서 요크 가문의 귀족 억압 정책을 시행했기 때문이다.

스코틀랜드와의 적대적인 관계를 극복하기 위해서 스코틀랜드의 제임스 4세와 자신의 딸 마거릿을 결혼시키는 협정을 체결했다. 또한 1501년 스페인 아라곤 왕국의 캐서린 공주와 헨리 7세의 첫아들 아서 왕자가 결혼하자 대외적인 위상이 높아졌다. 그러나 아서 왕자가 다음 해에 갑작스레 사망하자 헨리 7세는 캐서린 공주와 헨리 8세의 결혼을 약속함으로써 결혼동맹을 이어나갔다. 헨리 7세는 탁월한 외교적 능력으로 왕권을 정립할 수 있었다.

헨리 7세는 부의 축적이 의회와 채권자로부터 독립된 왕권을 보호할 수 있다는 것을 잘 알고 있었다. 자국의 선박산업을 보호하기 위한 항해조례를 선포하기도 하였고, 새로운 지리상의 발견을 위한 산업을 지원하여 특허장을 발부함으로써 존 캐벗John Cabot과 그의 아들 세바스찬이 탐험과 항해를 떠날 수 있도록 원조하기도 했다.

헨리 7세, 절대왕정의 가혹한 징세

헨리 7세는 신중하면서도 가혹하게 징세하여 절대왕정의 경제를 유지했다. 의회에서는 프랑스와의 전쟁이나 스코틀랜드 원정을 구실로 귀족과 백성들에게 세금을 부과하였지만 실제로는 국왕의 재산을 축적할 목적이었다. 헨리 7세는 영지나 재정관리에 대한 경험이 없었지만, 통치 기간 동안 국왕의 재산을 복원시킨 군주가 되었다. 헨리 7세는 법률가, 성직자, 젠트리로 구성된 확대자문회의를 통한 조언을 바탕으로 재무 행정을 안정시켰다.

헨리 7세는 무자비할 정도로 효율적인 세금 부과 체제를 도입하여 세금징수액을 증가시켰다. 예를 들어 법적 수수료, 과태료, 벌금 등 봉건적 부과금과 같은 왕의 조세권을 주장하였고, 여기에 22가지 세금징수 방법을 고안하였다. 새로운 세법은 주로 대주교였던 존 모턴John Morton이 고안하여 '모턴스 포크Motorn's Fork' 또는 '여우의 포크Fox's Fork'라고 불렸다. 22가지 세법을 위해 귀족들로만 구성된 국왕 협의회를 소집하였다. 그리고 소비를 적게 하는 귀족들은 저축을 하여 재산에 여유가 있으니 세금을 내야 하고, 소비를 많이 하는 귀족들은 세금을 낼 수 있는 재산이 있으므로 세금을 내는 방식이었다. 결국 모든 귀족은 세금을 내야 했다. 또한 세금의 정확도를 위해서 파운드 법에 따른 무게 단위를 도입하여 이후 도량 단위의 관습적인 체계가 되었다.

헨리 7세는 성가신 법 제도를 단순화하여 신속한 조치를 취할 수 있도록 성실재판소(星室裁判所, Court of Star Camber)를 세웠다. 개인적인 권력, 특히 국왕의 권위에 대한 위협과 관련된 분쟁은 보다 신속하게 다루어질 수 있도록 했다.

치안판사의 주요업무는 법 준수를 감찰하는 것과 모든 의회의 법령을 감독하는 것이었다. 즉 치안판사는 심판의 부패를 막는 1495법령에 따라 수상한 배심원을 바꿀 수 있었다. 또한 무게 측정의 점검과 같은 다양한 행정업무도 담당했다. 이들은 봉급을 받지 않는 대신에 세금 할인의 혜택을 누렸기 때문에 지방 귀족들은 지역 영향력과 특권으로 여겨 기꺼이 봉사하였다. 무엇보다도 이 제도는 중세 귀족들의 부패를 줄이는데 공헌했고, 1509년까지 헨리 7세의 통치기간 동안 법질서와 평화를 가져오는데 큰 도움이 되었다.

한편, 1502년 스페인 아라곤의 캐서린과 결혼을 하면서 왕세자의 거주지를 밖에 두는 전통 때문에 러들로 캐슬로 나가있던, 헨리 7세의 장남 웨일스의 아서 왕자가 바이러스성 호흡기 질환으로 심하게 땀을 흘리다가 15 세의 나이로 사망하였다. 이로 인해 요크의 공작인 헨리가 왕위 후계 자리에 오르게 되었다. 헨리 7세는 평소에 감정을 드러내지 않는 성품이었으나 장남의 죽음에 너무도 강렬한 슬픔을 표현하여 주변 사람들을 놀라게 했다고 한다. 다음 해 1503년 요크의 엘리자베스가 막내딸 캐서린 공주를 낳고 산후감염으로 사망하자 며칠 동안 어느 누구와도 말하기를 거부할 정도로 슬퍼했다고 한다. 헨리 7세는 1509년 사망하고 헨리 8세가 왕위를 이었다.

DIGEST

49

UNITED KINGDOM

헨리 8세, 이혼을 위한 영국식 종교개혁

헨리 8세(재위기간, 1509-1547년), 6명의 왕비

헨리 8세는 잉글랜드의 국왕이자 아일랜드의 군주로서 헨리 7세의 뒤를 이어 18세에 왕위에 올랐다. 6번의 결혼으로 유명한 헨리 8세는 변덕스럽고 다혈질의 성격을 지녔다. 헨리 8세는 아라곤의 캐서린Catherine of Aragon과 첫 번째 결혼 후, 5명의 왕비를 더 맞이했다. 부친 헨리 7세가 정해준 정략결혼인 첫째 아내 아라곤의 캐서린과 독일과 외교적인 이유로 결혼한 클리브스의 안나를 제외하고는, 자신의 취향에 맞거나 왕위를 상속할 남아를 낳기 위해서였다. 헨리 8세는 두 명의 아내(아라곤의 캐서린과 클리브스의 안나)와 이혼했고, 두 명의 아내(앤 볼린과 캐서린 하워드)를 근친상간과 간통으로 참수했다. 그중 아라곤의 캐서린이 낳은 메리가 나중에 메리 1세가 되었고, 아이러니하게도 앤 볼린과 낳은 딸이 훗날 엘리자베스 1세가 된다. 세 번째 아내였던 제인 시모어는 헨리(에드워드 6세)를 낳고 사망했다. 그리고 마지막 아내 캐서린Katherine Parr만이 헨리 8세보다 오래 살았다.

헨리 8세는 영국법을 바꾸어 왕의 신성한 권리에 관한 이론을 도입하였다. 절대왕정에 관한 이론 이외에도 영국 교회의 위에 왕권이 있음을 주장했다. 이

헨리 8세와 어린 에드워드 왕자.
아라곤의 캐서린.

를 반대하면 반역죄와 이단죄를 적용했으며, 재판 없이 처형시켰다. 그리고 토마스 울시Thomas Wolsey, 토마스 모어, 토마스 콘월, 리처드 리치 등 마음에 들지 않거나 반대 의견을 가진 귀족들을 추방하거나 사형시켰다. 그리고 로마 교황청에 지불해야 할 돈을 왕실 수입으로 전환하였다. 그럼에도 불구하고 헨리 8세의 개인적인 사치와 대륙과의 대규모 전쟁으로 재정적인 파탄을 겪어야 했다. 특히 프랑스에 대한 자신의 주장을 관철하기 위한 프랑스의 프랜시스 1세와 로마황제 찰스 5세와의 전쟁 때문에 재정적 어려움이 컸다.

헨리 8세의 젊은 시절, 아라곤의 캐서린과 결혼

1491년 헨리 7세의 둘째 아들로 태어나 1493년 드바 성의 성주와 킨케 항구의 소장으로 임명되었고, 1494년에는 요크공이라는 직위를 받았다. 3세에 마셜의 공작으로 바스의 훈장을 받았다. 잉글랜드의 문장원 총재와 아일랜드의 총독으로 임명되기도 했다. 이렇게 어린 나이에 임명장을 수여한 이유는 아버지 헨리 7세가 각각의 지위에서 나오는 수입을 획득하기 위한 것이었다.

헨리 8세는 183센티미터의 훤칠한 키에 힘이 세고 성격은 다혈질이고 변

헨리 8세와 6명의 왕비.

덕스러웠지만, 헨리 8세는 당대 최고의 교육을 받았고, 라틴어와 프랑스어를 유창하게 구사하였으며 이탈리아어도 배웠다. 또한 그는 뛰어난 음악가, 작가, 시인이었지만, 한편으로는 주사위 노름꾼이었다. 그뿐만 아니라 탁월한 운동능력을 갖고 있어 무예, 마상 경기, 사냥과 테니스 실력이 뛰어났으며 한편 독서를 즐겨 학식이 풍부하기도 해서 르네상스적 인간으로 평가받았다. 아버지 헨리 7세가 모아놓은 왕실재정으로 지나칠 정도로 화려하게 궁정과 자신을 치장하면서도, 학구적이며 예술적 관심이 높았다.

형인 아서 튜더가 1502년 요절하자, 헨리 7세는 헨리 8세에게는 형수였던 캐서린과 헨리 8세를 결혼시켜 스페인과의 동맹을 지속했다. 헨리 8세가 14세가 되자 결혼을 거부하기 시작했지만, 캐서린은 결혼 상태를 유지하는 것이 신의 뜻이라고 굳게 믿었다. 캐서린은 스페인의 페르난도 2세와 카스티야의 이사벨 1세 사이의 딸이며 신성로마제국 황제인 카를 5세의 이모였으므로 막강한 권력의 배경을 가지고 있었다. 캐서린은 헨리 8세의 형 아서 왕자와 결혼은 했지만 결코 처녀성을 잃지는 않았다고 교회에서 맹세하고 헨리 8세와 결혼한 것이다.

1509년 대관식이 끝난 이틀 후에 헨리 7세는 가장 국민들의 지탄을 받던 장관인 리처드 앰프슨Richard Empson과 에드먼드 더들리Edmund Dudley를 체포하여 반역죄로 기소했고 1510년 처형했다. 그리고 이 두 사람이 국민으로부터 갈취했을 돈의 일부를 대중에게 반환하였다. 투옥된 자들을 사면 또는 감면하여 정치적 영향력을 확대했다.

헨리 8세, 영국의 '해상 왕'

헨리 8세는 영국의 '해상 왕King of the English Sea'이라 불린다. 그리니치에서 가까운 템스강의 데드포드Deptford와 울위치Woolwich에 왕실 조선소를 창설하고 새롭고 혁신적인 군함을 건조하여 1520년경 사실상 '왕실해군'을 창설하였다. 그뿐만 아니라 포츠머스에 최초의 해군 선착장을 건설했다. 당시 5개의 왕실군함이 있었는데 두 대는 4개의 돛으로 움직이는 무장상선 캐랙carracks이었다. 캐랙은 대항해시대에 걸맞은 범선으로 배 안이 넓고 깊어 대형 뱃짐과 노예, 대포 등을 실을 수 있었다. 훗날 크리스토퍼 콜럼버스의 기함 산타마리아호의 기본 모델이 되었다.

또한 헨리 8세는 해군력에 대규모로 투자하여 군함 50척 이상의 무장상선 규모로 증가시켰다. 이 함선들은 무거운 대포 30개와 가벼운 대포 60개를 탑재할 수 있는 규모였다. 경첩이 달려 조준이 자유로운 총포와 방수(防水)포문도 발명되었고, 포문이 배의 낮은 곳에 위치할 수 있도록 고안함으로써 전시에 더욱 안정적이었다. 발명된 총포는 기함flagship이면서 최정예함이었던 메리로즈the Mary Rose호에 장착되었다. 메리 로즈호는 헨리 8세와 캐서린을 기념하여 1510년 건조된 무장상선 형태의 전함이었다.

전함에 선원 200여 명, 군인 185명, 포수 30명 등의 승무원이 탑승했고 보통 선원들은 대포로 포수들의 사격을 도왔다. 군인들 중 궁수들은 배가 적의 함선에 가까이 다가오면, 상대편 배로 화살을 쏘았고 아주 근접하였을 때 사다리를 놓아 육탄전을 벌였다. 대포가 있었음에도 불구하고 전투 시에 적의 배에 올라타서 돛대와 장비를 공격하였는데 적의 선박을 잡는 선원들이 상금을 받았기 때문이다. 평소에 항해를 할 때는 선원들은 반 킬로그램 정도의

무장상선 캐랙호.
메리로즈 호.

비스킷, 절인 돼지고기나 말린 쇠고기를 먹었고, 매일 10파인트의 맥주를 받았다.

헨리 8세 첫 번째 이혼과 영국 교회의 분리

헨리 8세는 첫번째 부인 캐서린과의 사이에서 딸 메리를 얻었다. 남자 적자가 태어나지 않자 참을성이 없어진 34세의 헨리 8세는 1520년대 초반부터 아름다운 메리 볼린에게 매혹되었으나 후에는 카리스마가 넘치는 동생인 25세의 앤 볼린Anne Boleyn[16]에게 반하였다. 헨리 8세의 집요한 청원에 앤은 캐서린과의 결혼을 무효화하라는 요구를 했다. 왕위 쟁탈전인 장미 전쟁의 교훈을 익히 알고 있던 헨리 8세는 왕위 후계자를 두어야 하는 문제에 당면해 있었다. 헨리 8세는 6번이나 출산을 했었지만, 남아를 낳지 못한 40세의 아라곤의 캐서린과의 결혼 무효를 선택했다. 그러나 이 선택은 로마 가톨릭교회의 권위를 거부하는 것이었다.[17]

캐서린은 신성로마제국 황제인 찰스 5세의 이모였기 때문에 교황 클레멘스 7세에게 헨리의 혼인무효 소송을 기각하도록 요청했다. 헨리 8세는 캐서린에게 수녀원으로 은퇴하라고 설득했으나 소용이 없었다. 헨리 8세는 어린 시절 개인교사에서 시작하여 대법관이 된 토머스 울지Thomas Wolsey에게 혼인 무효를 탄원할 것을 지시했으나 이를 이루지 못하자 반역죄로 몰았다. 토머스 울지는 런던 압송 중에 사망하고 말았다.

울지를 대신하여 1529년 대법관이 된 토마스 모어경은 지적이고 유능한 가톨릭 신자였다. 토마스 모어경은 처음에는 울지를 비난하면서 헨리 8세의 새로운 정책에 협력하였다. 그러나 개신교를 탄압하는데 앞장섰던 토마스 모어는 1930년 왕의 결혼 무효 요청 편지에 서명을 끝까지 거부했다.

교황 클레멘스 7세가 혼인 무효화를 허락하지 않자 헨리 8세는 교황과의 결별을 선언하고 1534년 수장령(首長令)을 내려 잉글랜드 교회를 로마 가톨릭 교회로부터 분리시켰다.

헨리 8세는 1532년 칼레에서 프랜시스 1세를 만나 그의 결혼 무효 지지를 얻었고, 도버로 돌아와 앤 볼린과 결혼식을 거행하였다. 1533년 앤 볼린은 딸을 낳았는데, 헨리 8세는 어머니인 요크의 엘리자베스의 이름을 따서 엘리자베스라고 이름을 지었고, 훗날 엘리자베스 1세가 되었다.

가톨릭으로부터 영국 교회 분리는 영국 역사상 매우 중요한 사건이었다. 14세기 치세 초반기에는 로마 가톨릭에 맞서고 있었던 존 위클리프의 종교개혁운동을 강력하게 억압했지만, 헨리 8세는 자신의 이혼을 위해서 로마 교황청과 대립한 것이었다. 결국 헨리 8세가 로마교황청의 권위가 왕권보다 위에 있다는 것을 거부함으로써 첫 번째 부인인 아라곤의 캐서린과의 결혼 무효를 선언하고 두 번째 부인 앤 불린과

앤볼린.

결혼을 성사시켰다. 로마교황청으로부터의 권력과 권위, 그리고 재정적 독립은 로마로 건너가던 교회 수입이 잉글랜드에 머무른다는 것을 의미했고, 교회에 관한 법률 제정을 왕이 주도한다는 것을 뜻했다. 로마 교황청은 헨리 8세를 파문했고, 헨리 8세는 앤과의 결혼 무효를 주장하는 사람은 누구든지 반역죄로 사형시킬 것을 선언했다.

헨리 8세의 개혁적인 종교정책은 빠르게 진행되었다. 1532년 새로운 대법원장이 된 토머스 크롬웰Thomas Cromwell이 중요한 역할을 하였다. 1533년 헨리 8세는 앤 불린과 결혼하던 해, 호소금지법을 통해 로마로 청원하는 것을 금지하였다. 1534년 헨리 8세가 교회의 우두머리가 되는 수장령을 의회에서 통과시켰다.

잉글랜드 교회의 분리는 행정적인 변화를 가져왔다. 잉글랜드 교회는 두 관구인 캔터베리와 요크를 하나로 통합하고 영국성공회로 탄생하였다. 크롬웰은 교회사건의 최고판사로 임명되었다. 이후 영국성공회로 개종하지 않는 많은 순교자들이 처형당했다. 전직 대법관 토머스 모어와 로체스터의 주교 존 피셔는 둘 다 수장령에 동의하지 않았기 때문에 반역죄로 유죄 판결을 받아 티번에서 참수되었다. 헨리 8세는 1535년에 로마 가톨릭교회와 수도원을 해산하고 영지와 재산을 몰수했다.

DIGEST

50

UNITED KINGDOM

헨리 8세 세 번째 결혼을 위한 앤 볼린 처형과 절대왕정

헨리 8세의 세 번째 결혼을 위해 앤 볼린 처형

앤 볼린은 매력적이고 지적이지만, 작은 사건에도 과민반응을 보이며 성급하고 과격한 성격을 보여 헨리 8세는 앤 볼린과 평화스럽고 행복한 결혼생활을 영위하지 못했다. 앤 볼린이 임신과 유산을 거듭했지만, 아들을 낳지 못하자 헨리 8세는 앤 볼린의 언니 메리 볼린이나 다른 정부를 만났다.

앤 볼린의 가족들이 사제위원회에서 중요한 직책을 맡게 되자, 노퍽 공작과 크롬웰을 포함하여 앤 볼린의 가족에게 적대적인 귀족들이 많았다. 더구나 헨리 8세가 새로운 정부인 제인 시모어와 사귀기 시작하면서, 크랜머와 크롬웰을 만나 앤을 내쫓고 왕비를 교체할 방법을 상의했고, 토머스 크롬웰이 제인 시모어 쪽을 지지했다. 결국 앤 볼린은 남동생 로시포드 공작 조지 볼린, 그리고 가까운 귀족 청년들과 간통과 반역, 근친상간을 했다는 혐의로 런던 탑에 감금되었고 화형을 선고받고 1536년 5월 시녀에게 '내 목이 가늘어서 다행이다'라는 말을 남기고 참수되었다. 헨리 8세는 참수에 쓰는 도끼 대신 잘 드는 칼을 사용하도록 명령했고, 특별히 프랑스에서 칼을 잘 쓰는 사람을 고용하는 호의를 보였다고 한다.

앤이 참수된 다음날 헨리 8세는 제인 시모어와 약혼하였다. 같은 해 제인이 에드워드 6세를 낳자 왕위계승법을 개정하여 에드워드 6세를 왕위계승권 1순위로 바꾸고, 메리와 엘리자베스 공주들은 서출로 강등 선언하였다. 그러나 제인 시모어는 1537년 10월 왕자인 에드워드 6세를 출산하던 중 출산 감염으로 인해 햄튼 궁에서 사망하고 말았다.

헨리 8세, 이후의 연속적인 결혼과 참수형, 그리고 이혼

에식스 백작 토머스 크롬웰의 흥망성쇠는 헨리 8세의 결혼 주선과 밀접한 관계가 있었다. 크롬웰은 앤 볼린이 참수되고 제인 시모어가 사망하고 난후 혼자 있는 49세의 헨리 8세가 우울증에 빠지자 네 번째 결혼 상대를 추천하였다. 동맹국이었던 클레페 공국의 요한 3세의 딸이며 클리브스 공작the Duke of Cleves의 누이인 25세 된 안나Anna of Cleaves였다. 궁정화가 홀베인이 정숙하고 고요한 여인으로 표현한 안나의 초상화를 보고 헨리 8세는 호감을 보였다. 홀베인의 초상화의 두 가지 버전은 파리의 루브르 박물관과 런던의 빅토리아 앨버트 박물관에 소장되어 있다. 막상 안나가 도착하자 헨리 8세는 실제 모습에 실망하여 "플랑드르산 암말"이라고 부르며 멀리하고 결혼을 무효로 하고 싶어 했다. 클리브스의 안나는 바느질 솜씨가 뛰어났지만 외국어를 배우거나 노래를 부르거나 악기를 연주할 줄은 몰랐다. 그러나 참을성이 많고 수줍어하며 영어를 하지 못했기 때문에 헨리의 방탕함을 방해하지 않았지만, 로레인의 프랜시스Francis 1세와 약혼했었다는 이유로 결혼 1년 반 후에 혼인무효를 당했다. 클리브스의 안나는 '왕의 누이King's sister'라는 칭호를 받고 토지를 하사받고 볼린가(家)가 거주했던 히버성에서 살게 된다.

클리브스의 안나와 헨리 8세의 이혼으로 에식스 백작 토머스 크롬웰은 커다란 정치적 타격을 받았다. 앤 불린의 외숙인 노퍽 백작은 왕에게 크롬웰을 체포하도록 부추겼다. 크롬웰은 반역죄로 런던 탑엔 연금되었다가 왕의 이혼 절차가 끝나고 캐서린 하워드와 헨리 8세가 결혼하는 날 참수되었다. 앤 볼린과는 달리 크롬웰의 목숨이 끊어지기까지 도끼로 세 번이나 내려쳐야 했다고 한다.

루브르박물관의 클리브의 앤.
빅토리아 알버트 박물관에 소장된 클리브의 앤의 초상화.

47세의 헨리 8세는 당시 앤 불린의 외사촌이며 시녀였던, 노퍽의 조카딸인 17세의 젊은 캐서린 하워드Catherine Howard에게 연정을 느끼게 된다. 부친 에드먼드 하워드의 여동생인 엘리자베스 하워드는 앤 볼린의 모친이다. 마침내 캐서린과 다섯 번째 결혼을 하여 캐서린은 16개월 동안 왕비의 지위에 있었다. 캐서린 하워드는 예쁘고 젊고 활발했지만 학술적이거나 종교적으로 독실하지는 않았다. 헨리 8세는 캐서린 하워드를 '가시 없는 장미'라고 부르며 총애했다. 그러나 캐서린 하워드는 왕비가 된 후에 왕의 시종 토머스 컬페퍼를 총애했고 컬페퍼가 '내 작은, 달콤한 바보'라고 캐서린을 호칭한 편지가 발각되었다. 캔터베리의 대주교였던 토머스 크랜머는 노퍽 가문과 경쟁관계이고, 크롬웰은 노퍽과 정치적인 앙숙이었으므로 캐서린 하워드를 지지할 귀족이 없었다. 토머스 크랜머는 헨리 8세에게 캐서린의 헤픈 몸가짐과 서기관 프랜시스 더햄과의 관계에 대해 밀고하였다. 캐서린이 더햄과 강제력에 의한 불륜 관계라고 주장하자, 이에 분개한 더햄은 캐서린이 자신뿐만 아니라 토머스 컬페퍼와도 불륜 관계였음을 폭로했다. 결국 더햄과 컬페퍼는 가죽을 벗겨 죽이는 처형을 받았다. 혼인은 무효가 되었고 18세의 캐서린

캐서린 하워드.
캐서린 파, 헨리 8세의 마지막 왕비.

하워드는 간통죄로 1542년 참수되었다.

헨리 8세는 1543년에 부유한 미망인 캐서린 파Catherine Parr와 마지막으로 결혼했다. 캐서린 파는 에드워드 3세의 후손인 토마스 파의 장녀였다. 북쪽의 켄달의 영주였던 토마스 파는 헨리 8세의 친밀한 동반자였고, 캐서린 파의 어머니는 아르곤의 캐서린의 절친한 친구였다. 캐서린 파는 평범한 교육을 받았지만, 프랑스어, 라틴어, 이탈리아어에 능통했고 왕비가 된 후에 스페인어를 배우기 시작할 정도로 학문적 열정이 강했다. 캐서린 파는 첫 번째 남편 에드워드 버크 경과 두 번째 남편 라티머의 남작인 존 네빌이 사망했고 자녀가 없던 미망인으로 헨리 8세는 아라곤의 캐서린과 우정을 나누었다.

헨리 8세와 캐서린 파는 자주 종교적인 논쟁을 했다. 캐서린 파는 가톨릭 신자로 자랐지만 급진적 종교개혁 찬성자들에 동조했고, 헨리 8세는 그에 비해서는 보수주의자였다. 그러나 영리하고 인내심이 강한 캐서린 파는 노쇠한 헨리 8세의 의견에 양보하고 순종하여 자신의 목숨을 구할 수 있었다. 캐서린 파는 의붓자식들인 메리와 엘리자베스 그리고 에드워드의 교육에 뛰어난 개신교 학자들을 고용하여 양육했다. 메리는 27세로 로마 가톨릭 종교관이 확고했으나, 10세인 엘리자베스와 6세인 에드워드는 개신교의 영향 하에 교육받게 된다. 또한 1544년 의회에서 법에 따라 메리와 엘리자베스를 에드워드 다음 왕위계승자에 포함하도록 헨리 8세를 설득하였다.

헨리 8세의 절대왕정

헨리 8세는 중앙집권체제를 강화하고 왕의 신성한 권리에 대한 이론을 도입하여 절대왕정을 확립하였다. 왕위후계를 위해 6번 혼인을 했으며, 공적으로는 절대적인 왕의 권위에 대한 저항이나 왕실에 대한 어떠한 비판도 금지했다.

헨리 8세는 영국 교회를 로마교회로부터 분리하여 교회보다 우위에 있는 절대왕정을 수립하였다. 1534년 성직 임명법을 반포하여 국왕이 주교를 임명했으며, 1534년에 수장령을 반포하여 "잉글랜드 국왕만이 잉글랜드 교회의 유일한 수장"임을 선포했다. 이에 대한 거부는 반역으로 규정하고 대역죄로 다스렸다. 1536년과 1539년에는 가톨릭교회와 수도원을 해산시키고 그곳에 속했던 영지와 재산을 몰수하였다.

반역죄와·이단죄는 반대 의견을 진압하는데 사용되었다. 범죄자나 반역자로 선언되면 사권박탈법(私權剝奪法, bills of attainder)을 제정하여, 공식적인 재판없이 처벌되거나 처형되었다. 왕권 강화를 위해서 절대왕정에 반대하는 귀족이나 교회 고위 성직자의 영지를 몰수하였고, 울지, 토머스 크롬웰, 토머스 모어 등 한때 총애하던 귀족이나 시종들도 공개 처형했다. 그뿐만 아니라 왕이나 왕실, 전쟁, 이혼, 종교 문제의 비판을 전면 금지시켰다.

헨리 8세는 군주정치를 구현했다고 평가되기도 하는데, 그것은 지방과 의회의 정책 등에 직접 관여했고, 빈민과 실직자를 구제하는 정책을 폈기 때문이다. 1531년 빈민구제를 위해 헨리 8세 칙령을 선포한다. 시장이나 치안판사로 하여금 교구에 있는 노동 불능의 노인이나 빈민의 구호신청을 조사하도록 하여 이들을 구제할 방법을 마련하게 하였다. 각 지방의 걸인을 등록하여 수를 파악하고 지정된 지역에서만 구걸하도록 하였고, 이들의 세금을 면해주었다. 그리고 지방 관리에게 빈민을 보호하고 책임질 의무를 부과하여 빈민을 위한 공적책임을 갖도록 하는 칙령을 발표하였는데 이를 '헨리 구빈법'이라고 한다.

1536년 헨리 8세의 빈민 법령(The Statute of 1536)은 성공회의 교구 단위로 노동 불능 빈민과 장애인들의 수를 파악하게 하고, 이들에게 취업지원을 하되, 취직을 거부하거나 노동을 기피하는 빈민, 걸인을 처벌, 투옥하는 법안이었다. 국가가 개입하여 노동이 가능한 신체 건강한 빈민을 노동인구로 전환하려는 시도였다. 하지만 빈민들에 대한 지나친 통제와 잔인한 처벌이 문제가 되어 공포정치로 비난을 받기도 했다. 노동능력이 있는데 구걸하면 처벌되어 투옥되었고, 노예가 되었다.

헨리 8세의 만년은 행복하지는 않았던 것으로 보인다. 왕권 강화를 위해 강력한 전제정치를 실현하는 잔인무도한 과정, 반역죄를 빌미로 한 숱한 처형, 두 아내에 대한 참수, 로마 가톨릭을 믿는 신자들에 대한 형벌, 빈민과 걸인들에 대한 엄격한 법 집행 등으로 민심을 돌아서게 만들었다. 헨리 8세는 비만, 온몸에 난 종기와 통풍으로 1547년 1월 55세의 나이로 사망하여 38년의 재임기간을 마친다.

DIGEST

51

UNITED KINGDOM

에드워드 6세, 「왕자와 거지」의 주인공

에드워드 6세(재임기간, 1547~1553)

헨리 8세의 세 번째 아내 제인 시모어의 아들이고, 튜더왕가의 유일한 적자였던 9세의 에드워드가 1543년 왕위계승법에 따라 잉글랜드 왕국과 아일랜드 군주의 후계자로 임명되었다. 그러나 에드워드 6세는 1553년까지 6년간 왕위에 재임하였다. 개신교 교육을 받고 최초의 개신교 군주였던 에드워드 6세 치하에서 종교개혁이 영국 성공회로 자리잡게 되었다.

에드워드 6세는 헨리 8세에 의해 애지중지 길러졌으며, 엄격한 보안과 청결관리를 받으면서 양육되었다. 에드워드 6세의 음식과 의복 및 사용하는 모든 물건들은 검열을 거쳤고, 외부인과 대화도 차단되었다. 그러나 헨리 8세가 두 딸 메리와 엘리자베스와 화해를 한 후에는 누나인 엘리자베스와 메리의 방문을 받기도 했고 서신을 교환하기도 했다.

에드워드 6세, 〈왕자와 거지〉의 모델.

양어머니였던 캐서린 파 왕비는 자신의

스승이자 캔터베리 대주교였던 윌리엄 그린달Edmund Grindal을 자신과 엘리자베스의 스승으로 지정하여 고전, 성서, 역사, 지리를 가르치게 하였다. 어린 에드워드 6세와 엘리자베스는 학문적으로 경쟁하고 격려하는 관계가 되었다. 에드워드 6세는 아버지 헨리 8세의 기상과 위엄을 존경하여 헨리 8세처럼 보석을 장식한 옷을 입을 정도였다. 병약하기는 했지만, 남달리 지성이 높고 이해력이 빨라 라틴어 · 그리스어 · 프랑스어를 유창하게 구사했으며, 철학, 자유주의 과학뿐만 아니라 신학에도 조예가 깊었다.

에드워드 6세는 어린 나이에 왕위를 물려받았으므로 삼촌인 서머싯 공작 에드워드 시모어와 그 후 노섬벌랜드 공작과 워릭 공작 등의 섭정을 받는다. 에드워드 6세는 통치기간 내내 숙부들과 다른 귀족 세력들 간의 권력 다툼에 시달렸다. 에드워드 6세가 즉위하던 날 서머싯 공작은 스스로를 호국경Lord Protector으로 임명하고, 실제적인 권력을 누리면서도, '선한 공작'이라고 불렸다. 평민들을 괴롭혔던 인클로저 반대 법안을 제안했으나 토지 소유주들의 거센 반대에 부딪혔고, 이들을 진압하는 과정에서 반대파 귀족들에 밀려 존 더들리의 모의로 참수되었다.

서머싯 공작이 사라지자 세력이 커진 존 더들리는 노섬벌랜드 공작으로 추대되었다. 존 더들리는 반대파를 모두 숙청하고 성대한 군 사열식을 거행하기도 하였다. 에드워드 6세가 성인이 되면 전권을 넘겨주겠다고 약속하여 에드워드 6세의 환심도 샀다. 그러나 실제적인 권력을 갖게 된 존 더들리는 1550년 프랑스 사신을 조약을 체결하는 등 왕을 대행했다.

에드워드 6세는 1552년 니콜라스 리들리Nicholas Ridley 주교의 가난한 사람들의 불량한 위생에 대한 설교에 감화되어 가난한 사람들을 구제하기 위한 위원회를 조직하였다. 하지만 홍역과 천연두가 발병하여 몸이 쇠약해 있었음에도 불구하고 전국 순례를 하여 백성들의 생활을 살펴보기도 하였다. 에드워드 6세의 이러한 면모가 마크 트웨인의 「왕자와 거지」라는 작품의 모티브가 되기도 하였다. 에드워드 6세는 폐결핵으로 기침과 발작성 열로 점점 악화되어 영영 회복하지 못한다.

DIGEST

52

UNITED KINGDOM

반역죄로 참수당한 9일간 여왕, 제인 그레이

9일간 여왕, 레이디 제인 그레이

레이디 제인 그레이(재임기간, 1553 7월 10일-1553년 7월 19일)는 튜더 왕가의 네 번째 여왕으로 재임기간이 겨우 9일이다. 당시 막강한 세력을 휘둘렀던 노섬벌랜드 공작 존 더들리는 며느리인 제인 그레이를 왕위에 올려 세력을 유지하려 했지만 광범위한 지지를 얻기는 어려웠다. 반면 로마 가톨릭의 신자였던 메리 1세는 스코틀랜드와 로마 가톨릭 귀족들의 전폭적인 지지를 받아 군대를 일으켰고 1553년 7월 19일 당당히 런던에 입성했다. 레이디 제인 그레이는 왕위에 오른 9일 만에 반역죄로 런던 탑에 구금되었다. 그리고 1554년 2월 12일 16세의 나이로 참수되었다.

제인 그레이가 왕위에 오를 수 있었던 것은 왕위계승 서열 3위에 있었고, 권력욕이 강했던 노섬벌랜드 공작 존 더들리의 며느리가 되었기 때문이다. 제인 그레이는 1537년 레스터셔 주에서 튜더 왕가에서 태어났다. 프랑스의 루이 12세와 결혼했던 헨리 7세의 딸 메리 튜더의 손녀딸로 메리 1세와 엘리자베스 1세의 뒤를 이어 왕위 서열 3위였다. 유언장에 그의 이복 자매인 메리와 엘리자베스를 사생아라고 지목하고 승계에서 제외했던 것이다.

9일간의 재임후 참수된 여왕, 제인 그레이.

제인의 아버지는 도셋Dorset 후작 헨리 그레이Henry Grey이고, 어머니는 메리 튜더의 딸 레이디 프란세스 브랜던Lady Frances Brandon이다. 이들은 파티와 도박 사냥을 즐기고 부와 권력을 좇는 귀족이었다. 그러나 제인 그레이는 사냥이나 파티보다 독서와 공부에 열중하였고, 학구적이고 내성적이었다. 제인 그레이는 탁월한 인본주의적 교육을 받았으며, 라틴어, 그리스어, 히브리어를 구사했다. 또한 종교개혁을 받아들인 독실한 성공회 신자였으며 신학에도 관심이 많아 취리히의 종교개혁자인 하인리히 불링거Heinrich Bullinger와 서신교환을 할 정도로 헌신적인 개신교도였다.

1553년 5월 제인은 노섬벌랜드 공작 존 더들리John Dudley의 아들 길포드 더들리Guilford Dudley와 결혼했다. 에드워드 6세가 신교도였지만 다음으로 왕위 서열이 높은 메리 1세가 왕위에 오를 경우 다시 영국의 종교가 로마 가톨릭으로 되돌아가는 것은 자명했다. 노섬벌랜드 공작은 에드워드 6세의 사망 후에 메리 1세가 아니라 제인 그레이가 왕위 후계자가 되도록 음모를 꾸몄다. 에드워드 6세에게 메리와 엘리자베스를 승계에서 제외하고 레이디 제인을 후계자로 하도록 유언서에 사인하도록 강요한 것이다. 그리고 1553년 7월 6일 병약한 에드워드 6세가 사망하자, 사흘만인 1553년 7월 10일 제인 그레이는 여왕으로 선포되었으며 런던 타워에서 대관식을 기다렸다. 제인 그레이는 왕위에 오르게 되었지만, 메리 1세가 왕위를 승계해야 하며, 본인은 왕이 되기를 원하지 않는다고 주장했다.

한편 1순위 왕위계승권자였던 메리 1세는 존 더들리의 음모를 알고 서퍽 지방의 프레밍턴 성에 몸을 숨겼다. 하지만 9일이 지난 후 메리 1세는 이스트앵글리아에서 지지자들을 모아 군사를 일으켜 런던에 입성했다. 영국 사법 위원회는 1553년 7월 19일 메리를 여왕으로 선포했다. 로마 가톨릭 교인들은 종교적인 이유로 메리 1세를 지지했다. 종교적으로 중립적인 민중들은 불행한 유년기와 청년기를 보냈던 메리 1세를 동정하며 지지했다. 제인 그레이의 부모와 동조했던 귀족들은 제인을 버려두고 도망을 갔다. 남아있던 제인 그레이와 남편 길포드 더들리Guilford Dudley는 반역죄로 체포되어 런던 탑에 갇혔다. 제인 그레이의 주요 후원자인 노섬벌랜드 공작은 반역죄로 기소되어 처형되었다.

메리 1세가 왕위에 오르고 영국을 다시 로마 가톨릭 국가로 전환하려고 하자, 1554년 1월 토머스 와이엇Tomas Wyatt를 중심으로 성공회 신자들이 반란을 일으켜 개신교도인 엘리자베스를 지지했다. 이 반란에 제인 그레이의 아버지 헨리 그레이가 가담해다는 사실이 알려지자, 메리 1세는 제인 그레이를 살려둘 수 없게 되었다. 제인 그레이가 살아있는 한 반란이 계속될 것이라는 신하들의 주장을 받아들인 것이다.

반란은 바로 진압되었고 주동자였던 제인 그레이의 부친 헨리 그레이는 토머스 와이엇의 반란에 가담한 죄목으로 처형당했다. 메리 1세는 런던 탑에 갇힌 제인 그레이에게 구교로 개종을 하면 목숨을 살려주겠다고 제안했으나 제인은 개종을 거부했다. 제인 그레이의 사형식 날, 사형수가 산모라면 사형이 면제되거나 연기될 수 있기 때문에 런던 탑의 하녀들에게 그녀의 임신 여부를 알아보게 하였다. 그러나 제인 그레이가 임신이 아니라고 하자, 1554년 2월 12일 제인 그레이와 그녀의 남편 길포드 더들리는 참수형을 당했다. 이 참수 장면은 프랑스 화가 폴 들라로슈(Paul Delaroche, 1797-1856)의 「제인 그레이의 처형」에 묘사되었다.

제인의 어머니 레이디 브랜던은 딸의 죽음을 막으려는 그 어떤 시도도 하지 않았고, 남편 헨리 그레이가 죽은 지 겨우 3주 만에 시종인 아드리안 스토크와 결혼했다. 후에 여왕의 사면을 받아 왕궁에도 다시 출입하게 되었다.

DIGEST

53

UNITED KINGDOM

메리 1세, 피의 메리

메리 1세(재위기간, 1553–1558)의 왕위계승

메리 1세는 37세에 왕위를 이어받아 헨리 8세의 종교 개혁을 모두 복귀하려는 공격적인 시도를 했다. 로마 가톨릭의 회복을 추구하면서 많은 신교도를 사형에 처했다. 그러나 그녀의 짧지만 격변의 통치는 불과 5년 만에 종지부를 찍었다.

메리 1세는 헨리 8세의 첫 번째 아내인 아라곤의 캐서린 사이의 7명의 아이 중에 유일하게 생존한 딸이었다. 메리 1세는 아버지인 헨리 8세가 어머니와 결혼 무효를 위해 로마 가톨릭에서 분리된 것과, 그 결과 자신이 사생아가 되었던 것에 대한 분노와 원한이 가득한 채 청년기를 보냈다. 메리 1세는 로마 가톨릭교회를 복구하고자 5년간의 통치기간 동안 영국 교회의 개혁을 주도한 토머스 클랜머를 비롯하여 워체스터, 리들리 같은 고위 성직자 등 280명이 넘는 종교적 반대자들을 화형 시켰다. 수많은 종교개혁자들을 처형했기 때문에 '피의 메리 Bloody Mary'라는 비난을 받았다.

메리 1세는 토마스 울시 추기경을 대부로 리니치 교회에서 로마 가톨릭 세례를 받았다. 9세에 라틴어를 쓰고 읽을 수 있을 정도로 총명했고, 프랑스어, 스페인어, 음악, 춤 등의 교육받았다. 헨리 8세는 어린 메리를 '절대로 울지 않는 아이'라고 자랑했다. 하지만 메리가 9세가 되었을 때 헨리 8세와 캐서린의 사이가 멀어졌고, 헨리 8세는 메리를 웨일스 국경에 보내 거주하게 했다.

메리 1세, 피의 메리.

1531년부터 메리는 불규칙한 생리와 우울증으로 신경질적이 되었으며 어머니 캐서린과도 같은 궁에서 살지 못했다. 여왕이 된 후 1554년 메리 1세는 스페인의 필립과 결혼하여 1556년 스페인 합스부르크의 왕비가 되었다.

메리 1세의 청소년기, 아버지 헨리 8세의 끊임없는 외도

헨리 8세가 앤 볼린과 결혼하자 메리 1세는 1533년 핫포드셔의 핫필드에서 어린 엘리자베스와 함께 살게 되었다. 그러나 메리는 앤 볼린을 여왕으로 인정하거나 엘리자베스를 공주로 인정하지 않아 헨리 8세의 분노를 샀고 종종 외출금지를 당하기도 했다. 메리는 스트레스 때문에 자주 병이 났고, 사춘기 시절 메리는 아버지 헨리 8세와 3년 동안 서로 말을 하지 않을 정도로 사이가 나빠져, 어머니 캐서린이 아팠을 때도 방문을 허가받지 못했다. 1536년 어머니가 사망하자 메리는 슬픔을 가눌 수 없을 정도가 되어 은둔 상태로 살았다.

헨리 8세가 제인 시모어와 결혼한 후, 제인 시모어는 헨리 8세에게 메리와 화해할 것을 설득하였다. 헨리 8세는 자신이 교회의 수장인 것, 교황의 권위를 거부할 것, 시모어와의 결혼이 합법이라는 것을 동의하는 문서에 서명을 해야 메리를 적법한 딸로 받아들이겠다고 주장했다. 메리는 이 문서에 서명했고 아버지와 화해하여 궁정에서 다시 살게 되었다.

제인 시모어가 에드워드 6세를 낳다가 사망하자, 메리는 에드워드 6세의 대모가 되었고 시모어의 장례식에 주요 애도자의 역할도 했다. 1542년 헨리 8세의 다섯 번째 부인 캐서린 하워드가 처형되고 난 후, 메리는 크리스마스 축제에서 안주인 역할을 하도록 헨리 8세의 요청을 받기도 했다.

헨리 8세가 마지막 여섯 번째 아내인 캐서린 파와 결혼한 후에 메리는 헨리 8세와 더 가까워졌다. 그리고 캐서린 파의 설득으로 헨리 8세는 1544년 왕위계승법을 개정하여 메리와 엘리자베스를 에드워드 6세 이후 승계자로 수정하였다.

1547년 헨리 8세가 사망하고 에드워드 6세가 왕위를 이었을 때 메리는 노퍽, 서퍽, 에식스를 물려받았다. 메리는 사촌인 샤를 5세에게 자신의 종교인 로마 가톨릭가 영국에서 미사를 올릴 수 있도록 외교적 압력을 가해 달라고 호소를 했다. 이를 알게 된 에드워드 6세는 메리를 구금하였다. 1550년 크리스마스 날 온 가족이 모였을 때에도 에드워드 6세는 예배에 관한 법률을 메리가 무시한 것에 대해서 공공연히 비난하였다. 메리는 로마 가톨릭을 포기하라는 에드워드 6세의 요구를 거절하면서 이들의 종교적 갈등은 에드워드 6세가 사망할 때까지 지속되었다.

메리 1세, 피의 메리 Bloody Mary, 잔혹한 숙청과 화형

1553년 에드워드 6세가 폐결핵으로 사망한 후 제인 레이디가 의회에 의해서 여왕으로 선포되자, 메리는 그녀의 지지자들을 모아 런던으로 진격해 쉽게 승리를 거두었다. 메리 1세는 1553년 10월 1일 웨스트민스터 성당에서 대관식을 올리고 잉글랜드 최초의 여왕으로 통치를 시작하였다. 메리 1세는 여왕이 되자마자 로마 가톨릭 지지자인 노퍽 공작과 스티븐 가드너Stephen Gardiner를 석방하였다.

한편, 1554년 7월 25일 스페인의 필리프 2세는 38세의 메리와 만난 지 이틀 만에 윈체스터 대성당에서 결혼식을 올렸다. 필리프 2세는 가톨릭을 지지하고 있었으므로 종교적으로 메리 1세와 일치했으나 필리프 2세가 영어를 몰랐으므로 둘은 스페인어 불어 라틴어를 혼합하여 의사소통을 했다고 한다. 결혼 후 메리 1세는 1556년 스페인 합스부르크의 여왕이 되기도 했지만 스페인을 결코 방문한 적은 없었다.

메리는 왕위에 오르고 난 다음 달, 자신의 종교인 로마 가톨릭을 따르라고 강요하는 대신 개신교 교회의 지도자들인 존 브래드포드John Breadford, 존 로저스John Rogers, 존 후퍼John Hooper, 휴 레티머Hugh Latimer, 토마스 크랜머Thomas Cranmer 등을 모두 투옥했다. 그리고 1553년, 처음으로 소집한 의회에서 자신의 부모인 헨리 8세와 아라곤의 캐서린과의 결혼이 합법적이라고 선언하고 에드워드의 종교법은 폐지한다고 선언했다. 교회의 교리를 1539년 당시의 6개 조항으로 복원시켰으며, 성직자들의 독신을 주장하여 결혼한 성직자들은 성직을 박탈당했다. 또한 몇 달에 거쳐서 영국 교회를 로마교회의 관할권으로 되돌렸다. 1554년 교황과 협상해서 헨리 8세의 재임 시에 몰수된 모든 수도원과 교회의 토지는 영향력 있는 귀족들 손에 그대로 남아 있었지만, 이교법은 부활했다.

이교법의 부활로 많은 개신교인들이 잔혹하게 숙청되거나 처형되었다. 존 폭스John Foxe를 포함하여 약 800여 명의 개신교인들은 망명을 택했고, 1555년 1월 초 5일 동안 첫 번째 처형이 실시되었을 때 존 로저스, 로랜스 썬더, 롤랜드 테일러, 존 후퍼 등이 화형을 당했다. 토마스 크랜머는 개신교 신학을 부인하고 로마 가톨릭 신앙으로 합류하고 회개했지만, 1556년 3월 처형당했다. 전체적으로 종교적인 이유로 총 283명이 화형을 당했다. 극악무도한 화형이 잦아지자 영국인 사이에는 반가톨릭과 반스페인 감정이 팽배하게 되었고, 박해당한 희생자들은 순교자로 칭송받았다.

메리 1세의 통치 기간 중 무역도 쇠퇴했고 영국령의 손실도 있었다. 1558년 프랑스에 있던 마지막 영국 영지였던 칼레를 잃었다. 통치 기간 내내 지속적인 비와 홍수로 기근이 발생했다. 스페인이 새로운 세계를 개척하여 엄청난 수익을 거두고 있었던 반면, 메리 1세가 스페인의 필리프 왕과 결혼에도 불구하고 영국은 스페인과의 무역에서 혜택을 누리지 못했다. 메리 1세는 남편인 스페인 왕의 이익에 반하는 불법 거래와 해적들의 무역경로 침범을 용인하지 않았다.

1558년 메리 1세는 상상임신을 했지만 아이가 태어나지 않았기 때문에 엘리자베스가 합법적인 후계자가 될 것이라는 것을 받아들일 수밖에 없었다. 메리 1세는 난소의 낭종이나 자궁암으로 추정되는 통증을 앓았고, 1558년 42세의 나이로 사망하고 말았다.

DIGEST

54

UNITED KINGDOM

국민과 결혼한 독신 여왕, 엘리자베스 1세

처녀여왕, 엘리자베스 1세

엘리자베스 1세(재임기간, 1558-1603)는 44년 동안 잉글랜드 왕국과 아일랜드 왕국을 다스린 여왕이다. 열강들의 위협과 인플레이션, 종교전쟁으로 혼란했던 16세기 초반의 영국을 세계 최대의 제국으로 발전시켰다고 평가받는다. '짐은 국가와 결혼했다.'라고 공공연히 말하면서 평생을 독신으로 지냈기 때문에 처녀 여왕the Virgin Queen이라 불렸다.

엘리자베스 1세.

엘리자베스 1세는 공개적으로 종교적 성향을 보이지는 않았지만 성공회 신자였다. 오히려 종교적 극단성을 혐오하여 종교전쟁이나 종교분쟁과 같은 분열을 의도적으로 피했다. 잉글랜드의 국교를 성공회로 다시 회복하기는 했지만, 화형과 사형의 극단적인 방법보다는 로마 가톨릭과 대립을 기피하는 정책을 폈다. 분열되었던 국가의 평화를 유지했고, 예술이 번창할 수 있는 환경을 조성하여 '평화와 번영의 시대' 또는 '황금시대 the Golden Age'라고 불린다. 그녀는 음악을 사랑하여 토마스 탈리스 Tomas Tallis, 윌리엄 버드와 같은 궁정 음악가를 두었고, 춤과 연극을 즐겼기 때문에 윌리엄 셰익스피어와 크리스토퍼 말로와 같은 극작가들을 지지하였다.

엘리자베스 1세는 헨리 8세와 두 번째 아내 앤 불린의 딸로 태어났다. 어머니인 앤 불린은 엘리자베스 1세를 낳은 후 두 번의 사산을 하고 헨리 8세의 총애를 잃게 되자, 간통죄로 고발되어, 엘리자베스가 태어난 지 2년 6개월 만에 참수 당했다. 때문에 엘리자베스는 불우한 어린 시절과 청소년기를 보냈다. 어머니가 간통과 반역으로 참수되었으므로 대중적인 비난과 따가운 시선을 받으며 자랐다. 그러므로 그녀는 어머니에 대한 애정을 공공연히 언급하지는 않았지만 줄곧 'A'라고 쓰인 펜던트의 목걸이를 했다고 한다. 앤 볼린이 처형된 후 헨리 8세가 앤 볼린과의 결혼을 무효로 했으므로 엘리자베스는 사생아로 전락되었다가 헨리 8세의 통치 만년에 캐서린 파의 도움으로 왕위계승 3순위에 오르게 된다. 왕위에 오른 후, 어머니 친척들의 신분을 모두 복위시켰다.

어린 시절에는 아버지 헨리 8세로부터 딸이라는 이유로 애정을 받지 못했고, 이복 언니 메리 공주의 견제도 있었다. 하지만 천성적으로 밝고 활기찬 성격을 지녔고, 헨리 8세를 닮아 외국어를 잘하고 운동을 잘했다고 한다. 1547년 엘리자베스가 13세가 되어 성격이나 총명함이 헨리 8세를 닮았다는 것이 표출될 즈음, 헨리 8세는 사망하고 이복동생 에드워드 6세가 왕위를 계승하였다.

헨리 8세가 사망하자 마지막 부인이었던 캐서린 파는 토마스 시모어와 재혼을 했다. 캐서린 파의 관심 덕분에 엘리자베스는 신교학자들에게 최고 수준의 교육을 받았다. 그러나, 캐서린 파와 함께 지내던 엘리자베스가 토마스 시모어와 포옹하고 있는 것을 보고 관계를 의심한 캐서린 파는 1548년 엘리자베스를 내쫓았다. 토마스 시모어는 캐서린 파가 사망하자 엘리자베스와 결혼하여 세력을 누리려는 계획을 세웠다. 하트필드 하우스Hatfield House로 옮겨온 엘리자베스는 토마스 시모어를 거부했고 반역죄로 체포된 시모어는 1549년 3월 참수 당했다.

이복동생 에드워드 6세가 1553년 15세에 요절하자 레이디 제인 그레이의 9일간의 왕위를 무너뜨리고 뒤이어 잉글랜드의 왕이 된 이복 언니 메리 1세의 재위 시기가 시작되었다. 메리 1세는 엘리자베스를 가톨릭 미사에 참석하도록 명령했지만 외면적으로 순응하던 엘리자베스는 하트필드Hartfield로 피신해버렸다. 메리 1세가 1554년 신성로마제국의 샤를 5세의 아들이며 적극적인 가톨릭 신자였던 필리프와 결혼 계획을 발표하자 메리 1세에 대한 불평불만이 급속하게 퍼지고 있었기 때문이다.

토마스 와이엇의 반란이 일어났을 때 엘리자베스는 모반 혐의로 런던 탑에 감금되어 처형될 위험에 이르기도 했다. 그러나 자신의 혐의를 적극적으로 부인하였고, 증거가 드러나지 않아 풀려났다. 5년 동안 강압적인 종교정책과 공포정치를 했던 메리 1세는 엘리자베스를 끊임없이 견제했기 때문에 엘리자베스는 우드스탁Woodstock에서 가택 연금으로 1년을 보내야 했다.

메리 1세가 종교 문제로 국민적 비난을 받으면서도 프랑스와의 전쟁을 강행했다가 당시 유일한 영국령이었던 칼레마저 잃었다. 결국 암에 걸려 1558년 11월 사망하게 되자 엘리자베스가 25세의 나이에 왕위에 오르게 되었다.

엘리자베스 여왕은 튜더 가문 특유의 서민적 감수성과 매력을 물려받았으며, 헨리 8세의 강인한 성품과 지적 능력을 물려받았다. 앤 볼린으로부터 어두운 피부색을 물려받아 흰색 화장에 집착했으며, 붉은 머리칼과 도도한 매부리코를 가지고 있었다. 헨리 8세와 마찬가지로 화려한 무도회를 거행했고, 가장 화려한 의상과 화장을 위해 하루에 4시간을 소비했다고 한다. 엘리자베스여왕이 옷을 모두 갖춰 입지 않은 모습을 우연히 본 에식스 백작이 엘리자베스의 모습을 '굽어있는 시체'같은 모습이라고 경망스러운 농담을 했는데 이것이 엘리자베스의 귀에 들어갔다. 엘리자베스는 1601년 그가 반역을 했을 때 지체 없이 참수형에 처했다.

엘리자베스 1세, 마키아벨리적 군주

1558년 메리 1세가 후사 없이 사망하자, 25세인 엘리자베스는 당당하게 화려한 대관식을 치르고 여왕에 즉위했다. 대관식 축하 행렬의 야외극에서 '진실의 언어'로 여왕에게 바쳐진 책은 메리 1세 치세에 금지되었던 영어로 번역된 성경이었다. 대관식은 로마 가톨릭에서 신교로 전환하지만 엘리자베스 1세의 종교정책처럼 신중한 방식을 선택했다. 엘리자베스 1세는 '보지만 말하지는 않는다'는 모토를 지키며, 헨리 8세나 메리 1세보다 온건한 정책을 실시했다. 통치 반세기 동안 공공정책과 외교문제에서는 일관성보다는 실용주의적인 정책선택이 선호되었다.

메리 1세와 달리, 엘리자베스 1세는 종교에 대해서 상대적으로 관대했다. 주변 국가들이 가톨릭 십자군을 동원할 가능성을 감지하자 개신교의 요구에 부응하면서도 가톨릭을 박해하지 않았다. 프로테스탄트지만 십자가와 같은 가톨릭의 상징을 지켰으며, 개신교의 핵심인 설교의 역할은 무시했다. 하지만 자신의 왕권에 대한 정당성을 옹호해 주는 영국성공회에 대해서 우호적이었으므로 개신교 편향의 정치였다.

벌리 경Lord Burghley을 비롯하여 엘리자베스의 지지자들은 그녀의 왕위가 불안하다고 여겼으므로 강대국과 정략결혼을 통해서 지원과 보호를 받을 것을 권유했다. 그러나 엘리자베스 1세는 헨리 8세 못지않게 의회와의 협상에 능했다.

왕위 후계를 위해서 의회와 추밀원이 엘리자베스의 결혼을 주선했으나 엘리자베스 1세는 결혼하지 않았다. 메리 1세의 남편이었던 필리프 2세를 비롯해 신성로마제국의 합스부르크가의 대공들, 오스트리아의 카를대공, 스코틀랜드의 왕위계승권을 가진 로버트 두들리 경, 후에 프랑스 왕이 된 앙주 공작 앙리, 그리고 스웨덴의 에릭 14세 등이 구혼을 했지만 끝내 결혼으로 이어지지 않았다.

엘리자베스는 당시 남성지배적인 의회에서 로버트 더들리Robert Dudley, 레스터 백작Earl of Leicester, 크리스토퍼 해튼 경Sir Christopher Hatton 및 에식스 백작Earl of Essex 같은 충신들을 추밀원에 두고 균형적인 관계를 유지했다.

1차 인클로저 운동으로 양의 목장이 된 농가.

추밀원은 자문 기구로 엘리자베스 1세에게 행정과 사법에 관한 조언을 했다. 귀족들에게 별명을 붙여 모욕을 주기도 했으나 그들의 정치 군사적 경험을 받아들였고 전제적이지만 신중한 지도력을 펼쳤다.

엘리자베스 1세는 여유만만하면서도 균형적으로 정치를 운영하는 마키아벨리적 정치를 했다고 평가된다. 스페인의 필리프 2세와 전쟁이 벌어지자 프랜시스 월싱엄 경Sir Francis Walsingham 같은 탁월한 전략가와 함께 전쟁 계획을 세우기도 했다. 때로는 귀족들의 충성심에 의심을 표하면서 정책결정을 미루기도 했다. 통치 초기에는 유럽에서 가장 선호되는 신붓감이었지만, 독신 여성으로서 정치적 전술과 전략을 적절하게 이용하여 남성주의적인 정치와 권력의 핵심부를 탄력 있게 운영했다. 어린 시절 친구였던 레이스터 백작 로버트 더들리Robert Dudley와 좋은 관계를 유지하면서, 군사적 외교적 목적은 달성했지만 결혼하지는 않았다. 로버트 더들리가 정치적으로 적이 많았고 평판이 좋지 않았던 것이 이유였지만, 그 외에도 핵심적 고문이었던 윌리엄 세실이 자신의 관직을 걸고 더들리와의 결혼을 반대했던 것도 엘리자베스 1세에게 영향을 주었다.

1차 인클로저 운동과 양모생산 육성과 애민정책

엘리자베스 1세가 왕위에 오르자, 메리 1세가 만든 종교적 혼란뿐만 아니라 적체되어온 경제 적자의 문제들을 물려받아 해결해야 했다. 헨리 8세의 화려한 왕실 생활과 프랑스와의 전쟁으로 인한 손실이 컸으므로 왕실 금고

미스테리의 극작가, 셰익스피어.

가 비어있었기 때문이다.

엘리자베스 1세는 경제정책으로 모직물 산업을 육성하고 장려하여 농촌을 중심으로 경제가 발전할 수 있는 정책을 폈다. 농산물 생산보다 양모 생산을 통한 모직공업이 경제적으로 유리하므로 농지를 목장으로 전환했다. 양을 키우기 위해 공유 목초지를 확대한 1차 인클로저 운동은 광범위하게 이루어졌다. 대토지에서 일하던 대다수의 농민들도 일자리를 잃게 되었다. 실업이 급증하게 되자 전국적으로 떠돌아다니는 유랑민들이 점점 더 많아지는 등 사회문제가 발생하게 되었다. 엘리자베스 1세는 정책적으로 치안 문란과 인구 감소를 우려해 1차 인클로저 현상을 막기 위해 인클로저 금지령을 내리기도 했지만 큰 규모의 농토를 가진 귀족들의 사업전환이 더욱 적극적으로 이루어져 큰 효과를 거두지 못했다. 인클로저 운동은 계속 확산되어 농민봉기로 이어지자, 구빈법 또는 튜더 구빈법을 지속하여 사회복지를 해결하고자 했다.

엘리자베스 1세는 잉글랜드 왕실의 연례행사인 국내 순행을 매우 즐겼기 때문에 자비로운 군주로서의 인상을 남겼다. 국내 순행을 통해 국민들의 의견과 여론을 수렴하였고, 가는 도시마다 행사와 환영회가 벌어졌다. 집권 43년째 되는 해인 1601년 11월 30일, 엘리자베스의 황금연설Golden Speech은 그녀의 애민정신과 국왕으로서의 자부심, 그리고 국가와 국민에 대한 존경심을 표했다.

엘리자베스 1세 통치 시기에는 르네상스적 정신이 깃들어 있어, 미지의 세계에 대한 개척과 문화적 황금기를 열었다. 해외무역을 확대하여 식민지를 경영하는 동인도회사가 창설되었는데, 이는 영국이 대영제국으로 발전하는데 필요한 체제를 구축하는 발판이 되었다. 1580년 윌리엄 드레이크 경 William Drake은 지구를 한 바퀴 도는 쾌거를 이루었다.

또한 엘리자베스 1세는 새로운 학문적 문학적 진보를 열렬히 지지했다. 윌리엄 셰익스피어의 문학적 발전과 프랜시스 베이컨의 경험론은 철학의 대표적인 성과였다. 철학자이면서 역사가인 토마스 칼라일(Thomas Carlyle, 1795-1881)은 『영웅 숭배론』에서 '인도는 언젠가 잃게 될 것이나 셰익스피어는 영원할 것이다.'라고 할 정도였고, 극작가인 벤 존슨(Benjamin Jonson, 1572-1637)도 영어는 셰익스피어의 공헌으로 '언어의 꽃'으로 피어나 향기를 발한다고 했다.

하지만 엘리자베스 1세는 치세 말기에 글로리아나Gloriana라고 불릴 정도로 허영심이 강해졌다. 화려한 궁중연회를 즐겼으며 갈수록 의상이 화려해졌다. 나이가 들수록 궁중연회를 좋아했고 값비싼 드레스를 입었고 의상 장식과 헤어스타일과 보석을 장식한 목걸이 등이 점점 화려해졌다. 통치 말년에는 개인 의사에 상관없이 최선의 조언을 해줄 것으로 믿는다고 칭송했던 윌리엄 세실William Cecil을 수석 국무대신(수상)으로 발탁하여 국가업무를 대신하였다.

또한, 통치 말기에 군주로서의 권위를 지나치게 남용하여 의회와 충돌하였고 의회의 언론을 탄압하였다. 1596년-1597년 흉년과 무역 쇠퇴로 물가가 폭등하고 국민의 사기도 떨어졌다. 더구나 아일랜드 반란 진압 실패와 에식스 백작인 로버트 데버루Robert Devereux가 300명의 추종자들과 함께 주도한 1601년 런던 반란 등으로 엘리자베스 1세는 심적인 고통을 겪었다. 말년에 우울증과 노인성 질환으로 인해 1603년 70살에 사망하였다. 엘리자베스 1세는 독신으로 후손이 없었기 때문에 그녀를 끝으로 튜더 왕가의 혈통이 단절되었다. 헨리 7세의 후손이며 메리 1세의 아들인 스코틀랜드의 제임스 6세가 잉글랜드 제임스 1세로 즉위하여 스튜어트 왕조를 열게 된다.

DIGEST

55

UNITED KINGDOM

엘리자베스 1세의 종교적 중립과 급진적 칼뱅주의

엘리자베스 1세의 종교적 중립과 급진적 칼뱅주의

엘리자베스 1세는 메리 1세 여왕 시절에 망명했던 성직자들 중에 급진적이지 않은 온건한 종교 개혁자를 선택하여 등용했다. 모친 앤 불린의 지도신부였던 링컨 대성당 주임사제 매튜 파커Matthew Parker를 캔터베리 대주교에 임명하여 예배의식과 성직의복, 성직계급 등에 대해서 영국 국민들이 친근해하는 방식을 따랐고 급격한 변화를 원하지 않았다.

메리 1세의 로마 가톨릭 회복 정책 때문에 생겨난 종교적 파벌 간의 긴장을 해결하기 위해서 1559년 의회를 소집하였다. 의회는 프로테스탄트에 기반을 둔 영국 국교를 합법화했다. 타협과 이해를 조율하여 교회의 수장supreme head이 아니라 1559년 영국 교회의 최고 관리자supreme governor가 되었다. 그러나 이교법을 철폐하여, 메리의 통치하에 벌어진 이교도 처형을 반복하지는 않았다. 오히려 통일법령the Act of Uniformity을 제정하여 공통 기도서를 수정하여 가톨릭적인 요소를 극단적으로 배제하지 않았다.

엘리자베스 1세의 온건한 정책은 왕권 강화에 유리하게 작용했다. 영국성공회는 가톨릭 성직자들과의 불화를 최소화하였고 영국 국교로 인정되었다.

그러나 즉위 후 7년이 지난 1565년에 급격한 반청교도 정책을 추진했다. 그러나 왕권이 강화되자, 성직자들에게 기도서의 준수와 중백의(中白衣, 성직자가 미사와 행렬 등의 성사나 의식 집행 때 입는 옷) 착용을 의무화하는 지침서를 발표했다. 그 결과 약 30명의 성직자들이 이에 저항하여 직위를 잃게 되었다. 메리 1세의 종교탄압 시절에 망명했다가 돌아온 성직자들 중에는 급진주의적 칼뱅주의자들도 있었기 때문이다.

칼뱅주의는 자치적이고 민주적인 성향을 지니고 있었기에 전제주의적 성향을 지닌 엘리자베스 1세와 맞지 않았다. 엘리자베스 1세는 헨리 8세와 마찬가지로 질서 있는 국가를 위해서 교회는 왕권에 의해 통제되어야 한다고 믿었다. 칼뱅주의자는 엘리자베스 1세가 보기에 지나치게 급진적인 종교개혁 세력이었다. 칼뱅주의의 대표적인 인물 존 녹스John Knox는 영국의 두 여왕인 메리 스튜어트와 엘리자베스 1세를 종교를 탄압하는 '괴물'이라고 비판했다. 엘리자베스 1세는 왕에 대한 경의를 표하지 않는 존 녹스를 경멸했으며 그를 런던에서 추방했다. 존 녹스는 결국 스코틀랜드로 가서 칼뱅파 종교개혁을 시작했다.

1583년에 영국 국교회의 캔터베리 대주교에 존 휘트기프트John Whitgift가 임명되었다. 작지만 포악한 성격을 가진 휘트기프트 대주교는 청교도에 대한 탄압을 더 확실히 수행하였다. 성직자들은 성직자위원회 법정에 소환되어 종교 문제에 관한 왕실의 지배권을 인정하는 6개 조항에 서약하도록 요구받았다. 그리고 그 결과 200명 이상의 성직자들이 성직을 박탈당했다. 이들은 스코틀랜드로 망명하였다가 종교의 자유를 찾아서 102명이 1620년 메이플라워 호를 타고 북아메리카 대륙으로 망명하는 계기가 되었다.

스코틀랜드 여왕, 메리 스튜어트의 반란

엘리자베스 1세의 즉위 후, 프랑스 왕비로 시집을 갔던 메리 스튜어트의 남편이던 프랑수와 2세는 요절하고 뒤이어 10세인 샤를 9세가 등극하자 시어머니 카트린이 섭정을 하게 되었다. 20세에 과부가 된 메리 스튜어트는 고부간의 갈등으로 스코틀랜드로 쫓겨나듯 돌아오게 되었다. 스코틀랜드는 메

스코틀랜드의 메리 스튜어트와 아들 제임스 1세.

리 스튜어트를 대신해서 생모인 마리 드 기즈가 섭정하던 중이었지만, 메리 스튜어트가 돌아오자 정식으로 메리 여왕으로 등극하였다. 그러나 로마 가톨릭을 믿는 마리 드 기즈가 섭정하는 동안 여러 부족의 대귀족들의 세력이 커져있었고, 에든버러, 퍼스, 애버딘 등에 자치권을 가져 독립적이었다. 존 녹스John Knox의 종교개혁에 의해 장로회가 국민교회로 성장해 있었다. 프랑스에서 돌아온 메리 스튜어드는 군주로서 아무런 정치적 기반이 없었다.

메리 여왕은 매혹적인 미인이었으나 정치적 수완이나 감각이 뛰어나지 못했다. 헨리 스튜어트 단리 경Henry Stuartm Loard Darnley과 재혼한 후, 개인비서인 이탈리아인 다비드 리찌오David Rizzio와 충동적인 사랑에 빠졌고 이내 불륜설이 나돌았다. 1566년 3월 에든버러에 있는 홀리루드 궁전Holyrood Palace에서 중무장한 20명의 귀족 무리를 이끌고 온 남편 단리 경은 그녀 앞에서 다비드 리찌오David Rizzio를 살해했다. 그러나 메리 여왕은 다시 보스웰 백작Earl of Bothwell인 미남 제임스 헵번James Hepburn을 만나 불륜에 빠졌다. 얼마 후 에딘버그 남쪽에 있는 커크 오필드Kirk O'Field라고 불리는 저택에서 일어난 폭발사건으로 남편 단리 경이 사망하였다. 메리여왕은 단리 경의 살해 혐의를 받고 있었던 보스웰 백작과 결혼을 선포하였다. 단리경의 암살의혹, 부도덕성, 메리의 종교문제 등으로 여론이 나빠지자 사회적 혼란 속에 대귀족들의 반란이 일어나기 시작했다.

결국 대귀족들의 단합으로 메리는 스코틀랜드의 왕좌에서 축출되었고, 왕위를 아들인 제임스 6세에게 양위하고 잉글랜드로 도피하였다. 메리 스튜어트는 헨리 8세의 종손녀이고 엘리자베스의 사촌으로 엘리자베스의 후임으로 잉글랜드 왕위계승권 제1 순위에 있었고, 국내외의 가톨릭 세력들이 연합하면 왕권에 위협이 될 수 있었다. 더구나 교황이 헨리 8세와 앤 불린의 결혼을 인정하지 않았으므로 가톨릭 신자들에게는 엘리자베스 1세가 아니라 메리여왕이 적법한 영국 통치자라는 대의명분도 있었기 때문에 메리 스튜어트의 존재는 엘리자베스 1세에게 매우 위협적이었다.

1568년 당시 실세였던 노퍽공작이 메리와 결혼하여 메리를 잉글랜드 군주로 추대하려는 음모가 시작되었다. 엘리자베스 1세의 관용적인 종교정책으로 가톨릭교가 잔존해 있던 북부지역의 퍼시Percy가와 네빌Neville가의 백작들이 이에 합류했다. 1569년 메리 스튜어트는 프랑스와 스페인의 지원도 얻을 수 있었다.

이즈음 교황 비오 5세는 1570년에 교서를 내려 엘리자베스 1세를 파문했고 잉글랜드의 가톨릭교도들은 잉글랜드를 침략하여 여왕을 폐위한다고 해도 죄가 되지 않음을 선언했다. 그러자 메리 스튜어트를 추대하기 위해서 잉글랜드를 침략할 것이라는 리돌피 음모Ridolfi Plaot가 시작되었다. 로버트 리돌피Roberto Ridolfi가 엘리자베스 1세 암살의 지원을 얻기 위해 브뤼셀, 마드리드, 로마 등에 다니고 있다는 음모였다. 결국 리돌피의 메신저 역할을 하던 찰스 베일리Charles Baillie가 체포되었고 메리 스튜어트가 엘리자베스 여왕 암살 음모에 연루되었음을 실토함으로써 의회의 재판에 회부되었고 메리는 투옥된다.

얼마 후, 1586년 8월 베빙턴 음모사건이 일어났다. 안토니 베빙턴Anthony Babington을 중심으로 가톨릭교도들이 런던에서 예수회를 지지하는 비밀결사를 조직하여 엘리자베스 1세의 암살과 감금 중인 메리여왕을 구출을 계획한 사건이다. 베빙턴 음모 이후 메리를 처형해야 한다는 의회의 요구에 엘리자베스 1세는 3개월 동안 고민하다가 마침내 1587년에 메리의 처형에 동의했다. 엘리자베스 1세는 분노와 슬픔에 괴로워하다가, 처형 1주일이 지난 후 스코틀랜드 제임스 6세에게 편지를 보내 자신 의도와 관계없이 결정된 처형이 얼마나 고통스러웠는지에 대한 심경을 전달했다.

DIGEST

56

UNITED KINGDOM

엘리자베스 1세, 스페인의 무적함대 격퇴

스페인 무적함대를 격퇴할 전함 보완, 해적 드레이크의 활약

필리프 2세의 총 130척에 달하는 거대한 스페인 무적함대의 침략 계획은 사전에 잉글랜드에 누설되었다. 엘리자베스 1세는 스페인 함선만을 주로 노략질하던 해적 프랜시스 드레이크Sir Francis Drake에게 기사 작위를 내리고, 30척의 배를 주어 정식 해군으로 임명한 후 스페인의 항구인 카디스로 파견해 선제공격을 하도록 했다. 1587년 드레이크는 카디스 항에 정박 중이던 스페인 함대를 기습 공격했다. 이때 수십 척의 상선을 불태우고 엄청난 전쟁 물자를 약탈했으며 음식물을 저장하는 모든 통을 불태웠다. 충분히 건조된 통이 없었던 스페인 무적함대의 군대는 상한 음식 때문에 식중독과 전염병으로 곤란을 겪었다. 이 기습공격으로 스페인의 잉글랜드 공격은 1년 늦추어졌다.

프란시스 드레이크 공작.

1588년 드디어 스페인의 무적함대가

프란시스 드레이크의 지략.

잉글랜드에 쳐들어왔다. 프랜시스 드레이크의 사촌 형인 존 호킨스는 오랫동안의 해적 경험을 바탕으로 전함을 설계하는 등 만반의 준비를 했다. 당시의 전함(갤리온선)의 단점을 보완하여 선수와 선미의 크기와 높이를 줄이고 전함을 길고 날렵하게 만들었고, 속도를 올리기 위해서 노 젓는 방식으로 바꾸었다. 또한 포열 갑판의 함포수를 늘려서 화력을 극대화하였다. 새롭게 설계된 전함은 기존의 범선보다 빠르고 급격하게 움직일 수 있었고, 화력도 강했다. 1588년 영국은 18척의 갤리온 선을 보유하게 되었고 16척의 왕실 갤리온 선도 개조하여 만반의 준비를 하였다. 그뿐만 아니라 무게와 가격면에서 실용적인 주철 대포가 개발되어 1588년 영국 전함은 주철 대포로 무장하였다.

하워드 제독의 지휘 하에 드레이크는 야간 기동에서 선두를 맡아 자신의 함대를 이끌고 있었다. 드레이크는 함대를 유도하던 중 금화가 많아 보이는 화려한 배를 발견하고 나포하였고 금을 노획하였다. 그러나 이러한 독자적인 행동으로 하워드 제독의 지휘는 혼란에 빠지게 되고 드레이크는 자기 함대를 잃어버리게 된다. 하워드 제독은 자신의 명령을 어기고 백병전을 감행하거나 좌초한 배들을 약탈하는 데 열중했던 드레이크를 해임시키게 된다. 그러나 그런 덕에 다른 제독들보다 먼저 런던에 도착한 드레이크는 엘리자베스 1세에게 약탈한 금을 바쳐 오히려 신임을 얻기도 했다.

스페인 필리프 2세와의 전쟁, 무적함대 Armada Invincible의 출정

메리 1세의 남편이었던 스페인의 필리프 2세는 당시 유럽에서 가장 막강한 통치자였다. 필리프 2세는 메리 1세가 죽고 난후 엘리자베스 1세와 결혼하여 잉글랜드를 가톨릭 국가로 유지하려 했으나 그의 청혼은 거절되었다. 엘리자베스 1세는 강력한 스페인의 해군력을 경계하여 영국의 선박과 스페인과의 해상 분쟁 시에 민간 선박에 자유 통제권을 주었다. 즉 영국 민간선박들은 적선을 공격하고 나포할 권리를 갖게 된 것이다.

엘리자베스 1세는 40년 동안 핵심적인 고문이었던 윌리엄 세실 William Cecil의 조언을 받아 프랑스나 스페인과 같은 당시의 강대국들과 직접적인 충돌을 피했다. 동시에 스페인 상선 약탈에 대해서 사적인 권한을 주는 등의 간접적 방법으로 강대국을 견제했다. 1585년 네덜란드에서 스페인 점령군에 대항하는 네덜란드 개신교의 독립투쟁을 간접적으로 지원하기도 했다.

당시 주도적으로 해양의 패권을 장악하였고, 아메리카 식민지에서 부를 축적하고 있던 스페인 무적함대와 1588년 8월 8일 칼레에서 충돌하게 된다. 1588년 필리프 2세는 용맹을 떨치던 스페인 무적함대를 보내서 엘리자베스를 무너뜨리고 천주교를 복원하려고 시도했다. 16세기 유럽 최고의 명장으로 알려진 스페인의 파르마 공작 알렉산드로 파르네세 Alessandro Farnese는 해군력과 육군력을 동원하여 영국 본토까지 침략하고자 했다. 영국의 찰스 하워드 제독이 이끄는 해군을 물리치고 네덜란드에 주둔하고 있던 스페인의 지상군을 칼레로 집결시켜 함께 런던으로 진격하려는 계획이었다. 교황 식스투스 Sixtus 5세도 자금을 보내 스페인의 원정을 지원하였다. 필리프 2세는 22척의 전함과 108척의 개조한 상선까지 총 130척의 거대한 스페인 무적함대를 동원했다. 그러나 이 전략은 사전에 유출되었다.

무적함대는 영국의 공격을 받으면서 물러가 프랑스와 스페인령 네덜란

스페인 무적함대.

드 사이에 그레벨링건Grevelingen 남쪽에 정박했다. 그곳에서 네덜란드에 주둔했던 스페인 지상군의 합류를 기다리는 동안, 잉글랜드는 8척의 화선fire ship, 火船)을 적진으로 침투시켜 화공 작전을 폈고 스페인 함대는 급하게 닻을 끊고 뿔뿔이 흩어졌다. 1588년 8월 8일 스페인 함대는 그레벨링건에서 함대 3척을 잃고 파르마공작의 3만여 명의 군대와 집결을 포기하게 된다.

1588년 8월 19일 엘리자베스 1세가 스페인 무적함대 아르마다Darmada와 일전을 앞두고 영국병사들을 격려하기 위해 틸버리를 방문하였다. 연설에서 수사적인 전략을 잘 포착하는 것으로 알려졌던 엘리자베스는 백마를 타고 흰색 벨벳 가운 위에 깃털이 달린 헬멧과 강철 갑옷을 착용하고 틸버리Tilbury전투 현장에서 '나의 몸은 여인의 것이나, 나의 심장은 잉글랜드 국왕의 것이다' 라는 유명한 말을 남겼다. 틸버리 전투에서 악천후의 도움과 해적 선장이었던 프랜시스 드레이크Francis Drake경의 화공 전략으로 3대의 스페인 함대를 격파했다.

무적함대는 스코틀랜드 주위로 항해하여 아일랜드를 지나 스페인로의 퇴각을 시도했다. 그러나 도중에 두 차례의 큰 폭풍을 만나 24척 이상의 배는 아일랜드 북부에 스코틀랜드 해안으로 난파되었고, 생존자들은 상금이 걸려 있었으므로 아일랜드인에게 잡혔다. 무적함대 54척만이 스페인으로 도망할 수 있었다. 영국은 가톨릭 국가인 스페인의 무적함대를 물리치고 영국 교회의 정통성을 확보하는 근거를 마련하였다.

영국의 재해권 장악과 월터 롤리경의 버지니아 식민지 개척

1604년 엘리자베스 사망 이후 재정고갈로 인해 영국 해협을 개방하였다. 스페인 무적함대와의 싸움에서 승리를 발판으로 재해권을 장악하게 되었고 1763년에는 가장 많은 식민지를 거느린 세계 최대 강국으로 부상하여 대영 제국의 기반을 닦았다.

엘리자베스 1세의 재임 시기에 역사적으로 주목받은 탐험가는 담배 보급으로 유명한 월터 롤리Sir Walter Raleigh이다. 월터 롤리는 그의 망토를 땅에 펼쳐 엘리자베스 1세가 웅덩이를 밟지 않도록 하여 최초의 호의를 받았다고 전해진다. 또한 가톨릭의 부패에 대한 증오를 공공연히 표출하여 여왕의 주목을 받았고, 후에 아일랜드의 문스터Munster에서 일어난 반란을 진압하여 1585년 기사 작위를 받았고, 1587년 여왕의 경호대장으로 임명되었다.

한편 1592년 월터 롤리는 엘리자베스 1세의 시녀인 베스 스록모톤Bess Throckmorton과 비밀리에 결혼한 것이 드러나 베스 스록모톤과 함께 런던 타워에 갇히게 되었다. 몇 년 후 풀려나자 도셋으로 돌아갔다. 그러나 1595년 월터 롤리는 남아메리카의 '금으로 된 도시City of Gold' 엘도라도의 전설에 사로잡혀 엘리자베스 여왕에게 신세계 탐험에 지원금을 요청했다. 월터 롤리는 5척의 배를 이끌고 남미 동북부의 기아나 항해에 참여하

월터 롤리와 엘리자베스 1세의 만남.

여 남아메리카 원주민들과 우호적인 관계를 유지했지만 금을 찾는데 실패하고 돌아왔다. 1603년 엘리자베스 1세가 사망하자 월터 롤리는 다시 런던 타워에 수감되었다. 제임스 1세의 명령에 의해서 두 번째 엘도라도 탐험을 이끌기 위해서 다시 석방되었지만 그나서 실패하자, 1618년 반역죄로 검거되어 사형에 처해졌다.

DIGEST100SERIES

제6장
스튜어트 왕가의 시대: 청교도 혁명과 명예혁명

UNITED KINGDOM

DIGEST

57

UNITED KINGDOM

제임스 1세, 잉글랜드와 스코틀랜드의 통합

제임스 1세(1603~1625) 잉글랜드와 스코틀랜드의 통합

제임스 찰스 스튜어트는 스코틀랜드 메리 스튜어트의 아들로 생후 13개월에 제임스 6세로 스코틀랜드 왕위에 올랐다. 헨리 7세의 증손자로 아일랜드의 군주이며 스코틀랜드의 왕위에 오른 후, 1578년 성년이 되지만 1583년에 이르러서야 스코틀랜드를 직접 통치하였다. 1603년 엘리자베스 1세가 후사 없이 사망하면서 제임스 1세가 잉글랜드의 왕위에도 오르게 되어 스튜어트 왕가를 열었다. 1625년 58세의 나이로 사망할 때까지 22년간 스코틀랜드와 잉글랜드, 그리고 아일랜드를 모두 통치하였다. 제임스 1세는 잉글랜드와 스코틀랜드의 단일 의회를 옹호하였고, 통치기간 동안 얼스터 플랜테이션Ulster Plantation을 원형으로 하여 아메리카의 식민지 개척과 식민화 정책이 본격화 되었다.

스코틀랜드 군주 제임스 6세가 잉글랜드의 제임스 1세로 오른 것을 계기로 스코틀랜드와 잉글랜드가 자연스럽게 합쳐지게 되었다. 국왕으로 오른 후 의회를 해산시키고 청교도에게 영국 성공회로 개종할 것을 강요하였기 때문에 1605년 화약 음모the Gunpowder Plot를 포함하여 영국 의회와 반복적으로 분쟁을 겪었다. 또한 제임스 1세의 종교 박해를 피해 청교도들은 메이플라워호를 타고 북아메리카 신대륙으로 떠났던 것이다.

하지만 제임스 1세 치하에서 윌리엄 셰익스피어, 존 던, 벤 존슨, 프랜시스 베이컨과 같은 엘리자베스 시대의 문학과 철학, 드라마 분야의 황금기는 지속되었다. 제임스 1세는 뛰어난 학자적 기질을 지니고 있었다. 악마적 술수에 의한 직접적 정신 탄압을 다룬 악마론(Daemonlogie, 1597), 자유 군주의 진정한 법칙(1598), 그리고 지배권의 참된 권위에 관한 바실리콘 도론(Basilikon Doron, 1599) 등과 같은 저작을 펴냈다. 또한 성경의 번역을 후원하여 후일 킹 제임스 버전의 성경이 나왔다.

17세기 정치가인 앤서니 웰던Anthony Weldon은 프랑스의 국왕 앙리 4세가 제임스 1세의 성품과 지식에 관해 '기독교 세계의 가장 현명한 바보'라고 묘사했지만, 20세기 후반 역사가들은 제임스 1세를 사려 깊고 진지한 국왕으로 평가한다. 제임스 1세는 평화정책에 전념했다. 왕위에 오르자마자 스페인 선박을 상대로 한 사략선의 약탈 행위를 금지하고 스페인과의 전쟁을 끝내려 했다. 그리고 1604년 런던 조약으로 스페인과 평화협정을 맺었다. 종교전쟁을 피했으며 특히 중부 유럽의 많은 부분을 황폐화 시켰던 30년 전쟁(1618-1648)에 개입하지 않으려 했다. 또한 제임스 1세는 스페인과의 관계에서 군사적 해결책을 지지하면서 군사적 영광을 위해 전쟁을 원했던 의회의 극단적인 분위기를 막으려 했다.

인클로저Enclosure 열풍, 농경지를 목장으로 바꾸어 울타리 치기

제임스 1세 시기는 무역이 활발해진 시기이기도 하다. 잉글랜드의 주요 수출품이었던 양모의 생산량과 수출량도 꾸준히 증가하게 되면서, 양을 기르기 위한 '울타리 치기' 운동인 인클로저 열풍은 중세 장원 경제를 완전히 무너지게 하였다. 소유가 모호한 공유지나 경계가 없었던 사유지에 양이 도망가거나 경계를 넘어가지 않게 울타리를 쳐서 소유권을 명확하게 하면서 생긴 현상이다. 경계를 표시하여 출입을 억제했기 때문에 인클로저Enclosure라 했다.

1차 인클로저는 4종 윤작법 이후에 생겨났다. 4종 윤작법은 땅을 놀리지 않고 매년 보리, 클로버, 밀, 순무 순서대로 연속해서 경작하였다. 클로버와 순무가 지력을 회복시키는 작용을 하기 때문에 당시로서는 혁명적으로 발전한 농법이었다. 농민들이 자신의 밭을 연속 경작하면서, 상원에 의존하지 않게 되자, 지주들은 장원을 해체하고 농노들에게 소작지를 내주었다. 소작민들이 땅의 소유권을 확보하자 지주나 농민 등이 자발적으로 농지의 경계를 지었으므로 등록된 농지가 증가하게 되었다.

인클로저 열풍의 주요 이유는 양모 생산과 양모 산업의 발달이다. 해외 식민지 무역의 확대와 상공업의 발달로 튜더 왕조 시기에 양모 산업이 주요 수출 산업으로 발달하사 스튜어트 왕조는 양모 산업을 위해 각별한 보호 지원 정책을 썼다. 양모를 가공하여 모직물을 짜서 유럽 각지에 수출하였다. 부농들은 일손이 적게 들고 수익이 높은 양 목축지를 선호하여 농경지를 목축지로 전환하였다. 또한 빈농들은 임금노동자가 되거나 실업이 생겨났다.

많은 사람이 생계를 유지했던 곳에 한 사람의 양치기와 그의 개만 있다'라고 케임브리지 학자인 휴 라티머Hugh Latimer가 당시 현상을 묘사했다. 목축지가 증가하면서 농경지가 줄어들었고, 일자리를 잃은 농촌 노동자가 많아졌던 것이다. 토마스 모어가 1516년 『유토피아』에서 '양이 사람을 잡아먹는다'고 표현했던 것이 바로 이 현상이다. 이후부터는 장원과 농노의 관계가 고용주와 노동자와의 관계로 보편화되었고 농지를 떠난 노동자는 유랑민으로 떠돌거나, 농촌의 수공업이나 상업에 종사하여 직업분화가 촉진되었다.

2차 인클로저 시기에는 집행 주체가 지역민의 청원을 받은 의회였는데, 법적 절차를 통해서 소유권을 정하였다. 개별적인 지주가 인클로저 법을 통해 합법적인 경작을 하기 위해서는 변호사 비용, 기술자 경비, 울타리 경비 등이 많이 들었기 때문에 1836년-1845년 법을 개정하여 일정한 조건만 갖추면 울타리를 만들 수 있도록 함으로써 사유화된 경작이 촉진되었다. 의회를 통한 합법적인 인클로저 운동이라는 뜻으로 의회적 인클로저Parliamentary Enclousure라고 부른다. 인클로저 열풍으로 단위 면적당 수확량이 10-20%가량 증가했다. 2차 인클로저는 제도적으로 사유재산권과 근로계약이 확립되어 전국적인 산업기반의 기초를 마련해 주는 계기가 되었다.

하지만 농민들의 소득격차도 벌어져 빈부격차와 실업률의 증가로 각종 사회문제가 대두되었다. 이 때문에 공유지에 의존했던 빈민농들의 대규모 인클로저 반대 운동이 펼쳐진다. 그 예로 땅의 울타리를 부수며 일어난 1549년 케트의 난Kett's Rebellion이 있었고 1607년 중북부에 일어난 농민의 반란과 1607년 뉴턴의 난Newton Rebellion 등이 있었다.

제임스 1세 시기의 반란, 가이 폭스 데이Guy Fawkes Day

제임스 1세가 왕위에 오르고 난 후 몇 차례의 반란 음모가 있었다. 파벌에 의한 반란도 있었지만, 스코틀랜드 출신이었던 제임스 1세가 스코틀랜드인의 권리를 증진시키려는 정책과 가톨릭과 청교도에 대한 정책에 불만을 표출한 반란도 있었다.

파벌 반란은 월터 롤리Walter Raleigh가 주도한 메인 플롯Main Plot과 바이 플롯Bye Plot이었다. 메인 플롯 사건은 당시 궁정에서의 두 파벌의 갈등에서 비롯되었다. 로버트 세실Robert Cecil을 중심으로 한 파벌과 엘리자베스 1세가 총애하던 탐험가이자 시인이었던 월터 롤리 경의 파벌이다. 월터 롤리는 세실에 대해서 충동적인 저의를 품고 메인 플롯 음모에 가담하여 세실을 납치하려 했으나 실패했다. 월터 롤리가 경호 대장직에서 면직되자 제임스 1세가 세실을 총애하기 때문이라고 생각했던 것이다.

메인 플롯이 발각되자 월터 롤리는 바이 플롯Bye Plot의 음모를 꾸몄다. 바이 플롯은 가톨릭 신자들 중에 로마 가톨릭을 회복시키고자 했던 과격파들이 벌린 음모였다. 가톨릭교도에 대한 가혹한 형벌을 중지하지 않은 것에 실망하여 제임스 1세를 납치하고 가톨릭교를 믿는 그의 사촌을 왕위에 올리려는 음모를 꾸몄다. 그러나 이 음모가 발각되자 관련 가톨릭교도는 심각한 수준의 형벌을 받게 된다. 롤리는 종신형을 받고 13년간 런던 탑에 구금되었지만, 이 시기에 그는 『세계사 A History of the World』를 저술했다.

바이 플롯 이후 가톨릭교도들에 대한 차별이 공공연하게 벌어진다. 가톨릭교도는 신교도의 예배에 불참하는 대가로 매달 20파운드를 납부하여야

하고 미납할 경우 재산의 2/3를 몰수당하는 가혹한 처벌을 받았다. 1년에 240파운드에 달하는 고액의 벌금을 감당할 수 없어 가톨릭교도들은 불만을 품게 되었다. 또한 무장한 병사들이 가톨릭 신부를 찾아내기 위해 한밤중에 가톨릭교도들의 가택을 무작위 수색하였다. 영국국교회 성직자들은 자기 교구에서 일요일에 신교도 예배에 불참하는 사람들을 고발했다. 가톨릭교도는 신교도의 묘지에 매장이 허락되지도 않았다. 이러한 일련의 조치는 가톨릭 극단주의자들을 자극하게 되었다.

사실, 스페인 무적함대와의 전쟁 이후 반스페인, 반가톨릭 정서가 강하게 존재했다. 하지만 제임스 1세의 반가톨릭 정책과 성공회에 대한 개종 강요는 그 이전의 종교 박해와 비교해보면 예외적일 만큼 온건했다. 제임스 1세는 '법령을 위반하지 않는 한 어떠한 박해도 없을 것'을 약속했고 처벌의 경우도 처형이나 처벌보다 해외추방을 선호했다. 하지만 가톨릭 교회는 제임스 1세의 가톨릭 정책에 만족하지 못했고 또다시 제임스 1세를 겨냥한 암살 시도가 발생하기도 했다. 가장 유명한 암살 시도는 가이폭스Guy Fawkes를 포함한 가톨릭 신도 4명에 의한 1605년 11월 5일 화약음모 사건Gunpowder Plot이다.

1605년 11월 5일 가톨릭 극단주의자들은 국회의사당 건물을 폭파시키기로 계획했다. 그리고 제임스 1세의 딸인 엘리자베스 스튜어트 공주를 납치하여 로마 가톨릭으로 복귀한다는 조건으로 여왕으로 추대할 계획이었다. 가톨릭 신자이면서 반체제 인사였던 가이 폭스Guy Fawkes와 워릭셔Warwickshire 출신의 로버트 캐츠비Robert Catesby가 주도적 인물이었다. 이들은 1605년 11월 5일 전날 밤에 의회 건물 지하실에 화약을 설치하여 의회 의사당을 폭파하려는 음모를 꾸몄다. 의회를 파괴하고 제임스 1세를 암살할 계획이었다.

그러나 음모자 중에 양심의 가책을 느낀 마운트이글 경Lord Mounteagle이 솔즈베리Salisbury에게 하루 전에 밀고하여, 가이 폭스는 램프를 들고 폭약이 채워진 통 옆에 쭈그리고 앉아 있다가 발각되었다. 반란에 참여한 모든 사람들이 체포되었다. 공모자들의 대부분이 예수회 수사였기 때문에 예수회가 연관되었다는 의혹도 있었다. 의회 지하에서 화약 36배럴이 목재 더미와 함께 발견되었다. 이후로 영국에서는 국회를 개회할 때마다 지하실을 수색하는 의식이 생겨났다.

화약음모 사건에 대해서 제임스 1세는 '의회는 나의 개인의 것도 나의 아내의 것도 아니다. 그리고 후세도 마찬가지이지만 국가 전체의 것이다'라고 언급하면서 분노했고 의회의 결정에 따라야 함을 역설했다. 한편으로 가이 폭스Guy Fawkes의 놀라운 음모가 사전에 발각되어 국왕과 아들들이 무사하자 왕실의 무사함을 기뻐하고자 불꽃놀이를 벌이도록 했다. 그러나 그 후 아이러니하게도 가이폭스는 '권력에 대항한 자'로 인식되어 저항정신, 자유와 혁명의 상징이 되었고 11월 5일에 가이 폭스 데이Guy Fawkes Day 행사가 시작되어 지금까지 기념일로 이어지고 있다.

가이폭스의 음모는 대중적으로 가톨릭교도에 대한 기피 현상을 낳게 되었고 가톨릭교도에 대한 여론은 극적으로 악화되었다. 영국 로마 가톨릭교도들과 제임스 1세와의 갈등은 지속될 수밖에 없었다. 다수의 가톨릭교도들은 적대적인 분위기를 피해서 유럽이나 아메리카로 이주하였다.

제임스 1세는 청교도들에게 영국 성공회로 개종할 것을 강요하였다. 청교도들은 제임스 1세가 가톨릭교도에 대해 강경한 대책을 마련하지 않자 실망하였다. 1620년 102명의 청교도들은 순수한 종교적 자유를 찾기 위해 메이플라워호를 타고 북아메리카 신대륙으로 떠났고 이들을 퓨리턴Puritan이라고 불렀다.

킹 제임스 버전의 흠정역(欽定譯, Authorized Version) 성경 편찬

1603년 청교도들은 제임스 1세에게 성인식, 결혼반지, 성직자라는 용어의 폐지 등을 요구하는 밀리네리 청원서Milenary Petition를 제출했다. 제임스 1세는 청교도들을 가혹하게 박해하지는 않았으나 영국 성공회로 개종할 것을 강요하는 한편 급진적인 반가톨릭 정책을 펼치지 않자, 청교도들을 제임스 1세에 대해서 실망하게 되었다. 그러나 1603년 제임스 1세는 성경에 오역이 많아 원전의 의미를 올바르게 번역되지 않았다는 청교도 지도자 존 레이놀드John Reynold의 진언을 받아들여 54명의 왕실 작가들을 중심으로 성경 번역을 시작하였다.

중세 이후 성경을 번역하거나 일반인들이 읽고 해석하는 것은 로마 교황청에 의해 금지된 일로 체포되면 화형을 당하는 일이었다. 틴데일은 로마 가톨릭의 박해 속에서도 유럽을 떠돌면서 히브리어와 그리스어 원전으로부터 영어로 번역하는 작업을 지속하였다. 그리고 1535년 성경을 번역했다는 죄목으로 토마스 모어는 틴데일을 색출하는데 앞장섰고, 결국 그는 네덜란드에서 체포되어 화형을 당했다.

엘리자베스 1세에 의해 영어 번역에 대한 논의가 있었지만 진행되지 않았고, 제임스 1세 시기에 틴데일의 번역을 기초로 영어 번역이 대대적으로 이루어져 킹 제임스 버전 흠정역(The King James Version, 약칭 KJV) 성경이 나오게 되었다. 킹 제임스 흠정역 성경에는 가톨릭교회의 스콜라주의적 성서학자이며 순교자인 윌리엄 틴데일William Tyndale이 번역했던 성경의 70%가 사용되었다.

1611년 영국 국교회 전례용으로 사용될 수 있도록 왕이 공인한 킹 제임스판이 본격적으로 인쇄기를 이용해 대량 출간됨으로써 널리 알려지게 되었다. 독일의 구텐베르크의 인쇄 혁명 이후 1471년 윌리엄 캑스톤William Caxton이 인쇄기을 들여온 후 대량 인쇄가 가능해졌기 때문이다. 그 후 250년 동안 킹 제임스판이 표준 성경 텍스트가 되었고, 제임스 1세의 최대 업적으로 평가된다.

버지니아 식민지, 1619년 아메리카 제임스타운에 온 흑인 노예선

제임스 1세는 런던 회사 등에 북미 대륙의 식민지 건설 특허권을 주었다. 런던 회사는 1606년 토마스 스미스를 중심으로 북아메리카 식민지 개척을 위해 런던 상인들이 공동 출자하여 설립된 회사이다. 런던 회사는 후에 버지니아 회사로 분리되어 자금과 투자자, 이민자를 모집하였다. 그리고 1606년 12월 최초의 식민지 개척민 105명을 북아메리카 대륙에 파견하였다. 생존자 104명이 수전 콘스턴트 호 등 3척의 선박을 타고 1607년 4월 헨리 곶에 도착했다. 이들은 강(지금의 제임스강)을 따라 약 48km 거슬러 올라간 지점에 정착하기로 결정하였고, 제임스 1세의 이름을 따서 제임스 타운이라고 명명했다.

그곳은 조수가 강하고 습지와 염분이 있는 식수에 말라리아가 발생하기 쉬운 지역이었다. 탐험가였던 존 스미스 대위가 이주민을 설득하고 정착민을 대표해 포우하탄 인디언과 협상하여 인디언들에게 음식과 씨앗을 얻고 옥수수 등 곡물을 재배하기 시작했다. 그러나 불과 반년 만에 이주민의 절반이 굶주림과 말라리아로 사망하였다.

1609년 버지니아 회사는 런던에서 다시 이민자를 모집하고 자금을 모금하면서 투자자에게 주주의 지위를 주었다. 자금이 없는 사람도 식민지에서 7년간 노동을 한다는 조건으로 노동 투자자가 되어 식민지로 올 수 있었다. 7년이 지나면 회사의 배당으로 100 에이커의 배당을 받을 수 있다고 선전하였다. 1609년 버지니아 회사의 선전은 효과가 있었고, 이번에는 약 400여 명의 이민자들을 보내게 되었다. 이민자들이 늘어나자 버지니아 회사는 1610년 식민지 총독을 파견하였는데 엘라웨어 남작 토마스 웨스트였다. 제임스타운에 온 토마스 웨스트 총독은 계엄권을 가졌기 때문에 절대적인 권력을 갖게 되었고, 정착민의 노동을 착취할 수 있는 조건이 되었다. 정착민들은 강제노동에 시달리게 되었다.

초창기의 여건은 열악했지만, 버지니아 지역에 담배를 재배하면서부터 상황이 바뀌게 되었다. 영국에서는 월터 롤리가 담배를 기호식품으로 엘리자베스 1세와 왕궁의 귀족들에게 소개를 했고 담배는 곧 널리 퍼지게 되었으므로 잉글랜드와 유럽권의 수요가 늘었다. 버지니아 식민지의 주민인 존 롤프가 버지니아 인디언이 재배하는 담배를 보고 재배를 했던 것이다. 담배 수출로 이익을 창출하게 되자 담배 재배는 늘어났고 이주민도 증가하였다.

디즈니 애니메이션 「포카혼타스」는 제임스 타운의 설립 시기를 배경으로 했다. 제임스 타운의 이주민은 인디언 원주민들과 우호적인 관계를 유지했었지만, 존 스미스가 지도자가 되면서 인디언들과 우호적인 협상보다 갈등이 더 생기게 되었다. 그러나 포우하탄 부족의 추장 딸인 포카혼타스가 존 롤프와 결혼한 것이 계기가 되어 이주민과 포우하탄 부족과 우호적인 관계가 성립되었다. 포카혼타스는 런던으로 이주하여 런던에서 아메리카 원주민과 영국 정착민 사이의 평화관계를 유지하는데 큰 역할을 하였다. 그러나 런던의 오염된 공기와 먼지로 병세가 악화되어 1617년 사망하였다.

식민지의 정착이 잘 이루어지자 제임스 1세는 1624년 버지니아 회사의 허가증을 폐지하고 버지니아 식민지를 국왕령 식민지로 삼았다. 이리하여 식민지 개척과 정착의 규모는 더 커지게 되어, 1606년에서 1622년까지 6천여 명이 버지니아로 이주했고, 1733년까지 13개의 주가 영국의 식민지로 속하게 되었다.

DIGEST

58

UNITED KINGDOM

찰스 1세, 강력한 의회와 권력투쟁

신앙심 깊은 찰스 1세의 어린 시절과 결혼

제임스 1세의 장남 헨리는 외모나 재능, 성품 면에서 왕세자에 걸맞게 성장했지만 18세에 갑작스레 티푸스로 급사하여, 1625년, 둘째 아들 찰스 1세가 왕위계승자가 되었다. 찰스 1세는 너무나 병약하여 부친이 잉글랜드 왕위를 물려받아 런던에 갈 때에도 따라가지 못하고 스코틀랜드에 남아 있다가 1604년 세 살 반이 되고 나서야 던펌린Dunfermline 궁에서 런던으로 갈 정도였다. 어린 시절에는 찰스 1세는 약한 발목을 강화하는 가죽과 놋쇠로 만든 장화를 줄곧 신고 다녔다. 또한 말이 느리고 더듬거나 주저하듯 연설했다.

장로교의 토마스 머레이Thomas Murray가 가정교사가 되어 고전, 언어, 수학 및 종교에 대해서 가르쳤는데 찰스 1세는 내성적인 성격으로 수줍음이 많았고 말수가 적었지만 신앙심이 깊었고 종교에 관심이 많았다. 섬세하고 소극적인 성격으로 신학 연구자나 예술가에 적합한 인물이었다. 스코틀랜드에서 태어났지만 스코틀랜드와 충분히 공감하지 못했고, 잉글랜드의 왕좌에 올라 평생 대부분의 시간을 영국에서 보냈지만 잉글랜드의 시대적 요구를 감지하지 못했으므로 의회나 국민들과 끊임없이 갈등을 겪어야 했다.

1625년 25세가 되었을 때, 찰스 1세는 의회의 반대에도 불구하고 로마 가톨릭 신자인 15세의 어린 프랑스 공주 앙리에타 마리아와 결혼했다. 1626년 2월 찰스 1세의 대관식을 성공회식으로 했기 때문에 가톨릭 신자인 앙리에타 왕비는 참석을 거부하였고, 의회와 더 멀어지는 계기가 되었다. 신앙심이 깊은 찰스 1세는 영국 성공회를 믿었지만, 앙리에타 왕비의 영향으로 왕실 내에 로마 가톨릭을 용인하는 분위기가 생겼다. 이러한 분위기는 찰스 1세의 정책에 영향을 끼쳤고, 의회와 지속적인 갈등으로 표출되었다.

의회와의 갈등이 생길 때마다 찰스 1세는 예술에서 위로를 얻었다. 미술품을 애호하여 그림을 수집하거나 왕실 가족의 초상화를 의뢰하기도 했다. 대표적인 조상화가로는 네덜란드 출신의 초상화가인 반 다이크가 있다. 1632년 그는 영국 왕실에 초청되어 찰스 1세와 왕실가족들의 초상화를 그린 공으로 궁정화가 작위와 기사 작위를 부여받았다. 찰스 1세는 예술가를 즐겨 초대했고 왕실에서는 가면극도 공연되었다.

앙리에타 왕비는 의회와 갈등을 겪지만 남편 찰스 1세에 헌신적인 여성이었다. 1642년과 1646년 찰스 1세의 지지자들과 의회파간의 첫 번째 내전이 일어나자 유럽 가톨릭 세력의 원조를 구하기 위해 프랑스에 다녀오기도 했다. 그러나 1644년 7월 무렵 프랑스로 피신했다가 1649년 왕당파와 의회파의 세 번째 내전이 시작할 무렵 찰스 1세의 처형 소식을 듣게 되었다. 1651년 9월 잉글랜드 내전의 마지막 전투였던 우스터 전투Battle of Worcester가 의회파의 승리로 끝나고 1660년 장남 찰스 2세가 복위되자 영국으로 돌아왔다.

찰스 1세, 강력한 의회와 권리장전(權利章典)

찰스 1세의 통치기(1625-1649)는 의회와의 권력투쟁으로 유명하다. 개신교와 로마 가톨릭 사이의 갈등이 심화되는 가운데, 새로이 부를 축적한 청교도 신흥세력들의 힘이 의회에서 더욱 강력해졌다. 반면에 왕권신수설을 주장하던 찰스 1세는 끊임없이 의회와 권력투쟁을 벌였다.

찰스 1세는 23세가 되는 1623년 스페인과의 관계를 새롭게 하고자 스페인의 합스부르크 공주인 마리아 안나와 결혼하려 했다. 그러나 영국 내에 팽배해 있던 반스페인 분위기 때문에 호응을 얻지 못했고, 우려와 비판 속에 혼인 협상은 실패했다. 그리고 2년 후 브루봉 왕가의 가톨릭 신자 앙리에타 마리아Henrietta Maria와 결혼했다. 로마 가톨릭 신자인 프랑스 공주와 결혼함으로써 영국 성공회, 스코틀랜드 장로교와 같은 종교 개혁주의 세력과 청교도에 대한 불만 세력이 생겨났고, 마침내 종교적 정책에 대한 갈등이 더욱 심화되었다.

더구나 찰스 1세는 신앙심에서 나온 왕권신수설의 신봉자였기 때문에 의회와 갈등은 더욱 표출되었다. 찰스 1세는 왕의 절대적 권리는 신성한 권리로 믿었으며 자신의 권리에 따라 통치하려 했다. 왕위계승 후 자연히 왕의 특권을 억제하려는 잉글랜드 의회와 투쟁을 벌일 수밖에 없었다. 찰스 1세는 개혁적이고 논쟁적인 청교도들이 포진한 하원을 왕권에 도전하는 신뢰할 수 없는 집단으로 여겼다. 과반수가 넘는 의원들은 찰스 1세가 의회의 동의 없이 세금을 부과하는 것에 반대했고, 절대적인 전제군주로서 정책을 실행하는 것에 반대했다. 찰스 1세는 30년 전쟁에서 프로테스탄트 군대를 돕기 위해 원정을 나갔고, 이 때문에 더 많은 세금을 추가적으로 부과했다. 당시 의회의 권력이 커지고 있는 상황이어서 국왕과 의회의 사이는 점점 더 험악해져 갔다.

찰스 1세는 전제군주식으로 정책을 강요하였으므로 스코틀랜드 의회와도 맞서야 했다. 영국 성공회 의식을 스코틀랜드 교회에 강요하여 주교 전쟁이 발발하게 되자, 스코틀랜드 의회의 입장은 더욱 견고한 반대 입장을 굳혔다. 찰스 1세의 통치 말년에는 의회가 더 강력해졌고, 로마 가톨릭 우호정책에 맞서는 청교도의 투쟁인 잉글랜드 내전(청교도 혁명)까지 발발하여 총체적 혼란의 정국이었다.

제1차 잉글랜드 내전(1642~1645년)은 찰스 1세의 패배로 끝나자, 의회파는 찰스 1세가 입헌군주제를 수용하길 기대했으나, 찰스 1세가 아일랜드에 있는 가톨릭교도들과 내통하여 제2차 잉글랜드 내전(1648~1649년)이 일어났다. 결국 찰스 1세는 1649년 49세의 나이로 재판에서 사형을 선고받고 단두대

찰스 1세의 가족 초상화.

에서 처형당했다. 군주제는 폐지되었고 영국 영연방이 선언되었다. 그러나 1660년 찰스 2세에 의해서 군주제는 부활한다.

찰스 1세의 가톨릭 옹호 정책이 이끈 종교 갈등

찰스 1세의 통치기는 개신교와 로마 가톨릭교회 간의 갈등이 최고조에 올랐던 시기이다. 메리 1세가 통치하는 동안 로마 가톨릭 귀족들이 개신교를 무자비하게 탄압했던 기억이 아직 지워지지도 않았기 때문이다. 이러한 시기에 찰스 1세는 의회와 여론의 반대에도 불구하고 로마 가톨릭 신자인 프랑스 공주 앙리에타 마리아와의 결혼했고, 의회 내부에는 찰스 1세가 로마 가톨릭교회를 옹호할 것이라는 우려와 공포감이 조장되었다.

찰스 1세가 가톨릭 옹호 정책을 실시하자 의회의 청교도 세력과의 갈등이 급속도로 가열되었다. 그럼에도 로마 가톨릭 신자들은 찰스 1세가 칼빈주의자보다 로마 가톨릭교에 더 적대적이었던 알마니안주의를 지지하자 찰스

1세에 반발했다. 알미니안주의Arminianism는 완전한 타락과 구원 사이에 '중간' 상태가 있다고 믿었고, 구원을 얻는 것은 개인의 능력에 달렸다고 주장했다. 이에 맞서 싸우는 칼빈주의자는 하느님이 선택한 자만의 구원을 믿는 예정설의 입장이었다. 즉 특정 사람들만이 구원되기로 예정되어 있다는 것이다. 찰스 1세는 종교개혁에 대한 프로테스탄트적 입장을 가지고 있었지만, 가톨릭적인 성찬의식과 의복의례를 인정하는 방향으로 영국 성공회를 바꾸고자 했다.

당시는 유럽 전역에서 종교개혁을 일으킨 프로테스탄트와 로마 가톨릭과의 갈등이 팽배했던 시기였다. 또한 교회 의식의 차이로 파벌 갈등이 심화되었던 시기에 찰스 1세는 교회의 제도와 의식을 정책으로 밀어붙인 절대군주였다. 찰스 1세에 동조하는 귀족 세력들은 종교개혁에 보수주의자들이었다. 이들은 로마 가톨릭교회처럼 기도문을 통한 기도와 예배의식을 엄격하게 준수하고 강조했다. 반면에 청교도들은 개인적인 즉석 기도나 설교 방식을 옹호했기 때문에 종교 의식의 차이는 의회의 종교적 갈등에 한몫을 했다.

DIGEST

59

UNITED KINGDOM

청교도 혁명부터 세 차례 연이은 잉글랜드 내전까지

청교도 혁명 Puritan Revolution의 시작, 권리청원(權利請願)

청교도 혁명은 경제적이고 계급적인 요구라기보다 영국의 국교인 성공회와 청교도의 분파인 장로교와의 충돌이며 동시에 로마 가톨릭에 대한 거부였다. 찰스 1세가 영국 성공회를 강요하자 스코틀랜드에서 주교들이 무장봉기를 일으켰다. 이를 주교 전쟁이라고 한다. 찰스 1세는 이를 막을 군대와 전쟁 비용 마련을 위해 의회를 열었다.

1625년 6월 첫 번째 회의가 소집되었지만, 이전 국왕 제임스 1세 때부터 강력한 영향력을 행사하던 버킹엄 공작에 대한 불신이 팽배해있었으므로 즉각적인 분쟁이 일어났다. 찰스 1세는 프랑스와 스페인을 상대로 한 전쟁 실패와 전쟁비용에 대해서 의회에 소명하지도 않았다. 찰스 1세에 동조하던 보수주의적 종교개혁파와 대부분이 청교도인 하원과의 분쟁이 극심하게 일어났다. 또한 의회가 톤세 Tonnage와 파운드세 Poundage의 관세 징수를 제한하자 찰스 1세는 '쓸모없는 의회 Useless Parliament'라고 선언하며 의회를 폐회시켰다.

1626년 2월 왕실의 재정 문제가 심각해지자 찰스 1세는 두 번째 의회를 소

권리청원(1628).

집하였다. 찰스 1세는 하원들의 수를 줄이고 골치 아픈 하원 의원들을 자치주의 주장관으로 임명하여 하원 의원의 참여를 제한했다. 주장관들은 임기 중에 자신의 자치주에 남아있도록 되어있어 의회에 참여할 수 없는 점을 이용한 것이었다. 그러나 하원 의원들이 찰스 1세의 고문 역할을 하는 버킹엄 공작을 강력하게 탄핵하자, 이를 막고자 찰스 1세는 의회를 다시 강제해산하였다. 그리고 재정 문제를 해결하고자 국채를 끌어들였다. 찰스 1세는 국채 모집에 불응한 수석 재판관을 해임하고 70여 명의 기사와 젠트리들을 체포하도록 명령했다. 이러한 전제적인 조치에 대해서 찰스 1세에 대한 전반적인 반감은 점점 더 고조될 수밖에 없었다.

1628년 3월 세 번째 의회가 열렸다. 이전의 의회 해산 이후 버킹엄 공작에 대한 탄핵 문제로 전쟁비용을 얻어내기 어려웠던 경험이 있었지만, 찰스 1세는 유럽에서 광범위하게 전개되던 종교전쟁인 30년 전쟁에 원정을 떠나 프랑스의 라 로셸에서 포위 공격을 받고 있던 버킹엄 공작을 지원하기 위해 긴급 의회를 소집하였다. 찰스 1세는 전쟁 비용을 위한 특별세 징수에 대해서 의회 승인을 요청했다. 이에 하원 에드워드 코크 등이 중심이 되어 찰스 1세에게 5가지의 지원 보조금에 대해서 의결하는 대신, 시민권을 보호하고 왕권을 견제하는 4개 항의 '권리청원 Petition of Right'을 수락할 것을 요구하였다.

권리청원의 4개 조항은 의회의 동의 없이 과세할 수 없음, 정당한 이유 없이 구금할 수 없음, 백성들의 집이나 소유지에 병사를 숙영하지 말 것, 그리고 평화 시에 계엄령을 선포하지 말 것 등이었다. 권리청원은 청교도 혁명과 관련된 인권선언이었다. 특별세 승인이 필요했던 찰스 1세는 어쩔 수 없이 재가하였다. 그리고 의회가 의결한 비용으로 해군 함대를 지원하였으나 버킹엄 공작의 원정군은 무참하게 패배하였고 왕실은 신뢰를 잃게 되었다. 1628년 버킹엄 공작은 불만을 갖고 있던 부하 육군 장교에 의해 암살되었는데 이 소식을 들은 시민들은 거리에 나와 춤을 추며 기뻐했다고 한다.

찰스 1세 "11년의 독재"

1629년 1월 의회가 재개되었을 때, 하원은 교회 내에서 가톨릭의 관행이 부활하고 있고, 톤세와 파운드세가 권리청원과 모순된다고 주장하면서 과세에 반대하였다. 하지만 1629년 3월 2일 찰스 1세는 의회의 휴면을 선언했고 9명의 주요 반대자들을 체포했다. 그럼에도 하원 의장이 찰스 1세를 비난하는 3개의 결의안을 통과시켰다. 찰스 1세는 이와 같은 의회의 태도를 왕권에 정면 도전하는 행위로 여기고 이후 11년 동안 한 번도 의회를 소집하지 않고 독단적으로 통치했다. 이 시기를 '11년의 독재 eleven years' tyranny'라고 부른다.

찰스 1세는 의회소집을 하지 않기 위해서 전쟁을 피하고 프랑스와 스페인과 평화조약을 맺었다. 대신에 바닥난 국가 재정을 위해서 의회와 아무런 논의도 없이 대관식에 참여하지 않은 귀족들에게 벌금을 물렸다. 또한 항구도시에 선박세를 적용하였다. 그리고는 형평성을 위한다는 명목으로 일반 도시에도 선박세를 부과함으로써 결국 모든 도시에 과세한 것이다,

1634년 항구도시에서 시작하여 내륙의 도시에까지 선박세를 부과하자 1638년까지 지방 젠트리 계층과 항구도시의 상공인 등 부유층을 중심으로 전국적인 저항과 반발이 일어났다. 선박세의 시행에 대한 반발이 심해지자, 무역 확대에 따른 관세 수입과 강제 징세로 왕실 지출을 충당했다. 그리고

거둬들인 세입의 일부를 해군력 증강에 투자함으로써 해상에서 영국의 위세가 강해지는 계기가 되었다. 1639년 주교 전쟁이 일어나기 전까지 제한적이지만 그나마 비교적 번영과 평화가 유지되던 시기라고 할 수 있었다.

스코틀랜드의 주교 전쟁을 위한 단기 의회, 장기 의회

1637년 장로회가 우세한 스코틀랜드 지역에도 성공회 기도서를 준수하라는 강제력이 동원되자 스코틀랜드의 장로교는 이를 거부하고 1638-40년 반란을 일으키는데 이것이 주교 전쟁Bishops' Wars이다. 이 전쟁은 종종 영국 내란의 서곡으로 여겨지기도 한다. 찰스 1세는 스코틀랜드의 교회에 대해서 주교가 없는 감독체제를 실시했기 때문이다. 1639년 찰스 1세는 2천여 명의 군대를 모집하여 스코틀랜드 국경 베윅어펀트위드Berwick-upon-Tweed로 향했고, 레슬리Leslie가 이끄는 스코틀랜드 군대는 12,000명으로 국경의 반대편에 진을 쳤다. 찰스 1세는 스코틀랜드의 군대가 수적으로 우세하다고 여겨지자, 교전을 하는 대신에, 버윅 강화조약Pacification of Berwick을 맺고 모든 분쟁 문제를 의회에 회부한다는데 동의를 했다. 그러자 스코틀랜드 의회는 감독체제를 폐지하고 왕실 통제를 받지 않겠다고 선언했다.

스코틀랜드에는 장로교의 전통이 확고하게 뿌리내리고 있었고, 절대군주보다는 귀족과 지방 유지들이 막강한 힘을 발휘하던 곳이었다. 찰스 1세의 아버지 제임스 1세는 어린 시절을 스코틀랜드에서 자랐으므로 스코틀랜드 고유의 종교적 정서와 상황을 잘 알고 있었기 때문에 스코틀랜드인들을 다스리는 데 능숙했다. 또한, 그는 스코틀랜드를 친히 방문하고 회유하여 반란을 방지할 수 있었다. 반면 찰스 1세는 3살에 잉글랜드로 건너왔고 스코틀랜드의 정서에 무지하여 이들을 무시하고 세심한 관심을 보이지 않았다. 더구나 기도서 보급안을 지나치게 강요하자 대대적인 저항의 움직임이 일었고 이 저항은 잉글랜드의 동북 경계선을 밀고 내려와 전쟁의 양상으로 확대된 것이었다.

찰스 1세는 의회를 소집하지 않고 독자적으로 치른 첫 번째 스코틀랜드와의 주교 전쟁에서 실패한 이후 스코틀랜드가 잉글랜드를 치기 위해 프랑스

찰스 1세의 처형.

와 동맹을 추진하고 있다는 사실을 알게 되었다. 전쟁 규모가 커지게 될 것을 우려한 스트라포드Strafford 백작인 토마스 웬트워스Thomas Wentworth의 조언으로 찰스 1세는 전쟁비용을 조달하기 위해 1640년 4월 의회를 소집했다. 의회가 소집되자 의원들은 1629년부터 1640년까지 11년간의 폭정에 대한 수많은 불만들을 한꺼번에 먼저 쏟아내기 시작했다. 선박세를 포함한 왕실 징세의 반대에서 시작하여 전쟁 자체를 반대하는 쪽으로 의회의 의견이 기울어지자, 찰스 1세는 5월 5일 아예 의회를 해산시켜 버렸다. 이때 3주간 열렸던 이 의회를 '단기의회Short Parliament'라고 부른다. 찰스 1세가 선박세를 철회하겠다는 제안을 했었지만 하원들의 불만을 누그러뜨릴 수 없었다. 찰스 1세는 의회를 해산하고 다시 독자적으로 스코틀랜드 원정을 계획하였다. 토마스 웬트워스는 찰스 1세의 군대 강화 계획에 보급품과 비용을 위해 로마 가톨릭의 지원까지 얻어냈다.

두 번째 주교 전쟁은 1640년에 발발했다. 스코틀랜드의 레슬리 군대가 짧은 시간 내에 노섬벌랜드와 더햄 카운티까지 점령하게 되자, 찰스 1세는 1640년 10월 스코틀랜드의 전쟁비용까지 포함하는 거액의 배상금을 지불하는 조건으로 평화협정을 맺은 리폰 조약Treaty of Ripon에 서명하였다. 두 번째 주교 전쟁에서도 패하고 배상금 비용을 댈 수 없었던 찰스 1세는 1640년 11월 의회를 소집하였는데 이번에는 1653년에 가서야 폐회가 되어 이를 '장기의회 Long Parliament'라고 부른다.

장기 의회에서 의원들은 이전의 전례가 반복되지 않도록 의회를 3년마다 개회한다는 법안과, 의원의 동의 없이 해산할 수 없다는 법령을 제출하였다. 찰스 1세는 이에 동의했고, 선박세가 위법이라는 의결에도 동의하였다. 의회에서 왕실 특권과 폭정에 대한 청원이 줄을 이었고, 의회파는 이 문제들이 먼저 거론되지 않는다면 보조금에 대한 투표를 거부하겠다고 했다. 1641년 11월 의회파 존 핌 John Pym은 지난 11년간 찰스의 폭정과 왕실의 문제에 대해서 '불평의 목록'이라는 주제로 두 시간에 걸친 긴 연설을 했다. 그리고 찰스 1세의 실정을 200개 조항에 열거하여 '삼가 시정을 요구하는' '대간의서 Grand Remonstrance'를 통과시켰다.

의회는 캔터베리 대주교인 윌리엄 라우드를 탄핵했고, 스트라포드 백작인 토마스 웬트워스를 반역죄로 만장일치로 기소했다. 찰스 1세는 가족의 안전에 두려움을 느끼고 자신의 정책 참모였던 스트라포드 백작의 사형에 서명을 하였고, 스트라포드 백작은 2일 후에 참수되었다. 스트라포드 백작은 찰스 1세의 배신에 분노하여 처형대 앞에서 '군주를 믿어서는 안 된다'라고 외쳤다고 한다.

세 차례 연이은 잉글랜드 내전

청교도 혁명은 1, 2차에 걸친 잉글랜드 내전으로 번졌다. 1642년부터 1646년까지 발발했던 1차 잉글랜드 내전 The English Civil War은 찰스 1세의 탄핵으로 발생한 것이었다. 1641년 11월 장기의회에서 찰스 1세의 실정을 탄핵하는 2백 개 조항을 나열한 '대간의서 Grand Remonstrance'는 근소한 표 차이로 통과되었다. 결과적으로 누구든지 가톨릭을 옹호하면 반역자로 처형되는 상황이 되었다. 격분한 찰스 1세는 결의문 통과를 주도한 존 핌과 올리버 크롬웰을 포함한 다섯 명의 의원을 체포하고자 몸소 근위대를 이끌고 의사당으로 나섰다. 그러나 경고를 받은 5명은 이미 도망친 후였다. 찰스 1세는 왕

잉글랜드 내전.

권에 대한 의회의 본격적인 도전이라고 선언하고 의회를 해산한 다음 왕당파들과 의회를 떠났다.

한편 찰스 1세의 해산 법령이 유효하지 않다고 주장하는 의회파들은 그대로 의회에 남아있었다. 1642년 의회는 왕이 참석하지 않은 상태에서 왕의 동의 없이도 의회 조례가 유효한 법률이 될 수 있음을 선언했고 런던 민병대 조례를 통과시키고 민병대를 조직하였다.

이듬해 1642년 1월 앙리에타 왕비는 가톨릭 수호 국가들의 지원을 호소하기 위해서 도버해협을 건너 대륙으로 향했다. 같은 해 찰스 1세가 무기 보급을 위해서 무기 보관소 킹스턴 어펀헐에 갔을 때 의회에 의해서 임명된 지휘관 존 호탐경Sir John Hotham은 대형 무기 보관소에 진입하려는 찰스 1세를 막아섰다. 찰스 1세는 호탐을 반역자로 체포하도록 영장을 발부했으나 체포를 실행할 군사력이 없을 정도였다.

1차 잉글랜드 내전 초창기에는 전쟁터에서 단련된 기병대를 보유했던 왕당파가 더 유리했었다. 영국 대부분의 도시는 의회를 지지했지만, 찰스 1세는 농촌지역사회의 귀족들로부터 상당한 지지를 얻었고 많은 지역의 귀족들은 중립을 지켰다. 의회에는 1차 내전동안 왕을 무조건적으로 지지하는 의원에서부터 종교적 독립과 국가적 차원에서 권력의 재분배를 위한 개혁을 원하는 혁신세력까지 다양했다. 하지만 1차 잉글랜드 내전에서는 가장 혁신적인 세력들도 찰스 1세가 왕좌를 지키기를 원했고 초기에는 왕당파가 우세해 보였기 때문에 찰스 1세의 편을 들었다. 1643년 왕당파 군대는 애드왈톤 무어Adwalton Moor 전투에서 승리했고 요크셔 대부분을 장악했다.

그러나 같은 해 1643년 올리버 크롬웰Oliver Cromwell이 철기병을 구성했고 전투에서 혁혁한 공을 세우기 시작했다. 1644년 맨체스터 백작 2세인 에드워드 몬테규의 지휘 하에 의회군이 스코틀랜드의 도움으로 마스턴 무어Moarston Moor에서 승리하였고 요크셔 대부분을 장악하면서 반전이 일어나게 되었다. 더구나 1645년 토머스 페어팩스가 올리버 크롬웰의 철기병을 모델로 전문적 군대인 신기군New Model Army을 조직하였고, 베이즈비 전투에서 찰스 1세의 군대를 대패시켰다. 이 전투에서 크롬웰의 혁신적인 부대는 전투력을 입증하였고, 크롬웰은 정치적으로 군사적으로 중요한 지도자로서의 잠재력을 보여준 결정적 반전을 얻게 되었다.

1645년 첫 번째 잉글랜드 내전에서 의회파가 승리했으나 찰스 1세를 지지하는 세력이 있었기 때문에 왕을 죽이지는 않았다. 그리고 혁명군이 승리한 후 의회에서는 혁명의 승리로 대두한 크롬웰의 독립파와 장로파 사이에 의견 대립이 생기기 시작했다. 의회는 신기군이 사병화될 것을 우려하여 의회의 하원 의원들이 군관직에서 손을 떼게 하는 자금령Self-Denying Ordinance에 합의했다. 크롬웰은 신기군을 유지하기 위하여 의회에서 신망이 있었고 노련했던 패어팩스를 신기군의 대장으로 추천했다. 그러자 패어팩스 경은 크롬웰을 부사령관으로 임명하였다.

반면에 찰스 1세의 군대는 실질적으로 와해되었다. 찰스 1세는 1646년 5월 노팅엄셔의 트렌트에 옥스포스와 뉴어크Newark사이를 추축으로 요새를 만들어 대항하려 했지만, 찰스 1세가 잡히고 투옥되면서 1차 내란이 종식되었다. 찰스 1세는 화이트 섬에 있는 캐리스브룩 성Carisbrooke Castle에 유폐되었다가 1647년 의회파에 넘겨졌다. 제1차 잉글랜드 내전은 찰스 1세의 패배로 끝나자, 의회파는 찰스1세가 입헌군주제를 수용하길 기대했다.

그러나 찰스 1세는 아일랜드에 있는 가톨릭교도들과 내통하며 제2차 잉글랜드 내전(1648-1649년)을 일으켰다. 1647년 11월 가까스로 탈출한 찰스 1세는 12월 왕당파의 지지 세력과 군대가 흩어졌다는 것을 알게 되었지만, 3년간 장로교회 설립을 보장하는 조건으로 찰스 1세를 지원하기로 한 스코틀랜드와 비밀 협약을 맺었다. 영국 전역에 다시 결집한 왕당파들이 켄트, 에식스, 컴벌랜드 등에서 연합하였고, 스코틀랜드는 찰스 1세와 협약대로 1648년 여름 잉글랜드를 침략하였다.

의회군과 왕당파군과의 전투는 대부분 작은 전투에서 진압되었으나, 켄트, 에식스, 컴벌랜드에서는 대대적인 전투가 되었다. 찰스 1세를 지지하던 지방 귀족들은 2개월간의 포위 공격 끝에 크롬웰에 항복했고 도마스 페어팩스는 켄트에서 왕당파의 반란을 격파했다. 결국 포위공격에서 의회군인 크롬웰이 승리하였고, 토마스 패어팩스도 메이스스톤Maidstone전투에서 지역 왕당파군을 격파했다. 초반에 승승장구하고 있던 스코틀랜드 지원군의 지휘관 해밀턴 공Duke of Hamilton을 1648년 프래스턴Preston 전투에서 크롬웰이 격파하자 2차 잉글랜드 내란도 의회파의 승리로 종식되었다.

두 번째 내란이 끝나자 이번에는 왕당파에 대한 어떤 관용도 베풀지 않았다. 승리한 의회파는 해밀턴 공작, 네덜란드 백작, 케이펠 경 등 주요 관련자들을 모조리 처형했다. 그러나 찰스 1세의 지지자들은 찰스 1세의 가석방과 왕권을 돌려주는 논의를 은밀하게 시작했다. 여전히 찰스 1세의 왕권을 지지하는 귀족들이 존재했고 이들은 크롬웰의 거대해지는 세력을 경계하여 찰스 1세와 협상을 시도했다.

크롬웰을 중심으로 한 독립파는 찰스 1세를 왕으로 되돌리려는 의도에 격렬하게 반대했고 군대가 국회로 행진하기에 이르렀다. 1648년 토마스 프라이드를 비롯한 의회의 독립파는 찰스 1세가 왕권을 유지하는 것을 정면으로 반대했고, 프라이드의 숙청Pride's Purge을 감행했다. 국왕과 비밀 교섭을 하던 왕당파 의원들은 모두 숙청되었고 상원은 폐쇄되었다. 대규모 숙청이 일어나자 1/4도 안되는 하원 의원들만이 참석한 잔부의회(殘部議會, Rump Parliament)가 성립되었다. 59명의 판사로 이루어진 특별법원은 반란, 반역, 살인 및 공공의 적 등의 죄를 물어 판결했다. 잔부의회에서 왕당파의 진압에 공을 세운 강경파인 올리버 크롬웰이 군대와 의회에서 주도권을 잡게 되었다. 입헌 군주제를 옹호했던 온건파 페어팩스는 군대 수장직을 사임함으로써 크롬웰이 권력을 잡을 수 있게 되었다.

결국 1648년 2년에 걸친 2차 잉글랜드 내전도 의회군의 승리로 끝나자, 스코틀랜드군은 찰스 1세를 의회파에 넘겨준다. 올리버 크롬웰을 중심으로 한 급진적 의회파는 찰스 1세를 반역죄로 재판에 넘긴다. 찰스 1세는 1648년 12월 윈저 성으로 이송되었다가, 1649년 1월 '대영국에 대한 반역죄' 혐의로 웨스트민스터에서 열린 특별법정에 회부되었다. 이 법정은 온건 개혁파와 찰스 1세가 결탁할 수 있다는 우려 때문에 크롬웰 군부가 일부 의원이 의회에 참여하는 것을 가로막고 개정되었다.

재판을 연지 10일 만에 59명의 판사는 찰스 1세가 폭군, 반역자, 살인자, 및 공공의 적이며 치명적인 반역죄를 저지른 것으로 평결을 내렸다. 선량한 백성을 억압하고 살생한 대역죄의 명목으로 사형판결을 받았다. 그러나 찰스 1세는 자신의 신앙에 따라 백성을 이끌었다고 믿었으며 신만이 자신의 과오를 심판할 수 있다고 믿는 왕권신수설의 신봉자였다.

찰스 1세는 1649년 1월 30일 런던 화이트홀의 연회장 밖에서 처형당했다. 찰스 1세의 처형은 당시 유럽 왕실들을 발칵 뒤집어 놓았다. 유럽 대륙에서 절대왕조가 전성기를 맞고 있었으므로, 법에 따라 군주가 처형된 경우는 없었기 때문이다. 이 사건은 의회와 국민의 권리를 확대해가던 의회 민주주의의 대장정을 시작한 획기적 사건이었다. 찰스 1세는 국왕으로서의 품위를 지키며 당당하게 처형을 맞이하였고 얼마 후 윈저 성에 묻히게 되었다.

한편, 찰스 1세가 참수된 지 불과 한 달 후, 찰스 2세는 1649년 2월 스코틀랜드의 세인트 헬리어St. Helier에서 국왕으로 선포되었다.

찰스 2세의 왕권 계승 선언은 1649년에서 1651년까지 3차 내전을 발발하게 했다. 찰스 1세는 처형되었으나 잉글랜드의 왕위계승 1 순위에 있는 찰스 2세를 옹립하려는 세력이 있었기 때문이다. 1649년 찰스 2세가 스코틀랜드와 비밀협약을 맺고 군사를 모아 잉글랜드까지 내려왔지만, 크롬웰의 군대가 아일랜드에서 스코틀랜드로 건너와 에든버러를 포위 공격했으며, 1651년 인버케이팅Inverkeithing 전투에서 스코틀랜드를 격파했다. 여세를 몰아 크롬웰은 1651년 9월 신기군을 이끌고 우스터 전투Battle of Worcester에서 프랑스의 지원을 받은 왕당파와 싸워 승리하였고, 찰스 2세는 겨우 탈출하여 프랑스로 망명했다. 찰스 2세는 프랑스, 네덜란드 공화국, 스페인 등에서 9년간의 망명생활을 했고, 1658년 크롬웰이 사망한 후 왕정복고가 되고 나서야 영국으로 돌아왔다.

DIGEST

60

UNITED KINGDOM

올리버 크롬웰, 프로테스탄트의 보호자인가, 독재자인가?

청교도혁명의 주도자, 올리버 크롬웰 Oliver Cromwell 의 독재 과도정부

올리버 크롬웰은 정치가이며 군인으로서 영국 성공회를 국교에서 철회함과 동시에 군주제를 폐하고 공화국을 세운 청교도 혁명세력의 주도자였다. 찰스 1세를 폐하고 왕을 대신하여 섭정의 형식을 띤 호국경(護國卿, Lord Protector)으로 올라 잉글랜드, 스코틀랜드, 아일랜드를 다스리다가 1658년 사망했다. 그러나 1661년 찰스 2세의 왕정복고 후에 역적으로 선고되어 부관참시 되었다.

올리버 크롬웰은 프로테스탄트 가문인 스튜어트 왕조 헨리 7세의 후손이다. 부친인 로버트 크롬웰은 엘리자베스 1세의 통치시기에 의원을 지냈고 잉글랜드 동부 헌팅턴의 지주이자 치안판사였다. 올리버 크롬웰은 케임브리지 대학에서 공부하였고, 18세에 부친이 사망하자 허팅턴으로 귀향하여 1628년 허팅턴 선거구에서 하원 의원이 되었다. 1628년 의회가 권리청원(權利請願)을 할 때 함께 했고, 찰스 1세가 11년간 의회를 해산했을 때 의회와 함께 찰스 1세에 맞섰다. 젊은 크롬웰은 경건한 캘빈주의 신앙을 가졌고, 성공회 성직의 엄격한 위계 조직에 대해서 특히 불만을 가지고 있었다. 크롬

웨스트민스터 부근의 올리버 크롬웰의 동상.

웰은 케임브리지 선거구에 당선되어 1653년까지 장기의회에서 정치적인 이력을 쌓기 시작하였다.

1641년 크롬웰은 존 핌이 찰스 1세의 실정을 열거한 대간의서를 제출할 때 주도적으로 참여했다. 대간의서가 통과되고 난 후, 찰스 1세가 대간의서를 제출한 세력 5명을 반역 혐의로 체포하려 했을 때 존 핌과 더불어 크롬웰이 포함되어 있었다. 본격적인 내전으로 치닫게 되자, 크롬웰은 왕당파의 기병을 상대하기 위해서 고향인 허팅턴에서 사비를 들여 철기군'(鐵騎軍, Ironsides)이라고 하는 기병대를 조직하여 훈련을 시작하였다. 이 시기부터 크롬웰은 지도력과 조직력을 갖춘 주요인물로 두각을 보이기 시작했다.

크롬웰은 철갑 기병대의 기병 3열을 가까이 배치하여 전진공격하게 하는 훈련을 시켰다. 종교적 탄압을 받았던 착실한 자작농과 시민들로 구성된 사병들이었지만, 누구보다도 맹렬하고 엄격하게 훈련을 시켰다. 가령, 보초를 서다가 잠이 들거나 무기를 잃어버리면 사형에 처해졌다. 찬송가를 군가처럼 부르면서 적진에 돌진할 수 있도록 투철한 프로테스탄티즘으로 사병들을 정신 무장시켰다. 1642년 10월 최초의 대규모 전투인 에지힐 전투Battle of Edgehill에 크롬웰의 철기군이 참여했다가 찰스 1세에게 패하고 난후 더욱 강력한 준비와 훈련이 필요했던 것이다.

그 후 크롬웰의 신기군은 왕당파 군대를 상대로 두 번의 결정적 승리를 거뒀다. 첫 번째는 1643년 6월 네즈비 전투에서 찰스 1세와 왕당파를 패배시켰다. 이 전투에서 왕당파 군대를 무찌르고 포로를 5000명이나 잡았다. 그리고 찰스 1세는 스코틀랜드로 도망갔다. 하지만 스코틀랜드는 40만 파운드를 받고 도망간 포로를 모두 잉글랜드 의회에 넘겼다. 두 번째로 1644년 마스턴 무어Marston Moore 전투에서 크롬웰의 철기군은 기고만장한 왕당파 군대를 깨고 대승을 거두었다. 1645년 의회는 철기군을 개편하여 토마스 페어팩스 경을 지휘관으로 하는 신기군New Model Army을 설립하였고 크롬웰의 세력은 더욱 막강해졌다.

크롬웰의 공화정, 중상주의와 수평파의 등장

크롬웰은 1648년 2차 내란을 종결시키고 1649년 찰스 1세를 아예 처형하였다. 그리고 마침내 1649년 크롬웰이 주도하는 독립파는 잉글랜드 최초이자 마지막인 공화정 시대1649-1660)를 세웠다. 크롬웰은 토마스 프라이드를 비롯한 왕정 찬성의원들을 대거 숙청했고 1649년부터 1653년까지 크롬웰을 지지하는 독립파 의원들로만 구성된 1/4의 의원들로 잔부의회(殘部議會, Rump Parliament)를 열었다. 이들은 입법과 행정의 권한을 맡았으나 일관성이 없고 모순적인 정책을 발표하였다. 가령 시민들은 국교회가 폐지되었지만, 국교회의 성직자를 부양하기 위한 십일조(十一租) 같은 세금을 내도록 강요되었다.

1653년 크롬웰이 스코틀랜드와 아일랜드에서 대승을 거두자, 국내외의 혼란을 군부가 통제하는 상황이 되었다. 크롬웰의 부하이며 부사령관이었던 존 램버트는 잉글랜드 헌정 사상 최초의 성문 헌법인 통치헌장(統治憲章, Instrument of Government, 1653)을 만들었고, 크롬웰을 종신 호국경Lord Protector으로 추대했다. 의회에서 왕당파나 보수파가 의원이 될 가능성을 배제하기 위해서 자유선거를 피하고 신앙심이 깊은 140명을 임명하여 1654년 소집된 의회를 '성자들의 의회Assembly of Saints'라고 불리기도 했다. 이들은 중구난방으로 다섯 달 동안 입씨름만 일삼으며 의견 합의를 이루지 못하자 1655년 1월 다시 해산했다. 그 후, 크롬웰은 잔부의회를 아예 해산하고 공화정을 유지했으며, 1653년부터 1658년 사망할 때까지 군사위원회에 의한 군사독재를 했다는 오명을 남기게 되었다.

1649년에서 1659년까지 크롬웰 독재 10년 동안 네 차례나 헌정 구조가 바뀌면서 임시방편적인 법령이 난무했다. 크롬웰은 청교도의 확립, 교육의 진흥, 통치의 분권화 등에 관한 국내 정책의 조례를 의회소집 없이 통과시켰다.

크롬웰은 자신을 지지하는 중산 시민의 권익을 옹호하여 중상주의(重商主義) 정책으로 경제적 안정을 추진했다. 중상주의는 15-18세기 유럽 국가들이 채택했던 정책으로, 국내 산업의 보호와 해외 식민지 건설을 핵심 내용으로 하는 초기 자본주의와 유사한 개념이다. 세 차례의 잉글랜드 내란으로 재정 문제가 악화되었기 때문에 혁명정부는 자본과 토지를 소유한 상업 자본가와 지주들에게 의존할 수밖에 없었다. 상업 자본가의 이익을 존중하여 독점권을 부여했다. 구체적으로 잉글랜드와 아일랜드에 재판관을 새로 임명하고, 금융업 발전에 도움이 될 수 있는 유대인의 입국을 허용하는 법령도 통과시켰다.

한편 청교도 입장에서 죄악시되었던 극장 공연, 스포츠, 춤과 연극, 그리고 찬송가를 제외한 노래를 금지시켰다. 또한 철저한 성서 주의자로서 성서에 예수의 탄생일이 없다는 것을 근거로 크리스마스까지 금지했다. 반면에 사소한 범죄에 대한 중형을 금지했다. 청교도적인 엄격한 도덕주의와 금욕적인 생활을 강요하는 독재정치에 국민들은 점점 환멸과 불만을 느끼게 되었다.

비국교도들에 관대한 정책을 피자 퀘이커파, 수평파 등 많은 급진적인 청교도 집단이 출현했다. 급진적 청교도 집단 중에는 '모든 인간이 태어나면서 천부권Freeborn rights을 가진다'고 주장했던 존 릴번John Lilburne이 중심이 된 수평파가 있다. 수평파의 주장은 급진적이었지만, 크롬웰은 수평파와 연합하여 왕에 대한 처분에 관대했던 장로파를 몰아냈다. 하지만, 정권을 장악하자 지나치게 진보적인 수평파와의 협력을 끊었다. 중산 시민으로 구성된 혁명 군중인 수평파는 성인 남자의 보통 선거권을 요구하고 평등사회를 주장하는 진보적 성향을 가졌기 때문이다. 법률상의 완전한 평등, 상거래 독점 금지 등을 주장하자, 하층민도 수평파에 동조하면서 한층 더 급진적인 경향의 조직이 되었다.

프로테스탄트의 보호자, 올리버 크롬웰Oliver Cromwell

청교도 혁명을 주도할 때 올리버 크롬웰은 독실한 프로테스탄트 신자이며 보호자였다. 크롬웰의 메모에는 '하나님은 나의 힘이시다God is our Strength'라고 적혀있었고, 동료와 부하에게 보내는 서신 말미에 '당신의 겸손한 종으로부터Your Humble Servant'라고 자신을 표기할 정도였다.

이탈리아 북서부의 피에몬테 지방에 프로테스탄트의 발덴서Waldenser교 신자 대량학살 사건이 일어나자 크롬웰이 로마 교황청에 직접 항의하였다. 발덴서교는 리옹 출신의 종교개혁가인 피터 발도가 세운 신앙공동체의 교세가 확장된 것인데, 로마 가톨릭교회는 이를 이교도로 규정했다. 이들은 알프스의 피에몬테에 정착하였는데, 그곳의 가톨릭 통치자 사보이 공작이 이들을 이교도라는 이유로 대량 학살했던 사건이다. 마을은 불태워지고 남자들은 도끼로 베어지고, 아이들의 머리는 바위에 던져져 죽임을 당했으며, 여자들은 벌거벗긴 채 창에 찔려 처형되었다. 약 150여 명의 여자들이 참수형을 당했고 머리는 공놀이에 사용되었다고 전해졌다. 올리버 크롬웰은 "알프스로 배를 몰고 가서라도 박해를 중지시킬 것이다. 하나님의 자녀에 대한 이 박해를 중지할 수 있다면 프랑스와의 전쟁, 아니 전 세계와의 전쟁이라고 불사할 것이다"라고 분노하면서, 1655년 프랑스와 진행 중이던 조약을 중지했다. 루이 14세는 크롬웰의 분노에 굴복했고, 학살은 중단되었다.

크롬웰이 프로테스탄트 편을 든 또 다른 사건은 아일랜드의 학살사건이다. 1641년 아일랜드에서 예수회의 창시자 성 이그나티우스Saint Ignatius의 축제날에 아일랜드의 가톨릭 예수회 신자들이 프로테스탄트 신자들을 대량으로 학살하였다. 프로테스탄트 신자들을 발가벗기고 돌, 자루 도끼, 검 등으로 살해했고, 프로테스탄트 젊은이들이 부모를 강에서 떠밀어 죽이도록 강요되었으며, 아내들은 남편을 목매다는 일을 돕게 했고, 아이들의 목을 부수는데 어머니가 돕도록 강요당했으며, 산 채로 사람을 매장했다. 이 학살로 약 15만 명이 죽음을 당했다. 크롬웰이 아일랜드를 원정하여 가톨릭군을 물리치고서야 학살이 멈추었다. 아일랜드는 역사에 전례가 없을 정도로 비참하게 크롬웰에게 굴복 당했다.

크롬웰은 로마 가톨릭과 교황주의를 철저히 반대한 종교 개혁가였다. 영국의 청교도는 영국 국교회 내에 남아있던 로마 가톨릭교의 잔재인 주교 제도, 성직자의 제목과 성구(聖具), 예전(禮典)의 폐기를 요구했다. 그리고, 로마 가톨릭 신자들을 맹목적으로 미신을 추종하는 사람들, 신이 아니라 로마 가톨릭의 교황에 복종하는 자들이라고 규명했다.

크롬웰은 1658년 인플루엔자에 걸려 병사함으로써 11년 동안의 군사독재를 마쳤다. 그 후 아들 리처드 크롬웰이 호국경 자리를 계승하였으나, 그는 장로파를 중심으로 한 의회의 반크롬웰 세력과의 대립을 누르지 못하였다. 리처드 크롬웰은 1661년 찰스 2세의 왕정복고 이후 처형당했다. 올리버 크롬웰도 왕을 시해했다는 명목으로 부관참시되어 효수되었고 그의 추종자들도 모두 교수형을 당했다.

크롬웰을 지지한 존 밀턴과 『실낙원』

부부간의 기질과 사상이 맞지 않는다면 이혼할 수 있다는 당시로는 혁신적인 주장을 했던 존 밀턴은 『실낙원』을 쓰기도 한 시인이자 청교도 사상가로 청교도 혁명 때에 크롬웰을 지지했다. 혁명정부에서 10년간 외국어 장관(외교부)을 지냈지만, 시각장애인이었기 때문에 교수형을 면하고 종신형을 받았다. 『실낙원』을 쓸 당시 존 밀턴이 실명하여 딸이 존 밀턴의 구술을 받아 적어 완성한 이야기는 유명한 미담이다. 존 밀턴은 당시로서는 지나치게 급진적인 공화주의를 주장했으므로 왕정복고 이후에 미움을 받았다고 한다. 찰스 1세의 둘째 아들 제임스 2세가 왕이 되기 전에, 밀턴에게 '밀턴, 그대의 실명이 왕정에 반대한 저술활동에 대한 하나님의 심판이 아니겠소?'라고 하자 밀턴은 '전하께서 저의 실명이 하나님이 진노한 징후라고 생각하신다면 부친이신 찰스 1세의 운명은 어떻게 설명하겠습니까? 저는 눈을 잃었을 뿐이지만 전하의 부친께서는 머리를 잃으셨으니 하나님이 저보다 전하의 부친께 더 진노하지 않았을까요?'라고 했다고 한다. 밀턴은 왕정에 반대한 자신의 주장을 꺾지 않았던 것이다. 또한 1644년 밀턴은 「교육론, Of Education」이라는 논문을 발표하였는데 당시의 무분별한 학습과 엄한 체벌을 비판했고 사회진보를 위한 교육개혁을 주장했다.

DIGEST

61

UNITED KINGDOM

찰스 2세, 왕정복고

찰스 2세(재임기간, 1660~1685)의 왕정복고

망명 중이던 찰스 2세는 올리버 크롬웰의 죽음 이후 왕정이 복고되자 1660년 40세의 나이로 왕위에 즉위했다. 아버지 찰스 1세가 1649년 1월 단두대에서 처형당하고 난 후, 같은 해 2월 19세의 찰스 2세가 국왕으로 선포되었음에도 불구하고 올리버 크롬웰의 과도 혁명정부에 밀려나 어머니 앙리에타 마리아와 함께 유럽으로 망명했다가 왕정복고 이후 잉글랜드로 돌아왔다.

1658년 크롬웰이 사망하자 아들 리처드 크롬웰이 호국경이 되었지만 군부의 반항을 못 이기고 이듬해 1659년 5월에 퇴임하자, 크롬웰의 부하 존 램버트가 10월 쿠데타로 의회를 무력으로 해산하고 다시 군사정권을 수립하였다. 그러나 램버트의 지지 세력이 결집되어 있지 않아 약한 틈에 왕당파 군대가 램버트를 잡아 런던 탑에 투옥시키면서 왕당파가 우세해지기 시작했다. 크롬웰에 의해 해산된 장기 의회를 소집하여 장로파 의원들을 복귀시키고 총선을 실시하여 4월 왕당파에 의해 왕정이 복고되었고 의회가 출범하였다.

왕정복고가 이루어지자 찰스 2세는 큰 혼란 없이 에드워드 몬테규Edward Montagu의 함대를 타고 영국으로 돌아와 왕위에 올랐다. 찰스 2세는 왕정복고에 공을 세운 조지 뭉크에게 최고 사령관 아일랜드 총독의 직책을 부여했다. 찰스 2세는 영국으로 돌아오기 전 4월에 망명지에서 왕위 복귀 후 종교의 자유, 토지분쟁의 해결, 군대 체불문제 해결 등에 대해서 의회의 자유로운 의결권을 약속하는 선언문인 브레다Breda 선언을 발표하였다. 크롬웰의 전제주의적인 독재정치를 겪은 시민들은 찰스 2세의 왕정복고에 환호했다.

찰스 2세가 왕정복고 후 처음으로 시행한 일들은 크롬웰에 대한 복수였다. 웨스트민스터 사원에 매장된 크롬웰의 시신을 꺼내 부관참시하고 24년간 효수했다. 크롬웰의 시신은 오랫동안 이리저리 방치되었다가 400년 뒤 1960년 크롬웰의 모교인 케임브리지의 서섹스 대학의 청교도 교회에 매장되었다. 또한 찰스 1세의 사형선고에 관련된 판사 59명 중 31명도 보복을 당했다. 크롬웰의 혁명정부 지지자 12명이 교수형을 당했고, 19명은 종신형을 당했다. 3년마다 의회를 소집하는 브레다 선언은 지켜졌지만, 왕권을 제한하는 견제세력의 역할은 약화되었다. 찰스 2세는 관직 배분에서 친구와 아버지 친구 등에게 각별한 호의를 주지 않고 고르게 관직에 임명했다. 따라서 종교적으로 급진적인 분파의 위협을 제외하고는 찰스 2세를 겨냥한 음모는 거의 없을 정도였다.

쾌활한 군주, 찰스 2세

찰스 2세는 해외 식민지 개척으로 부유해진 포르투갈 브라간사Braganza 왕조의 공주인 캐서린과 결혼하여 지참금으로 받은 탕헤르Tangier와 봄베이Bombay, 인도 뭄바이의 옛 이름)를 소유하게 되었지만 둘 사이에 후사가 없었다. 그러나 '하느님은 약간의 쾌락은 용서하실 것'이라는 믿음을 가진 찰스 2세는 루시 월터, 바바라 빌리어스와 루이즈 드 케루알, 여배우였던 넬 그윈 등 다수의 정부를 통해서 낳은 사생아가 무려 스무 명이 넘었다. 찰스 2세는 자신의 쾌락을 위해 왕실 재정을 사용했다. 정부였던 넬 그윈의 영향으로 연극에 관심이 많아져 연극을 보호하고 육성하기도 했다. 18년 동안 금지령이 내려졌던 극장이 이시기에 문을 열었다. 여러 해 동안 이어진 분열과 불안으로부터의 회복된 왕정을 반영하여 경쾌하고 행복한 결말의 극이 유행했다.

한편 청교도적인 엄격한 도덕성을 조롱하는 복원 코미디restoration comedy가 유명한 장르가 되었다. 극에서 관습적으로 소년이 여성의 역할을 했으나 이 시기부터 소년이 아닌 여성이 직접 극 중의 여성 역할을 담당하기 시작하기도 했다. 이데올로기적 가치가 담긴 극이 무대에 오르기도 했고 군주제로의 복원을 축하하기 위한 희곡이 즐겨 상영되었다.

찰스 2세는 다양한 연구와 철학에 관심이 많았고, 과학발전에도 열정적으로 후원했다. 왕립학회를 창설하여 1662년 왕립학회 자체적으로 출판할 권리를 부여하는 왕실헌장을 선언했다. 이 때문에 기체의 압력과 부피의 관계를 규정한 보일법칙으로 유명한 로버트 보일 Robert Boyle과 아이작 뉴턴 Isaac Newton과 같은 저명한 과학자들이 학회에 이름을 올렸고, 철학적 고찰과 더불어 자연 과학이 가시적인 규모로 발전하는 계기가 되었다. 동시대 유럽의 르네 데카르트와 갈릴레오 갈릴레이 등의 학자들은 기하학의 모델을 기반으로 과학에 대한 연역적, 철학적 접근을 발전시키고 있었던 반면에, 영국에서는 왕립학회의 회원인 프랜시스 베이컨이 실험에 기초한 귀납적 접근방식을 채택했다. 올바른 지식을 획득하기 위해 사물에 대한 경험과 관찰을 통해 근본 원리를 찾아내는 귀납적 방법이 널리 알려졌다. 프랜시스 베이컨은 경험론의 시조가 되었고, 경험주의는 가장 일반적인 공리에 도달할 수 있는 방법론으로 영국에서 광범위하게 받아들여졌다.

한편, 찰스 2세는 잉글랜드의 가장 사랑받는 군주 또는 쾌활한 군주the Merry Monarch로 알려져 있다. 왜냐하면 크롬웰의 군사독재 10년 후에 국민들은 좀 더 여유 있는 삶, 즐거운 오락이 존재하는 삶을 원했고, 일상의 쾌락주의가 허용되는 사회로 돌아왔기 때문이다.

찰스 2세의 성공회 통일법과 로마 가톨릭 포용

찰스 2세는 영국 성공회를 다시 국교로 세우고 비국교에 대해 포용적이고 청교도들이 받아들일 수 있도록 개혁하려고 했다. 그러나 의회에서 의원들이 관직을 거부하면서까지 비국교에 대한 관용을 거부하였다. 찰스 2세는 포용력 있는 성공회를 세우려는 노력을 포기하고 성공회에 대한 엄격한 맹세를 강요하는 통일법 Act of Uniformity을 승인하였다. 이 법으로 많은 사람들이 성공회를 벗어나 비밀 집회를 구성하기 시작했다.

찰스 2세는 목표 지향적인 인물이 아니었기 때문에 의회의 강력한 반대에 부딪힐 때마다 자신의 뜻을 굽혔다. 망명에서 돌아와 왕실 재정을 제대로 꾸릴 수 없었던 찰스 2세는 의회에 의존하지 않고서는 비상 조세를 거둘 수 없었기 때문이다. 의회는 국왕이 돈이 필요한 이유를 심의하고 가결했기 때문에 찰스 2세는 의회의 강력한 뜻에 맞설 수 없었다.

결국 클래런던 법률(Clarendon Code, 1661년)이 제정되었고, 모든 지방 공무원이 성공회의 성찬을 지내야 했다. 그리고 성공회 신자가 아닐 경우 공직에서 제외되었다. 그뿐만 아니라 1661년 도시 자치단체법, 1665년 5마일 통제법 Five Miles Act을 제정했다. 목사가 성공회의 성찬을 지내지 않을 경우 자신이 살던 곳 5마일 이내에 돌아오지 못하게 하였고 학교에서 가르치는 일을 금지했다. 1662년 전례 통일법을 제정했을 때 2000여명의 성직자들이 이를 거부하자 모두 직위해제하였다. 장로파, 침례파, 회중 교회파와 퀘이커교는 모두 불법으로 규정하고 처벌하였다. 1664년 예배소 금지법을 제정하여 성공회 이외의 종교단체가 4명 이상 모여 집회하는 것을 금지했기 때문에 비국교도 신자들은 야간에 불법비밀집회를 열어 예배를 하곤 했다. 찰스 2세의 통치 25년 동안 이를 어긴 수천 명이 체포되어 런던의 뉴게이트 감옥 등에 수감되거나 벌금 부과 또는 추방되는 처벌을 받았다.

한편, 찰스 2세는 개인적으로 가톨릭 신앙을 선호했고, 가톨릭에 대해서는 온건한 정책을 폈다. 여왕 캐서린과 동생 제임스 2세가 가톨릭 신자였던 것에 영향이 있었다. 그러나 1678년 타이터스 오츠 Titus Oates가 로마 가톨릭 교파인 예수회 사제들이 찰스 2세를 암살하고 동생인 제임스 2세를 추대하려는 음모를 꾸몄다고 주장했다. 이를 '교황의 음모 Popish Plot'라고 한다. 종교적 극단주의의 광풍이 불어 가톨릭교도에 대한 린치가 발생했고 이 공모에 캐서린 왕비가 연루되었다고 맹비난했다. 찰스 2세는 댄비 공 Danby lord에게 조사를 명령했다. 이 때문에 제임스 2세는 3년 동안 스코틀랜드에 쫓겨났고 동조자들로 여겨진 수많은 무고한 사람들이 사형 당했다. 후에 오츠가 주장했던 교황의 음모가 제임스 2세를 배척하기 위해 날조된 것으로 드러나자 오츠는 내란 선동죄로 벌금과 종신형이 내려졌다.

신교에 관대했던 찰스 2세 때 퀘이커 교가 확산된다. 조지 폭스George Fox가 1640년 친구들의 협회Friends of Society를 설립하고 퀘이커와 단합했다. 모든 사람들의 내면에는 신성한 불꽃이 있으며, 이 내면의 빛이 사람들을 움직이게 하는 지진과 같은 큰 힘을 갖는다고 주장하여 이들을 퀘이커Quakers라고 불렀다. 퀘이커교는 세속적인 계급을 거부하는 평등사상을 가지고 있었다. 1681년까지 찰스 2세가 퀘이커 교도였던 윌리엄 펜에게 빚을 탕감하기 위해 델라웨어강 서안의 땅에 대한 지배권을 수여하였고, '실베이니아'라고 명명하였으나 후에 찰스 2세가 제독 펜의 아버지의 명예를 기려 '펜'이라는 말을 추가하여 펜실베이니아가 되었다. 펜실베이니아는 퀘이커 교도를 중심으로 하는 자유로운 신앙의 신천지가 되었다.

DIGEST

62

UNITED KINGDOM

1666년, 런던 대화재와 식민지 정책의 확대

런던 대화재 Great Fire of London

1666년 덥고 건조한 날씨가 지속되던 늦여름, 9월 2일 새벽 2시 푸딩 레인 Pudding Lane의 빵 공장에서 일어난 불이 런던 시내로 번진 대화재 사건이 일어났다. 소방관들이 출동하지 않아 조기에 진화되지 않았고, 9월 6일까지 자그마치 4일 동안 연기와 화염으로 태양이 보이지 않을 정도로 런던 시내를 태우다가, 결국 런던 전체 건물의 80%에 해당하는 87채의 교회와 1만 3천 채의 집을 전소(全燒) 하고 나서야 자연 진화되었다. 웨스트민스터의 귀족 지역과 찰스 2세의 궁전 화이트홀까지 피해가 가지는 않았지만, 이 화재로 세인트폴 대성당이 불탔고, 대부분의 교외 빈민가는 대단위의 피해를 입었다.

16세기 후반에 런던은 급성장하여 불법 목조건물이 도시 곳곳에 들어서 있었다. 100여 년 만에 인구가 무려 5배 이상으로 증가했기 때문이다. 런던 대화재로 인구 8만여 명 7만6천 여명의 집이 파괴되어 하루아침에 노숙자가 되었지만 공식기록에 따르면 단지 9명만이 공식적으로 사망한 것으로 기록되어 있다. 그러나 당시에는 전소된 시체의 뼈로 사망을 추정하지 않았기 때문에 귀족들 이외에 빈민이나 일반 시민들이 누락되었을 가능성이 있으므로 더 많은 사람들이 사망했을 것으로 추정된다. 찰스 2세는 이재민들에게 식량 지급을 약속했다. 런던 대화재의 화마(火魔)가 모든 것을 전소시킨 후 흑사병 전염균을 퍼트리던 쥐들이 모조리 불에 타 죽은 덕분에 1664년부터 1666년까지 지속적으로 출몰했던 대흑사병The Great Plague이 사라졌다고 한다.

불이 나자 시민들은 진화를 돕기보다는 귀중품이나 가재도구를 챙겨 달아나기에 바빴다. 민심이 흉흉해지고 집을 잃고 길거리로 나앉은 시민들은 외국인과 가톨릭교도를 분풀이 상대로 삼아 무차별 폭행이 가해졌다. 불평의 화살이 왕실로 향할까 두려워한 나머지 찰스 2세와 왕실은 폭동을 방치했다.

하지만 런던 대화재 때에 부재했던 런던 시장 토마스 블러드워스Thomas Bloodworth를 대신하여 왕위에 오르기 전 제임스 2세가 런던 대화재의 소방 활동을 담당하기도 했다. 긴급한 화재 진압을 위한 조직을 만들고 화재를 진압하는 과정에서 손수 물동이를 들고 진화작업을 거들며 진두지휘하였다. 정치적인 모습이 아니라 진심으로 솔선수범하여 런던 대화재의 진압에 힘쓴 지도력은 크게 주목받았고, 불을 끄기 위해 밤낮으로 노력하는 모습이 사람들의 마음을 사로잡았다고 한다.

화재의 범인으로 두 다리가 불편한 프랑스 시계공인 로버트 위베르Robert Hubert가 지목되었다. 로버트 위베르는 로마교황의 사주를 받아 빵집에 폭발물을 던져 넣었다는 혐의를 받았다. 로버트 위베르는 자기가 범인이라고 실토했고, 고문에 의한 거짓 자백이었다. 목격자의 진술 신빙성이 떨어지고 방화 증거가 없었지만, 로버트 위베르는 사형선고를 받았다. 그가 화재발생 이틀 후에 런던에 도착했다는 사실은 그가 사형당하고 난 후에 알려지게 되었다. 200년 뒤까지 그의 추모비에는 '화재는 가톨릭 폭도들 때문이다'라는 문구가 있었지만, 320년이 지난 1986년 빵집 주인 토마스 페리니의 후손이 경영하는 런던 베이커가 당시 빵집 여직원이 화덕에서 일하다가 실수로 불을 내 대화재가 시작되었다는 사실을 공개하고 공식 사과를 하면서 원인이 밝혀졌다.

런던 대화재가 조기에 진압되지 않았던 것은 당시의 런던 소방시스템은 민영조합 소방체계였고, 화재가 난 빵집의 주인이 조합원이 아니었기 때문이었다. 오히려 소방수들은 화재 현장 주변에서 수수방관했다고 한다. 뒤늦게 군이 투입되어 화약을 터트려 방화로를 만들고 강풍이 잦아든 덕에 불길은 간신히 사그라졌다. 런던 대화재 이후 런던에 다닥다닥 붙은 조밀한 목조주택이나 초가지붕을 금지하고, 주택을 벽돌로 짓는 규정을 만들었지만 단기간 내에 잘 지켜지지 않았다. 소방수로 활용할 수 있는 템스강 연안에 건축을 금지하는 등 소방체계를 다시 구축하는 노력을 기울였다. 매연을 방출하고 화재위험이 높은 염색 공장은 도심 안에 허가되지 않았다. 소방조직과 소방마차가 조직되었으며 런던 대화재 발생 후 15년 만인 1681년에는 화재보험이 탄생하기도 했다.

식민지 정책의 확대에서 비롯된 식민지 전쟁

찰스 2세의 25년 재위기간 동안 캐롤라이나, 뉴욕, 뉴저지, 펜실베이니아 등에 대해서 특허장을 발급하였고, 북아메리카의 식민지는 더욱 확대되었다. 아일랜드 귀족인 세실리오스 칼버트가 1634년 찰스 1세에게서 특허장을 받아 식민지를 건설했고, 찰스 1세의 왕비이며 찰스 2세의 모친인 앙리에타 마리아(henriette Marie de France, 1609-1669)의 이름을 따서 메릴랜드Maryland로 명명하였다. 1644년 찰스 2세에게 충성을 다했던 동생인 요크 공작(훗날의 제임스 2세)이 북아메리카의 네덜란드 식민지였던 뉴암스테르담을 무혈점령하자 그곳의 식민지 특허장을 그에게 수여했다.

무역은 호황을 보였고, 식민지 정책으로 이윤이 늘어나게 되자 찰스 2세는 재정적으로 의회에 의존하기보다는 식민지 정책에 더욱 관심을 쏟게 되었다. 1663년 찰스 2세는 버지니아와 스페인이 식민 지배했던 플로리다 사이에 경계를 세우기를 원했다. 찰스 2세의 라틴어 이름을 따서 붙여진 캐롤라이나Carolina주 지방에 봉건 소유주가 될 수 있는 신뢰할 수 있는 8명의 귀족들을 파견하였다. 식민지를 소유한 귀족들이 이주하지는 않았지만, 이들을 대신한 영국인 농장 주인과 노예들의 노동으로 남부 캐롤라이나에 정착지가 생겨났고 1670년 찰스 2세의 이름을 딴 찰스타운(후에 찰스톤)이 설립되었다.

찰스타운 주변의 정착촌이 커짐에 따라 수출품도 늘어났다. 서인도 제도에 수출할 가축을 생산했고, 나무의 수액으로 식물성 기름을 만들었으며, 곡물을 생산하고 짙은 파란색 염료를 생산했다. 버지니아에서는 1700년까지 주요 작물과 테레빈유와 타르를 생산하여 주요 수출품이 되었다. 당시의 주요 노동력이었던 아프리카 노예를 거래하기 시작하자 찰스타운 항구는 대서양 노예무역의 중심지가 되었다. 식민지에서 수입된 파인애플 등의 상품들은 종종 부와 권력의 상징이었다. 예를 들어 찰스 2세가 그랜드 컨트리 하우스 앞에서 무릎을 꿇은 하인에게서 파인애플을 받는 모습이 1675년 핸드릭 댄커트Hendrick Danckerts의 그림에도 등장했다.

파인애플을 받는 찰스 2세의 초상화.

한편 유럽과 식민지 간에 향신료의 교역을 독점하면서 네덜란드가 해상강국으로 등장하자 영국과 각축전이 벌어졌다. 찰스 2세는 1650년 영국 선박에 독점권을 부여하는 항해 조례를 시행하여 네덜란드 무역에 타격을 주었다. 이 항해조례는 중상주의 정책이 반영된 것으로 잉글랜드와 식민지 사이에는 영국 선박만이 물품을 운반해야 하며, 선장과 승무원의 3/4이 영국인이어야 한다고 규정했다. 설탕, 담배, 인디고(왕실이 사용하는 파란색 염료), 곡물, 당밀, 테레빈유와 같은 수익성이 높은 식민지 수입품에 대한 독점권을 보장하기 위한 것이었다. 항해조례는 당시 해운업을 장악하고 있던 네덜란드에게는 커다란 타격을 주었다.

네덜란드가 이에 반발하자 1차 영국-네덜란드 전쟁(1652-1654)이 발발하게 되었다. 영국이 로웨스토프트Lowestoft 전투에서 승리함으로써 네덜란드의 모피 거래 식민지까지 장악하게 되었다. 영국은 1664년에 맨해튼과 뉴암

스테르담을 획득하였고, 버지니아와 뉴잉글랜드 사이에 모든 땅을 충성심이 높은 동생인 제임스 2세에게 하사하였다. 이 지역은 요크 공작(제임스 2세)을 기리는 뜻에서 '뉴욕New York'으로 칭하게 되었다.

찰스 2세는 프랑스의 루이 14세로부터 군비를 지원받아 제2차 네덜란드 전쟁(1665-1667)을 일으켰다. 영국은 로스토프트 해전에서 네덜란드 해군을 무찔렀으나 이후 프랑스가 네덜란드의 편을 들어 참전했고 영국의 동맹국 뮌스터 공국도 참전했다. 1666년 런던 대화재로 국내의 혼란을 겪고 있던 영국은 1667년 6월 네덜란드가 영국의 템스강을 기습 공격한 메드웨이 해전에서 패배하였다. 1667년 7월 네덜란드와의 전쟁은 브레다 조약Treaty of Breda을 체결하면서 끝났다.

이즈음 프랑스의 루이 14세도 태양왕이라 불리며 유럽에서 세력을 확장하고 있었다. 1668년 찰스 2세는 프랑스의 루이 14세를 견제하기 위해서 스웨덴과 동맹을 맺게 되었다. 1670년 영국이 북유럽의 나라와 결속하게 되는 것이 두려웠던 프랑스의 루이 14세와 도버 밀약Secret treaty of Dover을 맺고, 찰스 2세는 루이 14세로부터 전쟁비용 명목으로 보조금(補助金)을 얻는 대신 영국 내 가톨릭을 부흥할 것을 약속했다. 이 조약으로 루이 14세는 해마다 160,000파운드를 영국에 지불했다.

1672년 향신료를 독점하면서 부유한 해상 국가로 등장했던 네덜란드의 무역 독점을 타파하기 위해 프랑스 루이 14세가 네덜란드 침략을 감행했다. 1670년 도버 밀약을 맺은 영국과 프랑스는 에스파냐와 독일과 결탁하여 네덜란드를 침입했다. 네덜란드의 오렌지 공 윌리엄 총독은 장기간에 걸쳐 항전하다가 1678년 네이메헌 평화조약을 맺었다. 네덜란드와 영국 사이에 4차 전쟁까지 이어졌으나 1684년 네덜란드가 항복함으로써 영국이 해양 식민 강국으로 급부상하게 되는 계기가 되었다.

찰스 2세는 후계자로 동생 제임스 2세를 세울 것을 유언으로 남기고, 1685년 5월 55세에 고지혈증으로 의심되는 질병으로 사망했다.

DIGEST

63

UNITED KINGDOM

제임스 2세의 가톨릭 부흥을 위한 종교분쟁

제임스 2세의 왕위계승, 정치적 기술이 부족한 어리석은 왕

제임스 2세(재위기간 1685-1688)는 찰스 1세와 프랑스의 앙리에타 마리아의 둘째 아들이자 찰스 2세의 동생이다. 청교도 혁명 중에 세인트 제임스 궁전에 수감되었다가 여자로 위장하여 프랑스로 망명했고, 1660년 찰스 2세의 왕정복고 시기에 돌아왔다. 형인 찰스 2세가 사망하자 왕위에 오른 제임스 2세는 재임기간 3년 동안 전제 정치를 유지하려 했다. 또한 성공회가 태동한 이후 탄압을 받게 된 로마 가톨릭교회를 회복하려고 했다. 이 때문에 다수의 청교도 의원들로 구성된 의회와의 대립이 심해졌다. 결과적으로 1688년 제임스 2세의 왕위계승을 반대했던 휘그당과 청교도로 구성된 토리당이 뭉친 의회는 네덜란드의 오라녜공 윌리엄 3세William III of Orange와 연합하여 제임스 2세를 퇴위시켰다. 이것을 명예혁명이라 한다. 명예혁명이 일어나자 제임스 2세는 프랑스로 망명했다가 루이 14세의 원조를 받아 1689년 아일랜드를 침공했으나 참패하고 프랑스로 도망하여 거기서 사망하였다.

정치적 수완이 능했던 찰스 2세와는 달리, 제임스 2세는 원칙을 고수하는 강직하고 고집스러운 성품을 지니고 있어 의회 개신교 의원들의 주장과 결코 타협하지 않았다. 청교도 혁명 이후 프랑스에 망명했을 때 20대에 제임스 2세는 당대의 프랑스 명장 튀렌Turenne 장군의 군대에서 복무하면서 전쟁의 전략을 익혔다. 당시 프랑스와 스페인의 전쟁에서 제임스 2세는 튀렌 장군의 극찬을 받을 만큼 맹활약을 했다. 한편 군에 복무하는 동안 아일랜드 출신의 피터 탤벗와 리처드 탤벗Richard Talbot형제와 친하게 지내면서 로마 가톨릭 교리에 가까워졌다.

왕정복고 이후 영국으로 돌아왔을 때 찰스 2세의 수석장관인 에드워드 하이드Edward Hyde의 딸 앤 하이드와 결혼 계획을 발표하여 논란이 일자 비밀리에 결혼을 한 후, 1660년 9월 런던에서 공식 결혼을 했다. 앤과의 사이에는 두 명의 딸인 메리와 앤을 두었다. 아라벨라 처칠과 캐서린 세들리 등의 정부를 두었지만, 제임스 2세는 대체로 아이들과 아내에게 헌신적인 사람이었다. 한편 두 딸인 메리와 앤은 찰스 2세의 명령에 따라 프로테스탄트 교육을 받았다. 그러나 종교적인 차이 때문에 불화가 시작되었고, 훗날 네덜란드의 개신교 왕자였던 오라녜공 윌리엄 3세William III of Orange와 결혼한 맏딸인 메리는 아버지 제임스 2세에 대한 반란을 일으키고 윌리엄 3세와 공동으로 왕위를 계승하였다.

첫 번째 아내 앤이 병으로 사망하자 1673년 40세의 제임스 2세는 가톨릭 신자인 15세의 이탈리아 공주 모데나의 메리와 두 번째 결혼을 하였다. 1673년 자신의 종교적 입장을 분명히 밝힌 데 이어 가톨릭 신자와 두 번째 결혼을 감행한 제임스 2세는 런던을 떠나 브뤼셀로 피했다가, 찰스 2세가 병으로 위독해지자 1682년에 영국으로 돌아왔다.

그러나 제임스 2세가 가톨릭교도 인 것이 드러나자, 가톨릭교의 반대자로 구성된 의회는 요크공 제임스가 왕위를 계승할 수 없도록 하기 위해 가톨릭 교도는 왕위계승권을 지니지 못한다는 왕위배제법안Exclusion Bill을 제출하자 찰스 2세는 의회를 해산했다. 이때 제임스 2세의 왕위계승을 반대하는 휘그당과 찬성하는 토리당이 등장하게 되었다.

한편, 1683년 경마대회에 다녀오는 제임스 2세의 가족들을 호밀집에서 살해할 음모인 '라이하우스 플롯' Rye House Plot이 폭로되자, 제임스 2세에 대한 동정의 물결이 일어났다. 찰스 2세는 의회를 해산시키고 휘그당을 억압함으로써 살해 음모에 대응했다. 또한 제임스 2세에 대한 동정적 여론을 이용하여 1684년 제임스 2세를 다시 초대하였고, 제임스 2세를 왕위계승에서 제외하려는 위협이 얼마 동안 잠잠해지게 되었다.

가톨릭 복원을 위한 종교분쟁과 두 차례의 반란

1685년 찰스 2세가 죽은 뒤 왕위를 계승한 제임스 2세는 가톨릭교도였기 때문에 친가톨릭 정책을 폈다. 이미 성공회가 국교로 정착하여 많은 시민들에게 확산되고 있는 상황에서 제임스 2세가 가톨릭교도를 공직에 임명하면서 로마 가톨릭으로 복원하려는 시도처럼 보였다. 1641년 장기의회에서 폐지되었던 종교 위원회를 설치하여 교회 문제를 전담하게 하자, 위기를 느낀 청교도 세력과 성공회 세력은 쿠데타를 꾸몄다. 제임스 2세가 비국교를 억압하기 위해 폭력적인 방식을 사용하지는 않았지만, 의회는 제임스 2세가 청교도를 억압하게 될 가능성에 대해서 위기를 느꼈던 것이다. 잉글랜드는 이미 대륙의 종교혁명의 영향을 강하게 받고 있었고 청교도들의 숫자도 상당이 늘어난 상황이었으므로 제임스 2세가 가톨릭 우호정책을 추진하는 것에 강력하게 반대하였다.

왕위에 오른 지 얼마 되지 않아, 제임스 2세는 먼모스 공작의 남부 잉글랜드 반란과 스코틀랜드 아가일 Argyll 백작 아치볼드 캠벨의 반란을 직면했다. 먼모스 공작과 아가일 백작은 모두 제임스 2세의 조카였다. 아가일 백작은 반역죄와 명예 훼손의 혐의로 유죄판결을 받았다가 감옥에서 가까스로 탈출하였다. 네덜란드로 도망간 아가일 캠벨 백작은 휘그당과 연합하여 스코틀랜드 남부에서 많은 군인들이 반란군에 합류할 것으로 기대했다. 그러나 반군의 세력이 300여 명에 불과해 제임스 2세에게 큰 위협을 가하지 못하고 진압되었다. 아가일은 지휘관으로서 경험이 부족했고 다른 반란 지도자들에게서 의견 일치를 이끌어내지 못하고 결국 반란군과 아가일은 에든버러에서 잡혀 참수되었다.

1685년 6월 찰스 2세의 사생아인 먼모스 공작인 제임스 스콧은 자신이 왕위계승자로서 자격이 있다고 주장하면서 제임스 2세에 대한 반란을 시도했다. 1683년 라이 하우스Rye House 음모에서 실패하고 네덜란드로 망명하여 제임스 2세의 사위 윌리엄이 방관하는 가운데 군대를 모집했다. 먼모스공은 영국의 남서부 지역에서 인기가 높았기 때문에 런던으로 행진하기 직전에 현지에서 군대를 더 모집하였다. 치열한 전투를 벌이긴 했지만 먼모스의 민병대는 정규군과 경쟁하지 못하고 패배하여 7월 반역죄로 처형당하고 말았다. 먼모스의 반란 이후 1680년 대법원장이었던 조지 제프리George Jeffreys가 반란군에 대한 피의 재판Bloody Assizes을 실행하여 '교수형 판사' 또는 '피의 협조자'로 유명해지게 되었다. 이때 반역자로 처형된 숫자는 700여 명에 이르고 반역자로 기소된 사람은 1300여 명에 이르렀다.

두 반란 모두 비교적 쉽게 진압되었지만 제임스 2세는 두 번의 반란 이후에 반란군에 대한 대비를 강화하였고 한편으로 네덜란드의 윌리엄에 대한 의심이 커졌다. 제임스 2세는 상비군을 확대하였고, 해외에서 전투경험이 있는 사람 중에 충성심이 확고한 가톨릭교도 장교를 발탁해 새로운 상비군 연대의 지휘관으로 임명하여 평상시에도 전문적인 군대를 유지하도록 하였다. 그러나 이러한 조치를 우려하는 의회와 본격적인 분쟁이 시작되었지만, 1685년 11월 일시적으로 중지된 의회는 다시는 열리지 않았다.

제임스 2세는 자신의 가톨릭 신앙을 내세워 초래한 의회와의 갈등이 결국 그의 몰락을 촉진시켰다. 1679년과 1681년 성공회를 지지하는 휘그당이 추방결의를 통해 제임스 2세의 왕위계승 저지했었기 때문에 1685년 제임스 2세는 즉위하자마자 의회를 토리당으로 채웠다. 그러나 다시 1687년 종교적 관용정책Declaration of Indulgence을 실시하기 위해서 토리당의 견해를 무시하고 가톨릭 신자로 관리를 채용했다. 이것은 찰스 2세가 1673년 제정했던 반가톨릭 법률인 심사율Test Act에서 명시했던 것에 반한 것이다. 심사율은 국가의 공직을 맡을 사람은 성공회 신자에 한한다고 규정했던 것이다. 당연히 제임스 2세의 정책은 휘그당은 물론이고 토리당에게도 성공회에 대한 탄압으로 보였을 것이다.

더구나 1688년 제임스 2세의 두 번째 왕비인 이탈리아 출신의 가톨릭교도 왕비 마리 모데나가 아들 제임스를 낳자 의회의 불안은 최고조에 달하였다. 1687년 제임스 2세는 노골적으로 친가톨릭 정책인 신앙 자유령Declaration of Indulgence을 공표하였다. 이것은 가톨릭을 인정하라는 명령이었다. 이에 캔터베리 대주교 윌리엄 샌크로프트를 포함한 6명의 주교가 반대했다가 런던 탑에 수감되었다. 영국이 다시 가톨릭 국가로 돌아갈지도 모른다는 위기감 때문에 토리당과 휘그당이 연합하여 제임스 2세에 맞서게 된 계기가 되었다.

DIGEST

64

UNITED KINGDOM

1688년, 피 한 방울 흘리지 않은 명예혁명

명예로운 명예혁명Glorious Revolution, 권리장전

네덜란드의 오라녜 공 윌리엄 3세는 제임스 2세의 맏딸 메리의 남편이면서 제임스 2세의 조카였다. 메리가 왕위계승권이 있고 두 사람이 모두 신교도였다. 윌리엄 공은 가톨릭 국가인 프랑스의 루이 14세에 대항하여 네덜란드를 지키려고 안간힘을 쓰고 있었다. 또한 자신이 잉글랜드의 왕위에 오르게 되면 프랑스에 대한 연합전선을 구성하는데 유리할 것이라고 판단하고 있었다. 때마침 제임스 2세와 갈등하고 있던 의회는 윌리엄 공에게 네덜란드 군대를 이끌고 영국을 침공하여 제임스 2세를 추방해달라고 요청하는 밀서를 보냈다.

1687년 9월, 오라녜 공 윌리엄은 네덜란드의 수석 행정관 가스팔 파겔을 통해 제임스 2세의 가톨릭 관용정책을 중단할 것을 촉구하는 선언서를 발표하여 영국민의 공감을 얻어냈다. 이러한 사전 작업으로 인해서 윌리엄이 잉글랜드를 침공하였을 때 일반인들은 외국의 침략이 아니라 로마 가톨릭 폭군으로부터 개신교도를 구원하는 것으로 인식했을 것이다. 또한 윌리엄의 친구였던 한스 빌렘 벤팅크Hans Willem Bentinck는 잉글랜드 전역에 팸플릿을 사전에 배포하여 제임스 2세의 타락과 전제정치, 가톨릭의 편애에 대해서 비난하고 윌리엄 3세의 침공의 정당성을 알렸다. 윌리엄 공이 이끄는 1만 5000명의 네덜란드 군은 의회와 개신교를 보호하고 구원한다는 명분을 내세워 런던으로 진격했다.

루이 14세의 도움을 거절할 정도로 제임스 2세는 윌리엄 군대에 비해 수적으로 우세했음에도 불구하고 패배하였다. 영국군의 신교도 장교들이 윌리엄의 군대와 맞서 싸우기는커녕 탈영했기 때문이다. 런던 시민들도 제임스 2세를 지지하기보다 윌리엄 2세를 환영하였다. 제임스 2세는 싸워보지도 못하고 프랑스로 망명을 떠나고 말았기 때문에 '피를 한 방울도 흘리지 않은' 혁명이라 하여 '명예혁명'이라 한다. 명예혁명으로 의회는 윌리엄 3세와 메리 2세를 추대하면서 1689년 12월 시민의 권리와 자유를 선언하는 권리장전(權利章典, Bill of Rights)을 승인하게 하여 국왕이 절대 권력을 휘두를 수 없음을 명백히 했다.

권리장전은 영국의 전제군주의 절대왕정을 종식시키고 국민의 권리에 대한 성문법적 문서가 되었으며, 의회정치를 확립하는 의회제정법이 공포되었다. 또한 유럽에서 확산되던 천부인권설을 문서화했다. 권리장전의 내용은 제임스 2세의 불법행위를 일일이 열거한 것 이외에도, 의회의 동의 없이 법률의 적용, 면제, 집행, 제정, 정지를 금했다. 또한 의회의 동의 없이 과세 및 상비군의 유지를 금지하고 선거의 자유와 의회 발언의 자유, 국민 청원권을 보장했다. 의회 의원의 면책 특권, 신체의 자유, 잔인한 형벌 금지, 의회소집에 대한 세부규정도 통과시켰다. 그리고 왕이 헌법 아래 놓임으로써 입헌군주제가 시작되었다. 또한 윌리엄과 메리 사이에 후손이 없을 경우 메리의 여동생 앤이 왕위를 계승하도록 함으로서 다음 왕위계승자에서 로마 가톨릭교도가 될 가능성을 사전에 배제했다.

한편 오라녜 공 윌리엄을 국왕으로 옹립하려는 명예혁명에 철학자 존 로크(John Locke, 1632-1704년)도 가담했다. 존 로크는 1689년 『통치론 Two Treatises of Government』을 출간하면서, 전제정치를 행하는 권력가를 소환할 권리와 국민의 저항권을 주장하였다. 즉 권력자가 법률을 어기고 전제정치를 할 경우 국민은 혁명으로 그를 퇴위시킬 수 있다는 주장이었다. 로크는 『통치론』에서 자연 상태에서는 자유와 평등이 함께 존재한다는 자연법과, 사회계약론, 권력 분립 등을 주장하였다.

DIGEST

65

UNITED KINGDOM

부부 국왕, 윌리엄 3세와 메리 2세

메리 2세(재임기간, 1689–1694)

메리 2세는 제임스 2세의 맏딸이며, 윌리엄 3세 다음으로 왕위를 잇는 스튜어트 왕조의 마지막 왕인 앤 여왕과 자매 관계이다. 메리 2세는 명예혁명을 통해 윌리엄 3세와 공동으로 왕위에 올랐다. 그리고 1694년 메리 2세가 먼저 사망하자 윌리엄 3세가 혼자 통치하였다. 메리 2세는 윌리엄 3세보다 권력이 약했지만 권위적인 통치자였다. 윌리엄 3세가 해외 원정을 나갔을 때 메리 2세는 독자적으로 영국을 통치하기도 했다.

찰스 2세의 명령에 따라 프로테스탄트 교육을 받았던 메리 2세는 부친인 제임스 2세에 대항하는 개신교도에 지지를 표하면서, 1677년 개신교도인 윌리엄 3세와 결혼하였다. 메리는 생기 있고 친밀한 성격으로 네덜란드인들에게 인기가 높았고, 개신교 왕자와 결혼했으므로 영국에서도 인기를 얻을 수 있었다.

메리 2세는 부친 제임스 2세가 1687년 종교적 관용정책Declaration of Indulgence을 실시하자 부친과 거리가 멀어지기 시작했다. 제임스 2세가 심사율Test Act을 지키지 않고 가톨릭 신자로 관리를 채용했던 것에 반대하는 견해를 캔터베리 대주교 인 윌리엄 샌 크로프트William Sancroft에게 서신으로 표명했다. 더구나 천주교도인 프랑스 루이 14세가 네덜란드를 침략하고 프로테스탄트인 유그노The Huguenots 교도 난민을 박해할 때 부친 제임스 2세에게 도움을 청했지만 이를 거부하자 부친을 원망하게 되었다. 더구나 윌리엄 3세가 장인 제임스 2세가 엘리자베스 빌리어스와 불륜을 저지르고 있다고 하자, 메리는 오히려 부친과 사이를 이간질하려 한다고 분노하기도 했다.

하지만, 남편인 윌리엄의 편을 드는 것이 종교적 의무라고 생각했기 때문에 1688년 11월 남편 윌리엄 3세가 잉글랜드를 침공하는 것에 동의하였다. 윌리엄 3세의 장인인 제임스 2세는 프랑스로 도망하였고 2개월 후에 메리 2세가 런던에 도착하였다. 낸비 백작은 메리 2세가 단독으로 왕위에 오를 것을 주장하였지만 메리 2세는 1689년 남편과 공동 통치자로 왕위에 올랐다.

메리 2세는 부친 제임스 2세가 프랑스로 망명한 후, 윌리엄 3세와 공동으로 왕위에 올랐지만, 부친을 왕위에서 퇴위시켰다는 죄책감과 아버지를 그리워하는 마음으로 괴로워했다. 메리 2세는 후손을 얻지 못한 채 32세에 천연두로 사망하고 말았다.

오라녜 공 윌리엄 3세, 네덜란드 총독

윌리엄 3세는 네덜란드 공화국의 북부 7개 주 중에 다섯 개 주를 다스리는 오라녜 공Prins van Oranje 총독이었던 빌렘 2세와 찰스 1세의 장녀 프린세스 로열 메리 사이에 태어났으므로 네덜란드 북부에 대한 계승권뿐만 아니라 잉글랜드 왕위계승의 순위도 높았다. 부친인 빌렘 2세가 윌리엄이 태어나기 80일 전에 천연두로 사망했으므로 태어나자마자 유복자로 오라녜 공이 되었다. 네덜란드 북부 7개 주 중 5개 주의 총독이었던 빌렘 2세는 홀란트 주와 암스테르담 시를 지배하고 있던 강력한 소수 공화파와 반목하고 있었다. 공화파들은 빌렘 2세가 사망하자 오라녜 가문을 권력에서 몰아내고자 모의를 하여 오라녜 공의 후손이 총독직을 계승하지 못하도록 격리법을 제정하였다. 그러나 1660년 영국의 왕정복고로 외삼촌인 찰스 2세가 왕위에 오를 즈음 격리법이 폐지되어, 윌리엄 3세는 총독직에 올랐다.

1672년은 네덜란드의 '재앙의 해'라고 불린다. 왜냐하면 찰스 2세와 루이 14세가 도버밀약을 맺은 후, 네덜란드를 침공하였기 때문이다. 같은 해 윌리엄 3세는 22세의 나이에 총사령관으로 임명되고 총독으로 취임하였다. 1672년 루이 14세와 찰스 2세가 연합하여 선전포고를 했고 영국, 뮌스터 및 쾰른 등이 연합하여 네덜란드를 침략하였다. 프랑스-네덜란드 전쟁에서 6월 라인강을 건넌 프랑스군은 3주 만에 네덜란드의 3개 주를 정복했다. 네덜란드의 해군이 잉글랜드군을 저지하려 했으나 네덜란드군의 장비와 군사력으로 지탱이 어려웠다. 윌리엄 3세는 소수 병력을 이끌고 철수할 수밖에 없었다. 승리한 프랑스 루이 14세는 네덜란드에 굴욕적인 협상을 제시하자, 윌리엄 3세는 이를 거부하고 1672년 가을 신성로마 황제 레오폴드 1세와 숙부인 브란덴부르크 선제후 프리드리히 빌헬름의 지원을 약속 받게 된다. 또한 1673년 윌리엄 3세는 스페인과도 동맹을 맺는다.

동맹군의 지원을 얻게 된 윌리엄 3세는 1673년 9월 중요한 나르텐 요새를 탈환했다. 이어서 쾰른으로 진격해 레오폴트 1세의 병력과 합세하여 11월 본을 함락시켰다. 프랑스의 네덜란드 원정은 실패로 끝났고 프랑스군은 네덜란드에서 철수하였다. 1674년 찰스 2세와 루이 14세의 도버밀약이 드러나자 재정자금을 받지 못하게 된 찰스 2세는 전쟁에서 빠지고, 네덜란드는 1678년과 1679년 프랑스와 휴전을 맺게 된다.

전쟁의 와중에 동맹국이 절실하던 시기였던 1677년 윌리엄 3세는 제임스 2세의 맏딸인 15세의 메리와 사촌이었지만 결혼하면서 영국을 동맹국으로 얻게 되었다. 이들의 결혼이 영국과의 전쟁을 멈추게 할 뿐 아니라 영국과 프랑스의 연합공격에서도 벗어나게 될 것이라고 믿었다. 더구나 순위는 낮지만 왕위계승권도 있으므로 윌리엄 3세는 영국에서 일어나는 일에 촉각을 곤두세웠다. 한편, 영국에서는 1679년부터 찰스 2세의 통치하에 로마 가톨릭교도는 잉글랜드, 스코틀랜드, 아일랜드의 왕좌에서 제외되는 3개의 배제 법안Exlcusion Bill이 논의되었다. 그리고 1680년에는 영국 의회에 가톨릭교도인 제임스 2세가 왕위를 계승하는 것을 거부하는 배제 법안이 제출되었다. 윌리엄 3세는 결혼을 통해 영국 왕위계승 4위가 되었고 가톨릭교도가 아니므로 자신의 영국 왕위계승 가능성을 늘 염두에 두고 있었다. 따라서 윌리엄은 영국 의회와 긴밀한 관계를 유지하였다.

그런 와중에, 제임스 2세의 두 번째 아내인 모데나의 마리아가 낳은 아들을 왕위에 계승하게 하여 가톨릭의 승계를 위한 음모를 꾸미고 있다는 소문이 돌았다. 다급해진 의회의 토리당 7인이 불멸의 세븐Immortal Seven이라는 이름으로 1688년 7월 윌리엄 3세를 초청하는 밀서를 보냈다. 오라네 공 윌리엄에게 잉글랜드를 침공하여 제임스 2세 대신 왕위를 계승해달라는 밀서였다. 윌리엄 3세는 잉글랜드 침공하여 프로테스탄트를 구하고, 자유롭고 합법적인 의회를 구성해야 한다는 명분을 얻게 된 것이다.

네덜란드의 윌리엄 3세(재임기간, 1689–1702)의 침공, 명예혁명

1688년 11월 윌리엄 3세는 약 250척의 운반선과 60척의 어선에 85,000명의 병사를 이끌고 잉글랜드 남서부 브릭스햄Brixham에 상륙하여 아무런 저항 없이 런던으로 진격했다. 윌리엄 3세가 영국과 프로테스탄트를 지키겠다고 선언하자 영국 전역의 유력한 프로테스탄트 귀족들은 윌리엄 3세를 지지했다. 제임스 2세는 이에 저항할 수 없다고 판단하고 프랑스로 탈출하였다. 윌리엄 3세는 무장을 하고 침략했지만, 무력을 쓰지 않고 영국을 정복하게 되어 '명예혁명'이라 불리게 되었다.

1689년 영국 컨벤션 회의(국왕의 소집 없이 열린 의회)에서 제임스 2세의 폐위를 선포하고 2월 윌리엄 3세는 메리 2세와 공동으로 왕위에 올랐다. 윌리엄 3세는 왕위를 계승한 여왕의 배우자로서가 아니라 자신이 왕의 권리를 갖기를 바랐고, 메리 2세의 사망 후에도 자신의 왕권이 유지될 것을 요구했다. 의회의 권리장전Bill of Rights을 승인하는 조건으로 윌리엄 3세는 메리 2세와 나란히 부부 국왕으로 즉위하였다. 권리장전에 의해서 의회는 조세 및 군대 조직까지 관리할 수 있는 입헌체제를 확립하였다. 1689년 3월 윌리엄 3세는 스코틀랜드 의회를 소집하여 다수의 찬성을 얻어 스코틀랜드 왕위에도 올랐다.

같은 해 5월 신교들에게 종교적 자유, 예배의 자유를 보장하는 통행법

Toleration Act을 통과시켰다. 의회는 이전 권리선언Declaration of Right의 많은 조항들을 재확인했고, 왕의 특권에 제한을 두었다. 국왕이 의회에서 통과된 법안을 중지할 수 없고, 의회의 동의 없이 세금을 부과할 수 없으며, 청원할 수 있는 권리를 침해할 수 없고, 평의회의 승인 없이 평상시에 상비군을 세울 수 없으며, 의회에서 하원 의원의 토론권을 보장하고, 비정상적인 처벌을 제한하는 등 개인의 권리를 보호하고 왕권을 제한하는 법이 통과되었다. 윌리엄 3세는 의회와 갈등하지 않기로 결정했고, 법령을 준수하기로 동의했다.

의회는 권리장전에 의해서 다음의 왕위계승 문제도 결정했다. 윌리엄이나 메리 둘 중 한 사람이 사망할 경우 남은 사람이 통치를 계속할 것이고 그 후에는 메리 2세의 여동생인 앤이 왕위를 계승할 것이며, 로마 가톨릭교도나 로마 가톨릭교도와 결혼한 사람은 왕위계승에서 제외되도록 결정하였다.

의회의 토리당과 휘그당, 그리고 윌리엄 3세의 창문세

윌리엄 3세의 통치기간 동안 1689년 권리 장전the Bill of Rights, 1694년 삼위 일체법Triennial Act, 1701년 결산법the Act of Settlement 등을 선포하여 국왕과 의회 간의 격렬한 갈등을 종식시켰다는 것에 큰 의의가 있다. 또한 윌리엄 3세는 토리당과 휘그당의 균형정책을 폈다. 휘그당은 윌리엄 3세가 왕위에 오르는 데에 가장 중요한 역할을 했던 지지자들이었지만 윌리엄 3세는 왕위에 오른 후 핼리팩스 후작The Marquess of Halifax의 도움으로 휘그당과 토리당 사이의 균형을 유지했다. 의회 과반수였던 휘그당이 의회를 장악할 것으로 예상했지만, 윌리엄 3세는 이를 거부하고, 의회에 대한 균형적 접근을 위해 1690년 새로운 선거를 요구했다. 1690년 의회 선거 이후 윌리엄 3세는 댄비Danby와 노팅엄Nottingham이 주도하는 토리당을 선호하기 시작하였다. 토리당은 국왕의 특권을 보호하는 것에는 찬성했지만 윌리엄 3세가 요청한 프랑스와의 전쟁 지원을 반대하자 다시 휘그당 쪽으로 힘을 실었다.

1694년 윌리엄 3세는 루이 14세와의 전쟁자금을 마련하기 위해 암스테르담 은행과 유사한 잉글랜드 은행을 창설했다. 1694년 왕립헌장을 부여받은 잉글랜드 은행은 1695년부터 18세기까지 왕실재정의 가장 핵심적인 역할을 하게 된다.

한편 1696년 윌리엄 3세는 프랑스와의 전쟁비용을 마련하기 위해서 창문세를 시행했다. 과거 찰스 2세가 군자금 조달을 목적으로 난로 1개당 2실링을 과세했었지만 이를 폐지하고 창문세를 신설한 것이다. 난로세는 세금 징수원이 집안에 들어가 난로의 수를 확인할 필요가 있었지만 창문세는 일일이 들어가 창문을 확인할 필요가 없었다. 당시 유리창문은 부유함의 상징이었기에 창문세를 거둘 수 있는 명분이 되었다. 그러나 창문세의 세율과 세율 구간을 조정하면서 창문의 폭에 따라 과세를 하는 등 지나치게 철저히 과세하자 무역과 상업으로 신흥자본을 가지게 된 시민계급의 반발을 불러일으키기도 했다.

자코바이트 봉기(the Jacobite uprising, 1689–92)

명예혁명은 피 한 방울 없이 성공했지만 1689년 4월 윌리엄 3세와 메리 2세가 잉글랜드 및 스코틀랜드의 군주로 선포된 후 스코틀랜드와 아일랜드에서는 유혈 무장봉기가 일어났다. 스코틀랜드 봉기는 1689년에 진압되었지만 스코틀랜드와 아일랜드 전역이 소요지역이 되었다. 제임스 2세를 지지하던 지방 귀족들이 윌리엄 3세 통치의 정당성을 문제시하면서 반란을 일으켰기 때문이다. 제임스 2세 지지자들은 자코바이트(the Jacobites, 제임스 지지자들)라 불렸다.

제임스 2세와의 마지막 전투가 1690년 보인 전투Battle of Boyne이다. 제임스 2세는 왕위를 탈환하기 위해서 사촌인 루이 14세의 프랑스군 6000여 명을 지원받아 가톨릭교도가 75%를 차지하고 있는 아일랜드에 상륙했다. 아일랜드에서 제임스 2세를 지지하는 귀족들의 힘으로 신병을 모아 총 23,500명의 군사를 데리고 아일랜드 동부의 드로게다Drogheda 마을 근처의 보인강을 가로질러 전쟁을 벌였다. 그 지역의 지리에 능한 윌리어마이트들(the Williamites, 윌리엄 지지자)의 기병과 윌리엄 3세가 직접 보인강에서 진압에 나서 승리를 거둠으로써 아일랜드의 내란은 평정되었다.

아일랜드에서 윌리엄 3세를 지지했던 윌리어마이트들은 개신교 기반의 잉글랜드 통치가 아일랜드에서도 유지되기를 원했다. 가톨릭 지지자들이 아일랜드를 통치하게 된다면 1641년 아일랜드에서 벌어졌던 광범위한 대학살이 반복되어 생명과 재산을 빼앗길 수 있다는 두려움이 있었다. 이들은 윌리엄 3세가 오라녜(오렌지) 공이었으므로 오렌지색의 깃발 아래 모였다. 그 후 오렌지색은 개신교 또는 윌리엄 3세 지지자의 상징이 되었다. 아일랜드는 1690-1691년 사이에 윌리어마이트들의 포위공격 끝에 리머릭 Limerick 조약이 체결되었다. 패배한 제임스 2세는 프랑스로 망명하였고, 아일랜드를 잉글랜드의 개신교 세력이 지배하게 되는 결정적인 계기가 되었다.

자코바이트의 봉기는 스코틀랜드 하일랜드 지역의 씨족 체계와 전사조직과 얽혀 있었다. 자코바이트들은 왕의 신성한 권리에 대한 교리를 고수하고 있었다. 그러므로 강력하지는 않았지만 지속적으로 신교를 거부하여 작은 교회를 이어왔기 때문에 잠재적으로 윌리엄 3세의 통치에 대한 반란의 가능성을 항상 내포하고 있었다. 윌리엄 3세는 이들에게 1692년 1월 1일 이전에 충성을 맹세하도록 하고 어길 경우 손해배상을 할 것을 명령했는데, 이것은 자코바이트 봉기의 도화선이 되었다. 자코바이트들은 제임스 2세가 살아 있었으므로 윌리엄 3세에게 충성을 맹세하는 것을 원칙적으로 거부했으며 충성 맹세에 대한 거부는 점점 더 확산되었다.

글렌코의 대학살(1692)

윌리엄 3세는 대륙에서 9년 전쟁(1688-97)을 수행하면서도 스코틀랜드의 가톨릭교도들이 외부 세력과 연계된 반란을 일으키지 못하도록 강력한 조치를 취했고, 때로는 지나칠 정도로 잔인하게 억압했다. 특히 글렌코의 대학살 Massacre of Glencoe은 스코틀랜드인들에게 지울 수 없는 기억으로 남았다.

글렌코 대학살은 1692년 2월 아키발드 캠벨 아가일 백작 Archibald Campbell, 9th Earl of Argyll의 보병연대가 윌리엄 3세에게 충성을 맹세하지 않았다는 이유로 글렌코 Glencoe의 주민인 맥이안 맥도널드 MacIan MacDonald와 일족 38명을 무참히 살해한 사건을 말한다. 글렌코의 맥도널드 씨족은 윌리엄 3세에게 극렬하게 저항했던 씨족 중 하나였다. 사실 글렌코의 맥이안 맥도널드는 눈보라를 가로질러서 포트 윌리엄Fort William에 도착했지만 충성 맹세 서약을 받는 것을 담당하던 잉글랜드의 집정관이 새해를 맞이하기 위해 자리를 비웠기 때문에 1월 6일까지 선서를 제출할 수 없었다.

스코틀랜드 진압에 핵심적인 역할을 했던 존 댈림플John Dalrymple 국무장관은 이에 대해 국왕의 서명을 받아 징벌 명령을 내렸다. 1692년 2월 13일 명령을 받은 아키발드 캠벨 백작은 100여 명의 보병을 이끌고 기습공격을 하여 약 일주일 동안 맥도널드 가문 일족 38명을 잔인하게 학살했고 그들의 집을 불태워 나머지 40여 명은 저체온증으로 죽게 만들었다. 아가일 캠벨 백작 역시 하일랜드의 씨족출신으로 맥이안 맥도널드 씨족과는 분쟁 중인 이웃 씨족이었다. 글랜코 내학살은 하일랜드 씨족의 방문 시 환대를 받는 동안 공격하지 않기로 하는 상호 신뢰의 하일랜드 전통에 대한 배신이기도 했다. 캠벨 백작과 그의 보병들은 맥도날드 씨족을 방문했을 때, 맥도널드의 씨족들을 학살을 시작하기 전 12일 동안 추위를 피해 맥도날드 씨족들의 집안으로 초대받아 숙식을 제공받으면서 환대를 받았던 것이다.

윌리엄 3세는 사건의 조사를 지시했지만 1695년 스코틀랜드 의회가 공개조사를 요구하기 전까지 책임자 처벌이 제대로 이루어지지 않았다. 윌리엄 3세는 가해자에게 관대한 처분을 내렸고 학살 책임자로 지목된 존 댈림플 John Dalrymple 경을 국무장관직에서 해임하는 것으로 사건을 마무리 지었다. 그러나 1695년 의회의 공개조사를 통해 학살을 실행했던 자로 지목된 캠벨 아가일 백작과 브래달베인Breadalbane이 투옥되었다.

그 후에도 반란은 지속되었고 이에 대한 야만적인 학살이 있었지만, 글랜코 대학살은 스코틀랜드에서 종교적 억압의 상징이 되었다.

9년 전쟁(1688~97), 프랑스와 스페인으로 대외적인 군사 원정

윌리엄 3세는 프랑스와 9년 전쟁을 치르는 동안 매년 봄에 떠나서 가을에 영국으로 돌아왔다. 윌리엄이 원정에 나가 있는 동안 메리 2세가 영국을 지배했지만 원칙적으로 윌리엄 3세의 충고에 따랐고 윌리엄 3세가 돌아오면 메리 2세는 자신의 권한을 포기했다. 아일랜드와 스코틀랜드의 반란이 진압되었을 무렵 1694년 메리 2세가 32세의 나이로 천연두에 걸려 사망하였다. 윌리엄 3세가 깊이 상심하고 있을 때, 1696년 프랑스의 루이 14세의 원조를 받은 자코바이트들이 제임스 2세를 영국 왕좌에 복귀시키기 위해 윌리엄 3세를 암살하려는 사건이 벌어졌다. 제임스 2세의 왕위 탈환 음모에 개입했던 루이 14세에 대한 윌리엄 3세의 적대감이 컸기 때문에 이즈음 대륙에서 벌어지고 있던 9년 전쟁에 관여하게 되었다.

루이 14세의 호전적인 영토 확장으로 1689년 12월 영국, 네덜란드 공화국, 오스트리아 대공국, 그리고 신성로마제국의 레오폴트 1세와 대동맹 the Grand Alliance 또는 아우스부르크 동맹 the League of Augsburg을 맺었다. 대동맹에 네덜란드의 총독이자 잉글랜드의 왕인 윌리엄 3세, 신성로마제국 황제인 레오폴트 1세, 스페인의 카를로스 2세, 사보이 공국의 빅토르 아마데우스가 연합하였다. 바이에른, 작센, 팔츠 등의 봉건 제후 등도 전쟁에 합류한다. 대동맹은 프랑스 루이 14세의 야망을 축소하고 영토 확장에 대항하여 결성된 가장 큰 연합군이었고 이들은 9년(1688-97) 동안이나 전쟁을 치르게 된다.

하지만 프랑스는 1696년까지 경제 위기에 직면하게 되고 프랑스와 북부 이탈리아에 심각할 정도로 농작물 수확량이 저조하게 되자 전쟁을 지속하기 어려울 정도로 전투력이 약화되었다. 1695년 1월 프랑스의 명장 뤽상부르 공작이 사망하자 루이 14세는 그랜드 동맹 참여 국가들과 개별적인 비밀협상을 체결하고 1697년 10월 네덜란드의 라이스윅 Ryswick에서 평화조약을 맺음으로써 9년 전쟁을 마감하였다.

이 조약을 통해 루이 14세는 처음으로 윌리엄 3세를 영국의 왕으로 인정하고, 한편 명예혁명으로 프랑스에 망명해 있는 제임스 2세를 더 이상 지원하지 않을 것을 약속했다. 1697년 이후 자코바이트들도 프랑스 루이 14세의 지지를 잃었으므로 더 이상 윌리엄 3세에게 심각한 위협을 가하지 못했다.

1700년 11월 합스부르크 왕가의 카를로스 2세가 사망하면서 제2차 스페인 분할 조약은 무시되었고, 스페인의 모든 영토를 프랑스 루이 14세의 손자 앙주 공작인 펠리페 5세에게 상속되었다. 1701년 루이 14세는 윌리엄 3세를 국왕으로 인정하고 제임스 2세를 지지하지 않겠다는 라이스윅 평화조약을 깨고, 사망한 제임스 2세의 아들 제임스 프랜시스를 잉글랜드의 국왕으로 공식 인정했다. 분노한 윌리엄 3세는 곧바로 대프랑스 동맹을 맺고 스페인 왕위계승 전쟁에 나서게 되지만 전쟁을 준비하던 도중에 낙마한 후 1702년 쇄골에 합병증이 생겨 52세의 나이에 왕위의 후사를 남기지 못하고 폐렴으로 사망했다.

윌리엄 3세가 탄 말이 두더지 구멍에 빠졌기 때문에 자코바이트들은 '검은 벨벳 조끼의 작은 신사(두더지)에게 건배'를 들면서 기뻐했다. 하지만 윈스턴 처칠은 『영어권 사람들의 역사: 혁명의 시대A History of the English-Speaking Peoples; Age of Revolution』에서 윌리엄 3세의 죽음을 '그 해 가을 숨어있는 군대에게 문을 열었다'고 표현하였다. 유럽에서의 9년 전쟁에서, 영국 의회의 갈등에서 살아남았지만, 누구도 피할 수 없는 죽음이라는 군대를 피할 수 없었던 것이다.

DIGEST

66

UNITED KINGDOM

앤, 스튜어트 왕조의 마지막 여왕, 통합법(1707년)

스튜어트 왕조의 마지막 여왕 앤, 통합법(1707년)으로 단일국가를 이루다

앤Anne 여왕(재위기간 1702-1714)은 1707년 5월 통합법Acts of union에 의해서 대영국Great Britain으로 알려진 단일 주권국가를 세워 최초의 그레이트브리튼 왕국의 여왕 및 아일랜드의 여왕으로 12년간 통치했다.

앤은 삼촌인 찰스 2세의 통치시기에 제임스 2세와 모친 앤드 하이드Andne Hyde 사이의 둘째 딸로 태어났다. 부친 제임스 2세가 명예혁명으로 왕위에서 물러났으므로, 앤은 찰스 2세의 명령에 의해서 프로테스탄트 교육을 받아 성공회 교인으로 성장하였기 때문에 왕위계승과 관련하여 의회에서 문제 삼지 않았다.

앤은 1683년 덴마크의 크리스티안 5세의 동생인 덴마크와 노르웨이의 왕자인 요르겐과 결혼하였다. 부군인 요르겐과 사이에 19명의 아이를 임신했지만 14명은 유산되었고, 2명은 태어나자마자 사망했고, 나머지 3명도 유아 사망하는 불행이 연속되었다.

1694년 메리 2세가 사망하고 1702년 윌리엄 2세까지 사망하자, 앤은 의회와 정치가들에게 호의적인 지지를 받았고 순조롭게 잉글랜드, 스코틀랜드, 아일랜드의 여왕으로 즉위했다. 왕위계승에 있어서 모든 가톨릭 신자를 배제한 정착법 Act of Settlement이 1701년 개정되었기 때문이었다. 앤 여왕은 1702년 3월 의회의 첫 연설에서 "짐은 온전히 영국인이므로 영국의 번영과 행복을 위해서 모든 정성을 기울일 것을 진심으로 맹세한다"라고 하여 국민들로부터 호응을 얻었다. 부군인 덴마크의 요르겐은 통치자로서 군림하지 않았고 제독으로 임명되어 왕립 해군에 대한 명목상의 통제권을 부여받았다.

앤 여왕은 평생 동안 건강하지 않은 편이었고, 30대에는 점점 비만해지고 다리도 절게 되어 어디를 가더라도 가마를 타고 다녀야만 했다. 만년에는 전혀 길을 수 없을 정도로 비만이 진행되어 휠체어를 사용했다. 그리고 1714년 고혈압과 비만에 의한 당뇨합병증으로 사망하여, 앤 여왕을 마지막으로 스튜어트 왕가는 종말을 고하게 된다.

왕위에 오를 수 있는 계승자로는 아버지 제임스 2세를 따라 프랑스에 망명한 이복 남동생 제임스 에드워드와 손자 찰스 에드워드가 있었지만, 이들은 로마 가톨릭 신자이어서 왕위계승자에서 배제되었다(2007~2010년 총리를 역임한 고든 브라운이 이 단절된 왕가의 후손 중에 한 명이다).

사라 제닝스의 남편 말버러 공작의 활약

앤 여왕 즉위 후에도 스페인 왕위계승 전쟁은 계속 진행되었다. 잉글랜드는 네덜란드, 오스트리아와 동맹하여 프랑스 및 스페인과 싸웠다. 앤 여왕은 친구 사라 제닝스의 남편 말버러 백작을 잉글랜드 총사령관으로 임명하여 플랑드르와 독일에 파견하였고 전쟁을 수행하게 했다. 말버러는 명예혁명 당시 앤 여왕에게 부친인 제임스 2세가 아니라 남편인 윌리엄 3세의 편에 들도록 설득했던 인연으로 앤 여왕에게서 두터운 신임을 얻게 되었다. 말버러 백작의 아내이면서 어려서부터 친구였던 사라 제닝스를 내탕금 개인비서 Keeper of the Privy Purse로 임명하여 가까이 지냈다.

말버러 백작은 윌리엄 3세에 이어 앤 여왕 재임 시에도 전투에서 탁월한 능력을 발휘하여 전쟁터에서 큰 공을 세웠다. 스페인 왕위계승 전쟁 4년

째에, 말버러 공작은 남부 독일에서 벌어진 블렌하임 전투(Battle of Blenheim, 1704년)에서 프랑스를 물리치는 성과를 얻었고 플랑드르에서도 전승을 거듭했다. 블렌하임 전투는 스페인 왕위계승 전에서 중요한 전환점이 된 전투였다. 말버러 공작은 블렌하임 전투에서의 승리로 110개의 기병대 깃발과 128개의 보병대 깃발을 획득했다. 앤 여왕은 왕실 소유의 우드스톡 공원을 하사하고 블레하임 궁 Blenheim Place을 지어주었다. 이 건물은 왕실에 속하지 않은 유일한 궁전이다. 윈스턴 처칠이 태어난 곳이기도 한 이곳은 말버러 공작가문의 소유지가 되었다.

영국과 프랑스는 스페인 왕위계승 전쟁에서와 마찬가지로 북아메리카와 캐나다 식민지에서도 전쟁을 벌였다. 프랑스가 캐나다와 미시시피 유역을 중심으로 식민지를 넓히자 영국의 식민지를 북과 서에서 둘러싸는 양상이 되었다. 1702년에서 1713년에 일어난 앤 여왕 전쟁 Queen Anne's war에서 영국이 승리를 거두었다. 이 전쟁에서 뉴잉글랜드의 영국 식민지들은 아카디아와 캐나다에 주둔한 프랑스군과 프랑스와 연합한 인디언들과 교전했다. 프랑스령인 퀘벡 시티는 1710년 영국 원정대가 마침내 획득하였다. 말버러 공작부인이 된 앤 여왕의 친구 사라 제닝스는 남편의 대변자가 되어 스페인 왕위계승 전쟁을 계속 수행할 것을 휘그당과 함께 여왕에게 조언했다. 그러나 앤 여왕이 평화를 주장하는 다른 편 귀족들의 조언에 마음을 기울이기 시작하자 사라 제닝스와 멀어지는 계기가 되었다. 말머러 공작은 전쟁에 지친 국민들의 지지를 잃게 되었고 1710년 앤 여왕은 사라 제닝스를 궁정에서 추방하였다. 같은 해 말버러 공작의 군자금 횡령 의혹에 대한 조사가 벌어졌고 이듬해 횡령이 발견되어 말버러 공작은 실각하였다.

그레이트브리튼 연합왕국 최초의 통합군주, 앤 여왕

앤 여왕은 전쟁 도중인 1707년 5월 잉글랜드와 스코틀랜드 양국의 통합법 Act of Union을 발표하여 일원화 통치를 시도하였다. 스코틀랜드와 잉글랜드는 1603년 크라운 연합 이후 스코틀랜드의 제임스 6세가 잉글랜드 왕 제임스 1세로 엘리자베스 1세의 뒤를 이어 왕위에 오름으로써 한 사람의 군주에 의해서 통치되기 시작했는데, 영국 왕국 연합United Kingdom of Crowns이라고 한다. 그러나 사실상 1707년 이전에는 두 개의 분리된 왕권에 의한 통치였다. 그러나 앤 여왕이 통합법을 선언함으로써 양국은 한 사람의 국왕이 통치하는 그레이트브리튼 연합왕국United Kingdom of Great Britain이 되었다. 스코틀랜드 의회와 잉글랜드의 의회는 런던의 웨스트민스터 궁전에서 의회를 열기로 하는 의회 연합Union of Parliament에 의해서 의회가 통합되어 앤 여왕은 최초의 통합통치를 시작한 군주가 된다.

앤 여왕의 통합법의 핵심 중에 하나는 스코틀랜드와의 정치적 통합이었다. 1705년 여왕과 양국의 장관들은 잉글랜드와 스코틀랜드가 함께 의회를 여는 것에 대한 협상에 참여했고 1705년 조약을 맺게 되었다. 이는 스코틀랜드가 다른 군주를 옹립하려는 의도를 원천 봉쇄하려는 의도가 있었다. 잉글랜드의 관점에서는 스코틀랜드가 가난했고 산업기반이 없었고 해군도 없었기 때문에 뚜렷이 불평등한 관계였지만, 스코틀랜드와 무역이 더 자유로워지고, 시장이 확장되는 이익이 생기는 것이다. 따라서 영국은 스코틀랜드의 장로교회에 대한 지위가 확보되고 잉글랜드에 위협이 되지 않는 한도 내에서 스코틀랜드의 법과 법원의 독립적인 제도와 시행을 보장했다.

그 외에도 앤 여왕은 국가의 문제에 활발하게 관심을 보였고, 극장, 시 및 음악을 후원했다. 영국으로 귀화하여 런던에서 일생 동안 바로크 양식의 음악과 오페라를 작곡했던 헨델George Frideric Handel을 지속적으로 후원했고, 정치적으로 군사적으로 업적을 세운 사람들에 대해서 메달을 수여하기 시작했다. 이 메달은 수학자이면서 과학자인 아이작 뉴턴Issac Newton과 조각가인 존 크로커John Croker에 의해서 조폐국에서 고안하여 생산되었다. 1705년 케임브리지를 방문했을 때 앤 여왕은 아이작 뉴턴의 공헌을 기려 기사 작위를 내리기도 했다.

DIGEST100SERIES

제7장
대영제국의 태동: 자유주의 개혁의 물결

UNITED KINGDOM

DIGEST

67

UNITED KINGDOM

조지 1세, 하노버 왕가의 시작

영어를 못하는 영국 왕, 조지 1세, 하노버 왕가의 시작

조지 1세(재임기간 1714-1727)는 신성로마제국의 제후국 중에 하나인 하노버 선제후국의 공작 에른스트 아우구스트와 제임스 1세의 손녀딸인 팔츠의 소피아 사이에서 태어났다. 조지 1세의 어머니 소피아는 5개 언어를 구사하며 신학, 철학, 역사 및 모든 종류의 서적에 대해 지식이 높고 교양 있는 여성이었다. 하노버 선제후국의 공작과 결혼하여 독일 하노버 왕국으로 간 소피아는 자녀들이 행복한 가정에서 좋은 교육을 받을 수 있도록 관심을 기울였다. 조지 1세는 사냥과 군사훈련을 좋아했고 성인이 된 후 네덜란드와 터키 전쟁에 참여했으며 스페인 왕위계승 전쟁에도 참여하였다.

1682년 조지 1세는 23세에 사촌 누이인 첼레의 소피아 도르테아와 결혼하여 아들 조지 2세와 딸 하노버의 소피아 도르테아를 두었다. 조지 1세의 아내인 첼레의 소피아 도르테아는 예쁘고 활기찬 여성이었다. 하지만 조지 1세가 정부와 시간을 보내는 시간이 길어지자, 소피아 도르테아는 잘생기고 대담한 스웨덴 출신의 장교인 필리프 본 쾨니스마크Phillip von Konigsmark 백작과 불륜 관계를 갖게 되었다. 은밀한 편지를 주고받으며 불륜을 이어가던 중,

1694년 필리프 본 쾨니스마크 백작과의 도주 계획이 발각되었고, 백작이 돌연히 실종되고 말았다. 필리프 본 쾨니스마크 백작이 조지 1세에 의해서 잔인하게 살해되었다는 소문이 돌았다.

28세의 소피아 도르테아는 결혼 13년 만에 불륜으로 이혼당하고 알든Ahlden성에 유폐되었다. 조지 1세는 딸 소피아와 아들 조지 2세가 평생 엄마를 만나지 못하게 했다. 소피아 도르테아는 알든 성에서 32년을 보냈다. 조지 1세는 딸 소피아가 어머니의 죽음을 애도하는 것조차 금지했다. 그러나 딸이 검은 상복을 입기로 결정하자 길길이 분노했다. 외아들 조지 2세가 소피아 도르테아와 닮았다는 이유로 아들을 미워했다. 아들 조지 2세에 대한 잔인한 조치에 대해서 조지 1세는 왕위에 오른 뒤에도 좋은 평가를 받지 못했다. 이것이 하노버 왕가의 4대에 걸친 부자간 불화의 시작이었다.

한편, 조지 1세는 1701년 제정된 왕위계승법에 따라 제임스 1세의 손자인 어머니 팔츠의 소피아에 이어 영국 왕위계승 3순위가 되었다. 앤 여왕에 더 가까운 친척들 약 56명이 있었으나 왕위계승법인 정착법the Act of Settlement으로 가톨릭 신자의 왕위계승은 금지되었다. 조지 1세의 어머니 팔츠의 소피아가 앤 여왕의 가장 가까운 신교도 혈육이었기 때문에 앤 여왕 이후 왕위계승 1순위였는데, 1714년 어머니가 84세의 나이로 사망하자 조지 1세가 차기 계승자가 되었고, 49세의 앤 여왕이 같은 해 후사 없이 비만과 당뇨 합병증으로 사망하자 조지 1세는 54세의 나이로 영국 왕위에 올랐다. 당시 정권을 장악하고 있던 휘그당이 패권을 놓치지 않기 위해서 적극적으로 왕위계승을 추진했기 때문에 왕위계승은 매끄럽고 빠르게 진행되었다.

54세의 조지 1세가 왕위에 올라 런던에 도착했을 때 단지 몇 마디의 영어만 말할 줄 알았으므로 독일인 왕을 맞이하는 것에 대한 불만세력의 야유를 접해야만 했다. 소심하고 내성적인 성격의 조지 1세는 이러한 영국인의 반응에 불안감과 공포심을 느꼈을 것으로 추정된다.

조지 1세는 영어를 할 줄 모르므로 정치에 관여할 수 없었고, 의회를 주재할 수도 없었다. 조지 1세는 칩거에 가까운 생활을 하면서 정부 2명의 시중을 받으며 살았다. 독일 출신 음악가인 헨델이 왕궁을 출입하면서 음악으로 그에게 위로해 주었다. 조지 1세와 접촉해야 할 필요가 있는 정치인들은 두 여인을 거쳐야 했으므로 뇌물이 오고 가게 되었다. 1721년 조지 1세가 로버트 월폴Robert Walpole에게 전권을 넘겨주어 의회를 주재하게 되면서 '의회의 수상'이라는 개념이 생겼다. 로버트 월폴은 영국 초대 수상으로 국왕과 의원들의 절대적인 지지를 얻어 약 20여 년간 집권하였다가 1742년 총선거에서 패배하여 물러났고, 그의 정당인 휘그당이 오랫동안 집권당을 유지하였다. 상대적으로 조지 1세의 통치기간 동안 왕의 권력이 약화되고 '군림하지만 통치하지 않는' 입헌군주제의 원칙을 확립하는 계기가 되었으며 이는 의원 내각제와 입헌군주제가 맞물리는 통치구조를 탄생시켰다.

1727년 6월 당뇨 합병증을 앓고 있던 조지 1세는 하노버로 여행을 가서 그곳에서 보내는 시간이 많아졌다. 결국 조지 1세는 하노버 여행 중 뇌졸중으로 사망하였고, 외아들 조지 2세가 왕위를 계승했다.

자코바이트Jacobite에 의한 반란

스튜어트 왕가의 제임스 2세가 명예혁명에 의해 폐위되자, 1688년에서 1746년에 걸쳐 제임스 2세의 복위를 목표로 모인 반란세력이 자코바이트들이다. 자코바이트는 제임스James의 라틴어식 이름 자코부스Jacobus에서 온 것이다. 자코바이트의 반란은 1715년에 일어난 '15년의 자코바이트 반란'과 1745년에 일어난 '45년의 자코바이트 반란'이 대표적이다. 1715년 3월 스코틀랜드에서 자코바이트Jacobites들은 조지 1세를 폐위시키고 앤 여왕의 이복동생이면서 가톨릭교도인 제임스 프랜시스 에드워드를 옹립하기 위해 반란을 일으켰다.

반란 초기에 5,000여 명이 모여 에든버러 성을 함락하였고 여세를 몰아 남으로 진격하였다. 그러나 정부의 지원을 받은 스코틀랜드의 토호세력인 아가일 공작이 반란군을 토벌하여 그해 말에 프레스톤Preston에서 완전히 진압되었다. 제임스 프랜시스 에드워드는 스코틀랜드에 도착했지만, 반란군을 이끄는 리더십을 발휘하지 못한 채 반란이 실패했고, 결국 1716년 프랑스로 돌아갔다. 체포된 자코바이트들은 모두 반역죄로 재판을 통해 사형선고를 받았다.

한편 1717년 스코틀랜드의 로빈 훗이라고 불리는 롭 로이 맥그레거Rob Roy MacGregor와 그레거Gregor 씨족은 면책 특권법에 의해 죽음을 면할 수 있었다. 롭 로이 맥그레거는 1715년 정부군과 자코바이트군의 전투였던 셰리퓨머Sherifmuir 전투에서 어느 편에도 들지 않았으므로 자코바이트가 아닌 것으로 인식되었기 때문이다. 롭 로이 맥그레거는 그 지역의 악명 높은 부유한 귀족인 몬트로즈 공작의 가축을 훔쳐 가난한 사람들에게 나누어주면서 '민중 영웅'으로 불리게 되었다. 스코틀랜드 작가인 월터 스콧경Sir Walter Scott의 작품 「로브 로이Rob Roy」(1818)에 그는 도덕적인 의적으로 묘사되었다. 또한 윌리엄 워즈워드William Wordsworth의 시에도 '용감하고 현명한 붉은 머리의 의적 로이'로 등장하였다.

1719년 자코바이트들은 스페인 줄리오 알베로니 추기경의 지원군을 얻어 다시 반란을 시작했다. 2척의 스페인 선박이 스코틀랜드에 상륙했지만 왕립 해군 정찰군에 의해서 바로 진압되었다. 자코바이트의 반란에 토리당들이 공감을 표했을 뿐만 아니라 토리당 당수 세인트 존스 경이 반란과 직접적 관련이 있다는 것이 알려지자 조지 1세는 휘그당원으로만 의회를 구성했고 다음 세대까지 휘그당이 의회를 주도하였다.

조지 1세에 의해 소외된 토리당원들이 아버지 조지 1세의 정책에 반대 입장을 갖고 있던 조지 1세의 외아들 조지 아우구스투스George Augustus를 중심으로 모이기 시작함으로써 조지 1세와 아들의 관계는 더욱 악화되었다. 이들은 레스터 하우스Leicester House에서 주로 만났는데, 그 당시 레스터 하우스는 조지 1세의 정치와 정책에 반대하는 사람들이 만나는 장소가 되었다. 조지 1세 재임 초기에는 의회에서 아들 조지 아우구스투스가 통역을 해주기도 했다. 그러나 정책에 대해 아들 조지 2세와 의견 충돌이 생기자 둘의 관계는 소원해지게 되었다. 조지 1세는 내각 회의에 참석하는 것을 중단했고 로버트 월폴은 자신의 권력을 확립하기 위해 왕의 의회 부재를 이용했다. 이리하여 조지 1세는 로버트 월폴에게 잉글랜드의 통치를 넘기고 하노버로 더 오랫동안 여행을 떠나곤 했던 것이다.

남해거품사건의 위기를 모면한 조지 1세

1711년 정부가 보증한 남해 회사의 무역에 왕족과 귀족을 포함한 수천 명이 투자했었다. 그러나 1720년 잘못된 재정 투자와 국가 부채의 관리 부실로 인해 남해회사는 파산에 이르고 말았다. 더구나 조지 1세와 관련 귀족들이 남해회사와 불법적인 거래를 통해 자금을 유출한 사건이 발생하였다. 이 사건을 남해거품사건South Sea Bubble이라고 한다.

남해회사의 파산이 국가 경제위기로 이어지자 관련 장관들과 증권을 샀던 정치인 및 귀족들이 모두 책임을 져야 하는 상황이 되었다. 반면 정계의 일선에서 물러나 있던 로버트 월폴 Robert Walpole과 타운센트는 관련이 없었으므로 오히려 도덕성을 인정받게 되었다. 하지만 이때 월폴이 일선에 나서서 처리함으로써 조지 1세를 치욕적인 위기에서 구해주었다. 이때 처리능력을 인정받아 로버트 월폴은 다시 행정부에서 가장 중요한 인사가 되었다. 월폴은 정부 부채를 사용하여 채무를 재조정하고 보상하는 방식으로 위기를 관리함으로써 국가의 재정적인 안정을 도왔다. 그리고 1721년 사실상 '최초의 총리'로 임명되었고, 내각제 정치의 시작이라고 할 수 있다.

월폴은 1701년 휘그당으로 의회에 입성하였고, 1715년 재무장관으로 임명되었다. 로버트 월폴의 지배력 확장은 조지 1세의 정치적 무관심이 시작되는 시기와 일치하고, 이것을 계기로 군주제가 쇠퇴되었다. 조지 1세가 사망하고 조지 2세가 왕위에 오르는 1727년 로버트 월폴의 지위가 위협받기도 했으나 조지 2세가 아내 캐롤라인이 로버트 월폴의 지위를 그대로 유지하라는 조언을 받아들여, 로버트 월폴은 다음 왕인 조지 2세의 재임 때에도 자신의 권력을 그대로 유지할 수 있었다.

한편, 조지 1세는 헨델은 물론이고 어떤 예술적인 후원에도 관심이 없었다. 그럼에도 불구하고 획기적인 문학적 업적이 그의 통치 시기에 이루어졌다. 다니엘 데포Daniel Defoe의 로빈슨 크루소Robinson Crusoe가 1719년 출판되었고, 조나단 스위프트Jonathon Swift의 걸리버 여행기Gulliver's Travels는 1726년 출판되었으며, 에든버러에는 영국 최초의 원형 도서관이 1726년에 문을 열었다.

1726년 조지 1세의 왕비 소피아는 32년 동안 갇혔던 알든Ahlden 성에서 사망했다. 이날 조지 1세는 연극을 관람했고 그녀의 시신은 왕의 명령을 받지 못해 일곱 달 동안 방치되어 있었다. 왕비가 죽은 후 조지 1세는 1년을 넘기지 못할 것이라는 예언이 떠돌고 있었는데, 공교롭게도 1727년 고향인 하노버 여행 중에 마차 안에서 뇌출혈로 쓰러져 67세의 나이에 사망했다.

DIGEST

68

UNITED KINGDOM

조지 2세, 하노버 왕가의 두 번째 독일인 국왕

독일의 하노버 왕가에서 성장한 독일인 왕 조지 2세

조지 2세(재임 시기, 1727-1760)는 조지 1세와 첼레의 소피아 도로테아 사이의 장남으로 1727년 34세의 나이에 영국 왕위에 오르는 동시에 하노버 선제후국의 선제후가 되었다. 부친 조지 1세처럼 하노버에서 태어난 독일인이었지만 영국 국민들이 많은 기대를 품었던 군주이다. 조지 1세가 왕위에 오르자 웨일스 왕자 칭호를 받았고, 야당 정치인들의 편에서 정치 활동을 했는데 이는 부친 조지 1세에 대한 반감 때문이었다.

조지 2세는 건장한 체격에 푸른 눈과 붉은 혈색 그리고 커다란 코를 가지고 있었다. 국왕으로서 위엄 있는 외모를 가지고 있었지만, 의견이 다른 사람에게 쉽게 분노하여 코트와 가발을 걷어차기도 했다고 한다. 그는 영어, 프랑스어, 독일어, 이탈리아어를 유창하게 했으며 역사에 관심이 많았다. 특히 음악에 조예가 깊었고, 오페라를 좋아했으며 독일 출신 음악가인 조지 프레더릭 헨델의 최대 후원자였다. 헨델은 조지 2세를 위한 대관식 송가인 「사제 자도크」를 비롯해 「왕궁의 불꽃놀이」등 네 개의 새로운 송가를 바쳤다. 1743년 「메시아」가 런던 왕립극장에서 곡이 초연되었을 때, 할렐루야의 합창 부분에서 조지 2세가 감격하여 벌떡 일어났고, 나머지 관객들도 이에 기립하였다. 이후로 「메시아」가 공연될 때 같은 부분에서 청중이 기립하는 것이 관례가 되었다는 일화가 있다.

어린 시절 조지 2세는 모친 첼레의 소피아 도르테아가 불륜을 이유로 알든Ahlden성에 유폐된 후에 모친을 만날 수가 없었다. 조지 1세는 시종들로 하여금 어머니를 만나지 못하도록 엄격하게 통제했기 때문이다. 심지어 모친이 그리워 알든성 앞까지 찾아갔지만 만나는 것을 거절당했다. 이 일로 아버지에 대한 깊은 반감을 갖게 되었고 왕세자 시절부터 아버지 조지 1세와 공공연히 대립했다.

조지 2세는 왕세자 시절에 머물던 레스터 하우스leicester house에서 조지 1세의 휘그당에 반대하는 세력들과 어울렸고, 1717년 정부를 떠난 로버트 월폴과 비스카운트 타운센드Viscount Townshend 등도 이에 합류했다. 월폴이 1720년 아버지 조지 1세와의 화해를 주선했지만 성공하지 못했다. 심지어 조지 1세가 하노버에서 사망한 뒤 독일에서 장례식이 있었지만 참석하지 않았다. 이를 두고 조지 2세에 대한 비난이 일기도 했으나 영국에 대한 애착으로 받아들여져 한편에서는 영국인의 찬사를 받기도 했다.

조지 2세는 30세가 되던 1705년 할머니인 팔츠의 소피아의 소개로 안스바흐의 캐롤라인 Caroline of Ansbach과 결혼계약을 체결했고 1708년 하노버에서 결혼했다. 총명하고 아름다운 캐롤라인은 그의 좋은 조언자이자 정치적 동지였다. 정치에 관심이 많았던 아내 캐롤라인Caroline of Anspach은 정치에 관해서 조지 2세에게 상당한 영향력을 미쳤다. 조지 2세가 해외에 있을 때 캐롤라인 왕비가 항상 섭정을 했는데, 이는 왕비의 총애를 받는 로버트 월폴 경에게 유리하게 작용했다.

캐롤라인 왕비는 지적이고 학식이 있는 여성으로 옥스퍼드 대학의 퀸스 칼리지를 세웠다. 존 하비Sir. John Hervery의 회고록에는 캐롤라인 왕비는 아이작 뉴턴과 같은 과학자들과 재치 있고 지적인 대화를 좋아했다고 묘사했지만 조지 2세가 좋아하지 않는 것은 감히 하지 않는 헌신적인 여왕이었다고 한다. 그녀는 세인트 제임스궁에 머물면서 반 다이크의 그림을 수집하고 철학자 라이프니츠와 정기적으로 대화를 나누는 고상한 생활을 누렸고 자녀 교육에도 투자를 아끼지 않았다.

조지 1세의 장남 웨일스 공 프레드릭은 정치적으로 조지 2세의 반대세력인 토리당과 잦은 접촉을 했는데 이것에 대해서 조지 2세와 캐롤라인 왕비는 매우 못마땅하게 여겼다. 이들의 불화는 프레드릭이 조지 2세보다 먼저 세상을 떠나면서 끝났다. 1751년 프레드릭이 사망하자 프레드릭의 장남인 조지 3세에게 왕위가 승계되었다.

젱킨스의 귀의 전쟁 the War of Jenkins' Ear

조지 2세가 로버드 월폴을 압박하여 1739년 스페인과의 전쟁을 재개했는데 이 전쟁은 1748년까지 지속되었다. 1731년 영국 상선의 선장인 로버트 젱킨스의 귀가 스페인 군인들에 의해 절단되는 사건이 일어났고, 1738년 커먼즈 위원회 Commons Committee에 찢어진 귀가 전시되었기 때문에 훗날 1858년 토마스 칼라일이 이례적인 이름을 붙인 전쟁이다. 갈등의 씨앗은 전쟁이 시작되기 8년 전인 1731년 스페인 연안 경비대가 영국 상선에 올라가 선장인 젱킨스의 귀를 잘라낸 것에서 시작되었다. 이 사건에 대한 대중의 분노가 있었지만 표면화되지 않다가, 1738년 야당 정치인들과 영국 남해 회사가 스페인에 대한 응징을 촉구하면서 사건의 전말이 표면화되었다.

하지만 젱킨스 사건 당시 영국은 카리브해 지역에서 노예무역의 기회를 확장하고자 미온적인 반응을 보였었다. 당시 노예무역은 수익성이 높은 사업이었기 때문에, 영국은 스페인 제국을 자극해서 스페인계 미국인들에게 노예를 팔수 있는 허가를 얻은 아센토계약이 어긋나지 않기를 바랐었다. 1713년 스페인 왕위계승 전쟁 이후 위트레흐트 조약을 통해 영국은 30년 동안 스페인 식민지에 무제한 노예를 공급했고 연간 500톤의 물품을 공급하는 아센토Asiento 계약을 맺어 꽤 높은 이득을 올리고 있었던 것이다.

1729년 앵글로-스페인의 전쟁이 끝난 후 세르비아 조약을 통해 영국은 스페인 군함에게 방문권Visitation Right을 주어 영국 상인을 간섭할 권리를 주었다. 방문권을 근거로 스페인 군함은 영국 밀수 화물선이 있는지를 확인했는데, 시간이 지남에 따라 방문권을 남용하여 영국 선박의 화물을 검사하고 압수하기 시작하면서 젱킨스 사건 같은 문제가 벌어진 것이다. 그러나 이 사건은 월폴이 폴란드 승계전쟁 동안 스페인을 원조하였기 때문에 1737년까지 이 문제는 표면화되지 않았다. 월폴에 대한 국내 지지도가 떨어지면서 이 문제가 다시 불거졌고 영국민들 사이에 반 스페인 정서가 수면 위로 떠오르게 된 것이다.

월폴은 조지 2세의 압력과 국민적 정서에 굴복하여 서인도 제도와 지브롤터에 군대를 파견하였다. 스페인은 즉각 반격하여 재정적 보상을 요구했고 영국은 방문권의 무효화를 주장했다. 스페인 필리프 5세는 아센토 계약을 취소하고 스페인 항구에 정박해있던 영국 함선을 모조리 몰수하자, 영국은 1739년 10월 공식적으로 전쟁을 선포했다. 이 전쟁을 위해서 영국은 처음으로 식민지 미국에서 영국 군대를 설립하였으며, 북아메리카 주둔군을 스페인으로 파견하였다. 스페인과의 갈등에서 비롯된 젱킨스의 귀의 전쟁은 오스트리아 계승전쟁의 참전으로 더욱 확대되었다.

젱킨스의 귀의 전쟁은 월폴의 권력 붕괴를 불러왔다. 프레드릭 황태자가 1741년 영국 총선에서 야당을 적극 지지함에 따라 월폴은 20년 이상 이어온 권력을 내려놓고 1742년 은퇴했다.

오스트리아 왕위계승전과 자코바이트의 마지막 반란

1742년 총리직은 로버트 월폴에게서 윌밍턴 백작인 스펜서 콤프턴Spencer Compton으로 이어졌는데 조지 2세가 1727년에 총리직으로 고려했던 사람이었다. 윌밍턴 경은 명목상 최고 지위인 총리였지만, 실제 권력은 조지가 총애했던 목사인 카르테레트 경Lord Carteret에게 있었다. 1743년 윌밍턴 경이 사망하자 헨리 펠함Henry Pelham이 내각의 총리직을 이어받았지만, 카르테레트 경의 영향은 지속되었고 오스트리아 왕위 계승전에 개입하게 된다. 조지 2세는 합스부르크 왕가의 상속녀이며 신성로마제국의 황제가 된 요세프 2세와 레오폴트 2세, 그리고 마리 앙투아네트의 모친이었던 마리아 테레지아를 지지하기 위해서 12,000명의 용병을 보냈다.

1743년 6월 61세의 조지 2세는 영국군, 하노버 공국군, 오스트리아군, 덴마크 군으로 구성된 연합군과 함께 직접 군대를 이끌고 지금의 뮌헨 부근 데팅겐Dettingen 전투에서 프랑스군과 맞서 싸웠다. 이 전투에 아들인 컴벌랜드 공작도 소년군으로 참여하였다가 다리에 부상을 입었다. 이 전투에서 양측은 전투 중 부상당한 군인이 상대방의 수중에 있다고 해도 상처를 돌보아주고 전쟁 포로로 간주하지 않기로 동의했다. 이것은 전쟁에서의 인도적 대우를 위한 제네바 협약의 선구가 되었다.

1745년 여름 조지 2세가 유럽 대륙에서 전쟁을 치르는 동안 스튜어트 왕가의 찰스 에드워드가 스코틀랜드의 영주들과 자코바이트들과 연합하여 영국의 북부지방인 멘체스디까지 침공했다. 이것이 자코바이트의 마지막 반란이다. 찰스 에드워드 스튜어트는 프랑스의 지지를 받으면서 스코틀랜드에 상륙했고, 하일랜드 씨족이나 가톨릭교도들의 지지를 얻어 왕위를 찬탈하고자 했다. 자코바이트군은 에든버러를 점령하고 스코틀랜드 남부 국경을 넘어 잉글랜드를 침공하여, 조지 2세를 하노버 왕국으로 몰아낼 계획이었다. 잉글랜드군의 컴벌랜드 공작이 출격하자 자코바이트들은 하이랜드로 물러났고, 정부군은 1746년 에든버러를 탈환했다.

1746년 4월 자코바이트 반란은 컬로든 전투Battle of Culloden에서 패배함으로써 완전히 진압되었다. 조지 2세가 가장 총애했던 아들 컴벌랜드 공작은 1746년 1월 에든버러에서 정부군을 결집하여 컬로덴 전투the Battle of Culloden에서 반란을 진압하여 대단한 인기를 얻었다. 하지만 컴벌랜드 공작 윌리엄 오거스터스는 전투가 끝난 후 백여 명 이상을 교수형에 처했고, 전투에 참가하지 않은 사람들도 반란군에 협조한 혐의가 있으면 모두 처형했다. 또한 저항했던 산간 정착촌을 모조리 불태웠고 가축을 몰수했다. 정부군의 총사령관이었던 컴벌랜드 공작은 이 학살 때문에 컴벌랜드 공작은 '도살자 컴버랜드Butcher Cumberland'로 불렸으며 이후에도 오랫동안 스코틀랜드에 반잉글랜드 감정을 남기게 되었다.

북미 주도권을 두고 프렌치 인디언 전쟁(1756–1763년)

유럽 대륙에서 일어난 전쟁의 여파가 확대되어 북미의 식민지 주도권을 두고 벌어진 영국과 뉴 프랑스의 갈등이 결국 전쟁을 불러왔는데 1756년 서로에게 전쟁을 선포하여 1763년까지 이어졌다. 전쟁이 본격적으로 발발하기 이전에 1754년 주몬빌 글렌Jumonville Glen에서 일어난 갈등이 소규모 전투로 변모하다가, 급기야 22세의 조지 워싱턴 지휘 하에 버지니아 민병대가 프랑스를 습격했다. 프랑스와 영국은 각각 다른 인디언 부족과 동맹관계를 맺었고, 영국과 프랑스의 전쟁에 인디언이 합류하였다. 영국 측에서 볼 때 프랑스 왕실 군과 많은 인디언 부족이 연합하여 영국과 전쟁을 벌였기 때문에 프렌치 인디언 전쟁The French and Indian War이라고 부른다. 또는 7년 전쟁이라고 부르기도 한다.

북아메리카의 남북으로 흐르고 있는 미시시피강을 기점으로 동쪽 지역은 영국과 프랑스가 소유권을 두고 치열하게 다투었던 곳이다. 영국 정부 내각은 식민지 주둔군대가 오하이오 계곡으로 프랑스 군을 몰아내는 정도의 제한된 군사적 대응만을 주장했다. 그러나 컴버랜드는 북아메리카에서 영국의 이득을 충분히 보호하기 위해서는 군사력을 동원하여 뉴프랑스가 주둔한 4개 구역을 동시에 침공해야 하며, 자신이 미국 군대의 지휘관이 될 것을 제안했다. 그러나 막상 총사령관이 되었을 때 군비 문제로 전쟁은 식민지의 주둔군이 스스로 해결해야 했고, 정규군은 지원군 역할로 축소되었다. 1755년 자신의 수하 장교인 에드워드 브래덕Edward Braddock을 파견했던 첫 공격은 실패하고 말았다.

1757년 공격 실패 이후 총사령관은 애버크롬비로 교체되었다. 1758년 10월 펜실베이니아 행정부는 인디언들과 이스턴 조약을 맺고, 프랑스와의 동맹을 파기하고 중립을 지킨다면 그 대가로 펜실베이니아 식민지에서 그들의 땅을 보장한다는 협약을 맺었다. 이 시기에 영국 본토의 지휘부에서도 변화가 있었다. 1730년대에 로버트 월폴 총리의 부패에 대해서, 그리고 1740년대에는 하노버에 지원한 전쟁 보조금과 1760년대에 프랑스와의 평화 협상 등에 대해서 공격적인 연설로 유명해진 윌리엄 피트William Pitt가 1756년에서부터 1761년까지 내각에서 비공식적인 지도자의 역할을 하기 시작한 것이다. 윌리엄 피트가 권력을 잡고 난 후 북미에 대한 영국군의 지원이 크게 늘었다. 윌리엄 피트의 지원으로 대규모 정규군이 참여하면서 영국군은 해안을 봉쇄하였다. 1757년 보급로를 잃고 흉작으로 식량이 부족하였던 시기에 때마침 프랑스를 지원하던 인디언 부족들에게 천연두가 창궐하였다. 영국군은 지방 민병대의 지원까지 받아 뉴프랑스의 핵심지역을 함락시켰고 북아메리카 지역의 프렌치 인디언 전쟁을 승리로 이끈다.

국내외 전쟁으로 영국정부는 더 많은 세금이 필요해지자 의회의 권한이 지나치게 커지게 되었다. 상대적으로 국왕의 권한이 축소되자, 조지 2세는 런던을 떠나 하노버 영지로 건너가고 말았나. 입헌군주제는 의회의 결정에 대한 국왕의 서명이 형식적이지만 절대적으로 필요했기 때문에 당시 수상인 뉴캐슬이 조지 2세를 모셔오기 위해 독일로 따라가기도 했다.

조지 2세의 치세

조지 2세가 왕위에 올랐을 때 영국 의회가 대부분의 정책을 결정했기 때문에 영국 국내 정치에 대해 직접적인 통제권을 갖지는 못했다. 정치적 판단력은 뛰어났지만 자신감이 부족하여 로버트 월폴과 같은 총리에게 크게 의존했다. 캐롤라인의 조언에 따라 아버지의 재임 시기인 1721년 남해 버블사건을 해결하고 아버지 조지 1세를 위해 봉직했던 월폴의 재무장관직을 유지시켰다.

월폴은 왕실을 위한 80만 파운드의 연간 고정 비용을 확보하여 조지 2세의 총애를 얻었다. 조지 2세는 월폴에게 국내정치를 총괄하게 했고, 국왕의 지지 세력으로 의회를 채우기 위해 월폴에게 관직 임명권도 행사하도록 했다. 1730년 조지 2세의 처남 타운센드가 사임하자 월폴은 외교정책도 담당했다. 조지 2세는 월폴과 고위 성직자의 충고에 따라 대부분의 주요 정책을 결정했다. 예를 들면, 앵글로-스페인 전쟁이 끝나자 조지 2세는 독일 편을 들어 폴란드 전쟁에 참여하려고 했다. 그러나 월폴이 반대하자 전쟁참여를 바로 포기했다. 또한 1733년 월폴이 저항이 심한 소비세 법안을 철회하자고 주장하자, 조지 2세는 의회의 반대자들을 해고함으로써 월폴을 지지해 주었다.

조지 2세는 대영 박물관 설립 4년 후인 1757년 대영 박물관에 왕실 도서관을 기증했다. 조지 2세는 독서나 예술과 과학 분야에는 관심이 없었고 여가 시간에 승마나 사냥터에서 사냥을 선호했다. 그럼에도 불구하고 1737년 하노버 선거구에 괴팅겐Göttingen 대학을 최초로 설립하였고, 1716년과 1727년 더블린의 트리니티 칼리지의 총장을 역임하였다. 또한 후에 컬럼비아대학이 되는 뉴욕시의 킹스 칼리지에 대한 허가장을 발급했다. 1730년 사회개혁가이며 박애주의자인 존 퍼시발John Perceval과 제임스 오글소프(James Oglethorpe)가 영국의 빈민과 빚을 지고 감옥에 갇힌 사람들을 신대륙으로 이주시켜 자선적 식민지를 형성하는 헌장을 요청했고, 1732년 자신의 이름을 딴 조지아 식민지 헌장을 승인하였다.

또한 1755년 새뮤얼 존슨 영어사전이 출판되었다. 새뮤얼 존슨은 개인적으로 방대한 규모의 영어사전을 출판하여 영어의 표준화와 철자법을 정리하여 영어 발전에 선구적인 역할을 했다. 산소를 발견한 것으로 유명한 과학자 조지프 프리스틀리Joseph Priestley는 교육의 중요성과 영어의 순화 교육을 강조하여 현대적인 영문법 책을 출판하기도 했다.

조지 2세의 통치기간 동안 영국은 대영제국으로서 인도와 북아메리카에 이르는 실질적인 확장을 이루었다. 하노버 왕조에 대한 자코바이트들의 반란은 사라지고 장관들과 의회의 권력이 확립되는 시기였다. 때문에 존 하비 경이나 호레이스 발폴Horace Walpole 등의 회고록에 등장하는 풍자에는 그가 '장관과 아내의 통제를 받는 왕'으로 묘사되기도 했다. 조지 2세가 역사적으로 중요한 역할을 하지는 않았지만, 그 당시 내각의 정치인들이 뛰어난 역할을 했으며, 식민지 개척으로 국민들은 행복과 부를 누렸다.

레스터 하우스Leicester house에서 프레드릭 왕자의 그림자 정당

웨일스 왕자 칭호를 받은 프레드릭은 아버지 조지 2세가 그의 조부 조지 1세에게 그랬듯이 조지 2세에 반대하는 세력과 어울렸다. 더구나 프레드릭은 아버지와 달리 누르스름한 피부에 곱슬머리이고 매부리코였다. 아들의 이런 외모 때문에 프레드릭이 태어났을 때부터 조지 2세는 아들을 맘에 들어 하지 않았다. 심지어 조지 2세는 아들에 대해서 '고집스럽고 거짓말쟁이며 최악의 하층민'이라고 했다.

부자간의 불화는 왕과 상속자 사이에 존재한 지극히 개인적인 적대감에서 비롯되었다. 1714년 앤 여왕이 사망하고 할아버지 조지 1세의 대관식을 위해 부친 조지 2세가 왕위계승을 위해 하노버를 떠나 영국에 왔을 때, 당시 7세인 프레드릭은 독일에서 종조부인 어니스트 아우구스투스가 돌보았고, 이들 부자는 14년 동안 만나지 못했다. 조지 2세의 왕위계승 후 일 년이나 지난 1728년에야 프레드릭은 영국으로 건너와 1729년 웨일스 왕자에 올랐다. 조지 2세와 캐롤라인은 프레드릭이 멀리 떨어져 있는 동안 몇 명의 아이들을 더 출산했기 때문에 부모의 애정을 받지 못한 젊은 프레드릭은 음주와 도박, 여자에 빠졌다. 1728년 식민지를 그의 이름을 딴 프레드릭 메릴랜드, 프레드릭 요새, 뉴욕 주에 프레드릭 포트, 조지아 주에 프레드릭 등으로 명명하였지만, 오랫동안 떨어져 지냈던 이들의 손상된 관계는 결코 회복될 수 없었다.

영국에 온 프레드릭은 비공식적으로 '왕자의 당prince's party'을 구성하게 되었고, 활발히 정치활동에 참여하여 부친 조지 2세의 정책에 반대했다. 아버지인 조지 2세가 1717-20년 동안 아버지 조지 1세의 정책에 대해서 반대 활동을 했던 것과 마찬가지로 그의 아들 프레드릭이 1737-42년, 1747-51년까지 의회에서 아버지의 정책에 대한 반대활동을 하였다.

아버지와 아들의 관계가 깨어지는 극적인 위기는 프레드릭 왕자의 아내가 1737년 햄튼코트에서 딸을 출생할 때였다. 전통적으로 왕가의 자손이 탄생할 때 왕의 직계가족이 출석하여 아이가 바뀌거나 탄생이 거짓이 아닌 지를 지켜보았다. 프레드릭은 조지 2세와 모친이 이 자리에 참석하지 못하도록 출생 직전에 햄튼코트 궁을 빠져나갔다. 이 일로 프레드릭 왕자는 모친과의 관계도 소원해졌다. 이때부터 프레드릭 왕자는 햄튼코트 왕궁에서 나와 레스터 하우스에서 지내게 되었다. 레스터 하우스는 1630년에 건축된 레스터 필드의 북쪽, 레스터 스퀘어에 위치한 인상적인 거주지이다.

1751년 프레드릭 왕자가 갑자기 사망하자 프레드릭의 미망인 작센-고타의 오거스트가 그림자 정당의 활동을 이어갔다. 1755-57년에 런던 거주지인 레스터 하우스를 정치 본부로 하여 조지 2세의 정책에 반대했고, 현대의 그림자 내각에 필적하는 정책 반대 활동을 폈다.

DIGEST

69

UNITED KINGDOM

조지 3세, 정신질환을 앓는 전제군주

영국에서 태어난 하노버 왕가의 영국 전제군주, 조제 3세

1760년 할아버지 조지 2세가 77세의 나이로 사망하자 손자인 조지 3세는 22세의 나이로 왕위에 올랐다. 조지 3세(재임기간 1760-1820)는 1760년 대영제국의 왕위에 올랐고, 1801년 아일랜드가 대영제국에 통합되자 아일랜드 왕으로도 올랐다. 또한 하노버 왕국을 방문한 적은 없었지만, 1814년까지 신성로마제국 하노버 왕국의 제후에 올랐다. 하노버 왕국에서 태어난 조지 1세, 조지 2세와 달리 조지 3세는 영국에서 태어났으므로 모국어도 영어였다. 의사소통에 문제가 없는 국왕으로 영국 정치에 적극적으로 관심을 보이면서 직접 개입하기도 했다. 조지 3세는 검소하고 담백하며 소탈한 생활을 했으므로 '농부왕Farmer King'이라고 불릴 정도였다.

1761년 메클랜부르크 슈트랠리츠의 샬롯Charlotte of Mecklenburg-Strelitz 공주와 세인트 제임스 궁에서 결혼하였는데, 결혼식에서 둘은 서로를 처음 보았지만 둘은 행복한 결혼 생활을 영위하였다. 9명의 아들과 6명의 딸로 총 15명의 자녀를 얻었고, 성추문이 없는 유일한 왕이었다. 샬롯 왕비와도 사이가 좋아 9남 6녀의 자녀를 얻었고 아내를 사랑하여 케이크를 선물하였는데,

이것이 샬롯 로얄Charlotte Royal 케이크의 유래이다. 1762년 버킹엄 궁전을 왕가의 휴양지로 사용했으며, 큐 궁전과 윈저성에 거주하고 세인트 제임스 궁전은 공식적 활동을 위해 사용했다. 조지 3세는 여행을 즐기지 않았고 남부 잉글랜드에서 일생을 보냈다. 학문적으로 뛰어나지는 않았지만 역대 어느 왕보다도 독실하고 도덕적인 신앙인의 모습을 보여주었다. 1790년대 영국의 최초의 해변 휴양지 중에 하나로 대중화된 웨일스 도르셋Dorset의 웨이머스Weymouth에서 조용히 가족 휴가를 보내기도 했다.

샬롯 로얄 케익.

통치 초기에 '이 나라 영국에서 태어나 영국의 이름을 가진 것이 영광'이라고 선언하여 국민적 환영을 받았다. 통치 첫해부터 하노버 공국을 위한 7년 전쟁에 참여했던 것에 대한 국민적 반감으로 인해 그는 통치에 대한 불안감을 만회하기 위해 노력했다. 영국보다 독일의 하노버 공국에 더 관심을 두었던 선대왕 조지 1세와 조지 2세와는 달리 독일의 이득을 위한 통치를 하지 않겠다는 것을 공공연히 시사했다. 독일 악센트가 전혀 없는 완벽한 영어를 구사하여 언어로 인한 의사소통의 불편함이 없었으므로 왕의 권위를 내세우고 왕권을 회복하고자 하는 시도가 분명히 드러나기도 했다.

조지 3세가 토리당을 지지하는 것으로 인식되어 휘그당에게 독재자라고 비난받기도 했다. 통치 초기에 왕실 영토에서 소득이 적었고 왕실 수익 대부분이 세금과 소비세에서 나왔다. 왕실의 영토를 해체하고 귀족들의 연금 명부로 왕실의 비용을 사용했다. 조지 3세의 통치기간 동안 3백만 파운드가 넘는 부채를 의회가 지불하기 위해서 귀족들의 연금 명부 인원을 수시로 증가시켰다. 왕실의 수익으로 왕립 예술 아카데미의 사립 기금에 보조금을 지원했으며 개인 소득의 절반 이상을 자선단체에 기부하는 데 사용했다. 또한 미술품을 수집했고 책을 수집하기도 했다. 국왕의 도서관은 학자들에게 공개

위대한 평민, 윌리엄 피트.

되었고 국립도서관의 기초가 되었다.

1783년 조지 3세는 하원의 과반수 동의 없이 지지도가 높았던 채텀공작 윌리엄 피트의 아들인 젊은 윌리엄 피트William Pitt Younger를 24세의 젊은 나이에 총리에 임명하였다. 젊은 윌리엄 피트는 아버지 윌리엄 피트와 동일한 이름을 지녔기 때문에 아버지는 대(大) 피트, 아들은 소(小) 피트라고 불리었다. 소(小) 피트는 1756년 7년 전쟁이 일어나자 적극적으로 외교에 대처했고 프랑스와의 식민지 싸움에 이겨 인도, 북아메리카 등 식민지를 넓혀 대영제국의 기초를 세움으로서 '위대한 평민'이라고 칭송될 만큼 인기가 있었다.

소(小) 피트가 내각을 이루고 있는 동안 조지 3세는 대중의 인기를 얻을 수 있었다. 24세의 최연소 수상인 젊은 소(小) 피트가 총리를 하는 동안 조지 3세는 소(小) 피트를 적극적으로 지지했으며 상원 의원에서 소(小) 피트의 지지자 수를 늘리기 위해서 애썼다. 소(小) 피트는 신흥계급 출신의 청년 수상으로 재정의 건전화와 관세의 경감으로 산업진흥을 실행했고 의회개혁과 노예제도의 폐지를 제창했다.

그러나 이즈음 건강이 악화되어 정신질환을 앓기 시작했다. 2005년에 발표된 연구결과에 따르면 조지 3세의 머리카락에서 비소의 수치가 높게 검출된 것으로 알려졌는데 그 출처가 의약품이나 화장품의 성분이었을 것으로 추정하고 있다. 조지 3세는 흥분, 마비, 환각 증세를 일으키는 포르피린증이라고 알려져 있는 병을 앓고 있었던 것으로 추정된다. 당시 프란키스 윌리스Frankis Willis와 같은 의사들이 시행했던 정신질환에 대한 치료법은 원시적 방법이었다. 증세가 심할 때는 음식을 주지 않고 재갈을 물리는 등 가혹한 처방을 했으므로 조지 3세의 질병은 더욱 심해졌다. 그러나 1789년 왕세자가 섭정하도록 하는 법안이 하원을 통과하기 직전에 조지 3세가 병세를 회복하게 되었다.

조지 3세의 병세가 회복한 후 조지 3세의 지지도를 올려주는 몇 가지 사건이 벌어졌다. 1786년 마거릿 니콜슨이라고 하는 여성이 청원서를 들고 제임스 궁에서 조지 3세에게 다가가 디저트 나이프로 공격을 하자 조지 3세는 "미천한 여인이 화가 났구나, 그녀를 해치지 마라, 그녀는 나를 해치지 않았다"라고 했다. 비슷하게 1790년에는 존 퍼스John Firth가 조지 3세의 마차에 돌을 던지는 사건도 일어났다. 존 퍼스가 군에서 중위로 복무하다가 강제 은퇴를 당하자 의회에 청원을 했지만 이것이 무시되자 광기를 부린 것이었다. 이때 조지 3세가 두 사람의 행동을 용서했고, 조지 3세의 인기가 더 올라가게 되었다.

미국 식민지에 인지세 부과 결정, 폭군인가 헌법 군주인가?

1607년 버지니아 주에서 시작한 미국의 식민지화는 1732년 조지아 주에 이르는 13개의 식민지를 형성하였다. 인구 또한 1625년 1,980명에서 1775년 즈음에는 240만 명으로 크게 불어났다. 이들 식민지는 가족단위의 정착민으로 인구도 많았고 농지도 넓었지만 북아메리카 원주민들과 충돌이 잦아 자체적 무장과 자치권이 부여되었다. 인구의 85%가 영국 출신으로 대다수는 농민이었지만 일부는 상업에도 종사했다. 이들은 영국에 우호적인 주화파였지만, 프렌치-인디언의 7년 전쟁에서 영국이 승리를 거둔 후 영국 정부와 식민지 정착민들 사이에 갈등구도가 생겨났다.

1763년 선언은 프렌치 인디언 전쟁인 7년 전쟁을 종결하면서 북미의 프랑스령을 획득하게 됨에 따라 조지 3세가 발표한 선언이다. 이 선언은 식민지 사람들의 애팔래치아산맥을 넘어선 이동과 정착을 금지하고 미국 인디언으로부터 독점적 토지 매입 권리를 왕실과 7년 전쟁에 종군한 영국군 병사에게 부여한 것이다. 이는 식민지 정착민들의 권리를 제한한다고 여겨져 갈등을 불러일으켰다.

7년 전쟁의 비용을 위해 국채를 발행하여 부채가 거의 2배로 늘어났고 1764년 설탕법, 1765년 인지세법 그리고 1767년 타운젠드법을 통과시켰다. 타운젠드법은 납, 종이, 페인트, 유리, 홍차 등 일상용품의 수입에 대해 관세를 정한 법이었다. 식민지 지역은 해당 품목들을 영국 본토에 수출하여 이득을 얻고 있었는데 관세가 매겨지고 매출이 급감하게 되자 큰 반발과 갈등이 생겨나게 된다. 세법을 위반하여 기소된 사람은 해당 법원에 넘겨지고 피혐의자가 결백을 증명하기 전까지 유죄로 취급되었다. 이러한 조치는 영국인 개척 식민지인들에 대한 모욕적인 처사였다. 식민지의 강한 반발에 대해서 영국 왕실을 대신하는 식민지 지배세력은 군대를 소집하여 진압하였다. 강압적인 진압에 대한 식민지 개척민들의 반발은 '미국 독립 전쟁'의 단초가 되었다.

1764년 설탕법은 미국 수입법American Revenue Act으로 불리기도 한다. 왕실의 수익을 높이기 위해서 영국령이 아닌 식민지에서 수입하는 법으로 1733년 제정된 당밀법이 있었다. 당밀법은 당밀 1 갤런당 6펜스를 부과하여 영국령 서인도 제도산 당밀을 보호하기 위한 것이었다. 하지만 1764년 설탕법은 관세율을 1갤런 당 3펜스로 감액하는 대신 부가금의 강제력을 동원하였고, 과세대상도 와인, 커피, 의류 등으로 확대하였다. 하지만, 기존의 과세율을 하향 조정하였기 때문에 이 시기에 과세 불만이 표면화되지는 않았다.

결정적인 갈등은 1765년 리처드 그랜빌 내각이 영국 식민지에 인두세를 부과하기로 결정하면서 생겨난 것이다. 모든 문서, 예를 들면 신문 팸플릿 등의 출판물, 법적 유효한 모든 증명서, 허가증, 트럼프 카드 등에 인지를 붙이는 것을 의무화한 인지세법 the Stamp Act를 도입하여 이를 과세하기로 했던 것이다. 더구나 문서뿐만 아니라, 일상적으로 매일 보는 신문에도 과세가 적용되자, 세금 반대에 언론사가 합류하게 되었고, 불만은 더욱 빠르게 확산되어 인지세법 도입에 대한 반대를 널리 확산시키는 계기가 되었다. 더구나 증세의 수혜자, 국채의 보유자는 영국 본토에 있었으므로 식민지 개척민들은 강하게 반발했다.

1765년 인두세에 대한 반발은 커졌다. 더구나 그랜빌이 국왕의 재정적 특권을 줄이려 시도하자 분노한 조지 3세는 1765년 그를 해임하고 록킹햄 경 Sir. Lockingham을 총리로 지명하였다. 피트와 조지 3세가 인지세 법안을 폐지하자 미국에서는 이를 환영하여 뉴욕시에 두 사람의 동상을 세웠다.

존 윌크스 사건과 보스턴 차 사건

1776년 존 윌크스사건이 일어나 조지 3세의 평판이 더 나빠지게 되었다. 존 윌크스는 의회의 개혁과 민중의 권리에 대해서 급진주의적 언론인이자 젊은 의원이었다. 그는 윌리엄 피트를 지지하던 휘그당원으로 의회 개혁안을 의회에 제출하였고, 급진적인 잡지 『더 노스 브리튼The North Briton』을 창간하여 조지 그렌빌 총리를 공격했고, 조지 3세의 연설 내용을 규탄하여 선동적인 명예훼손 혐의로 고소당했는데 이것을 '존 윌크스 사건'이라 한다. 1776년 4월 23일 조지 3세가 파리 조약을 승인한 것을 신문에 비난하는 글을 싣자, 조지 3세는 분노했고 반역죄로 여겼다.

4월 30일 윌크스와 인쇄업체가 일제히 구속되었다. 국왕을 비방한 문서를 작성한 혐의로 왕실 법원 감속에 수감되자 민중들의 압도적인 지지를 받으면서, '자유 없이는 왕도 없다No liberty, no King'라는 시민들의 집회가 벌어졌다. 소요를 진압하던 군대가 비무장 군중에게 발포하여 7명이 사망하고 15명이 부상당하는 참사가 발생하였고 이를 세인트 조지스 필즈 학살이라 불렸다. 윌크스는 불법 체포는 시민의 권리 침해라고 주장하였고 소송을 시작했으며, 이는 민중의 자유를 위한 운동의 시작이었다. 윌크스는 결국 풀려났고, 의원 박탈 결정은 철회되었으며, 1774년에는 런던 시장으로 취임되기도 하였다.

한편, 조지 3세가 차세를 최소한의 세금 부과를 유지하기 위한 세금으로 선언하고 차세 부과를 강행하자, 차 무역업자들의 반란이 시작되었다. 1773년 식민지 주민들이 보스턴 항구에 계류 중이던 선박이 실었던 342개의 홍차 상자를 배 밖으로 내던져 버린 '보스턴 차 사건'이 일어났다. 보스턴의 차 사건은 타운센드 법으로 매사추세츠를 대표자의 참석 없이 과세를 결정했던 것도 식민지 주민들의 반발을 불러일으켰다. 영국 의회는 차법을 통과시켜 동인도 회사가 식민지에 직접 중국산 차를 저렴하게 판매하자 영국 상인들과 밀수업자들은 파산할 정도가 되었던 것이다. 분노한 시민들은 인디언을 분장시켜 보스턴 차를 바다에 버리도록 선동했던 것이다. 영국 내각의 채텀경 윌리엄 피트는 노드경과 함께 차의 파괴는 분명한 범죄행위라고 규

보스턴 차 사건, 세금을 지나치게 부과하자 차를 바다에 던져버린 사건.

정지었다. 조지 3세와 의회의 동의를 받은 노스 경은 매사추세츠 식민지에서 식민지 상품에 해를 끼치는 시위행위를 처벌하도록 결정하였다.

1774년 영국령인 북아메리카 퀘벡 식민지 지배에 대한 법률인 퀘벡법 Quebec Act이 의회에서 통과되자 불만은 더욱 거세어졌다. 퀘벡법은 퀘벡주의 경계를 오하이오강과 미시시피강까지 넓혔고, 이는 후에 미국 독립선언에 명시된 불만사항 중에 하나였다. 퀘벡법은 프로테스탄트 시민들을 처벌하기 위해 계획된 법이라고 여겨졌다. 왜냐하면 가톨릭의 박해를 피한 프로테스탄트의 후손인 뉴잉글랜드인들은 퀘벡법을 '참을 수 없는 법 Intolerable Acts'로 규정하고 독립해야 할 이유로 내세웠다. 퀘벡법은 프로테스탄트들로 구성된 식민지 정착민들의 분노와 극심한 저항을 자극했고, 이것은 미국의 독립의 중요한 계기가 되었다.

마침내 1775년 4월 영국은 미국과 전쟁 상태에 돌입했다. 식민정부가 보스턴 항을 폐쇄하고 매사추세츠 헌장을 변경하여 매사추세츠의 자치권을 폐지하자 13개주가 힘을 모아 저항했다. 1775년 4월 독립혁명전쟁이 발발하였고, 1776년 7월에는 미합중국 독립선언으로 이어졌다. 미국을 포기하지 않고 대병력을 보내 전쟁을 계속했기 때문에 미국인들은 조지 3세를 폭군이라고 묘사했지만, 반면 "조지 3세는 내각 장관들의 주도권을 지지하는 헌법 군주였다"라고 피터 토마스는 평가했다.

DIGEST

70

UNITED KINGDOM

미국의 독립전쟁 (1775년-1783년)

미국의 독립전쟁

미국의 독립전쟁은 계몽주의에 따른 시민 정치혁명의 최절정으로, 미국의 개척민들이 영국인으로서의 권리와 책임을 거부한 경제적 결정이기도 하다. 이는 매사추세츠를 대표하는 하원 의원이 참석하지 않은 상태에서 매사추세츠의 직접세를 영국 의회가 결정한 것에 대한 저항으로 궁극적으로 영국의 통치 자체를 반대한 것이다. 보스턴의 차 사건 이후 1774년 미국 식민지 개척민들은 자치주를 창설했고 영국의 통치기구를 인정하지 않기로 결정했다.

미국 개척민들이 영국 의회에 참여하고자 하는 청원은 무시되었다. 미국 식민지 13개 주는 1776년 유럽 대륙의 지지를 구하면서 독립을 선언했다. 개척민들은 독립선언문에 '조지 3세는 미국의 바다를 약탈하고 마을을 태웠으며 이곳 정착민의 삶을 파괴했다'고 기록했다. 뉴욕에 건립되었던 조지 3세의 화려한 승마 동상은 파괴되었다. 영국군은 1776년 보스턴을 잃었고, 이어 1777년 9월과 10월 캐나다를 침입하여 뉴잉글랜드를 차단하려던 대대적인 전략은 새러토 전투Battle of Saratoga에서 영국군 대장 존 버고인John Burgoyne이 항복하면서 미국의 독립은 가시화되었다.

미국의 독립전쟁.

조지 3세는 대영제국 내각 장관들이 미국 독립을 인정하자는 의견에도 불구하고 전쟁을 지속하고자 했고, 미국의 독립을 인정하고 싶지 않았다. 영국 역사학자 G. M. 트레블리안은 '조지 3세는 미국의 독립을 결코 인정하지 않고 전쟁을 무기한 연장하여 미국 정착민의 불복종을 처벌하려고 했으며, 자연스럽고 피할 수 없는 과정을 받아들이지 않고 불만과 실망이 회개와 양심의 가책으로 바뀌는 날까지 반란군을 괴롭히고 가난한 시민들을 괴롭히려고 했다'고 평가했다.

전쟁비용을 감당할 수 없는 지경에 이르자 전쟁 반대세력의 목소리가 더 커졌고, 마침내 영국 사상 최대의 민중폭동인 고든 폭동Gordon Riots이 런던의 소요사태로 번졌다. 가톨릭 신자에 대한 공식적 차별을 줄이기 위해서 1778년에 제정된 팹피스트 법령Pepists Act에 반대하는 반가톨릭 시위이다. 고든 폭동은 조지 고든 경이 이끄는 프로테스탄트 협회가 팹피스트 법령에 반대운동을 일으킨 것이다. 팹피스트 법령은 미국의 독립전쟁에 나가야 할 군인을 대규모로 모집하기 위한 조치로 가톨릭 신자도 영국 군인이 될 수 있도록 하는 법안이었다. 개신교 협회의 조지 고든George Gordon이 가톨릭 신자가 종교적인 맹세 없이 영국 군인이 되는 것은 국가에 주요한 위협이 될 수 있다고 경고하면서 힘을 결집하였다. 1780년 협회의 청원 행진이 거행되었고 5-6만 정도의 사람들이 의사당을 둘러싸는 대규모 폭동이 일어났다.

항의는 폭동과 약탈의 형태로 광범위하게 번졌다.

영국 하층민의 가난한 경제 상황도 이 폭동의 근본적 원인의 하나였다. 전쟁으로 인해 무역량 없어지자 실업이 늘고 임금이 하락했는데 물가는 상승했기 때문이다. 폭동이 일어나자 지방 치안 판사들은 보복이 두려워 폭동 행위에 조치를 취하지 않는 동안 가톨릭교회와 부유한 가톨릭교도의 점포와 유력한 가톨릭교도의 저택 등이 피습되었다. 6월 2일 4만-6만 명의 무리가 "No Popery(천주교인 반대)"라는 깃발을 들고 푸른 수염을 달고 하원에 진입하려고 했다. 결국 6월 7일 군이 해산을 명령하며 강경 대응했고, 발포 명령이 내려져 285명 사망, 200여 명 부상, 450명이 체포되는 결과를 낳았다.

결국 국내에서는 물론 미국에서도 전쟁과 혼란이 거듭되자 조지 3세는 북미에서의 패배를 최종적으로 인정했다. 1783년 파리조약으로 영국은 미국의 독립을 인정했고 스페인에 플로리다를 반환하였다. 1785년 존 애덤스가 최초의 미국 대사로 임명되어 런던에 왔을 때, 조지 3세는 애덤스에게 "독립이 불가피했으므로 독립에 동의하는 마지막 사람이었지만, 독립국가로서의 미국과 우정을 나누는 첫 번째 사람이 되었다"라고 하였다.

DIGEST

71

UNITED KINGDOM

섭정왕 조지 4세, 낭만적 민족주의의 바람

섭정 왕 조지 4세(섭정기간, 1811-1819년)

1810년 아버지 조지 3세가 포르피린증 재발로 정신분열증이 악화되자 섭정법 조항에 따라 조지 4세가 1811년 2월부터 10년 동안 섭정하였다. 그리고 아버지 조지 3세가 사망하자 대영연합국의 국왕으로 그리고 하노버 국왕으로 왕위에 올라 10년 동안 통치하였다.

섭정왕 조지 4세.

조지 4세의 섭정 기간 중 장관들이 정부의 업무를 전담하게 하고 조지 4세는 아버지 조지 3세보다 덜 중요한 역할을 하도록 되어 있었다. 이 시기에 왕의 총애와 개인적인 지지에 상관없이 하원 과반수가 지지한 사람이 총리가 되는 원칙이 확립되었다.

조지 4세는 강경한 군주로 자주 정치 문제에 개입했다. 국가가 직면한 가장 중요한 정치적 갈등 중에 하나는 로마 가톨

조지 고든 바이런.

릭 해방과 관련이 있었다. 스펜서 퍼시빌Spencer Perceval총리가 이끄는 토리당은 가톨릭 해방에 반대를 했고 휘그당은 이를 지지했다. 조지 4세는 휘그당의 윌리엄 그렌빌을 지지했지만, 바로 총리로 임명하지 않았다. 병환중에 있던 조지 3세가 총애했던 토리당의 스펜서 퍼시빌을 갑작스럽게 해고한다면 부왕의 건강에 타격을 줄 것이라는 어머니의 우려 때문이었다.

조지 4세는 통치 초기에 수상이었던 스펜서 퍼시빌과 대립하였는데 1812년 5월 퍼시빌 정권의 경제정책에 불만을 표출해왔던 정신장애를 가진 존 벨링햄에 의해서 퍼시빌이 하원 로비에서 총탄을 맞고 암살되어 영국 역사상 유일하게 암살된 총리가 되었다. 이후 조지 4세의 치세 대부분을 리버풀 백작 로버트 젠킨슨이 수상으로 국정을 돌보았다. 로버트 젠킨슨 수상은 억압적인 조치를 취했던 것으로 유명했지만, 시기적으로 나폴레옹 전쟁 이후 불안한 시기의 정국을 이끌기 위한 것이었다. 1812년 영미 전쟁으로 미국의 상업을 봉쇄하였지만 전쟁 2년 후 전쟁의 주요한 원인이 사라졌고, 영국은 나폴레옹과의 전쟁으로 군사적, 경제적으로 피폐해 있었다. 영미 양측에게 전쟁을 계속할 이유가 없었으므로 1814년 헨트 조약Treaty of Ghent을 통해 영미 간의 북동부 국경이 확정되었고 미국의 캐나다에 대한 야심은 좌절되었다. 그리고 이것으로 미국과 대영제국의 긴 평화의 시대가 열리게 된다.

조지 4세 재임시기(1820-1830), 낭만주의적 민족주의의 바람

1821년에서 1829년까지 구 유럽 질서를 흔드는 도전을 의미했던 그리스 독립전쟁이 일어났다. 그리스는 기원전 146년 전부터 로마의 지배를 받다가 1453년 동로마 제국이 멸망하기까지 로마의 속주였고, 이후에는 오스만제국 투르크의 지배를 받았다. 그리스가 독립의 열망을 분출한 것은 유럽에서 일어난 혁명적 민족주의에 대한 인식이 싹텄기 때문이었다.

1822년 영국의 캐슬레이에 뒤이어 외무장관이 된 조지 캐닝George Canning은 러시아가 오스만 제국에 개입하는 것을 우려하였다. 영국은 그리스인에 차관을 승인하면서 영국의 영향력을 더욱 키워나갔다. 그리스 혁명에 도움을 주는 것뿐 아니라 그리스 내에 친영국파 정당을 만들려고 했다. 저명한 영국 시인인 조지 고든 바이런 경(1788~1841)을 비롯하여 스코틀랜드 역사가 토마스 고든(1788~1841)이 의용군으로 그리스 혁명 투쟁에 참가했다. '청춘을 외치면서 왜 생명을 오래 지니려하는가? 여기는 영예롭게 죽을 수 있는 나라'라고 주장하면서 자유주의적이고 낭만주의적 충동이 민족주의 혁명에 합류하게 되었다.

프랑스가 그리스의 독립을 지지하면서 비엔나 체제는 완전히 흔들리게 되었고 1827년 영국의 조지 캐닝을 중심으로 러시아와 프랑스가 런던조약을 맺고 그리스의 독립을 인정하기로 하였다. 이집트-투르크와 연합국의 해전은 연합국의 승리로 끝났으며 이집트-투르크 함대는 궤멸되었다. 그리스는 독립하였으나 1829년까지 영국, 러시아 프랑스에 의해서 내정을 간섭받았다.

DIGEST

72

UNITED KINGDOM

1815년, 워털루 전투, 나폴레옹 1세와의 전투

워털루 전투(Battle of Waterloo, 1815년)와 "비프 웰링턴"

1813년 라이프치히 전투에서 패배한 나폴레옹은 다음 해 1814년 4월 폐위되어 엘바 섬에 유배되었다. 그러나 1815년 2월 26일 엘바섬을 탈출하여 남프랑스의 주앙에 상륙해 병사를 모아 파리로 향했다. 파리로 가는 도중에 나폴레옹을 체포하기 위해 파견된 장군들이 오히려 나폴레옹에게 동조하게 되자, 나폴레옹은 7천여 명의 군대를 이끌고 3월 파리에 입성했다. 나폴레옹은 연합국에게 강화를 제안했지만 나폴레옹의 복귀 소식을 들은 유럽 연합국들은 그 제안을 거부했다. 토리당은 공격적인 프랑스 황제 나폴레옹 1세를 격렬하게 비난했고 연합군에 합세하기로 결정하여 웰링턴 장군이 파견되었다.

한편, 나폴레옹은 신규 병사를 징병하여 주력군 7만 2천여 명과 그루시 기병대 3만 3천여 명으로 병력을 늘렸고, 366문의 대포를 북쪽 방향으로 집중시키고 연합군과 맞섰다. 1815년 6월 토리당이 파견한 웰링턴 공작Duke of Wellington의 군대는 벨기에의 브뤼셀에서 출발하여 네덜란드, 러시아, 벨기에, 하노버 왕국 등 6만 8천여 명의 연합군에 합류하여 216문의 대포로 대응했다. 병력을 비교한다면 총합계는 나폴레옹이 뒤졌지만 나폴레옹은 신속하

워털루 전투.

게 이동하여 연합군이 모여 집결하기 전에 각개격파로 성공시킨다는 전략을 가지고 있었다. 나폴레옹의 군인들은 전투경험을 가진 참전용사로 구성되었고 충성심도 높았기 때문에 강력한 전략가인 나폴레옹은 승리를 자신하고 있었다.

나폴레옹이 이끄는 부대는 6월 16일 리니 전투Battle of Ligny에서 프로이센의 블뤼처 장군을 격파했고, 콰트라 브라스 전투the Battle of Quatre Bras에서도 연합군에게 타격을 입혔다. 나머지 병력으로 연합군을 섬멸하기 위해서 6월 17일까지 연합군의 워털루 진지 근처로 이동하여 18일 아침 공세를 개시하려고 했으나 제대로 먹지 못하고 장시간 움직인 병사들은 체력 소모로 인해 기진맥진한 상태였고 전날 비가 내려 물웅덩이가 생겼기 때문에 땅이 마를 때까지 공격을 4시간 이상 지체하게 되었다. 이 결정은 후퇴한 프로이센 군대가 웰링턴 부대에 합류할 수 있는 시간을 내주었다.

웰링턴 장군의 부대가 북쪽으로 철수하자 나폴레옹은 군대의 1/3을 나누어 웰링턴 부대를 치게 했다. 웰링턴 장군은 부대를 워털루 북쪽으로 후퇴하면서 위고몽과 라 에 상트 두 곳의 대형 농장을 요새화하여 수비대로 배치해 두었다. 프랑스 보병이 위고몽 농장으로 차지하려고 했지만 콜드스트림 근위대의 맥도넬 대령과 정예부대들이 이를 막아 농장을 확보하였고 농장은 전투의 승패를 좌우하는 결정적인 거점 역할을 했다.

후퇴한 프로이센 군대가 전투에 합류할 수 있다는 것을 예상했던 웰링턴은 능선에 대포를 배치하고 몬트 생 장Mont-Saint-Jean 절벽으로 프랑스군을 밀어내면서 전투를 벌였다. 그날 저녁 프랑스 제국 수비대가 마지막 공격을 벌였지만, 웰링턴의 영국군은 나폴레옹 군대의 중앙을 공격하여 마침내 워털루 전투에서 승전하였다. 1815년 워털루 전투의 결과, 영국, 네덜란드, 프로이센 연합군이 승리함으로써 나폴레옹의 20여 년에 걸친 유럽 지배는 불가능해지게 되었다. 빈 회의에서 연합군은 왕정 체제를 부활시켰고, 팽창주의를 본격적으로 추구하기 시작한 영국의 팍스 브리타니카 시대가 시작된다. 또한 유럽의 왕정체제를 위협하는 자유주의와 민족주의가 싹트기 시작하여 후에 이탈리아와 독일 같은 민족국가가 출현한다.

비프 웰링턴.

1815년 워털루 전쟁에서 승리한 웰링턴 장군은 전쟁영웅이 되었고 공작의 칭호를 받아 후에 총리에까지 올랐다. 워털루 전투를 기념하여 런던 템스강을 가로지르는 워털루 다리가 세워졌다. 또한 웰링턴 장군을 기념하여 비프 웰링턴 요리가 생겨난 것으로 알려졌다. 정확하게 역사적 기록이 존재하지는 않지만, 두툼한 스테이크에 버섯을 다져 넣고 바삭한 빵으로 겉을 싼 요리를 '비프 웰링턴'이라 부르게 되면서 웰링턴 공작은 불멸의 장군으로 기억되었다.

비만과 낭비의 조지 4세

1820년 57세의 조지 4세가 정식 국왕으로 왕위에 올랐을 당시, 화려하고 방탕한 음주생활로 심한 비만과 아편 약물Laudanum 중독 상태였다. 조지 4세와 아내 캐롤라인은 1796년부터 별거하여 각각 자신의 정부와 살고 있었다. 그러나 영국을 떠나 이탈리아에 살고 있던 캐롤라인은 남편의 대관식 때 돌아와 왕비로서의 자기 권리를 주장했다. 그러나 조지 4세는 여왕으로 인정하지 않았고, 1821년 7월 웨스트민스터 대관식에서 아내 캐롤라인의 참여를 배제하였다. 왕실의 명령에 따라 캐롤라인의 이름은 영국 교회의 전례서인 공동 기도서에서도 생략되었다. 조지 4세는 재판 없이 고통 처벌법The Pains and Penalties Bill을 도입하여 결혼생활을 무효화하고 캐롤라인에게 여왕의 칭호를 박탈하고자 했다. 그러나 이 법안은 대중의 지지를 얻지 못했고 의회에서도 철회되었다. 캐롤라인은 8월 7일에 병으로 사망했지만 독살 가능성에 대한 소문이 무성했다. 부친 조지 3세가 대관식에 1만 파운드의 경비를 쓴 것에 비해, 조지 4세는 화려한 대관식을 위해 24만 파운드의 거금을 들였다.

한편 조지 4세는 1821년 아일랜드를 방문했는데, 리처드 2세 이후로 아일랜드를 방문한 최초의 군주였다. 이듬해 1822년 8월 170년 만에 영국 군주로서 스코틀랜드도 방문했다. 월터 스콧 경Sir. Walter Scott이 주관한 스코틀랜드 방문에 조지 4세가 킬트를 입고 핑크색 스타킹을 입었기 때문에 순방 후에 그의 이미지는 오래도록 회자되었다.

조지 4세의 과도한 음주와 화려한 라이프스타일로 비만해졌기 때문에 대중에게 조롱의 표적이 되곤 했다. 제임스 길레이James Gillray 등에 의한 풍자화도 등장했다. 좋은 자질을 소유했고 밝고 영리하며 지식이 풍부하지만 게으름과 탐식으로 재능과 국고를 낭비한 왕이라는 이미지가 공공연히 회자되었다. 1797년 그의 몸무게는 111킬로그램을 초과했고 1824년 130cm의 코르셋을 허리에 둘러야 했다. 비만이 야기한 통풍, 동맥경화, 말초 수종, 다발성 경화증 등 여러 질병을 얻은 그는 침대에서 온종일을 보냈고 숨을 헐떡거리며 경련을 일으키기도 했다. 결국 1828년 오른손과 팔의 통풍이 심해져서 서류에 서명이 불가능해질 지경이 되자, 1829년 데이비드 윌키 경Sir

비만한 조지 4세.

David Wilkie은 국왕이 날마다 엄청난 낭비를 하고 있고, 지나치게 비만해져서 '이불을 덮고 있는 큰 소시지'처럼 보인다고 악담을 했다. 왕은 방광 통증으로 아편을 복용하며 연명하다가 1830년 윈저 성에서 임종을 맞았다.

조지 4세가 사망하자 조지의 두 번째 동생인 클라렌스 공 윌리엄(윌리엄 4세)을 다음 왕위계승자가 되었다. 조지 4세의 유일한 상속녀였던 샬롯트 어거스타 공주가 1818년 사망했고, 조지 4세의 첫째 동생 요크공 프레드릭도 1820년에 사망했기 때문이다.

DIGEST

73

UNITED KINGDOM

윌리엄 4세, 평범했던 바보Sillly Billy왕

윌리엄 4세(재위기간, 1830–1837년) **평범했던 바보** Silly Billy**왕**

윌리엄 4세는 하노버 왕가의 다섯 번째 군주로 조지 3세와 메클렌부르크 슈트렐이츠의 샬롯Sophia Charlotte of Mecklenburg-Strelitz의 세 번째 아들이고 조지 4세의 동생이다.

윌리엄 4세는 직선적인 성격에 모험과 항해를 좋아했기 때문에 해군 사관 후보생으로 13세에 해군에 입대했고, 이 경력으로 훗날 항해 왕Sailor King이라는 별명이 생겼다. 젊은 시절에 그가 왕이 될 것이라고는 아무도 예상하지 않았다. 로드니 제독 지휘 하에 일반 사병으로 근무한 윌리엄 왕자는 미국 독립전쟁에 참전했고 대 에스파냐 전쟁에도 참전했다. 이때 동료 선원들과 아무런 보호도 받지 않은 상태로 자유로이 돌아다닐 수 있어, 왕족의 삶과는 완전히 다른 자유를 경험했다. 때문에 윌리엄 4세는 국왕이 된 후에도 혼자서 자유로이 돌아다니는 것을 좋아했다.

해군 복무 시절에 에스파냐 해군의 깃발을 빼앗아 조지 3세에게 헌상하기도 했지만, 아버지 조지 3세와 형 조지 4세간의 불화에는 전혀 끼어들지 않았다. 서인도 제도에서 넬슨 제독의 지휘 하에 근무하면서 미래의 영웅이 되는 호레이쇼 넬슨 자작과 친밀한 우정을 쌓았다. 1786년 21세에 호위함의 대장이 되어 군함을 직접 지휘했고, 1789년 클래런스 공작의 작위를 받았다. 1790년에 현역에서 은퇴하여 정치적인 삶을 시작했다. 하원 의원으로서 클래런스 공작은 가톨릭 해방을 지지했으며 의회 개혁을 찬성했다. 1811년 해군 제독의 칭호를 얻게 되지만 이때까지만 해도 왕위계승의 순서에 위로 형이 둘이나 있었기 때문에 국왕이 될 것이라고는 결코 예상되지 않았다.

윌리엄 4세.

윌리엄 4세는 형 조지 4세처럼 아버지 조지 3세의 토리당과는 정치적 견해가 달랐다. 그러나 여성 관계가 미숙했던 형들(조지 4세와 프레드릭 오거스터스)과는 달리 윌리엄 4세는 아일랜드인 희극 여배우 도로시아 조단Dorothy Jordan과 오랫동안 사귀었고, 1791년에서 1811년까지 20년 동안 10명의 자녀를 두었다. 그리고 자녀들에게 자신의 작위였던 클래런스 공작에서 착안하여 클래런스의 아들이라는 뜻으로 피츠클래런스FitzClarance라는 성을 부여했다. 그러나 도로시아와 1811년 재정 문제 때문에 사이가 멀어지게 된다.

1818년 조지 3세의 유일한 혈육인 샬롯 공주가 사망하자 영국 왕실은 다음 후계에 대한 위기에 봉착했다. 의회는 윌리엄 4세가 재혼하여 다음 세대의 승계를 확보한다면 그의 빚을 갚아주겠다고 제안하였다. 의회의 조언에 따라 윌리엄은 1818년 7월 30살이나 젊은 작센 마이닝켄Saxe-Meiningen 공작인 게오르크 1세의 딸 아델레이드Adelaide 공주와 결혼하였다. 독일의 아델레이드 공주는 아름답지는 않았지만 선량하고 애정이 넘치고 친절했다. 이들 사이에서 두 딸을 낳았으나 어려서 모두 요절했고 둘은 불행한 결혼 생활을 하였다.

1820년 바로 위 형인 프레드릭이 세상을 떠났고, 1830년 형 조지 4세가 사망하자 65세의 윌리엄 4세는 왕좌를 물려받아 7년 동안 통치했다. 윌리엄

4세는 대관식을 화려하지 않고 검소하게 거행한다는 조건을 내세울 정도로 조지 4세와는 대조적인 스타일을 지녔다. 또한 왕실의 지출을 최소한으로 유지하겠다고 발표했을 때 사람들은 기뻐했다. 실제로 조지 4세에 비해 대관식 비용이 10분의 1에 불과하자 윌리엄 4세가 검소하다는 것이 만 천하에 입증되었다. 윌리엄 4세는 형 조지 4세보다 단순하고 솔직하고 이기적이지 않았다.

윌리엄 4세는 고령에도 불구하고 그가 청년기에 런던을 자유롭게 돌아다녔던 것처럼 시종도 대동하지 않은 채 거리를 활보하곤 했다. 길거리를 거닐다가 우연히 왕을 마주친 런던 시민들은 기뻐하며 왕에게 다가와 악수를 하거나 말을 걸었기 때문에 왕위계승 초기에 윌리엄의 인기는 매우 높아졌다. 그러나 왕위에 오른 얼마 후 그는 이상한 행동을 하기 시작했다. 홀로 마차를 타고 돌아다녔고 모자를 벗고 시민들을 구경했으며 침을 뱉는 습관이 목격되었다. 의회에서의 연설은 두서가 없거나 정치적 감각이 부족했다. 이런 이유로 만년에 어리석은 빌리Silly Billy라는 별명으로 조롱당했다.

윌리엄 4세의 치세, 자신의 의견과 반(反)해도 서명한 대혁명 법안

윌리엄 4세의 재임 시기는 웰링턴 공작Duke of Wellington의 토리당 내각이 1830년 총선에서 패한 직후에 시작되었다. 개혁이 시작되는 1831년 얼 그레이 경을 비롯한 휘그당과 하원은 많은 개혁 법안을 추진했다. 웰링턴이 윌리엄 4세에게 차기 수상이 될 얼 그레이가 '형편없고 난폭한 인물'이라고 폄하하였으나 윌리엄 4세는 얼 그레이에게 휘그당이 의회의 개혁을 도입하는 것을 방해하지 않겠다고 얼 그레이를 지지했다.

윌리엄 4세가 마지못해 서명했지만 아이러니하게 가장 중요한 그의 업적으로 인정받는 개혁 법안은 바로 1832년 선거법 개정이었다. 왕족 및 귀족의 권한을 크게 축소시킨다는 내용을 담은 이 개정법은 영국의 민주주의 발전에 큰 영향을 주었다. 또한 1832년 개혁 법안은 기존의 자치구를 해제하고 인구에 따라 의석 수를 재분배한다는 것이었다. 무역이나 산업의 변화로 마을이 발전하거나 축소되자 실제 인구가 적은 자치구에서 뇌물을 통해 득표를 차지하는 썩은 자치구('rotten boroughs')가 속출하고 있었다. 반면에 산업혁명으로 대도시로 급속하게 확장된 맨체스터, 버밍엄, 브래드포드, 리즈 등은 도시의 인구 규모는 커졌지만 자체 하원 의원을 선출하지 못하고 있었지만 이 법안으로 가능해졌다.

윌리엄 4세는 얼 그레이경이 개혁 법안을 강요했다는 사실에 분노했지만, 얼 그레이경의 개혁법안에 대한 일반대중의 호응이 높아서 그에 맞서는 행동을 취할 수 없었다. 그러나 1834년 멜버른 경으로 당수가 바뀌자 왕은 조금 더 강한 발언권을 가질 수 있었다. 1834년 윌리엄 4세는 휘그내각을 해임하고 토리당의 로버트 필을 새로운 수상으로 세웠다. 이 무렵 윌리엄 4세는 존 러셀John Russell과 헨리 브로엄Henry Brougham과 같은 휘그당 개혁자들에 대한 격렬한 혐오감을 갖고 있었다. 결국 1835년 로버트 필이 사임하면서 다시 휘그당의 내각 정부로 바뀌었고 또다시 윌리엄 4세는 일련의 개혁에 동의해야만 했다.

윌리엄 4세는 1837년 윈저성에서 간경변증으로 71세에 서거했다. 윌리엄 4세에게는 후궁들에게서 얻은 서자들이 많았다. 그러나 윌리엄 4세의 정실 자녀가 없었으므로 왕위계승권은 윌리엄 4세의 동생 켄트 공작 에드워드의 장녀 빅토리아에게 넘어갔다. 그러나 독일 내 영지였던 하노버 왕국은 딸에 대한 상속권을 인정하지 않았다. 결국 하노버 왕국은 빅토리아가 아니라 윌리엄 4세의 다섯째 동생인 에른스트 아우구스트를 왕으로 추대했다. 윌리엄 4세는 영국의 왕으로서 하노버의 왕을 겸임한 마지막 국왕이었다.

DIGEST

74

UNITED KINGDOM

얼 그레이 차(茶)로 기억하는 더 개혁적 얼 그레이

얼 그레이 차로 기억되는 인기 높은 얼 그레이 총리

휘그당이 정권을 이어갈 무렵 노동자들의 처우 문제와 넘쳐나는 실업자로 혼란한 사회가 이어지고 있었다. 도시 노동자들의 선거권이 없었기 때문에 노동자들을 대변할 의원도 없었다. 따라서 도시 노동자들의 불만은 폭동으로 이어지고 있었다. 얼 찰스 그레이는 농촌 선거구를 정리하고 산업화로 규모가 커진 신생 도시의 대표를 뽑을 수 있도록 선거법을 개정하자고 주장했다. 상원은 기존 농촌 선거구 중심의 귀족들로 구성되어 있었기 때문에 개혁이 쉬운 일이 아니었다.

1831년 4월 얼 그레이는 휘그당원의 하원이 더 많은 다수를 확보하기 위해 의회의 해산을 왕에게 요청했다. 재임 초기에 윌리엄 4세는 얼 그레이의 요청에 동의했고, 1831년 개혁 법안은 하원에서 통과되었다. 얼 찰스 그레이가 선거에서 승리한 후 의회 개혁도 도입하려고 시도했지만 상원 의회의 토리당은 하원의 법안을 막았다. 1832년 5월 얼 그레이와 헨리 버로햄Henry Brougham이 왕을 만나 개혁안을 통과시키도록 요청했지만 윌리엄 4세가 이를 거절하였고, 이에 얼 그레이는 총리직을 사임하고 말았다. 윌리엄 4세는 보수당인 토리당의 지도자와 웰링턴 공에게 새로운 내각을 구성할 것을 요청했지만 로버트 필Robert Peel경을 비롯한 일부 토리당원들은 영국 대다수 국민들의 견해에 반대하는 내각에 참여하기를 거절했다. 버밍엄과 런던에 있는 10만 명이 넘는 국민들이 의회의 개혁에 찬성하는 시위에 참가했기 때문이었다. 로버트 필경은 윌리엄 4세와 웰링턴이 개혁에 반대되는 계획을 그대로 밀고 나간다면 내전의 위험이 있다고 강력하게 주장했다.

얼 찰스 그레이.

웰링턴 공작이 내각을 구성할 의원을 모집하지 못하자 윌리엄 4세는 얼 그레이에게 다시 내각으로 돌아올 것을 요청했다. 유권자들의 개혁의지를 좌절시키려는 윌리엄 4세의 시도는 통치 초기에 얻은 그의 인기를 급격하게 떨어지게 만들었기 때문이다. 윌리엄 4세가 새로운 휘그당을 만들겠다는 얼 그레이의 요청이 수락하여, 마침내 투표가 시작되었고, 휘그당은 토리당을 상대로 압도적인 승리를 거두었다. 얼 그레이는 선거 승리 후 다시 의회 개혁을 시도했고 마침내 개혁 법안은 1832년 9월 통과했다. 총리인 찰스 얼 그레이와 1832년 개혁법안(Reform Bill of 1832)은 전 국민의 호응을 받았다.

얼 그레이가 총리로 재임할 때 총리의 부하 덕분에 익사될 위험에 처한 아들의 목숨을 건진 중국 외교관이 은혜를 기리는 의미로 차를 선물하였다. 그레이 백작은 베르가못 오렌지 오일을 함유한 이 차의 레시피를 상인인 리처드 트와이닝 Richard Twinings에게 의뢰하여 얼 그레이 블렌드차로 남게 되었다.

더 개혁적인 얼 그레이, 굴뚝 청소부 법

윌리엄 4세의 통치기간에 지방 정부의 민주화가 추진되었고, 대영제국 내에 아동의 노동을 제한하는 공장법(1833년)이 통과되었다. 공장법은 공장의 노동조건을 조사하는 공장위원회를 제도화한 것이다. 공장법 The Factory Acts

의 통과로 공장의 결함에 대한 교정을 지시할 수 있는 전문 공장 조사관이 생겼다. 공장법 통과 이후 초기에는 면화 공장에서 일하는 어린 아동의 노동시간의 준수와 복지에 관심이 집중되었다. 이 법안은 로버트 필경이 주장했던 견습생 건강과 도덕법(The Health and Morals of Apprentices Act, 1802년)에 의해서 처음 소개되었다. 로버트 필경이 아버지에게서 물려받은 래드클리프에 있는 「공장의 열병에 관한 보고서」에 기초한 것이었다. 공장법은 면화 공장에 고용된 많은 아이들의 처우를 개선하려는 첫 번째 시도였다.

견습생 건강과 도덕법은 3명 이상의 견습생 또는 20명의 아동을 고용하는 모든 섬유 공장에 적용되었다. 건물에는 환기에 필요한 충분한 창문과 환풍구가 있어야 하고 하루에 최소 두 번은 천장과 벽과 바닥 청소를 해야 한다는 것이 포함되었다. 또한 견습생에게는 리넨, 스타킹, 모자, 신발 2세트 등이 매년 주어져야 하고 야간 근무를 할 수 없도록 했다. 1819년 면화 공장 및 공장법에서는 9세 미만의 아동을 고용할 수 없으며, 9-16세의 아동은 하루 노동시간을 12시간으로 제한했었다. 그러나 적당한 규제와 조사가 없었기 때문에 불법적인 착취가 지속되었다. 1833년 공장법에서는 아동 노동시간을 10시간으로 제한하는 제도가 반영되었다.

1830년 6세의 아동들이 하던 굴뚝 청소를 중단시키기 위해서 굴뚝 청소부법을 통과시켜 굴뚝청소에 14세 미만의 소년을 고용할 수 없도록 했고 청소할 때 가죽 뚜껑이 달린 놋쇠 모자를 착용하도록 법으로 규정했다. 농촌 빈곤층은 도시로 이주하기 시작했고, 도시 빈민층의 빈곤율은 높아졌다. 1834년 얼 그레이Earl Grey의 휘그당 내각이 신빈민법을 개정하여 빈곤층을 위한 조항을 표준화했다. 기존의 빈민법은 빈민대상자를 걸인과 부랑자로 제한하여 구빈원이나 작업장과 같은 시설에 수용하였다. 그러나 작업장 내의 조건이 최악의 조건보다 더 나빴고 그나마 정말로 가난한 사람들만이 입소 허가를 받았다.

1835년 빈곤법은 작업장이라기보다 가난한 사람들을 수용 보호할 수 있는 보호시설을 마련하기 위한 것으로 변화했다. 매튜 아놀드는 『문화와 무질서 Culture and Anarchy』(1869)에서 당시의 상황에 대해서 "어쩔 도리 없이 비참하고 가난한 사람들"로 가득 차 있다고 한탄하였다. 찰스 디킨스Charles Dickens의 『올리버 트위스트Oliver Twist, 1837)』는 부모가 사망한 후 빈곤법에 의해 제공되는 열악한 환경의 실상과 19세기 중반 런던의 면직 공장에서 아동 노동자로 일하는 고아들의 잔혹한 처우를 적나라하게 노출하였고, 범죄자들에 대한 냉소와 당시의 삶에 대한 묘사를 한 소설이다.

토머스 로버트 멜서스(Thomas Robert Malthus, 1766-1834)의 멜서스주의에 따르면 인구가 기하학적으로 증가하였으며, 가난한 사람들의 숫자도 국가가 책임질 수 있는 능력보다 빠르게 증가했으므로 가난의 증가에 대비할 수 있는 새로운 법률의 필요성을 역설했다. 또한 에드윈 채드윅Edwin Chadwick은 제라미 벤담Jeremy Bentham의 공리주의는 "최대 다수의 최대 이익"을 주장하여 임금이 자유 시장 시스템에서 일정 수준을 성취했을 때 가능하다고 주장했다.

1833년에는 노예제도를 폐지되는 사회개혁이 이루어졌다. 영국정부는 노예무역과 노예제도 금지법의 관할권을 확대하여 영국 제국 전체에서 노예의 소유와 판매 및 구매를 금지했다. 1833년 노예제도 금지법이 발효되자 노예 소유자에 대해서 2000파운드의 보상을 제공했다. 당시 등록된 노예 소유자에 대한 보상금은 2천만 파운드로 재무부 연간 소득의 40%에 해당하는 금액이었다. 과도한 액수였지만 보상금의 절반은 카리브해와 아프리카 노예 소유주에게 돌아갔고 나머지 절반은 영국에 거주하는 소유주에게 갔다. 그러나 이 법안은 동인도 회사의 관할권인 스리랑카와 세인트헬레나를 제외하였다.

DIGEST100SERIES

제8장
대영제국의 발전: 18세기 산업혁명과 식민지 개척

UNITED KINGDOM

DIGEST

75

UNITED KINGDOM

6-7세 아동의 노동력까지 동원한 18세기 산업혁명

18세기 산업혁명

약 1760년에서 1830년까지 영국에서 시작된 기술 혁신을 바탕으로 한 생산기술의 발전으로 비롯된 일련의 획기적인 사회 경제적 전환을 산업혁명이라고 한다. 산업혁명은 거의 모든 일상에 영향을 주었다. 평균 소득과 도시인구는 지속적인 성장을 보이기 시작했고, 자본주의 경제의 주축이 된 1인당 소득이 유난히 증가하는 출발점이기도 했다.

산업혁명이란 표현은 1845년 프리드리히 엥겔스가 『잉글랜드 노동계급의 조건 The Condition of the Working Class in England』에서 노동계급의 상황을 고발하면서 처음 사용했다. 이후 아놀드 토인비가 1884년 『영국 18세기 산업혁명에 대한 강의 Lectures on the Industrial Revolution of the Eighteenth Century in England』에서 산업혁명 직전과 이후의 산업규제와 보호 시스템 그리고 자유무역에 관한 내용을 기술하면서 보다 구체적인 개념으로 알려지게 되었다. 산업혁명의 시작은 방적기의 기계화에서 시작되었다. 더구나 영국에는 기계와 동력에 필요한 석탄, 철 등의 지하자원이 풍부했다.

섬유산업은 산업혁명 시기의 지배적인 산업이었는데, 현대적 생산방법이

18세기 산업혁명.

도입되면서 고용과 생산가치, 투자와 자본의 새로운 측면을 인식하는 계기를 만들었다. 영국에서 모직물 공업이 발달하게 되었고, 생산된 공산품이 해외로 수출되면서 근대적 산업이 발전했다. 제1차 인클로저 운동을 통해 양모 생산을 위한 농지의 목장 전환이 대규모로 이루어졌고, 이 과정에서 농민들의 급격한 실업 현상은 새로운 산업구조에 풍부한 노동력을 제공하였다.

18세기 들어서면서 면직물의 수요가 급증했는데, 기계화된 방적기가 개발되어 충분한 공급이 가능했다. 1705년 토머스 뉴커먼이 기계 작동을 위해 끓는 물을 이용한 새로운 아이디어의 증기기관을 발명하였다. 1769년에는 제임스 와트가 응축기를 부착하여 수증기의 열에너지를 이용해 효율성이 높아진 와트식 증기기관으로 기계를 돌릴 수 있었다. 증기기관차뿐만 아니라 기계식 방적기가 개발되어 많은 양의 양모로부터 실을 뽑아냈고, 면화에서도 실을 뽑아 모직물과 면직물이 대량 생산되었다. 직물산업과 증기기관이 사실상 산업혁명을 주도했다고 할 수 있다. 특히 18세기 영국은 세계적인 상업국가로 북아메리카, 아프리카, 인도 등 세계 곳곳에 있는 식민지의 무역을 주도하였고, 동인도 회사의 무역발전은 산업혁명의 추진력을 얻는 주요 원인이 되었다.

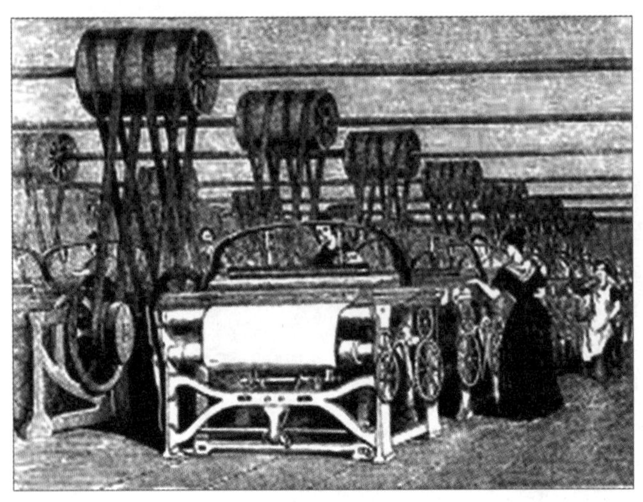

기계식 방적기.

수많은 발명, 방적기계에서 『성냥팔이 소녀』의 성냥에 이르기까지

산업혁명 시기에 발명된 방적기계는 면직물과 모직물의 대량생산을 가능하게 하는 역할을 하였다. 특히 1733년 존 케이가 발명하여 1750년에 대대적으로 이용되었던 '나르는 베틀Flying shuttle'은 폭넓은 직물의 직조를 4배의 속도로 가능하게 했고 노동인구도 절반을 줄일 수 있어 랭카셔 지방에서 널리 사용되었다.

한편 제니의 방적기는 물레와 달리 한 번에 8개의 실을 뽑아낼 수 있도록 설계되어 양모 공장의 생산성을 높였다. 이 방적기는 제임스 하그리스James Hargreaves가 사랑하는 아내 제니를 위해 제작한 것이었다. 제니의 방적기는 양털을 회전시켜 천 조각을 생산하는데 필요한 시간과 작업을 대폭 감소시켰고, 초기에 8개의 실패를 사용했으나 나중에는 120개의 실패가 한꺼번에 작업할 수 있게 개발되었다. 1779년 영국 전역에 2만여 대의 제니 방적기가 돌아갈 정도로 기계를 대량생산했다. 또한 16-18세기에 귀족들에게 유행하던 가발을 제조하던 리처드 아크라이트Richard Arkwright는 인력이 필요 없는 수력방적기를 만들었다. 실패의 수는 적었지만 수력을 사용하여 빠르고 품질이 좋은 실을 생산할 수 있었다.

대량생산된 모직물과 면직물을 유럽과 세계 각지로 운반하는데 혁신적인 공로를 세운 것은 제임스 와트가 1775년 최초로 만들어낸 증기 엔진이었다. 제임스 와트는 별도의 응축기를 추가하여 증기 엔진의 효율을 올리고 잠재적 열 손실을 개선했다. 증기기관은 가장 위대한 산업혁명의 발명품 중에 하나가 되었다. 그리고 크랭크샤프트(회전축)와 기어가 통합되어 현대식 스팀 엔진을 돌리기 시작했다. 1804년 리처드 드레비틱 Richard Trevithick과 조지 스티븐슨 George Stephenson이 증기 엔진 동력에 카트를 달아 기차를 만들었다. 그리고 1825년 영국 최초로 스톡턴 Stockton과 달링턴 Darlington사이에 공공철도가 개통되었다.

기관차를 만들고 선박을 만드는데 무엇보다도 중요한 공정의 변화는 철강을 만드는 제련 공정이었다. 제련 공정에는 많은 석탄이 사용되었다. 1856년 헨리 베서머는 베서머 공정 Bessemer process을 발명하여 특허를 얻었다. 베서머 공정은 가열된 선철(철광석을 녹여 얻은 최초의 금속물질)에서 강철을 대량생산할 수 있는 가장 저렴한 공정이다. 가열된 선철에 찬 공기를 불어넣어 산화환원 반응을 일으킴으로써 철에서 불순물을 제거했고, 산화과정에서 철성분 온도를 올려 철이 더 오래 녹아있도록 했다. 고품질의 강철과 철을 대량으로 생산하는 방법은 곧 철강 산업의 붐을 이루었다. 강철은 각종 기계뿐만 아니라, 가전제품, 선박, 건물 및 거의 모든 산업과 생활 인프라에 사용되었다.

많은 공장이 지어지고 철로와 다리가 놓인 것도 이 시기의 급격한 변화였다. 이것은 포틀랜드 시멘트 및 콘크리트의 발명으로 가능했다. 조세프 에스딘 Jpseph Aspdin은 1824년 포틀랜드 시멘트를 만들어 내는 화학 공정을 고안하여 특허를 냈다. 점토, 석회석, 약간의 산화철을 혼합하여 섭씨 1400도에서 구워내 경단모양의 클링커 clinker 결정 물질을 만들었고, 다시 미세하게 분쇄하여 높은 강도의 포틀랜드 시멘트를 만들었다. 시멘트는 물과 반응하면 단단해지는 물질이므로 모래와 자갈을 섞어 굳혀 콘크리트를 만들었다. 포틀랜드 시멘트는 템스 터널과 런던 하수도 시스템 등 건축물에 대규모로 사용되었다.

산업혁명 시기에 발명된 놀라운 발명품들이 개선되어 현대까지 사용되고

성냥팔이 소녀.

있다. 1800년 초에 발명된 텔레그래프가 그중 하나이다. 텔레그래프 통신기술의 발명으로 전국은 물론 세계 각지에 통신이 가능해졌다. 또한 윌리엄 머독William Murdoch에 의해 1792년 처음으로 개발된 가스등이 이 시기의 풍경을 바꾸어 놓았다. 독일의 발명가 프레드리히 윈쩌Freidrich Winzer는 1804년 석탄 가스를 사용하여 가스등을 만들었다. 또한 1814년 카메라의 발명으로 흑백사진을 통해 이 시대의 풍경을 엿볼 수 있게 해주었다. 영국 고유의 풍경이 되어 있는 신사들의 매킨토시 레인코트는 1823년 찰스 매킨토시Charles Mackintosh가 직물에 고무 고팅을 사용하여 방수 처리한 것이다. 우산과 레인코트가 비가 많은 영국의 고즈넉한 풍경에 자리 잡게 되었다.

여기에 빼놓을 수 없는 것이 1826년 존 워커John Walker가 발명한 세계 최초의 성냥이다. 존 워커는 거친 표면을 긁을 때 불꽃으로 연소되는 가루황을 막대기에 붙여 판매했다. 1845년 크리스티안 안데르센의 「성냥팔이 소녀」라는 단편소설의 배경되었다. 놀라운 일이지만 1829년 윌리엄 오스틴 버트William Austin Burt가 '타이포그래퍼 Typographer'라고 불렀던 '최초의 타자기'도 이 시기에 특허받은 발명품이었다. 잉크가 묻은 리본 위에 키를 두드려 사용하는 타자기는 1867년 크리스토퍼 숄스Christopher Sholes가 개량하여 만든 것이다.

산업혁명에 착취되는 노동자와 아동, 늘 한발 느린 제도의 변화

섬유산업은 18세기 새로운 산업이었기 때문에 목화와 직물 생산과정에서 나온 먼지들이 눈송이처럼 날리는 근무환경에 대한 마땅한 규제법도 없었다. 공업도시는 석탄이 타면서 뿜어대는 오염된 연기로 인해 공기가 나빠졌고 악취가 심하여 사람들이 북적대는 불결한 도시로 변하게 되었다. 부유한 사람들만이 투표권을 행사할 수 있었기 때문에 근로자들의 열악한 근무조건을 호소할 곳도 없었다. 공장주들은 노동자들에게 일주일에 6일, 하루 10-14시간의 장시간 노동을 강요했고, 휴식도 크게 제한을 받았다.

새로운 노동계급이 형성된 지역에서는 여가시간을 즐길 기회가 거의 없었다. 지방정부는 적극적으로 전통 축제를 금지했고 노동자가 축제를 위해 마을에 들어가면 벌금을 부과하기도 했다. 이러한 삶은 느리고 느긋하게 즐기는 시골생활을 경험한 1세대 산업노동자들에게는 더욱 어려운 일이었다. 더구나 1799년과 1800년 영국 의회는 조합법을 통과시켰다. 조합법은 노동자들이 더 나은 노동조건을 요구하기 위해서 연대하는 것을 불법으로 규정한 법이다.

더욱 심각한 것은 아동노동의 착취가 영국의 공장, 광산, 제련소에 광범위하게 퍼져있었던 것이다. 6-7세 아동들이 노동에 동원되는 일이 당연시되었다. 직물 공장에서 새로운 동력 방적기가 나오자 공장주는 숙련공을 대신하여 기계를 도입했다. 기계 중 일부는 조작이 간편하여 작은 어린이가 단순하고 반복적인 작업을 좁은 공간에서 수행할 수 있었기 때문에 원가 절감의 가장 저렴한 방법이었다. 더구나 아동들은 노조에 가입하거나 파업을 시도하지도 않았고 성인 남자의 1/10에 해당하는 임금만 주면 되었다.

리처드 아크라이트Richard Arkwright의 새로운 공장에선 1789년 1,150명에 달하는 공장노동자의 2/3가 아동이었다. 그럼에도 불구하고 의회에서 이루어지는 제도의 변화는 가슴 아플 정도로 느렸다. 1830년 전면적으로 어린이 노동을 금지하고 야간 근무를 금지시키는 관련 법이 제정되기도 했다. '지루하고 위험한 공장 작업을 위해서 병약하고 아프고 흉한 모습으로 맨발의 아이들이 동원되었던 것'이라고 마이클 세들러Michael Sadler가 1832년 공장조사관으로 파견되어 수집한 증거에 기록되어 있었다. 이후 아동의 노동착취에 관련해서는 공장에서 10시간 이내로 근무하도록 시간 규정만이 바뀌었을 뿐이었다.

산업혁명이 막 일어난 무렵 밀집된 도시 형태, 영양실조에 이를 정도의 가난한 식사, 빈약한 위생시설, 중세적 의료 요법에 의존하는 대다수 영국인의 공중보건은 매우 열악한 상태였다. 가정에 화장실과 하수도 시설이 없었고 식수는 자주 오염되었다. 콜레라, 결핵, 발진티푸스, 장티푸스 및 인플루엔자는 특히 빈곤한 노동계급 지역에서 자주 출몰했다. 1849년 런던에서만 3개월 만에 1만 명이 콜레라로 사망했고, 결핵은 19세기 10년 동안 6-70만 명의 생명을 앗아갔다. 설상가상 의사들은 거머리를 사용하는 비과학적인 방법에 의존하거나, 수은, 철, 비소를 사용하는 의료행위를 했다. 노동자들의 수명은 귀족계급보다 현저히 짧았는데 이는 비위생적인 노동환경과 전염병과 열악한 의료환경 때문이었다. 1841년 영국의 평균수명은 45세라고 발표되었지만 실제로 런던에서는 37세였고 리버풀은 26세였다. 그리고 19세기까지 5세 미만의 유아 사망률은 25-33%에 달했다.

산업혁명은 가족과 여성의 역할에도 변화를 가져왔다. 여성들도 점차 공장 노동에 동원되었고 결혼할 때 비로소 일을 그만두었다. 이들도 매일 10-14시간 반복적이고 단조로운 작업을 해야만 했다. 여성의 공장생활은 영유아의 사망률을 높였다. 1833년 영국 공장위원회British Factory Commission에서 증언했던 제인구드Jane Goode는 12명의 자녀 중 5명이 2세 이전에 모두 사망했고 나머지 아이들은 6-7세에 공장에서 일을 시작했다고 인터뷰했다.

노동자들의 비참한 삶에 대한 반향으로 자본주의에 반대하는 사회주의 물결이 일어나게 되었다. 오웬R. Owen과 생시몽 등이 주장한 사회주의가 공상적이라고 반발하면서, 프리드리히 엥겔스와 마르크스는 역사 유물론Historical Materialism을 주장하면서 보다 구체적이고 과격한 활동을 요구하는 공산주의 동맹이 1847년 창설되었다. 인류의 역사를 생산수단을 소유한 자와 소유하지 못한 자의 끊임없는 투쟁의 역사로 보는 갈등론적 관점이었다. 이들은 역사는 원시적 공산주의, 고대 노예제, 중세 봉건제, 근대 자본주의에 이르렀고, 계급투쟁을 통해 궁극적으로 공산주의에 이르게 될 것이라고 주장했다. 마르크스와 엥겔스는 자본주의 사회의 내부적 모순에 의한 붕괴를 예언했고 프롤레타리아의 역사적 사명에 대한 방향을 제시했다. 이들은 자본주의의 모순은 프롤레타리아의 계급투쟁에 의해서 해결 가능하다고 보았다.

DIGEST

76

UNITED KINGDOM

빅토리아 여왕, 대영제국의 꽃

빅토리아 Victoria 여왕, 대영제국의 꽃

빅토리아 여왕(재임기간, 1837-1901)의 통치기간은 빅토리아 시대로 통칭되며 '해가 지지 않는 나라'로 불렸던 대영제국의 최전성기와 일치한다. 빅토리아 여왕은 큰아버지인 윌리엄 4세가 서거한 후 1837년 즉위하였고, 딸의 상속권을 인정하지 않는 프랑크족의 살리카 법을 근거로, 하노버 공국의 왕위에는 윌리엄 4세의 동생 에른스트 아우구스트 1세가 올랐다. 1877년 1월부터 무굴제국이 영국 식민지가 되어 빅토리아 여왕은 1901년까지 인도제국의 황제로서도 군림했다. 영국은 헌법 군주제였으므로 빅토리아 여왕은 정부 정책 및 각료 임명에 영향력을 갖고자 시도했다.

빅토리아 여왕.

빅토리아는 1819년 5월 런던의 켄싱턴 궁전에서 켄트와 스트래선 공작 에드워드와 작센코부르크잘펠트의 공녀 빅토리아 사이에서 태어났다. 아버지가 일찍 사망하자 어머니의 연인인 아일랜드 출신 존 코로이의 밑에서 성장했다. 애초에 빅토리아는 왕위계승 가능성이 거의 없었지만 백부인 조지 4세의 직계혈통이 끊어지면서 왕위에 오르게 되었다. 조부인 조지 3세가 15명의 자녀를 두고 81세의 나이로 사망한 후, 장남 조지 4세에 이어 윌리엄 4세(삼남)가 왕위에 올랐다. 조지 4세의 유일한 적통인 샬럿 오거스타 공주가 1818년 사망하면서 동생 윌리엄 4세에게 왕위가 이어졌다. 윌리엄 4세도 정실 자녀가 없었으므로 동생 에드워드가 낳은 딸 빅토리아에게 왕위계승권이 가게 된 것이다.

빅토리아가 추정상속인이 된 후, 빅토리아는 양육비 3만 파운드를 받으며 켄싱턴 궁에서 살게 되었고 어머니 켄트 공작부인과 어머니의 정부 존 콘로이가 합세하여 빅토리아를 친가와 고립시켜 '켄싱턴 체계 Kensington System'라고 하는 규칙과 의정서에 의해서 엄격하게 교육했다. 또한 성적인 도덕성을 강조했던 모친은 빅토리아와 침실을 공유했다. 모친은 빅토리아에 대한 집착이 심했고, 빅토리아를 자신의 영향력 아래 두어 정치적인 세력을 강화하려고 하였기 때문에 두 사람은 국왕으로 오르기 전부터 갈등이 심했다. 빅토리아가 만날 수 있는 사람도 엄격히 통제하여 어린 시절에 다소 우울했던 것으로 알려져 있다. 왕으로 오른 뒤에도 어머니와의 갈등은 지속되었다. 때문에 빅토리아는 여왕에 오른 후 어머니와 거리를 두었고 존 코로이도 연금을 주어 퇴직시켰다.

1837년 윌리엄 4세가 서거하자, 캔터베리 대주교 윌리엄 하울리 William Howley가 빅토리아를 찾아가 차기 왕으로 내정됨을 알렸고 빅토리아는 그대로 무릎을 꿇고 성서를 펼친 뒤, 주님의 뜻대로 통치하게 되기를 기도했다. 수상이던 멜번 자작도 추밀원장 예복을 갖추고 켄싱턴궁을 방문하여 18세의 빅토리아 여왕에게 신하의 예를 갖추었다. 대관식은 1838년 6월 28일 거행했다. 웨스트민스터 성당에서 열린 7만 9천 파운드의 비용을 들인 대관식에 4십만 명의 인파가 몰렸다.

취임 다음해인 1838년에서 1848년까지 10여 년 동안 런던과 웨일스 지역에 노동 단체들이 벌인 차티스트 운동이 한창이었다. 차티스트 운동은 과격한 노동자들의 저항 방법을 정치 참여를 통해서 영향력을 행사할 수 있게 하는 온건한 방법으로 바꾸었다는데 커다란 의미를 갖고 있는 사건이다. 빅토리아는 이러한 민중들의 모습을 보고 자신이 무엇을 해야 할지 깨달았고 매일 한 시간 이상씩 멜번 수상을 만나 국왕의 역할을 익혔다.

1840년 작센코버그 고트의 왕자인 알버트Albert of Saxe-Coburg and Gotha와 결혼했다. 둘 사이에 9명의 자녀를 두어 유럽의 많은 왕가와 결혼으로 연결되었기 때문에 훗날 "유럽의 할머니"라고라고 불리기도 했다. 그러나 이 때문에 빅토리아 여왕이 갖고 있던 혈우병 유전자가 유럽의 왕가로 퍼져 러시아 왕가 몰락의 원인으로 추정되기도 했다.

빅토리아 여왕 치세의 위기와 여러 차례의 저격사건

빅토리아의 통치가 시작된 후 두 차례의 위기가 있었다. 첫 번째 위기는 1839년 정치적 당파 때문에 생겨난 헤이스팅스의 임신 사건으로 비롯되었다. 토리당은 왕실의 추문을 계기로 휘그당에 공격을 퍼부었고 결국 멜번 수상과 그의 내각관료들이 자리에서 물러났다. 진보주의적인 휘그당과 총리 멜번Lord Melburne을 열렬히 지원하던 빅토리아는 보수적인 귀족 성향의 토리당과 친분을 갖고 있던 궁중 시녀 플로라 헤이스팅스를 못마땅해했다. 그러다가 헤이스팅스가 빅토리아의 양부 존 콘로이 경에 의해 임신했다는 소문을 믿고 강제로 의사의 진단을 받게 했다. 임신을 이유로 그녀를 쫓아내고 싶었던 것이다. 왕실 의사인 제임스 클라크의 진찰에서 그녀가 임신이라는 진단이 내려지자 논란은 더욱 확산되었다. 이를 무마하기 위해 재진으로 임신이 아닌 것으로 결론 내리자 뒷공론이 무성했다. 더구나 그 해 말 플로라 헤이스팅스가 뜻밖에 종양으로 사망하자 더욱 험악한 유언비어가 나돌기도 했다. 1838년 빅토리아 여왕 대관식 때의 뜨거웠던 지지가 순식간에 무너졌다. 이 사건으로 여왕의 집정 능력에 대한 불신임까지 불거져 나왔다. 헤이스팅스 측이 여왕과 멜번 수상의 사적 관계를 폭로하며 멜번 수상의 퇴임을 촉구했기 때문이다. 런던 전역은 멜번 수상과의 스캔들로 들끓었고 토리당은 빅토리아 여왕을 '멜번 여사'라고 폄하했다.

두 번째 위기는 베드챔버Bedchamber 위기였다. 1839년 토리당 의원들의 플랜테이션 경작지로 각광받던 자메이카의 농장주들이 노예 해방령이 부결되자 멜번 총리는 수상에서 사임한다. 자메이카의 노예제 폐지는 농장주의 경제정치 권력의 박탈을 의미했다. 빅토리아 여왕은 토리당의 로버트 필경에게 새로운 내각을 구성하도록 했다. 하지만 로버트 필은 빅토리아 여왕과 자주 대면하는 왕실의 내실 구성원Bedchamber이 모두 휘그당의 부인들이었기 때문에 이들을 내쫓아야 한다고 주장했다. 여왕이 이를 거부하자, 필은 수상직을 포기했고 다시 멜번 경이 수상이 되었다.

빅토리아 여왕이 즉위하고 얼마 지나지 않아 여왕이 결혼하게 된다. 자센코부르크의 왕자인 알버트Albert of Saxe-Coburg and Gotha가 윈저 궁에 도착한 불과 5일 뒤 빅토리아 여왕은 알버트의 외모와 인품에 매혹되어 사랑에 빠지게 되었고 1840년 2월에 결혼했다. 이즈음 그동안 가까웠던 조언자 멜번 총리는 멀어졌고, 대신 알버트가 훌륭한 정치적 조언자이자 신뢰받는 남편으로 빅토리아에게 가장 큰 영향을 미친 인물이 되었다.

예를 들어 멜번 총리는 빅토리아 여왕에게 아동노동, 극빈자, 범죄를 다룬 찰스 디킨스의 『올리버 트위스트』를 읽지 말도록 권유했지만, 알버트 공은 아동학대에 관심을 가지고 이 문제를 의회에서 제기한 애셜리 경을 궁에 초대해 실상을 경청하게 했다. 빅토리아 여왕은 알버트 공이 국가 문서를 볼 수 있도록 했으며 각료를 만나는 자리에 배석하도록 했다. 상대적으로 힘을 잃어가던 멜번 총리는 1841년 총선에서 패배하고 정계를 떠났다.

빅토리아 여왕에 대한 몇 차례의 암살 시도는 아이러니하게도 빅토리아의 지지도를 올려주었다. 1840년 빅토리아가 임신한 상태에서 알버트 공과 함께 어머니를 방문하러 가는 도중에 일어난 일이었다. 18세의 에드워드 옥스퍼드Edward Oxford가 빅토리아 여왕을 암살하려고 두 차례 총탄을 발사했지만 총알이 빗나갔기 때문에 위기를 모면했다. 그는 반역자로 재판을 받았고 정신병원에 감금되었다가 호주로 보내졌다. 이 암살 공격으로 헤이스팅스 사건과 베드챔버 사건으로 위기를 겪었던 여왕의 지지도가 급등했다.

1842년부터 1850년까지 빅토리아 여왕에 대한 몇 차례의 저항은 곡물법과도 관련이 있었다. 1828년 곡물가격의 등락에 따라 관세를 조절하도록 곡물법이 의회를 통과했다. 이법은 영국 내의 자영농을 보호하고자 수입산 곡물에 대해서 관세를 매기는 법안이었다. 소비자들은 비싼 빵을 사 먹을 수 밖에 없었기 때문에 자유무역주의자들 중심으로 격렬한 반대운동을 벌였다. 당시 총리였던 로버트 필경은 결국 1846년 밀 관세를 낮추기 시작했고, 1849년에는 곡물법을 완전히 폐지하여 보호무역주의에서 자유무역으로, 지주 중심에서 신흥 자본가 중심 사회로의 전환되었다.

곡물법의 폐지는 1845년 영국 식민지였던 아일랜드 감자 대기근으로 100만 명 이상이 굶어 죽고 난 뒤의 조치였다. 1590년부터 감자가 아일랜드의 주식량이었는데, 1845년 당시 유럽 전역에 감자가 썩는 동고병(胴枯病, 일명 감자마름병)이 발생해 4년간 이어진 대기근으로 인해 수백만 명이 넘는 아일랜드인이 굶어죽는 엄청난 비극이 발생했다. 이를 '아일랜드 대기근'이라고 한다. 당시 아일랜드에는 1백만-2백만 에이커에서 평균 1백만 톤의 곡물을 수출하자 아일랜드 자국 내의 기아 현상이 심화되었던 것이다. '국민들은 굶고 있는데 곡물을 수출하는 치욕스러운 일'이 벌어지고 있었던 것이다. 먹고 살 것이 없었던 아일랜드인들은 조국을 떠나 신대륙으로 이주를 시작했다.

아일랜드에서 빅토리아 여왕은 '기근 여왕'으로 불렸다. 이 기간 동안 전체 인구 800만 명 중에서 100만 명이 아사했고 300만 명 정도가 아메리카 등지로 이민을 떠나고 말았다. 그러나 자유방임정책으로 일관했던 영국정부는 대기근 동안 구제사업비로 고작 810만 파운드를 지원했을 뿐이다. 1846년에는 한 지주가 자신의 농장에 소작농들의 구빈세를 부담해야 한다는 법규가 나오자 소작농 76가구를 강제 퇴거하는 일까지 벌어졌기 때문에 아일랜드인들의 반감이 고조되어 있던 시기였다.

민심히 흉흉해지자, 이는 빅토리아 여왕을 저격하려는 몇 차례의 시도로 이어졌다. 1842년 존 프란시스John Francis가 권총 저격을 시도했다가 체포되어 종신 유배되었다. 프란시스의 선고공판 다음날 존 윌리엄 빈John William Bean이라는 청년이 여왕을 살해하려고 시도했다. 존 윌리엄 빈은 탄환이 아니라 종이와 담배를 장전했지만 반역법으로 18개월간의 징역에 처해졌다.

분노한 아일랜드인들이 빅토리아 여왕을 저격하는 사건도 있었다. 1849년 아일랜드인 윌리엄 해밀턴William Hamilton의 저격사건이다. 마차를 타고 가던 여왕에게 실업으로 불만에 차있던 윌리엄 해밀튼이 권총을 쏘았다. 여왕은 무사했지만 반역법에 의해 최고 7년의 유배지 징역형을 언도받았다. 1850년에도 정신이상이 있는 퇴역군인인 로버트 페이트Robert Pate가 마차를 탄 여왕에게 달려들어 지팡이로 빅토리아 여왕의 머리를 폭행하여 여왕이 타박상을 입었다. 페이트는 유배지 7년형을 선고받았다.

빅토리아 통치의 절정기, 차티스트 운동

빅토리아 여왕은 이른바 '해가 지지 않는 나라'로 불린, 영국의 전성기를 통치한 여왕이었다. 영국 군주제를 확립하였고, 불경기의 원인을 조사하는 왕립상공회의소가 설립되었으며 여성 참정권까지는 아니지만 선거권이 확대되었고 평등을 위한 다양한 개혁법이 통과되었다. 알버트 공과 결혼한 이후에는 알버트 공의 보필로 빅토리아 여왕은 19세기 중반의 시대적인 변혁에 맞추어 당대의 민중이 요구하는 노예제도의 폐지나 교육제도의 개선에 힘썼다.

하지만 빅토리아 여왕은 보통선거를 바탕으로 한 의회 민주주의와 사회적 평등주의를 요구하는 급진적 노동자 운동인 차티스트 운동Chartist Movement의 탄압을 지지했다. 차티스트 운동은 1838년부터 1840년까지 보통선거를 바탕으로 의회 민주주의의 실시를 요구하며 영국에서 벌어졌던 최초의 노동자 운동이다. 차티즘은 노동자들이 제기한 6개 항의 인민 헌장People's Charter에서 유래했다. 1830년 초반부터 영국 노동계층은 재산 보유액과 상관없이 성인 남성에게 투표권을 줄 것을 호소했지만 의회는 이를 무시했고 1832년 제 1차 선거법 개정에서 중산 자본가계급에게만 선거권이 주어졌다. 1838년 5월 런던노동자협회 지도자 윌리엄 러벗William Lovett은 인민헌장을 발표하고 영국 각지의 대도시에서 집회를 갖는 한편 120만 명의 서명이 담긴 청원을 영국 하원에 제출했다. 의회에서 이 청원은 부결되었으며 러벗 등은 체포되고 집회는 강제 해산되었다.

차티스트 운동은 지도자 간의 분열, 사상의 불일치, 정부의 탄압 때문에 최고조에 이르렀던 2월 혁명 이후 급격히 쇠퇴하여 실패하고 말았다. 1849년 차티스트 운동이 실패하자 여왕은 만족해하며 노동자들이 어느 정도 불만은 있지만 현재에 만족하며 여왕에게 충성한다고 믿었다. 빅토리아 여왕은 자신의 생각을 따라준 국민들의 충성심에 감동했다고 발표했다.

차티스트 운동.

빅토리아 통치의 절정기가 겉으로 드러난 것은 1851년 '만국 박람회'였다. 과학의 발전과 식민지 각국으로부터 골동품과 식물을 수집해오던 알버트 공은 빅토리아 시대의 상징이 되는 국제 무역 박람회The Great Exhibition를 조직했고 이 일에 매우 열정을 보였다. 당시 만국 박람회를 위해 하이드 공원에 세워진 온실에 착안하여 건축된 유리 건물인 수정궁은 '건축학의 경이'라는 평가를 받았다. 수정궁에서 개최된 박람회장에 전 세계에서 들여온 물품들을 전시하여, 산업지도자로서 영국의 역할과 제국주의적 부와 과학 기술의 발전을 전 세계에 과시했다. 박람회에서 얻은 수익금으로 사우스 켄싱턴 지역에 제조업을 육성할 복합 단지를 건립하는데 투자했다. 하지만 수정궁은 1936년 화재로 소실되었다.

박람회에서는 면제품 생산의 전 공정 과정을 지켜볼 수 있었으며 전신, 현미경, 공기 펌프 및 기압계는 물론 뮤지컬, 시계, 외과용 기구 등을 구경할 수 있었다. 그 외에도 1만 3천여 점의 전시품이 있었는데, 자카드 베틀, 봉투 기계, 주방 용품, '빛의 산'을 의미하는 별명이 붙은 세계에서 가장 큰 다이아몬드, 1페니의 요금을 지불하는 최초의 유료 화장실(이 때문에 화장실을 사용한다는 완곡어법으로 'spending a penny'라는 표현이 영어에 남았음), 트로피, 망원경 등이 전시되었다. 영국 인구의 1/3에 해당하는 600만 명이 이 박람회를 방문했다. 박람회의 이익으로 빅토리아 알버트 박물관, 과학 박물관, 자연사 박물관을 지을 수 있었다. 방문 날짜에 따라 티켓값을 달리하여 귀족과 평민이 각각 다른 날에 관람하도록 한 것은 당시의 사회 계급을 반영한 독특한 운영방법이기도 했다.

빅토리아 시대의 주요한 업적 중에는 1857년부터 런던 문헌학회에서 제안하여 1천5백여 명의 학자들이 동원되어 옥스포스 사전 편찬을 시작했다. 1928년에 초판이 완성된 옥스퍼드 사전은 120,165개의 단어를 포함하는 15,487 페이지에 달하는 방대한 사전이다.

크림전쟁(1853-1856)에 대한 빅토리아 여왕의 지지

크림전쟁은 1853년 10월부터 1856년 2월까지 러시아 제국이 오스만 제국, 프랑스, 영국 및 사르디니아의 동맹국과 흑해와 크림반도를 둘러싸고 3년간 벌어진 전쟁이다. 크림전쟁의 직접적인 원인은 프랑스의 나폴레옹 3세가 로마 가톨릭교도의 지지를 얻기 위해서, 예루살렘 성지(聖地)를 관할하는 오스만 제국의 성지 관리권과 특권을 로마 가톨릭교도가 갖게 해달라고 요구한 것에서 비롯되었다. 러시아의 니콜라이 1세는 스스로 그리스 정교의 보호자임을 자청하면서 그리스 정교도에게도 동등한 권리를 요구했다. 오스만 제국이 러시아의 요구를 거절하자 남하정책을 꾀하고 있었던 러시아의 니콜라이 1세는 이를 구실로 오스만 제국에 선전포고를 하였고, 1853년 7월 지금의 루마니아 지역을 공격했고 흑해로 진군하여 오스만 제국의 함대를 격파하였다. 러시아의 남하정책을 견제하고 있던 프랑스의 나폴레옹 3세는 영국, 오스만 제국과 연합하여 10월 러시아의 팽창주의에 대해 전쟁을 선언했다.

소빙기 시대였던 1800년대에는 빙하의 확산으로 인한 유럽의 강추위와 대기근 때문에 러시아는 따뜻한 지역을 향한 남하정책이 절실했고, 지중해로 진출하기 위해서는 발칸반도를 점령할 필요가 있었다. 당시 발칸반도는 오스만 제국이 지배하고 있었다. 오스만 제국의 영토에 있었던 예루살렘 성지 관리권 요구는 러시아 남하정책의 구실이 되었던 것이다.

크림전쟁은 1853년 7월 발칸 제국(지금의 다뉴브강 유역)에서 처음 발발했다.

러시아 군대는 오스만투르크 족의 지배하에 있던 다뉴브 지역을 점령한 후 다뉴브강을 건너갔다. 하지만 오스만 제국과 연합군의 강력한 방어에 막혀 시리스트라Silistra에서 진격을 중단할 수밖에 없었다. 크림전쟁의 승패에 결정적인 역할을 했던 것은 폭풍우였다. 1854년 11월 10일부터 흑해의 날씨는 매우 나빠졌고 14일에는 폭풍이 몰아쳐 크림반도 남단의 발라클라바 만(灣)을 강타했다. 이 폭풍으로 영국은 21척의 전함과 지원 선박을 잃었고 프랑스는 16척의 배가 침몰했다. 러시아도 세바스토폴 항구에 정박 중인 전함들이 크게 파손되었다. 폭풍우와 강한 비바람에 노출된 병사들은 추위와 질병으로 죽어갔고 겨울 맹추위가 닥치면서 의복과 식량 보급이 제대로 이루어지지 않자 페스트까지 만연하여 순식간에 1만 3천 명이 페스트에 감염되어 죽어갔다. 오스만 제국과 영국, 프랑스 연합군은 흑해 크림반도의 남서부에 위치한 항구도시인 세바스토플Sevastopol 항(港)의 러시아 해군기지를 공격하기로 결정했다. 러시아 제국은 크림반도의 세바스토폴 항(港)에서 끝까지 버텼지만 결국 11개월에 걸친 크림전쟁에서 패배하고 만다.

크림전쟁은 포탄과 철도, 전보와 같은 현대적인 기술을 사용한 최초의 전쟁으로 알려져 있다. 크림전쟁은 무엇보다도 간호 위생학 발전에 큰 계기가 되었다. 당시 전쟁으로 많은 사상자가 발생했고, 콜레라까지 유행하여 병사들은 속수무책으로 죽어갔다. 간호사가 천한 직업으로 여겨져 지원자가 없던 시대에 용기와 박애정신을 가지고 등장한 사람이 '백의의 천사' 플로렌스 나이팅게일Florence Nightingale이다. 그녀는 38명으로 구성된 간호대를 조직하여 이스탄불의 위스퀴다르 병원에서 자원봉사를 하였다. 박애정신으로 아군과 적군을 가리지 않고 치료하면서 나이팅게일이 꾸준히 쓴 병원에 관한 기록과 간호 노트 등은 간호법이나 간호사 양성을 위한 자료로 쓰이기도 했다. 빅토리아 여왕은 나이팅게일을 후원했을 뿐 아니라 전쟁의 부상병을 돕는 여성 위원회를 후원하고 감독했다. 병원의 부상병을 방문하고 빅토리아 십자훈장을 제정하여 용감한 병사에게 수여했기 때문에 크림전쟁동안 빅토리아 여왕에 대한 지지도는 떨어지지 않았다.

DIGEST

77

UNITED KINGDOM

알버트 공의 사망 이후 상징적인 여왕, 입헌군주제의 시작

알버트 공의 사망 후 빅토리아의 우울증, 정치적 공백기

1861년 알버트가 장티푸스에 걸려 42세의 나이로 사망하자 빅토리아 여왕은 정무에서 완전히 손을 떼고 계속 검은색 상복만을 입었으며 두문불출하였다. 빅토리아는 군주로서 해야 할 의례도 수행하지 않을 정도로 우울증에 빠졌다. 해마다 4개월 동안 밸모럴성과 오즈번 궁에서 지냈고 알버트 공이 사용하던 블루룸도 그대로 유지할 뿐 아니라 객실의 내부구조를 변경하지 말 것을 명령했다.

빅토리아는 알버트가 살아있는 동안 아일오브와이트 섬에 왕실 가족이 수영하고 보트를 탈 수 있는 전용 해변이 있는 오즈번 하우스Osborne House에 머물렀고, 스코틀랜드의 밸모럴Balmoral성에 머무르면서 현지인들과 친분을 갖기도 했었다. 그러나 알버트가 사망한 후 런던에서 멀리 떨어진 오스번 하우스와 밸모럴 성에 칩거 생활을 하게 되자 각료들은 사소한 일에서부터 큰 일에 이르기까지 국정을 상의하기 위해 먼 길을 와야 했지만 정작 빅토리아 여왕의 알현 시간은 너무나 짧았다.

빅토리아 여왕의 애도 기간이 20년이나 지속되며 의회 개최를 거부하자 여왕의 애도를 동정하던 백성들도 점차 참을성을 잃게 되었다. 빅토리아 여왕은 국정을 돌보지도 않았고 아들 에드워드에게 왕위를 넘기는 것도 거부했다. 그러나 통치 후반기에 다시 국정으로 돌아오면서 그녀의 인기는 회복되었고 왕위 50주년Golden Jubilee과 60주년Diamond Jubilee 기념식이 온 국가의 대규모 행사로 치러졌다.

빅토리아 여왕의 애도기간.

알버트 공의 죽음으로 침울했던 기간 동안 빅토리아 여왕이 스코틀랜드 시종 존 브라운John Brown과 사랑에 빠졌다는 소문이 있었다. 빅토리아 여왕이 크랜 브룩자작에게 "가장 두려움 없는 정직함, 친절, 정의, 정직함, 독립심과 이타적이고 따뜻한 마음이 결합된 사람"으로 묘사한 편지가 남아있다. 여왕이 임종할 때 존 브라운의 머리카락, 반지, 사진 등을 함께 넣어달라고 당부했던 것으로 보아 그들의 친밀함을 추정할 수 있다. 후에 인도인 압둘 카림Abdul Karim과도 비슷하게 친밀한 관계를 유지했다.

빅토리아 여왕, 상징적인 입헌군주제 시작

대영제국의 위신을 유지하려던 보수당의 벤저민 디즈레일리Benjamin Disraeli 수상의 헌신적인 노력으로 빅토리아 여왕은 다시 국정에 참여하게 되었다. 디즈레일리 수상은 적극적인 제국정책을 펼쳐 영국을 그 당시 최고의 강대국으로 올려놓은 인물 중에 한 사람이다. 빅토리아 여왕과 디즈레일리 수상의 공통 관심사는 동방정책과 제국주의의 확장이었다. 빅토리아 여왕은 디즈레일리가 추진했던 2차 선거법 개정(1867)은 지지했지만 그 외 사회개혁안에 대해서는 무관심한 편이었다.

벤저민 디즈레일리 수상은 로버트 필과는 정치적 경쟁관계였다. 1846년 산업자본가 세력을 대표하던 로버트 필은 자영농 보호를 위해 수입산 곡물에 관세를 매기는 곡물법을 폐지하고자 했다. 곡물법은 지주들의 이권을 보호하는 보호 무역법이었다. 1839년 맨체스터에서 신흥자본가, 제조업자 및 상인들이 주축이 되어 곡물법 반대연맹Anti-Corn-Law League을 결성하였다. 이들의 여론 수렴을 반영했던 토리(보수)당은 로버트 필 수상의 주도하에 곡물법을 1846년 폐지했고 자유무역을 촉진하고자 했다. 1845년 감자 병해가 심각해 아일랜드에 기근이 있었기 때문에 아일랜드를 구하기 위한 조치이기도 했다. 이는 중산계급의 정치 참여 기회를 열었고 2차 선거법 개정이 가능해지는 계기가 되었다. 그러나 필의 결정은 내각의 분열을 초래했다. 결국 소수의 야당만이 그를 지지하게 되자, 로버트 필이 사임하고 디즈레일리 수상이 내각을 구성했다.

디즈레일리 수상은 로버트 필과는 반대로 관세정책 등으로 보호무역주의를 주장했다. 1857년 인도 내 자치지역에서 발생한 폭동을 단호하게 진압하기 위해 영국군 7만 5천여 명을 파견에도 찬성했다. 결국 1877년 인도 전 지역을 장악하고 인도의 무굴제국을 무너뜨렸다. 1876년 1월 빅토리아 여왕이 알버트 공의 사망 이후 처음 의회에서 인도의 황제라는 칭호와 함께 인도를 편입하자는 디즈레일리의 정책이 제출되자 빅토리아 여왕은 그에게 감동을 표하기도 했다.

DIGEST

78

UNITED KINGDOM

제국주의의 가속화, 아프리카 식민화

제국주의의 가속화

1885년 러시아 제국이 중앙아시아를 정복한 후 인도의 위성국인 아프가니스탄의 국경지대인 판지데이 Panjdeh까지 진격함에 따라 인도 본토에 대한 위협이 예견되었고, 영국과 러시아 간에 외교적 위기가 고조되었다. 자유주의 진영의 윌리엄 이워트 글래드스턴 William Ewart Gladstone 총리는 평화 정책을 선호했으나 국가적 손실이 커졌다는 비난이 일자 강경정책으로 선회했다. 한 예로 블라디보스토크 Wladiwostok에서 러시아 함대가 내려올 것을 대비해 조선의 거문도(포트-해밀턴)를 3년간 점령하는 결정을 내렸다. 일관성 없는 정책과 국제법 무시 등으로 의회의 강력한 비난을 받은 글래드스턴은 사임했고 제국주의자로 불

제국주의의 가속화.

렸던 솔즈베리가 다시 총리가 되어 점차 제국주의적인 방향으로 총력을 기울였다.

여왕의 통치 말년에는 솔즈베리 내각(1895-1902)이 디즈레일리의 시대와 유사한 제국주의적 팽창주의를 재현시켜 빅토리아 여왕을 기쁘게 했다. 여왕은 보어전쟁(1899-1902)이 터지자 수십 년 만에 대중 앞에 나타나 남아프리카의 영국 병사들이 겪는 고통에 동참하는 의미로 부대 시찰, 훈장 수여, 군병원 방문을 함으로써 제국주의적 군주의 모습을 보여주었다.

제국주의를 추구하던 영국의 국내 정책은 의회 의원들의 힘을 결집하는 총리에 의해서 좌지우지되었다. 따라서 빅토리아 말년에 여왕의 존재는 입헌 군주제에서의 의례직이고 상징적 기능으로 영국 국민들에게 각인되었다. 빅토리아 여왕은 2차 보어전쟁이 진행되던 도중 1901년 1월 82세의 나이로 사망하여 63년하고도 7개월을 통치하여, 당시까지 대영제국을 가장 오랫동안 지배했고, 가장 대규모로 확장된 시기에 통치했다. 그리고 이어 1901년 장남 에드워드 7세가 왕위를 물려받았다.

아프리카 식민정책

빅토리아 여왕 시대에는 동시대 유럽 강대국들과 마찬가지로 제국주의를 가속화하여 영토 확장에 전력을 쏟았다. 영국은 여러 대륙에 걸쳐 식민제국을 확장하여 '해가 지지 않는 나라'라고 불릴 정도로 전 세계 대륙의 1/4를 확보했고 인구 4억의 대제국이 되었다.

최초 데이비드 리빙스턴David Livingstone과 리빙스턴을 구하기 위해 왔던 헨리 모턴 스탠리 경Sir Henry Morton Stanley의 탐험으로 아프리카가 유럽 열강에 노출되었다. 영국이 카이로Cario, 케이프타운Cape town, 캘커타Calcutta를 점령한 후 식민지 지배를 강화하고자 했는데 이 세 지역을 연결하여 식민지배를 강화한 정책을 3C 정책이라고 한다.

식민정책으로 국제 물류의 이동이 많아지자 1869년 개통된 수에즈 운하의 경제적 전략적 중요성이 크게 부각되었다. 당시 이집트 정부는 대외적인 부채가 많은 상황에서, 이집트 총독의 아들 테위픽Tewfik의 부패는 자국민의 비난을 받고 있었다. 이집트 민족주의 반란인 우라비 반란Urabi이 일어나자 이집트 정부는 영국에 도움을 요청했다. 1882년 영국은 이집트와 수단의 제1 항구인 알렉산드리아를 폭격하여 우라비 반란을 진압하였고, 이집트 총리 테위픽의 권위를 회복해 주는 대신 이집트와 수단의 대부분을 장악하였다. 한편 수단의 종교지도자 무하마드 이브 압둘라Muhammad ibn Abdalla가 영국인을 추방하고 반란을 일으켰다. 이 반란은 수에즈 운하가 있는 이집트까지 위협했다. 1885년 영국은 중국에 주둔하던 찰스 조지 고든 장군을 파견했지만 고든 장군은 그곳에서 살해되고 말았다. 압둘라의 종교정부는 수단 전통의 이슬람법을 제정해 집권했고, 1899년 영국은 대대적인 군사작전을 펼쳤다. 허버트 키치너Herbert Kitchener장군이 수단의 반란을 겨우 평정했지만 글래드스턴 정부는 즉각적인 대응을 하지 못했고 적극적인 외교정책을 펴지 못해 대대적인 비난을 받았다.

이집트의 지배권을 확보한 영국은 카이로에서 케이프타운까지 아프리카를 종단으로 연결하여 지배를 강화하였다. 영국의 허버트 키치너Herbert Kitchener 장군이 수단에서 일어난 반란을 평정한 후 철도를 건설하여 1898년에는 케이프타운과 카이로를 잇는 종단정책을 운영했다. 한편 서아프리카의 식민 지배를 강화하던 프랑스가 홍해를 향한 진출을 구상하고, 알제리와 마다가스카르를 잇는 아프리카 횡단정책을 펼쳤다.

결국 영국의 종단정책과 프랑스의 횡단정책이 충돌하여 1898년 파쇼다 사건이 발생했다. 프랑스의 장바스티 마르샹Jean-Baptiste Marchand 대위가 파쇼다Fashoda에 도착하여 자국의 국기를 게양하자 영국의 허버트 키치너 장군이 철수를 명령했다. 마르샹 대위가 이를 거절하자 양국이 군사적 긴장상태에 이르게 되었고 프랑스와 영국 정부의 협상을 통해 프랑스가 양보함으로써 긴장은 해소되었다.

DIGEST

79

UNITED KINGDOM

아시아 식민지화, 1차, 2차 아편전쟁

아시아 식민정책, 1차 아편전쟁

영국에 대한 중국의 최대 수출품은 차(茶)였고, 영국의 주요 수출품은 모직물과 인도산 면화였다. 하지만 중국의 수출초과 상태가 지속되었기 때문에 영국으로서는 차 수입을 결제할 은이 부족했다. 엄청난 인구를 기반으로 한 중국의 수공업 면화 상품이 워낙 저렴했기 때문에 영국의 기계 기반 면화 상품이 가격경쟁력을 가질 수 없었다. 결국 청나라가 영국이 수출하는 인도산 면화를 수입하지 않은 반면, 중국차가 영국에서 큰 인기를 끌었기 때문에 영국은 청나라와의 교역에서 무역적자일 수밖에 없었다. 무역적자를 해소하기 위해서 동인도 회사는 밀무역으로 아편을 수출하였다. 육체노동을 하던 중국의 하층민들 사이에 아편이 선풍적인 인기를 끌게 되었고 쉽게 아편에 중독되었다. 청나라는 1799년 아편 단속을 실시했고 1816년 아편 흡연을 아예 금지하였다. 그럼에도 불구하고 100여 년간 아편이 지속적으로 대량 유입되어 백성들의 아편중독은 큰 사회문제가 되었다. '아편에 중독된 아시아 남자'라는 뜻의 동아병부(東亞病夫)라는 말이 생겨날 정도로 아편은 사회적으로 큰 문제를 일으켰다. 청나라 황제 도광제(道光帝)가 아편에 대한 강경책을 주장하

아편전쟁과 중국의 굴욕.

던 임칙서(林則徐)를 광저우에 특사로 파견하여 아편을 몰수해 불태우고 영국의 아편 상인들을 홍콩으로 내쫓자 영국과 청나라 간에 1차 아편전쟁의 긴장이 감돌기 시작했다.

1840년 영국 의회에서 존 글래드스턴이 유명한 반제국주의적 연설을 했지만 막상 표결에서 패배하였다. 그해 6월 휘그당의 총리 파머스턴 자작인 헨리 존 템플Henry John Temple은 아편의 해악이 술보다 적다고 주장하면서, 영국 해군 소장 조지 엘리엇으로 하여금 대포 540문을 탑재한 군함과 4천여 명의 병력을 이끌고 청나라를 침략하도록 하였다. 이것이 1차 아편전쟁이다. 영국이 아편전쟁에서 승리하고 1842년 난징조약이 체결되었다. 청나라는 불법 몰수한 아편에 대해 은 600만 냥을 배상하였고, 영국시민과 중국황제가 동등한 지위임을 인정하면서 중국은 문호를 개방하게 되었다. 이 전쟁의 결과 중국의 반식민지화가 가속되었고 홍콩이 영국에 할양되었다.

아편전쟁을 승리로 이끈 파머스턴이 수상이 되면서 빅토리아 시대의 대아시아 정책에 있어서 중국과 인도는 영국의 식민지 정책에서 중요한 거점 국가가 되었다. 그러나 청나라의 개방이 기대에 미치지 못하자 크림전쟁으로 동맹관계에 있던 프랑스와 연합하여 1856년 제2차 아편전쟁을 개시했다.

2차 아편전쟁

2차 아편전쟁의 구실은 애로호 사건이었다. 1856년 10월 광저우 앞에 정박하고 있던 중국인 소유의 영국 해적선 애로호에 청나라 관리가 강제 승선하여 승무원 전원을 체포하고 영국 국기를 바다에 던지는 사건이 벌어졌다. 애로호는 원래 중국인의 소유였지만 영국기를 단 해적선이었고 중국인 선원 13명과 영국인 선장 한 명이 있었다. 표면적으로 해적선 단속 사건이지만 영국은 영국 국기를 모욕한 혐의를 물어 배상금과 사과문을 내라고 요구했다. 이에 대해 중국 측은 배에 영국 국기가 달려있지 않았고, 중국인 소유의 배이므로 영국에 배상할 이유가 없다고 일축했다. 이를 빌미로 영프 연합군이 결성되어 1857년 12월 광저우를 점령하고 총독을 포로로 잡아 제2차 아편전쟁을 일으켰다.

영국이 다시 승리하자, 1858년 청나라, 영국, 프랑스 간에 톈진 조약을 체결하게 되었다. 전쟁비용 배상은 물론이고 외국인의 광범위한 특권과 기독교 포교를 규정하는 등 불평등한 내용을 담은 조약에 대해 청나라 정부는 강도 높은 비난을 하며 비준을 거절했다. 이에 영프 연합군은 다시 톈진에 상륙하여 1860년 8월 베이징을 점령하였다. 결국 베이징 조약이 체결되어 중국 정부는 막대한 전쟁 배상금에 대한 책임과 태평천국운동과 같은 국내 반란에 시달려야 했다. 영국은 청나라의 조약 이행과 이권 확보를 위해 청나라 정부를 도와 태평천국운동을 진압하였고 은 200만 냥을 획득했다. 결국 청나라는 통치권을 상실하게 되었다.

DIGEST

80

UNITED KINGDOM

오스트레일리아와 뉴질랜드의 식민화

오스트레일리아Australia의 식민화

1606년 네덜란드 공화국의 모험가들이 오스트레일리아 연안을 발견하고 '새로운 네덜란드'라는 뜻으로 뉴홀랜드New Holland라고 명명했다. 당시 약 100만 명의 원주민(애버리진)이 300여 개의 부족국가를 형성하고 있었으며, 250-700 종류의 언어가 사용되는 것으로 파악되었다. 원주민 부족들은 각자 고유의 토템을 가지고 있으면서 죽은 이의 영혼에 관한 드림타임dream time, 몽환시(夢幻時), 현지어로는 츄쿠파Tjukurpa라고 부르는 고대 신화를 공유하고 있다. 각 부족마다 약간의 차이는 있지만 바이암Baiame이라는 신이 꿈을 꾸면서 세상을 창조했고, 바이암을 비롯한 여러 신들이 동물이나 바위 등으로 변해 있다고 믿었다.

대항해 시대가 시작되자 1699년 영국의 해적 윌리엄 댐피어가 오스트레일리아를 탐험해 들어왔다. 식민지로서 오스트레일리아가 좋은 조건이 아니라는 그의 조사 보고서 때문에 오스트레일리아에 대한 탐험의 열기는 일시적으로 냉각되었다. 그러나 1769년 태평양에서 금성을 관측하던 제임스 쿡James Cook이 18년 동안 2천 마일을 항해하여 보타니 베이Botany bay에 상륙

오스트레일리아의 식민화.

했다. 그는 오스트레일리아의 남부 해안선이 영국의 사우스 웨일스를 연상한다고 해서 뉴사우스웨일스Newsouthwales라고 명명하였다. 당시 제임스 쿡은 정착을 시도하지는 않았지만 원주민, 생물과 지역에 대한 상세 보고서를 썼다.

제임스 쿡의 보고서에 따라 오스트레일리아는 신대륙으로 농업 개발에 적절한 것으로 인정되었다. 이 신대륙은 고대 그리스 철학자들이 존재할 것이라 추론했던 남쪽의 땅이라는 의미의 '테라 아우스트랄리스Terra Australis'에서 유래하여 '오스트레일리아'로 불리게 되었다. 아리스토텔레스를 비롯한 여러 고대 지식인들이 지구가 둥글다는 가설 하에 대륙이 북반구에 편중되어 있기 때문에 균형을 지탱하기 위해 남반구에 균형을 이루는 거대한 대륙이 존재한다고 추정했었고 이것이 사실임이 판명되었던 것이다.

한편 영국은 국내 반란으로 죄수가 폭증하자 조지아, 캐롤라이나, 뉴펀들랜드처럼 영국 범죄자를 보낼 곳을 찾고 있었다. 영국은 뉴사우스웨일스 주에 새로운 유형의 식민지를 세우기로 결정하였다. 1788년 1월부터 뉴사우스웨일스 주 식민지로 죄수들을 수송해 일정 기간 수감하거나 정착시키면서 죄수 이민이 시작되었다. 1788년 아서 필리프가 이끈 11척에 1500여 명의 죄수들이 탑승한 첫 함대가 시드니 항구에 도착했다. 식량의 자급 상황을 갖추는 것이 최초에는 주된 임무였지만, 미지의 풍토에 적절한 농업의 경험자가 없으므로 농업개발의 진척이 순조롭지 않았다. 그럼에도 1790년부터 세계 각지에서 자유 정착민들이 이주하여, 조지 3세 재임 시기에 죄수 호송을 마감하던 해인 1868년까지 약 16만에 달하는 죄수가 오스트레일리아로 호송되었다.

1851년에 에드워드 하그레이브Edward Hargraves 광부가 오피어Opir라는 곳에서 금을 발견했다는 것이 알려지자 이민의 급반전이 일어났다. 골드러시Gold rush가 시작되었고 배서스트Bathurst, 벤디고Bendigo, 밸러렛Ballarat 등으로 금을 찾아서 사람들이 몰려들기 시작했다. 이들은 영국 식민지 사무소에서 광물 자원 개발 승인을 받아 금광을 개발하기 시작했다. 1851-2 년에 투론강 지역에서 42kg 정도의 황금 너깃이 발굴되었고, 1858년 뉴사우스웨일스 근처에 버랑동Burrandong에서도 40kg 정도의 황금 너깃이 발굴되자 골드러시는 박차가 가해졌다. 직접 금을 찾는 사람과 기술자, 장사꾼 등도 몰려들어 경제활동이 활발해졌고, 6개의 식민지와 영국 본국 간에 물자 교류 및 교역도 왕성해졌다.

1855년에는 1만여 명의 중국인 이민자가 오기 시작하여 1881년 5만 명에 달했다. 골드러시 때 중국인 채광부들 사이에 일어난 노동력 덤핑과 생활수준 저하 등의 문제까지 얽혀 사회 불안이 급증하게 되었다. 1888년 6개 식민지 간의 오스트레일리아 회의에서 백호주의 정책White Australia policy에 의해 채용과 임금이 결정되었고 1896년에는 모든 유색인종을 배척한다는 결의안이 통과되었다. 그리고 1901년 이민 제한법이 통과되었다.

1850년에 호주는 40만의 인구가 되었다. 영국 식민지 총독은 가혹한 세금을 매겼다. 결국 1854년 유레카 교도소에서 광산 노동자들의 유혈 봉기가 일어났는데 이것을 '유레카 봉기'라고 한다. 현재 멜번에 있는 유레카 타워는 이 유레카 봉기를 기념한 것이다. 1880년 시드니와 멜번은 골드러시로 인해 발생한 도시이다.

뉴질랜드의 식민화

뉴질랜드는 서기 1250년부터 1300년 사이에 짙은 갈색 피부와 검정 곱

선교사가 파견되고 난 후 식민지화된 뉴질랜드.

슬머리를 가진 폴리네시아인Polynesian들이 정착하여 마오리족 문화가 형성되었다. 1642년 네덜란드의 탐험가 아벨 타스만Abel Tasman이 유럽인 최초로 뉴질랜드를 발견했다. 그는 네덜란드의 이름을 따서 노바 젤란디아Nova Zeelandia라고 명명했다. 그 후 영국의 탐험가 제임스 쿡 선장이 1769년에서 1777년에 걸쳐 여러 차례 탐사를 실시했다. 1815년 런던에서 선교사가 파견되어 기독교가 전파되기 시작했다. 뉴질랜드는 초기에 고래와 바다표범 잡이의 기지로 사용되었고, 카우리 나무를 벌채하거나 물개의 모피를 위해 상인들이 오게 되었다. 이후 뉴질랜드 회사, 오타고 협회, 캔터베리 협회 등을 통해서 각지에서 이민자가 건너오기 시작했다. 뉴질랜드에 도착한 백인들이 마오리 족들을 속이고, 약탈하고, 죽이는 일이 비일비재해서 세계에서 가장 무질서한 곳으로 이름나기도 했다.

19세기 초반 뉴질랜드에 감자와 머스킷 총이 도입되면서 머스킷 전쟁Musket Wars이 발발하여 마오리 족은 격변의 시기를 겪게 된다. 마오리족이 머스킷 총을 구입하여 다른 부족인 나푸히나 나티와투아 같은 라이벌 부족과의 전쟁에 사용하자, 다른 부족도 값진 물건을 팔아서 머스킷 총을 구입하면서 부족들 간에 전쟁이 빈번하게 일어났다. 1807년에서 1842년 사이에 발생한 머스킷 전쟁에서 500회 이상 치열한 전투가 벌어졌다.

당시 뉴질랜드에는 통합된 중앙정부가 존재하지 않았던 시기였으므로 유럽 이주민들과의 교류는 부족별로 따로 이루어졌고 언어가 달라 의사소통에도 한계가 있었다. 유럽 이주민이 늘어나고 서로 다른 문화의 민족들 사이에 발생하는 문제를 해결할 수 있는 법률과 규범이 존재하지 않았다. 1831년 13명의 북쪽 추장들은 영국의 윌리엄 4세에게 프랑스의 침공으로부터 지켜달라는 공식 청원을 하였다. 이에 1840년 영국 해군 장교 홉슨이 총독으로 파견되어 본격적으로 식민지 개척이 시작되자, 토지의 점령과 매매를 두고 마오리 족과 영국 간의 분쟁이 생겼다. 윌리엄 홉슨은 1840년 다른 부족으로부터 마오리 족을 보호해 주는 대가로 뉴질랜드의 통치권을 양도하는 「와이탕이 조약」을 체결했다. 7개월 동안 영국 관리들은 마오리 족 500여 명의 추장으로부터 승인을 받아냈다. 「와이탕이 조약」은 주권을 영국에 이양하고 토지 매각은 영국 정부에게만 하며 마오리 족에게 영국민의 권리를 인정하는 것에 관한 것이었다.

뉴질랜드 초기 식민지화의 핵심 인물인 에드워드 웨이크필드Edward Wakefield는 워털루 전투에서 메시지를 전하는 외교 관리였으나 1837년 15세 소녀 납치 사건으로 뉴게이트 감옥에서 3년형을 받았다. 돈을 많이 벌어 성공하려고 했던 웨이크필드는 뉴질랜드 회사를 세우고 식민지 이동 운동, 식민지 토지 판매사업을 하였다. 토지를 매입한 사람들은 뉴질랜드의 이주민이 되었다. 후에 그는 뉴질랜드 의회의 의원이 되었고, 식민지의 주요 정치 인사가 되었다. 1843-1870년 사이에 두 차례의 마오리 전쟁이 일어났다. 이것은 웨이크필드 뉴질랜드 토지회사의 강제적인 토지 매수에 반발한 일부 추장들이 영토를 되찾기 위해 토지 전쟁을 벌였던 것이다. 1860년 초대 마오리 왕 포타토우 1세의 군대와 영국군 사이에 전쟁이 발발했으나 1만 4천여 명의 영국군에게 패배하고 말았다. 영국은 마오리 족의 반(反)영국 감정을 완화하려고 노력했지만 1880년 마오리 부흥운동 이후 다시 한 번 전쟁이 일어났다. 그러나 1882년 뉴질랜드 헌법이 제정되고, 뉴질랜드 정부가 들어서게 되었다.

DIGEST

81

UNITED KINGDOM

신흥중산층에 빠르게 흡수된 자유주의 물결

신흥자본주의와 식민제국주의에 빠르게 흡수되는 자유주의

대륙에서 비롯된 자유주의는 신흥 자본가들과 정치에 빠르게 확산되었다. 휘그당원 로버트 필Robert Peel 총리를 중심으로 필라이트Peelites 및 급진파들이 19세기 자유주의적 정치동맹을 형성하였다. 휘그당과 급진적인 신흥자본가가 결합하면서 1846년에서 1859년까지 영국 보수당에 반대한 반체제 당으로 발전하여 빅토리아 여왕의 통치 시기와 제1차 세계대전 때까지 정치적인 주도권을 유지하였다. 필라이트는 자유무역에 대한 공약과 기술 관료적technocratic 방식의 경제 체제를 지지했다. 또한 농산물 가격에 대한 관세를 인위적으로 높게 유지하는 문제에 대해서 회의적이었다. 더구나 아일랜드에서 심각한 기근에 직면한 1845년 총리 로버트 필은 옥수수법을 폐지하여 식량가격을 낮추려 하였지만 부결되었다. 결국 1846년 필 정부는 붕괴했고, 휘그당 당수는 존 러셀John Russell로 교체되었다.

영국의 자유주의는 식민 제국주의 이념을 지지하는 방식으로 발전했다. 영국은 19세기 제국주의 시대와 산업혁명을 주도하고 있었기 때문에 철저하게 '자유주의'를 표방했다고 볼 수도 있다. 프랑스에서 일어난 수많은 혁명을 목도하면서, 의회에 새로이 진입한 신흥귀족들인 젠트리들에게 명예혁명을 통해서 권한이 부여되었고, 산업혁명과 더불어 부를 얻은 젠트리들은 의회에서 갈등과 타협을 통해 문제를 해결하는 방식을 깨우쳐나갔다. 국왕은 전쟁비용을 얻기 위해 의회를 열었다. 의회에 진출하게 된 신흥귀족들은 세금을 낼 여유가 있었으므로 의회와 국왕은 기본적으로 이들 신흥자본가들에게 관대했다. 곡물법과 항해조례를 폐기하면서 자본가들이 해외무역을 마음껏 할 수 있는 법적 토대를 의회에서 마련해 주었다. 물론 의회에서 귀족과 자본가의 대립이 있었지만 자본가 위주의 휘그당은 '자유주의'를 사회체제에 도입해 나갔고 후에는 아예 자유당으로 명칭을 개편하였다.

영국에서 '자유주의'의 물결은 '자유주의 만능'이라는 이념으로 발전된다. 특히 자본가들의 자유를 철저하게 인정한 것이 애덤 스미스의 경제이론으로 발전하여 국가가 국민의 자유를 절대로 간섭해서는 안 되며 가격은 모든 자유로운 체제 안에서 '보이지 않는 손'에 의해서 알아서 형성될 것이라고 보았다.

인구통계학자이면서 경제학자인 토머스 로버트 맬서스Thomas Robert Malthus는 자유는 허용하되 평등은 제거해야 한다고 주장했다. 맬서스는 노동자의 빈곤은 노동자의 책임이므로 누구나 똑같은 권리를 누릴 수 없다고 주장한다. 인간의 빈곤은 자연법칙의 결과이므로 빈민촌의 소독도 해줄 필요가 없다는 것이었다. 맬서스는 자본주의의 모순을 합리화하면서 사회주의 사상을 공격했고 자본가를 옹호했다. 또한 인구는 기하급수적으로 증가하는데 반해 식량은 산술급수적으로 증가하므로 인류는 식량난의 재앙을 맞게 될 것이라는 가설을 세웠다. 그리고 그 해결책으로 출산이나 결혼에 대한 자유 결정을 중시했다.

한편 사회 정치 철학자인 허버트 스펜서(Herbert Spencer, 1820-1903)는 사회진화론적 입장에서 자연적 현상인 약육강식을 사회법칙에 적용할 수 있다고 보았다. 1859년 찰스 다윈의 『종의 기원』이 발표된 이후 진화나 적자생존이라는 말이 유행했다. 자본가가 노동자를 착취해서 빈곤한 것이 아니라 노동자에게는 가난할 수밖에 없는 원인이 있다는 것이다. 자유무역을 옹호하는 『이코노미스트』의 부편집장을 지냈던 스펜서는 노동자는 유전자가 불량

ON

THE ORIGIN OF SPECIES

BY MEANS OF NATURAL SELECTION,

OR THE

PRESERVATION OF FAVOURED RACES IN THE STRUGGLE FOR LIFE.

BY CHARLES DARWIN, M.A.,

LONDON:
JOHN MURRAY, ALBEMARLE STREET.
1859.

다윈의 종의 기원.

하기 때문에 가난하고 빈곤할 수밖에 없다고 주장했다. 생물학 이론을 사회 이론에 적용하여 멘델의 유전 법칙에 의해서 열성은 도태되어야 하고, 강자만이 살아남는다고 하는 적자생존설을 주장하였다. 또한 인류가 진보할수록 사회적 상태는 인류에게 적합해질 것이므로 국가의 역할이 감소할 것이라고 하는 사회유기체설을 주장한다. 1870년까지 자본가를 극단적으로 지지한 자유주의적 논리가 편향되어 확산되는 경향이 있었다.

하원 의원이었던 데이비드 리카도(David Ricardo, 1772-1823)는 국제 무역시장에 관한 비교우위이론을 주장했다. 한 나라가 다른 나라에 비해 특정 산업에서 절대 우위를 가지고 있다고 하더라도 무역을 통해서 두 나라 모두 이익을 취할 수 있다는 이론이다. 서로에게 없는 것을 무역으로 교환하기 때문에 두 나라 모두 이익을 얻을 것이므로 보호주의를 반대하고 자유주의를 옹호했다. 또한 노동력이 늘어나면 임금은 낮아지고, 노동력에 대한 수요가 낮아도 노동자의 임금은 낮아졌다. 결국 어떤 경우에도 노동자의 임금은 늘어날 수 없으므로 노동자의 가난은 사회적 운명이라고 주장했다.

사회적 진화론은 식민주의 정책을 표방하고 있는 제국주의 정책에도 적용되었다. 약한 나라는 강한 나라에 의해 점령될 수밖에 없고, 강한 나라는 자국의 문제 해결을 위해서 해외 시장을 개척하거나 식민지를 둘 수밖에 없다. 강한 나라가 나빠서가 아니라 자연법칙이 사회에 적용되어 제국주의로 이어지게 된다는 제국주의를 옹호하는 이론이 팽배했다.

자본가와 제국주의자들의 활동으로 '자유주의'의 이념은 상대적으로 쉽게 체제에 흡수되었고 자본주의와 제국주의를 정당화하는데 이용되었다. 하지만 '평등주의'는 노동자들의 권익의 주장과 저항에 의해서 보다 서서히 이루어졌다.

DIGEST

82

UNITED KINGDOM

노동계급의 과격한 평등주의 물결

러다이트 운동Luddite에서 차티스트 운동으로

자본가의 착취에 맞서서 노동계급의 평등을 위한 계급투쟁은 과격했는데, 이를 '러다이트' 또는 '기계파괴운동'이라고 한다. 영국의 섬유노동자들이 노팅엄셔, 요크셔, 랭커셔에서 자본가에게 빌려 사용하던 기계를 파괴한 데서 유래되었다. 네드 러드Ned Ludd라는 인물이 이 운동을 주도했다고 해서 러다이트라는 이름이 붙었다. 로빈 후드처럼 가공의 인물로 여겨지지만, '러드 장군General Ludd의 명령을 따른다'는 기치 아래 이 운동은 한동안 지속되었다.

영국의 섬유 노동자들은 자본가들로부터 하청을 받아 일하는 비정규직 노동자들이었는데, 일하는 노동에 비해 이윤의 분배가 적었고 착취 속에 고통받고 있었다. 실제로 그들이 받는 임금으로 가족을 부양할 수 없었다. 1812년 4월 허더스필드Huddersfield 근처의 공장에서 폭동이 일어났고, 몇 명의 러다이트 운동 노동가들이 총에 맞는 사건이 일어나 투쟁은 절정에 이르렀다. 군대가 동원되었고 반체제 인사들 수십 명이 교수형을 당하거나 호주로 이송되었다. 기계는 노동자들을 노동에서 해방시키는 것이 아니라 오히려 노동자들의 일을 빼앗거나 증대시키는 것으로 인식되었다. 따라서 기계를 때려 부수는 폭력으로 기계를 소유한 자본가에 대한 증오심을 표출했다. 1811년에서 1812년 사이 노팅엄셔, 요크셔, 랭커셔의 수많은 역직기와 방적기가 파괴되었다. 영국 정부는 자본가와 결탁하여 단결금지법을 제정했다. 법에 의해 영국 노동자들은 노동조합 결성, 단체교섭, 파업 등으로 단결하여 노동운동을 할 수 없었다. 1813년 러다이트 저항은 사그라들었다.

영국정부는 자본가들의 편에 서서 러다이트 운동의 주동자를 처형하는 등 가혹하게 탄압하였다. 공장 주인은 시위자를 쫓아냈고 정부는 군사력으로 억압했다. 하지만 러다이트 운동의 진압이 민중들의 마음을 움직여 투쟁자금 모금운동이 일어났다. 바이런 등 지식인들도 폭동의 원인이 가난이라고 주장하며 노동자 편을 들었다. 결국 자본가들은 노동자들의 단결 투쟁에 굴복하여 노동자들의 권리를 인식하는 계기가 되었다. 러다이트 투쟁의 경험에서 노동자들은 폭력 투쟁이 한계가 있음을 깨닫고 의회 민주주의로 진출하고자 하였는데, 이를 차티스트 운동이라고 한다. 노동조합이 자본가와 협상하고 협상한 내용을 단체협약으로 문서화할 수 있는 교섭단체의 교섭권도 러다이트 운동에서 유래했다.

노동자들의 차티스트 Chartism 운동으로 시작된 평등주의의 물결

1832년 선거법 개정은 중산층에게 선거권이 주어진 것으로 영국에 평등주의의 물결이 시작된 것을 알리는 사건이었다. 사실 1830년 1차 선거법 개정은 신흥자본가들의 요구만 실현되는 것에 그쳤다. 선거법 개정을 위해 노동대중들도 자신들의 권익이 관철되기를 요구하며 거세게 저항했다. 영국 노동자 계층은 재산의 보유액에 상관없이 성인 남성에게 투표권을 줄 것을 호소했지만 도시의 중산층에게만 선거권이 주어졌다. 중산층은 저항을 하면서 노동 계층과 연대했지만, 자신들이 선거권을 받고 나자 노동자들의 권리는 안중에도 없었다.

1834년 휘그당의 주도하에 역사상 가장 가혹한 제도라고 평가되는 신빈민법이 개정되면서 빈민들에게 억압적인 항목이 포함되었고, 노동자의 사회적 입지는 더욱 어려워졌다. 외견상 더 열등하게 가난해야 구빈행정의 대상이

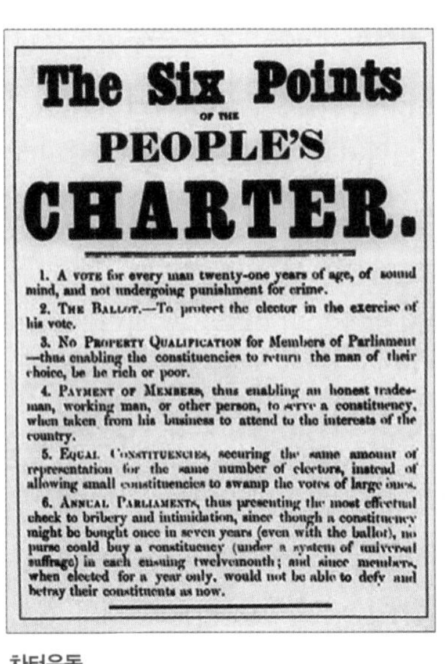
The Six Points
OF THE
PEOPLE'S
CHARTER.

1. A VOTE for every man twenty-one years of age, of sound mind, and not undergoing punishment for crime.
2. THE BALLOT.—To protect the elector in the exercise of his vote.
3. NO PROPERTY QUALIFICATION for Members of Parliament—thus enabling the constituencies to return the man of their choice, be he rich or poor.
4. PAYMENT OF MEMBERS, thus enabling an honest tradesman, working man, or other person, to serve a constituency, when taken from his business to attend to the interests of the country.
5. EQUAL CONSTITUENCIES, securing the same amount of representation for the same number of electors, instead of allowing small constituencies to swamp the votes of large ones.
6. ANNUAL PARLIAMENTS, thus presenting the most effectual check to bribery and intimidation, since though a constituency might be bought once in seven years (even with the ballot), no purse could buy a constituency (under a system of universal suffrage) in each ensuing twelvemonth; and since members, when elected for a year only, would not be able to defy and betray their constituents as now.

차티운동.

되었으며, 빈민 노동 수감자의 가족은 성별로 분리하여 수감되었다. 공장주는 가난한 노동자 직원의 수와 급여를 지정하거나, 해고할 수 있는 권한을 명시적으로 부여받았다.

차티스트 운동은 신빈민법과 같은 부당한 제도에 대항하여 가난한 노동자들이 주도했던 최초의 노동자 운동이기도 하다. 차티스트 운동은 노동자들의 정치적 참여 인식에서 비롯되었다. 1830년 중반 런던과 웨일스 지역에서 생겨났던 노동단체들이 노동자들의 불만을 공개적으로 토로하면서 차티스트 운동이 시작되었다. 1838년 5월 런던 노동자협회의 지도자였던 윌리엄 러벗William Lovett은 보통선거, 비밀 선거, 선거구 평등화, 의회 매년 소집, 하원 의원 유급제, 피선거권의 재산 자격 제한 폐지 등 6개 항의 인민헌장People's Charter을 내걸고 광범위한 정치 운동을 전개했다. 인민헌장은 평민에게 평등주의 원칙의 실현이었지만, 귀족과 왕족에게는 놀라울 정도로 급진적인 내용이었다. 노동자들은 1838년부터 1840년까지 보통 선거를 바탕으로 의회 민주주의의 실시를 요구하였다. 차티즘, 차티스트라는 명칭은 노동자들이 제기한 인민 헌장People's Charter에서 유래했다.

1840년 웨일스에서 뉴포트 봉기Newport Rising는 파업을 통해 투표권을 주장하는 움직임이었다. 1840년 이 같은 운동은 영국 전역에 끊이지 않았다. 1840년 오코너는 맨체스터에서 전국노동헌장 협회를 결성했고, 1842년 러벗에 뒤이어 퍼거스 오코너Fergus O'Conner가 전국헌장협회를 맨체스터에서 조직하여 약 325만 명의 서명을 영국 하원에 제출했다. 버밍엄에서도 완전선거권동맹을 조직하고 의원에 청원서를 제출했다. 그러나 청원서가 거부되고 파업도 무력으로 진압되자 동맹이 깨지고 러벗도 물러났다.

노동운동의 계속된 실패로 불화가 있었지만, 새로운 노동운동 지도자들이 나타나 노동전선을 이어갔다. 보통 선거에 입각한 의회 민주주의를 요구하면서 전 유럽을 뒤흔든 혁명이 1848년 다시 한번 일어났다. 570만 명이 서명한 청원이 하원에 다시 제출되었고 그해 4월 런던에서 대규모 시위가 벌어졌다. 그러나 시위는 다시 무력에 의해 진압되었고, 하원에 전달된 청원은 부결되었다. 지도자들이 투옥되자 전국헌장협회 중심의 노력은 수포로 돌아갔고 1858년 전국노동헌장협회는 해체된다. 하지만 차티스트 운동Chartist Movement에서 보여준 노동자들의 행동은 기득권에게 공포심을 불러왔다. 결국 19년 후 1867년과 1884년 선거법 개정을 통해서 보통 남성에게 한정된 보통 선거가 시작되었다. 하지만, 여자에게 선거권이 허용된 것은 1차 세계대전 후인 1918년(30세 이상)과 1928년(21세 이상)이다.

노동운동, 평등주의 물결

18세기 산업혁명 동안 노동자들은 혼잡하고 좁은 작업 공간, 더럽고 위험한 공장, 광산 작업, 빈약한 급료, 장시간 노동 및 기본적인 건강관리 부족과 같은 끔찍한 노동 조건에 시달렸다. 그러자 교육권을 포함하여 산업 노동자들의 삶과 환경을 개선하는 데 초점을 맞춘 다양한 사회주의 운동이 등장했다. 예를 들어, 마르크스주의와 유토피아 사회주의는 소유주들에 의한 노동자 착취를 막고 사회에서 더 많은 평등주의를 형성하고자 한 물결이었다. 최저 임금법, 근로 시간제한, 점심시간 준수 및 건강과 안전에 대한 규정 등 노동계급의 권익을 보호하는 방향으로 정책을 개선하기 위한 노동 운동이 지속되었다.

산업혁명과 더불어 노동운동이 진행됨에 따라 영국 의회는 아동 노동을 제한하는 일련의 법률을 통과시켰다. 아동노동에 나이 제한을 둔 최초의 법안은 1802년 의회에서 통과된 공장법이었다. 이 법으로 아동의 노동시간을 제한하고 안전 및 청결 측면에서 공장의 규정을 정했다. 1819년 공장법이 개정되어 영국 아동의 근로 시간이 12시간으로 제한되었고, 1833년에는 9세 미만 아동의 노동은 불법으로 규제했다. 또한 13세 미만의 아동들도 9시간 이상 일할 수 없게 규제했다. 1880년 교육법(Education Act of, 1880)을 통해 아동노동이 전면 금지되고 10세 이하 아동에 대해서 공교육 시스템이 설립되어 청소년 의무교육을 도입하였다.

18세기에서 19세기에 이르기까지 노동자들의 저항운동은 평등주의 물결에서 비롯되었다. 카를 마르크스(Karl Heinrich Marx, 1818-1883)의 『자본론』은 사회계급 간 권력의 장악에 대한 통찰력을 제공했다. 봉건제도에 대항하여 자본가 계급이 생겨났고, 이들이 최초의 혁명을 주도했으며, 산업혁명과 함께 노동계급이 성장하면서, 이들의 투쟁으로 평등주의의 개념이 곳곳에 확산되었다. 평등주의적 정서의 영향력은 법적 평등과 인권에 대한 관심으로 확장되었다.

한편, 경제적 혜택과 사회적 권리에 대한 분배의 개념은 보다 과격한 경향을 띠기도 했다. 마르크스는 1847년 공산주의 연맹을 창립했다. 세상은 이미 불평등하므로, 누군가 평등주의를 추구한다면 다른 누군가의 권력구조를 깨트려야 한다는 것이다. 부조리한 세상의 불평등을 평등하게 만들기 위해서 노동자 계급의 투쟁이 필요하다고 주장했다. 이에 동조하는 노동운동가들의 국제 노동자 협회가 1864년 런던에서 설립되었다. 이들은 노동자 스스로 조합을 조직할 권리와 8시간 근무할 권리를 포함하여 주요 노동문제에 대한 저항을 시작했다.

DIGEST100SERIES

제9장
1차 2차 세계대전과 냉전 시대

UNITED KINGDOM

DIGEST

83

UNITED KINGDOM

평화의 중재자 에드워드 7세

영국의 왕이자 인도 황제 에드워드 7세(재위기간, 1901~1910)

빅토리아 여왕의 뒤를 이어 60세에 영국의 왕이자 인도의 황제로 왕위에 오른 알버트 에드워드 베틴Albert Edward Wettin은 작센코부르크 고타Saxe-Coburg and Gotha 왕가의 알버트와 빅토리아 여왕과의 사이에서 장남으로 태어나 가장 오랫동안 웨일스 공의 자리에 있었던 인물이기도 하다.

에드워드 7세가 태어났을 때 빅토리아 여왕과 알버트 공은 후계자의 탄생을 크게 기뻐했으며 엄격하게 교육했다. 1859년 에든버러 대학의 화학자인 리언 플레이페어Lion Playfair 밑에서 공부했고 10월에는 옥스퍼드 크라이스트 처치대학에 입학했다. 1861년에는 케임브리지 트리니티 대학에서 진보적인 노동개혁가이며 소설가, 역사학 교수인 찰스 킹슬리Charles Kingsley의 가르침을 받았다. 찰스 킹슬리는 불가지론자로 유명한 토마스 헉슬리Thomas Huxley와 가까이 지냈던 학자이다.

에드워드 7세는 영국 전역을 여행하면서 공무 수행을 했고 해외를 방문해 대표 사절의 역할을 수행했다. 1860년 북미와 1875년 인도를 다녀오면서 대중적인 인기를 얻었다. 어려서부터 버티Bertie라고 불린 에드워드 7세는 배

불뚝이Tum-Tum라고 불릴 정도로 비만에, 프린스 알버트라는 파이프 담배가 나올 정도로 애연가였지만 유머 감각과 친밀감으로 성공적인 외교적 성과를 가져왔다. 에드워드 7세는 유쾌하고 패션 감각이 있는 엘리트였지만, 여배우 넬리 클리톤Nellie Clifton 등과 염문을 뿌렸기 때문에 빅토리아 여왕과 잦은 갈등이 있었다. 더구나 에드워드의 스캔들 때문에 궂은 날씨에 에드워드 7세를 책망하러 갔던 알버트공이 병을 얻어 사망하자 빅토리아 여왕은 아들을 평생 미워하고 정치 참여에 훼방을 놓았다. 에드워드는 유럽 최고의 미녀라는 칭찬을 받던 덴마크의 크리스티앙 9세의 딸 알렉산드리아 공주와 결혼하여 3남 3녀의 자녀를 두었다.

에드워드 7세.

버킹엄 궁전에서 열린 대관식의 부임연설에서 절대왕정을 추구하는 것이 아니라, 국민들을 믿고, 의회 민주주의를 개척하겠다'고 말함으로써 국민들과 의회의 지지를 받았다. 에드워드 7세는 정치에 적극적으로 관여하지는 않았다. 그러나 프랑스어와 독일어가 유창했고, 많은 남매가 유럽 각 국의 왕족과 혼인함으로써 형성된 혈연관계를 활용해 영국-프랑스-러시아 3국의 협상을 성사시켜 독일을 견제하는 외교적인 힘을 발휘했다. 그리하여 영국인들 사이에서 에드워드 7세는 '평화 중재자peace maker'라고 알려졌다. 국외에서는 여러 식민지를 개척하여 아시아 남부와 인도를 지배하였고 남아프리카 공화국으로 식민지를 확장하였다.

에드워드 7세는 하루 12개비의 시가와 20개비 이상의 담배를 피웠던 애연가였는데, 결국 1910년 심각한 기관지염과 심장마비 증세를 보이다가 5월 사망하여 9년간의 재임을 마쳤다. 에드워드 시대는 엄숙주의가 만연했던 어머니 빅토리아 시대와는 달리 화사하고 자기만족적인 시대로 평가된다. 에드워드 7세의 장례식에는 유럽 전역의 친척들뿐 아니라 일본과 청나라 황족을 포함한 여러 식민지 국가의 왕족들이 참석하였는데 이들의 일부는 1차 세계대전에서 적으로 다시 만나기도 했다.

제2차 보어전쟁(1899~1902년)

제2차 보어전쟁은 1899년 10월 남아프리카공화국 주도권을 두고 대영제국과 두 보어 공화국 즉 남아프리카 공화국the South African Republic과 오렌지 자유국가Orange Free State 사이에 벌어진 전투였다. 초기에는 보어 공화국의 공격이 우세했으나 영국군의 반격이 거세게 이어졌다. 결국 영국이 승리하여 베리닝잉Vereeninging 조약이 체결될 때까지 게릴라식 전투가 몇 년 동안 계속되었던 전쟁이다.

1900년 초에 과도한 자부심을 가지고 있었던 영국국은 중요한 전투에서 승리를 거두었고 두 개의 보어 공화국을 침략하여 신속하게 민간 지도부를 추방하였다. 영국은 양국의 합병을 통한 권한 유지를 위해 카키 선거Khaki election를 실시했다. 1900년 총선에서 솔즈베리의 보수당은 자유당을 이기고 내각을 구성했다. 이 선거가 2차 보어 전쟁 중에 있었으며 2차 보어 전쟁부터 영국 군인들의 군복 색이 카키색으로 바꾸었기 때문에 카키선거로 명명되었다.

보어 공화국은 쉽게 항복하지 않고 게릴라전을 펼쳤다. 2년 이상 기습공격과 재빠른 탈출, 농지와 쉽게 섞여 눈에 띄지 않는 게릴라 전투원들에게 보어 정부는 숨을 장소, 물품, 말 등을 제공했다. 영국은 블록하우스를 짓고 철조망 울타리를 이용해 토지를 분할했다. 농민들은 강제 수용소에 옮겨졌는데 수용소에 전염병이 퍼져 질병으로 사망하는 사람들이 속출했다. 한편 영국 보병부대는 게릴라 부대를 체계적으로 추적하여 1902년 5월 모두 섬멸하고 베리닝잉 조약을 체결하였다. 결국 두 공화국은 대영 제국의 식민 지배를 받는 남아공으로 편입되었다.

빈곤문제 해결의 시도

에드워드 7세의 시대(1901-1910년)는 영국 상류층의 황금시대로 간주되었다. 이미 엄격한 계급 체제가 확고하게 자리 잡았음에도 불구하고 급속한 산업화는 경제 기회를 증가시켜 사회적 신분 상승이 가능하게 했고, 많은 사회적 변화를 가능하게 하는 조건을 창출했다. 가난한 사람들의 생활환경에 대한 사회주의적 관심이 증가했고 여성 투표권에 대한 압박도 있었다. 에드워드 7세는 여성의 참정권을 지지하거나 세금을 통해 부의 재분배를 시도하지도 않았다. 절대왕정을 주장하지도 않았고, 국민들만 믿고 의회 민주주의를 유지하겠다는 부임 인사말을 잘 지켜 국민들에게 인기를 유지하였다.

1905-1914년 동안 유지된 자유당 정부의 헤롤드 에스퀴스harold Asquith가 수상이 되었을 때 학교 무료급식(1907)이 하원에서 통과되었다. 비록 개인이 근면하고 성실하기만 하면 틀림없이 어느 정도 부유해질 수 있다는 빅토리아 시대의 원칙이 존재했지만, 현실에서 실현되기 어려웠다. 그러자 사회복지에 대한 인식이 서서히 생겨났다. 그리고 1909년 급진적인 사회 복지 프로그램에 전례없이 세금을 할애하는 법안인 "국민예산"이 부각되었다. 윈스턴 처칠의 전기 작가 윌리엄 맨체스터William Manchester가 "혁명적 개념"이라고 불렀던 '국민예산People's Budget'은 사회복지 프로그램에 자금을 제공하기 위해서 부유층의 토지에 전례 없는 세금을 부과하는 자유당 정부의 제안이었다. 1909년 하원을 통과했지만 1년 동안 상원에서 통과되지 않다가 1910년 4월에서야 통과되었다. '국민예산'은 빈곤 제거를 위한 부의 균등한 재분배를 시도한 영국 역사상 최초의 예산이었다. 에드워드 7세는 사적으로 보수적인 영주들에게 예산을 통과시킬 수 있도록 설득하여 의회의 정치적 분열을 피하도록 호소했다.

DIGEST

84

UNITED KINGDOM

1차 세계대전(1914-1918년)

1차 세계대전 원인, 사라예보 암살 사건

1차 세계대전은 1914년 7월 28일부터 1918년 11월 11일까지 유럽을 중심으로 벌어진 신제국주의적 세계 대전이다. 제1차 세계대전 동안 병사 900만 명 이상이 사망했다. 이 전쟁은 전 세계의 경제적 거대 강대국과 그 동맹국들끼리의 충돌이었다. 전쟁 초기에 대영제국, 프랑스, 러시아의 거대 연합국과, 독일, 오스트리아, 헝가리 제국의 동맹국이 주요 전쟁 참여국이었으나, 전쟁이 진전되면서 많은 국가들이 참여해 전쟁은 더 확대되었다. 일본, 미국이 연합국에, 이탈리아, 오스만 제국, 불가리아 왕국 등이 동맹국에 가담했다.

1차 세계대전의 직접적인 원인은 1914년 6월 사라예보에서 오스트리아-헝가리 제국 왕위 후계자인 프란트 페르디난트 대공이 세르비아의 남슬라브 민족주의자 가브릴로 프린치프Gavrilo Princip에게 암살당한 사건이었다. 프린치프는 세르비아 육군 장교들이 결성한 범슬라브주의 혁명조직의 청년 보스니아 대원으로 활동했었다. 이들은 러시아의 지원을 받아, 보스니아와 세르비아가 같은 남슬라브 민족이니 합쳐 단일국가를 세워야 한다는 신념을 가지고 있었고 당시 보스니아는 오스트리아-헝가리 제국의 통치하에 있었다.

황태자 프란츠 페르디난트와 아내 조피, 대공이 암살되고 1차 세계대전의 발발.

프린치프는 1912년 오스트리아-헝가리 제국의 지배에 반대하는 시위에 참여했다가 김나지움에서 퇴학당했다. 그 후 보스니아 대원들과 암살, 폭탄 제조 훈련을 받았고 군사훈련을 참관하러 온 대공 부부를 암살하는 임무를 맡았다.

이 사건으로 오스트리아-헝가리 제국이 세르비아 왕국에게 이행 불가능한 조건을 붙여 최후통첩을 보냈고 '7월의 위기July crisis'가 시작되었다. 오스트리아-헝가리 제국은 독일의 카이저 빌헬름 2세로부터 '블랭크 체크Blank check'라고 하는 후원 보증문서를 비밀리에 받아냈다. 그리고 한 달 뒤 7월 28일 오스트리아-헝가리제국이 세르비아를 침공하면서 1차 세계대전이 시작되었다. 일주일 동안 여러 국가의 선전포고가 이어졌다. 러시아 제국이 오스트리아-헝가리에 선전포고를 하고, 독일제국이 러시아 제국에 선전포고를 했으며, 프랑스가 독일에 선전포고를 했다. 이어 독일 제국이 중립국인 룩셈부르크와 벨기에를 침공하면서 프랑스로 진격했고, 영국이 독일에게 선전포고를 하면서 동맹라인에 따라 적대관계가 확산되었다.

서부전선 이상 없다.

독일의 진격으로 프랑스와 벨기에가 연합한 서부전선이 형성되었다. 프랑스 동북부, 벨기에 리에주Liege 전역은 폐허가 되었고 많은 사람들이 학살되고 사망했다. 파리 앞에서 벌어진 첫 마른강 전투the First Battle of the Marne로 독일군의 진격을 아이젠강the Aisne River 북쪽으로 이동시켰다. 서부전선의 전투는 1914년 9월 참호전으로 바뀌면서 3년 이상 동안 악몽처럼 지속된 소모전 양상으로 바뀌었다.

1916년 솜전투Battle of the Somme에서 영국은 성능이 뛰어나지는 않았지만 최초로 탱크MK1)와 항공기를 사용했다. 양국 사상자는 영국군 42만과 독일군 50만에 달할 정도로 치열했다. 전투는 5일 동안 이어진 독일군 진지에 대한 영국군의 대규모 포격작전으로 시작되었다. 탱크포격으로 병력을 괴멸시킨 후 적의 참호로 돌격하려는 작전이었다. 그러나 독일군들은 잘 구축된 벙커와 방공호 속에 숨이 있었기 때문에 치명적인 피해를 주지 못했다. 영국군은 피비린내 나는 전투 끝에 독일의 방어 진지를 점령하는데 성공하였지만 솜 전투는 11월 18일 폭설로 인해 중단되었다. 이 전투는 다큐멘터리영화 「솜 전투」로 영화화되어 세계기록유산으로 등재되었다.

1916년 인근에서 벌어진 베르됭 전투는 독일군이 프랑스 동북부의 뫼즈강을 낀 프랑스의 요새도시 베르됭을 대규모로 공격하면서 시작되었다. 독일군 포병부대의 예상치 못했던 공격으로 뫼즈강을 내려다볼 수 있는 포격상 요충지인 뫼즈 고지가 수세에 놓여있었으나 앙리 페탱 장군이 급파되어 방어망을 구축하였다. 악천후로 독일의 베르됭 공세가 뜸한 틈에 보급로를 차단하고 포병을 증원하였다. 프랑스군도 심각한 피해를 입었으나 포격과 공격, 반격과 점령, 탈환이 반복되면서 결국 뫼즈강 대부분을 탈환했고 서부전선을 이상 없이 막아냈다. 이 전투로 독일은 33만 7천 명, 프랑스는 37만 1천 명의 사상자를 냈다.

동부전선과 러시아 10월 혁명

독일과 러시아는 19세기 말 이미 갈등의 골이 깊어 있었다. 독일제국 수상 비스마르크는 프랑스의 고립과 유럽에서의 세력 유지를 위해 동맹을 체결(1873)했으나 발칸반도 문제를 둘러싸고 오스트리아와 러시아의 갈등이 심화되자 동맹을 폐기하였다. 1878년 발칸반도에 대한 러시아의 이권을 재조정하는 베를린 회의에서 비스마르크가 러시아의 이권을 크게 약화시키자 독일과 러시아의 외교관계가 흔들렸기 때문이다. 따라서 독일은 오스트리아와 동맹을 체결했고, 후에 이탈리아까지 끌어들여 삼국동맹을 체결했다. 비스마르크는 강력한 러시아제국의 위협을 인식하고 중립을 위한 조약을 체결했으나 독일황자 빌헬름 2세가 비스마르크를 해임하고 유럽에서 공격적인 팽창주의 정책을 펼치자 독일과 러시아는 노골적인 적대관계가 되었다. 반면에 러시아는 러불(1894), 영불(1904), 영러(1907) 협상으로 러시아, 프랑스, 영국 세 국가가 연합하게 되었던 것이다.

동부전선에서는 러시아군이 오스트리아-헝가리 제국으로 진격했지만 동프로이센 침공은 독일군의 반격으로 실패하였다. 러시아 군대는 8월 동부프로이센의 안게라프강 동쪽과 동 프로이센 수도 쾨니히스베르크 남방으로 두 갈래 침공을 감행했다. 남쪽에서 오스트리아-헝가리군을 브루실로프 공세Brusilov Offensive라고 알려진 작전으로 격퇴시켰다. 그리고 1914년 8월 타넨버그 전투에서 독일과 오스트리아-헝가리 군대와 맞서게 되었다. 1914년 11월 오스만 제국이 참전하면서 전선이 고마서스, 메소포타미아, 시나이반도 등으로 확대되었다. 이탈리아와 불가리아가 1915년 참전했고, 루마니아왕국은 1916년 참전했으며, 미국은 1917년 참전했다. 미국의 윌슨 대통령은 전쟁 초기에 중립을 선언했으나 1915년 독일의 유보트잠수함이 미국 상선 4대를 침몰시키자 1917년 독일에 대해서 전쟁을 선포했다.

한편 1917년 2월 러시아에서 혁명이 일어났다. 전쟁터에서의 패배와 경제적 불안정, 식량부족과 함께 빈곤에 시달리는 노동자와 농민들의 불만이 증폭되었던 것이다. 이들의 불만은 제국주의 정권을 향해 저항했다. 러시아 황제인 니콜리스 2세가 퇴위되면서 러시아 임시정부가 설립되어 러시아의 변호사이자 혁명가인 알렉산더 케렌스키Alexander Kerensky의 임시정부가 들어섰다. 그러나 새로 형성된 러시아 공화국은 1917년 10월 레닌의 볼셰비키에 의해 전복되었다. 러시아 정부의 붕괴는 군대의 붕괴를 초래했다. 볼세비키가 설립한 혁명정부는 브레스트리토프스크Brest-Litowsk 조약을 맺고 전쟁에서 철수했다.

한편 서부전선에서 독일군의 공세를 방어한 연합군은 반격을 펼쳐 독일군의 참호를 점령하기 시작했다. 수세에 몰린 독일이 1918년 11월 11일 휴전에 합의하면서 연합국이 전쟁에서 승리하게 되었다. 연합국은 1919년 파리 평화조약을 맺고 미래 분쟁을 막으려 했다. 전쟁이 끝나면서 독일, 오스트리아-헝가리, 러시아, 오스만 등 주요 제국주의 국가들이 해체되게 되었다. 이로 인해 유럽 및 서남아시아에서 새로운 독립국가들이 탄생하였다. 또한 1차 세계대전 같은 끔찍한 전쟁의 재발을 막기 위해 국제 연맹이 탄생했다.

DIGEST

85

UNITED KINGDOM

대공황과 조지 5세, 독일성(姓)을 버리고 윈저 왕가 시작

조지 5세, 대영제국 최대의 영토

조지 5세(재임기간, 1910-1936년)는 조지 프레드릭 어니스트 알버트 윈저George Frederick Ernest Albert Windsor이다. 에드워드 7세의 차남으로 초대 윈저 왕가를 열었다. 빅토리아 여왕과 작센코부르크고타의 알버트의 손자이며 러시아 니콜라이 2세와 독일의 빌헬름 2세의 사촌이다. 1892년 형이면서 왕세자였던 알버트 빅터가 독감으로 28세에 사망하자 왕세자가 되었다.

조지 5세.

형 알버트 빅터와 함께 교육을 받았으나 왕위계승 순위 3위로서 왕위계승 가능성이 낮았기에 뛰어난 교육성과를 보이지는 않았다. 하지만 아버지의 뜻에 따라 해군으로 복무하였다. 12세에 HMSHis Majesty's Ship 브르타뉴아의 생도로 훈련을 시작했고 형 알버트 빅터와 달리 해군 생활에 잘 적응했다. 형 알버트 빅터의 사망 이후, 5월에 태어나 '5월의 여왕'으로 불렸던 테크의 메리Mary of Teck와 결혼하였다. 공문서에는 메리 여왕으로 기록되어 있었다. 메리는 부모의 방탕하고 사치스러움에 저항하여 더 검소하고 더 의무를 중시하며 더 책임감이 강한 성격을 갖고 있었다. 이러한 메리의 성격으로 빅토리아 여왕의 결혼 찬성을 얻었다. 두 사람은 1893년 7월 제임스 궁에서 결혼하여 생애 동안 의무를 다하고 애정표현을 위해 서신을 주고받으며 원만한 결혼 생활을 이어갔다.

1901년 조지 5세와 메리는 대영제국을 순회하였다. 특히 제2차 보어전쟁(1899-1902) 이후 참전 군인들에게 점령지 및 식민지에 대한 보상 목적을 지닌 보어 전쟁 메달을 수여했다. 조지와 메리는 시민 지도자, 아프리카 지도자 및 보어인 포로들도 만나 환영을 받았다. 뉴질랜드와 오스트레일리아 방문을 통해 영국 본토에 잘 알려져 있지 않은 식민지에 대한 관심을 증가시키기도 했다. 1905년 11월부터 1906년 3월까지는 영국령 인도 제국을 방문하였는데 인도의 인종차별을 개선하고자 인도인들의 참정권 확대 운동을 벌이기도 했다.

1911년 6월 대관식을 치른 후 7월에는 아일랜드를 5일간 방문하였다. 같은 해 조지와 메리의 대관식을 기념하는 델리 접견Delhi Durbar에 참석하기 위해 영국령 인도제국을 방문하였다. 사격에 뛰어난 조지는 인도와 아시아 대륙을 순회하던 중 네팔에서 대규모 사냥에 나서 10일 동안 호랑이 21마리, 코뿔소 8마리와 곰을 사냥하기도 했다.

조지 5세는 제1차 세계대전에 대해 라디오 연설을 통해 국민의 불안감을 낮추었으며, 법에 따라 통치한다는 입헌군주제의 원칙을 천명했다. 1917년 러시아 혁명으로 니콜라이 2세가 퇴위된 후 영국으로 망명하기를 요청했으나 영국 내 반(反)러 감정이 일어나자 성사되지 않았다. 조지 5세는 1차 세계대전 후 국민들의 반독일 정서가 생겨나자 할아버지 알버트 공작의 독일식 성인 작센로부르크고타 왕가를 윈저Winsor로 바꾸어 윈저 왕가의 초대 군주가 되었다.

1차 세계대전 결과로 해외 영토를 잃은 러시아 제국, 독일 제국, 오스트리아 제국 등과는 달리 조지 5세는 대영제국 역사상 최대의 영토를 얻게 되었다. 조지 5세의 재임 기간 동안에 공산주의, 파시즘, 아일랜드의 공화국화 운동, 그리고 인도의 독립운동 등이 발생하여 세계의 정치적 지형이 바뀌었다. 또한 1911년 의회법Parliament Act의 통과로 직접 선출된 하원이 선출직이 아닌 상원에 대해서 우위를 점하게 되었다. 그리고 1924년에는 최초로 노동당이 내각을 세웠다.

1928년부터 패혈증이 악화되어 와병 중이던 조지 5세는 1929년 세계대공황이 일어나자 이를 해결하기 위한 의회를 소집했다. 조지 5세는 램지 맥도날드Ramsay MacDonald 총리와 거국중립내각 National Government을 결성하여 난국을 해결하려고 했다. 메리 여왕은 경제 부흥을 위해서 가재도구나 티포트와 같은 제품을 구입하였는데, '여왕 폐하가 구매한 제품'이라고 선전되어 선풍적인 인기를 끌게 만들었다. 그 예로 갈색 찻주전자는 거의 모든 영국민 가정이 구매한 상품으로 알려져 있다.

조지 5세는 1936년 사망했고 장남 웨일스공 에드워드가 왕위를 물려받아 10개월 재임하다가 1936년 12월 퇴위하고 차남인 요크 공작 알버트가 왕위를 계승했다.

대공황 Great Depression

대공황은 1929년 10월 24일(검은 목요일)과 29일(검은 화요일) 연이은 뉴욕 주식시장 대폭락 사건이 세계경제와 무역수지에 영향을 끼친 사건으로 1930년 후반까지 경제 침체가 지속되었다. 대공황이 있기 전, 신기술 도입과 소비문화의 확산으로 호경기가 지속되어 주가가 치솟았지만, 과잉생산과 부채를 기반으로 성장한 호황은 불안정했고, 주가가 하락되기 시작하자 공포감을 느낀 투자자들이 주식을 팔기 시작하자 주가 하락이 가속화되었던 것이다.

계속되는 미국 경제의 붕괴는 세계무역에 악영향을 미쳤고 정부도 금융위기에 직면하게 되었다. 많은 국가들이 무역 장벽과 관세를 높이는 비상 대

대공황.

웅 정책을 추진하였고, 이는 세계무역의 위기를 악화시켰다. 대영 제국은 식민지 국가들과 낮은 관세를 유지하였지만 영국 제품에 대한 수요가 붕괴됨에 따라 즉각적인 타격을 입게 되었다.

무역규모가 절반으로 감소했고 중공업 생산이 1/3로 감소했다. 거의 모든 분야에서 고용이 급감하여 1932년 실업자 수는 350만 명이었고, 많은 사람들이 비정규직으로 고용되었다. 1930년대 말까지 실업자는 100만에서 250만으로 두 배 이상 증가했고 수출은 50%가 줄었다. 이 시기에 실업 수당이 없었으므로 대량 실업으로 영국민들의 많은 수가 빈곤에 허덕였다. 더구나 1929-32년 즈음 영국은 1차 세계대전의 영향에서 아직 회복되지 못한 시기였다. 영국 수출 무역의 기반을 이루는 석탄, 조선, 철강과 같은 중공업은 잉글랜드 북부, 사우스 웨일스, 북아일랜드 및 스코틀랜드 중앙의 일부 지역에 편중되어 있었는데 공황이 시작되기 전에는 국가 전체산업생산의 80-100%에 달했으나, 25%로 감소했고 경제공황의 타격은 대공황이 끝날 때까지 회복하지 못했다.

1929년 10월 램지 맥도널드Ramsay MacDonald가 이끄는 소수 노동당 정부가 내각을 구성했다. 맥도널드 노동당은 급진적 경제정책보다는 균형 잡힌 예산을 유지하는 데 중점을 두면서 보이지 않는 손에 의해서 지배된다고 하는 애덤 스미스의 고전 경제학을 고수했다. 노동당 정부는 공공 재정 상태를 검토하는 위원회를 열었다. 1931년 7월 보고서는 예산 적자를 피하기 위해서 공공지출과 공공부문 임금 삭감을 촉구했다. 그러나 공공지출과 임금 삭감에 관한 분쟁은 노동당 정부를 분열시켰고 그로 인해 정치적 교착상태가 발생했다.

총리 램지 맥도날드Ramsay MacDonald는 보수당인 자유당과 함께 거국중립내각 National Government을 결성하기로 했다. 1931년 총선에서 보수당인 거국중립내각이 556석으로 압도적인 승리를 했다. 노동당은 46석을 차지했다. 1931년 총선 이후 1935년까지 맥도날드가 총리로 계속 있었지만, 정부는 보수당이 지배하게 되었다. 거국 중립내각은 실업문제 해결을 위해 지원과 구제를 제공하려고 노력했지만 저조한 수출산업을 부흥시키기는 어려웠다. 공공지출을 삭감하고 세금을 인상하여 일자리를 창출했지만 경제 위축이 회복되지는 않았다.

1931년 필리프 스노우든Philip Snowden 재무장관은 예산 균형을 맞추기 위해 비상 예산안을 시작했고, 즉시 공공지출 및 임금 삭감 정책을 시작했다. 공공부문 임금과 실업수당은 10% 삭감되었고 소득세는 22.5%에서 25%로 인상되었다. 한편 금 가격이 고공행진을 계속했기 때문에 1931년 9월 금본위제를 포기했다. 결과적으로 파운드 환율이 1파운드에 4.86달러에서 3.40달러로 25% 하락함에 따라 점차 수출경쟁력을 회복하여 최악의 상태는 극복할 수 있었다. 1932년 오타와 협약에 따라 네임 체임벌린 장관은 산업 및 농산물 수입관세들을 10%로 책정하여 보호주의 무역으로 선회했다.

1931년 표준 금 가격을 포기하여 금리를 인하하자 실질적인 이자율이 하락했고, 금리 하락은 영국 남부의 건설 호황을 가져와 이때부터 공황으로부터의 회복을 빠르게 할 수 있었다. 후반에 이르러 경제가 그나마 좀 더 나은 지역에서는 낮은 이자로 새로운 주택들이 지어져 건설 붐이 일기 시작했다. 1926년부터 1939년까지 20만 채의 새로운 주택이 지어졌고 브라이튼과 런던의 교외 지역에 새로운 건축 스타일이 도입되었는데 이것을 아르데코Art Deco라고 했다. 이전 아르누보Art Nouveau의 흐르는 선 대신 기하학적인 모양을 사용한 건축형태였다. 1925년경에는 여성들이 무릎길이의 치마를 입기 시작했다. 남자들은 옥스퍼드 백Oxford bags이라고 불리는 넓은 바지나 반바지도 입기 시작했다. 대량 생산방식의 전기오븐, 세탁기, 라디오 같은 신제품이 중산층에게 유행했고 생필품 산업이 번성했다. 1930년대에 번영했던 또 다른 산업은 자동차 산업이었다. 버밍엄, 코번트리Coventry, 옥스퍼드Oxford와 같은 자동차 산업 도시의 경우 호황기를 맞았다. 오스틴Austin, 모리스Morris 및 포드Ford와 같은 제조업체는 1930년대 자동차 산업을 주도했으며 영국 도로의 차량 수가 십 년 만에 두 배가 되었다.

대공황의 원인과 그 여파인 파시즘Fascism의 등장

대공황의 원인 분석에 대해서 케인스 학파와 통화주의자 사이에 차이가 있었다. 존 케인스는 케인스 이론에 의거하여 대공황의 원인을 구매력이 뒷받침되는 수요를 뜻하는 '유효수요'의 부족으로 보았다. 그리고 정부가 직접 개입하여 수요를 창출하면 위기가 해결될 것이라고 보았다. 케인스는 정부가 경기 후퇴와 불황에 대해서 재정정책을 사용할 것을 강력하게 주장했다.

한편 통화주의자이면서 자유주의 시장경제 옹호자인 밀턴 프리드먼Milton Friedman과 안나 슈왈츠는 케인스의 주장에 반대하며 공포에 질린 예금자들이 은행을 신용하지 않고 예금을 갑작스럽게 인출하자, 은행이 도산하면서 은행 잔고와 준비금이 동이 난 직접적인 결과라며 통화 공급의 붕괴를 대공황의 원인으로 보았다.

정치적으로는 대공황이라는 자본주의의 종말이 왔으므로 공산주의가 대안이라는 주장이 대두되었다. 기술발전이 자본주의의 원동력이라 주장했던 경제학자 조지프 슘페터Joseph Schumpeter는 기술의 혁신이 정체되어 더 이상 발전하지 않을 것이므로 자본주의는 붕괴할 것이며 사회주의가 도래할 것이라고 주장했다. 실업자의 증가와 중산층의 몰락은 정치적 극단주의를 가져왔다.

대공황은 지나친 민족주의를 부추겼고, 결국 파시즘을 가져오는 계기가 되었다. 1차 세계대전 이후 독일의 부흥을 막고자 베르사유 조약을 통해 영국 프랑스 등은 막대한 배상금을 요구했다. 각종 생산시설이 붕괴되었고 이미 전쟁비용을 엄청나게 쓴 바이마르 공화국에게는 큰 부담이었다. 바이마르 공화국은 화폐를 다량 발행했는데 결국 독일 경제의 초인플레이션Hyper-Inflation을 초래했다. 화폐 발행이 많아지자 화폐에 대한 신뢰도가 급격히 하락하여, 한 달 사이에 전달 대비 물가가 50% 이상 상승하기도 했다. 불과 2년 사이에 실업자 수가 2배에 달하는 600만 명에 도달하자, 민족주의를 강조하며 아리안 족의 우수성을 주장하는 아돌프 히틀러가 정권을 잡는 계기가 되었다. 심지어 영국과 미국에서도 파시스트 운동이 상당히 영향력을 발휘했으나, 영국에서는 1931년 국민정부가 성립되어 국민 민주주의를 추구하였고 미국에서는 1932년 대선에 당선된 프랭클린 루스벨트 대통령이 이른바 뉴딜정책을 실시하여 경제회복을 꾀했다.

대공황 후 실업수당과 1936년 자로우 행진Jarrow March

1911년 허버트 헨리 에스퀴스Herbert Henry Asquith의 자유 정부는 강제적인 국가 실업 보험 및 건강 보험 제도를 도입하였다. 처음에는 특정 산업에서만 적용되었지만 1920년에는 대부분의 노동자들을 포함하도록 확대되었다. 실업 보험 제도는 실업 후 15주간 기여 수준에 따라 실업수당을 차등 지급하고, 이후에는 지방 당국이 주는 빈민법 구제에 의존해야 했다. 그러나 저임금 노동자, 장기 실직자들은 궁핍한 상태를 극복할 수 없었다.

대공황 후 북동부 일부 도시의 실업률은 70%에 달할 정도였다. 타인Tyne 강 유역의 팔머 조선소가 폐쇄되자 실업자들이 항의하며 300마일(480킬로미터)를 행진했던 '자로우 행진Jarrow March'이라는 저항운동이 일어났다. 약 200여 명의 남성이 영국정부에 제출할 청원서를 들고 자로우에서 런던으로 행진하였다. 공산당의 선동과 연계될지도 모른다는 두려움 때문에 노동당은 거리를 두었지만 자로우 행진은 자연스럽게 지속되었다. 런던으로 향하는 자로우 행진 무리는 늘었고 오는 도중 마을마다 환대를 받으며 런던에 도착했다. 도시산업의 재건을 요청하는 이들의 탄원서가 하원에 접수되었지만 논의조차 제대로 이루어지지 않아 즉각적인 결과를 가져오지 못하고 결국

자로우 행진.

실패했다.

자로우 행진은 1932년 '기아 행진'이라고 부르는 런던의 실업자 행진을 야기했다. 1931년 보수당 정부의 총리 맥도널드가 실업수당에 대한 지급조건 테스트를 실시하자 그 과정에서 굴욕적 대우를 받은 분노하고 가난한 노동자들이 기아 행진을 벌였는데, 이 시위는 폭력적으로 확산되었다. 이들이 런던에서 하이드 파크로 행진할 때 언론은 '기아 행진'이라고 크게 다루었다. 이후 공산주의자들이 주도한 실업노동자 운동the National Unemployed Worker's Movement이 조직되었다. 이들은 정기적으로 행진을 벌이면서 런던에 모여 의회와 대결하여 노동조건의 개선을 주장했다. 1934년과 1936년 두 차례의 전국 자로우 행진이 더 일어났다. 자로우 정신은 사회개혁 조치의 방향과 방안을 마련하는 시각과 태도의 변화를 가져오는 데 공헌했고 지지자들은 자신들의 근로조건 개선에 도움이 된다고 생각해 적극적으로 참여했다. 자로우 행진은 정부나 노동당의 냉담함에 대한 노동계급의 불굴의 의지를 상징하게 되었다.

DIGEST

86

UNITED KINGDOM

에드워드 8세, 사랑을 위해 왕좌를 버리다

에드워드 8세, 사랑을 위해 왕좌를 버리다

에드워드 8세(재임기간, 1936 1월-12월)는 조지 5세와 메리의 장남으로 미국 출신 이혼녀 윌리스 워필드 심슨Wallis Warfield Simpson과 결혼하고자 했으나 많은 사람이 반대하자 326일 동안 통치하다가 왕위를 남동생인 조지 6세에게 물려주고 윈저공작으로 스스로 신분을 강등한 것으로 유명하다.

에드워드 8세와 심슨 부인.

에드워드 8세는 1910년 16세에 웨일스 왕자와 체스터 백작이 되어 왕위계승을 위한 준비를 했다. 부친 조지 5세를 대신해서 해외사절단에 합류하여 해외 각국을 방문하곤 했다. 1913년 군에 입대하여, 총사령관, 보병장 등을 거쳤고 제1차 세계대전 중인 1914년 영국군 척탄병 수비대에서 복무하였다. 그의 활동이 제한적이기는 했지만 참전용사들 사이에 인기가 있었다. 1916년 예편 후 옥스퍼드 대학의 막달레딘 대학에서 수학했고, 과학에 특별한 관심을 가지고 있어 1926년 모교인 옥스퍼드 대학의 영국과학진흥협회 회장을 역임하기도 했다. 1919년에서 1935년까지 가난에 시달리는 여러 지역을 방문하였고, 영국 제국 식민지역을 16차례나 방문하기도 했다. 광범위한 여행을 했지만 에드워드 8세는 백인우월주의를 믿고 있었고 인종적 편견도 가지고 있었다.

36세 되던 1930년 에드워드 8세는 한 파티에서 두 살 연하의 유부녀인 심슨 부인을 만났다. 미국출신의 심슨 부인은 해군 장교였던 윈 스펜서Win Spencer와 이혼하고 두 번째 남편 어니스트 심슨Earnest Simpson과 재혼한 상태였고, 에드워드 8세는 왕위계승 순위 제1순위의 후계자였다. 두 사람의 오랜 밀회가 영국 국민과 정치인들에게 들통나자 프랑스로 거처를 옮겨 국제적 인사로 상류사회를 순회하며 관계를 이어나갔다. 조지 5세와 메리 여왕이 1935년 심슨 부인을 버킹검궁에서 만났지만 그녀를 허락하기는커녕 경찰 특별수사국에게 그녀의 사생활에 대해 조사하여 보고하도록 지시했다. 보고서에는 악의적인 가십과 함께 심슨 부인의 성실함과 매력에 대한 긍정적이고 호의적인 언급도 있었다. 심슨 부인과의 관계가 지속되자 에드워드 8세는 조지 5세 및 메리 여왕과 불화를 겪을 수 밖에 없었다.

1936년 1월, 조지 5세가 사망하자, 에드워드 8세는 왕위에 올랐다. 1936년 에드워드 8세가 왕위에 오르자 심슨 부인의 남편에게 이혼을 요청하고 심슨 부인과 결혼하려고 했다. 에드워드 8세가 심슨 부인과 결혼할 것이라는 소문이 영국과 미국에 널리 퍼졌다. 11월 16일 에드워드 8세는 스탠리 볼드윈 영국 총리를 버킹엄 궁으로 초대하여 월리스 심슨과 결혼할 의사를 표했다. 볼드윈은 종교적, 법적, 정치적, 도덕적 반대가 있을 것이며 헌법에 위배됨을 조언했다. 영국의 군주인 에드워드 8세는 영국 성공회의 수장이므로 이혼한 사람의 배우자가 살아있다면 재혼할 수 없다는 종교적 규정을 제기했다. 즉 에드워드 8세가 심슨과 결혼한다면 왕위를 유지할 수 없었다. 에드워드 8세는 심슨이 여왕의 칭호를 사용하지 않을 것과 자녀들이 왕권을 포기하는 조건으로 왕위를 유지하는 협상을 시도했지만 의회와 성공회의 완강한 반대에 부딪혀 결국 왕위를 포기하고 심슨 부인을 택하였다.

왕위에서 물러난 후 프랑스의 샤또 드 칸데 Château de Candé 성에서 1937년 6월 16명의 하객이 참석한 가운데 심슨 부인과 결혼식을 올렸다. 프랑스에서 망명생활을 하다가 고국에 돌아가고 싶다는 편지를 조지 6세에게 보냈으나, 조지 6세는 그가 돌아오게 되면 '헌법적 갈등'이 생기므로 돌아오지 못하게 했고, 그의 결혼에 분노했던 어머니 메리 여왕이 심슨 부인을 보고 싶어하지 않는다고 강조했다.

에드워드 8세는 1953년 어머니의 장례식과 같은 꼭 필요한 행사의 참여를 위한 영국 방문을 제외하고 영국에 돌아오지 못했다. 1972년 78세에 급성 심근경색으로 세상을 떠났다.

DIGEST

87

UNITED KINGDOM

「킹스 스피치」 유명한 조지 6세, 입헌군주의 모범

「킹스 스피치」로 유명해진 조지 6세

조지 6세(재임기간, 1936-1952)는 에드워드 8세의 남동생이며 조지 5세와 테크의 메리 사이의 차남이다. 어렸을 때 유모의 방치로 인해 위염 등 질병 치레를 했고 안짱다리 때문에 부목을 착용했다. 조지 6세는 어려서부터 '쉽게 겁을 먹으며 잘 울었다'고 한다. 선천적으로 왼손잡이였지만 오른손잡이 교정을 했고, 차분하지만 말을 더듬었다. 엄격한 아버지 조지 5세는 존중, 복종 및 의무 수용을 강요하는 혹독한 해군식 교육을 시켰다. 그의 이름이 알버트였으나 가족들에게는 버티Bertie라는 이름으로 불렸다. 알버트는 왕이 되기를 바라지도 기대하지도 않았다.

1909년부터 알버트(조지 6세)는 해군생도로 오스본 왕립 해군 사관학교에 재학했다. 재학 시절 13세의 알버트는 다른 생도들에게 따돌림과 괴롭힘을 당했지만, 1916년 유틀란트 전투에서는 용감하게 지휘하는 육군 장교가 되었다. 1910년 5월 할아버지 에드워드 7세가 사망하자 아버지 조지 5세가 왕위를 계승하였고, 형 에드워드 8세 다음으로 왕위계승 서열 2순위에 올랐다. 제1차 세계 대전에 참전했던 알버트는 1916년 월란 해전(1916년 5월 31일 –

조지 6세의 연설.

6월 1일)에서 포탑 장교로서의 공을 인정받았다.

1919년 10월 알버트는 케임브리지 대학교의 트리니티 칼리지에 진학하여 1년간 역사, 경제학, 그리고 시정학을 공부하였다. 1920년 6월 4일, 알버트는 요크 공Duke of York, 인버네스 백작Earl of Iverness, 킬라니 남작Baron of Killarney의 칭호를 부여받고 난 후 왕실 임무를 본격적으로 수행하기 시작했다. 아버지를 대신해서 석탄광산, 공장과 철도를 방문했고 잦은 산업 시찰로 '산업 왕자Industrial Prince'라는 별명을 얻었다. 또한 노동자들과 유대를 형성하기 위한 비공식적 기구인 산업복지회 회장을 맡았다. 노동자들의 후생조건에 대해서 자신이 가장 먼저 알 수 있도록 명령하는 등 노동자 복지에 관심을 가졌다. 그러나 그의 소극적인 태도와 말을 더듬는 습관, 게다가 유부녀와의 스캔들로 유명해진 형 때문에 상대적으로 대중의 주목을 덜 받았다.

1920년 무도회에서 알버트는 젊은 스코틀랜드 귀족 엘리자베스 보우스-리옹 Elizabeth Bowes-Lyon의 젊은 딸을 만났다 엘리자베스 보우스-리옹은 조지 5세의 왕실이 지나치게 엄격하고 도덕적인 경직된 분위기라고 생각하여 조지 6세의 청혼을 두 번이나 거절했다. 그러나 메리 여왕의 설득과 알버트가 '엘리자베스 이외의 다른 여성과는 결혼하지 않겠다'는 선언 덕분에 결국

1923년 4월 엘리자베스 보우스-리옹과 결혼하였다.

엘리자베스 보우스-리옹은 쾌활하고 우아한 자태를 지녔으며 알버트가 가는 곳마다 동행하여 국민들의 사랑을 받았다. 부왕인 조지 5세도 흐뭇하게 여겨 두 부부가 수에즈 운하와 아덴, 케냐, 우간다, 수단 등을 여행하게 해주었다. 말을 더듬었던 알버트의 언어장애를 고치기 위해 윈저성에 별실에서 오스트레일리아인 라이오넬 로그Lionel Logue의 치료를 받기도 했다. 이 과정은 「킹스 스피치」에서 영화화되었다.

알버트와 엘리자베스 보우스-리옹 사이에 첫딸 엘리자베스와 둘째 마거릿 로즈 공주를 낳았는데 첫째 딸이 아버지의 뒤를 이어 왕위에 오른 엘리자베스 2세이다.

1936년 형 에드워드 8세가 윌리스 심슨과 결혼하면서 왕위를 양도하자 알버트는 조지 6세로 왕위에 올랐다. 1936년 12월 3일 형 에드워드 8세가 테크의 메리가 거주하는 말보로 하우스에서 자신에게 왕위를 양도한다는 결정을 발표하자 본래 왕위에 오를 것을 기대하지 않았던 조지 6세는 충격을 받아 모친 메리의 품에서 울었다고 전해진다. 형 에드워드 8세는 조지 6세에 대한 충성을 맹세했고 퇴위 직전까지 그를 옹호했다.

조지 6세 입헌군주의 모범

조지 6세가 왕위를 물려받을 당시 유럽에서 전쟁의 가능성이 커지고 있었다. 전체주의 세력인 파시즘과 나치즘이 팽배해 있었다. 그러나 조지 6세는 아돌프 히틀러에 대한 네빌 체임벌린의 유화정책에 동의했다. 조지 6세는 전쟁의 조짐이 보이지만 평화우선원칙을 내세워 일단 히틀러를 지지했다. 1939년 6월, 조지 6세와 엘리자베스 보우스-리옹은 캐나다와 미국을 여행하면서 웨스트민스터 법령(1931)에 의한 자치령들과의 관계를 확인하고 영연방을 구체화했다. 이는 다가올 전쟁에서 영국에 대한 지원을 강화하기 위한 행보였다. 미국의 백악관에서 프랭클린 루스벨트 대통령과도 강한 유대관계를 이어나갔다. 1939년 6월 미국 방문에서 돌아온 조지 6세는 라디오 방송을 통해 영국과 영국 연방 전역에 전쟁 선포를 알렸다.

히틀러의 끝없는 탐욕에 대한 네빌 체임벌린 수상의 유화정책이 실패하고 1940년 독일이 프랑스를 침공하자 네빌 체임벌린 수상이 사임하고 윈스턴 처칠이 전시수상으로 임명되었다. 1940년 9월부터 4년 반 동안 조지 6세와 윈스턴 처칠 수상은 매주 화요일 전쟁 논의를 위해 개인적으로 만났다. 전쟁이 선포되자 9월 7일 독일군의 런던 대공습the Blitz on London이 시작되었다. 런던 대공습으로 이스트 엔드East End에서 약 천명의 민간인이 사망하는 막대한 피해를 입자, 조지 6세 부부는 이스트 엔드를 돌아다니며 피해 상황을 시찰했다. 국민들 일부는 환영했지만 전쟁 반대자들은 이를 두고 야유를 보냈다.

그러나 그 후 독일의 공습으로 버킹검 궁전이 두 번이나 폭격 당했음에도 불구하고 궁을 떠나지 않고 국민과 함께 하는 모습을 보이자 대중의 관심이 긍정적으로 변했다. 조지 6세의 진정성과 양심적인 태도로 영웅적인 국왕부부가 된 것이다. 전쟁 전반에 걸쳐 국왕부부는 국민과 군인들의 사기를 위해 영국 전역, 공습 지역, 군수 공장 및 군대를 방문했다. 이들의 행보는 국가적 저항의 상징적 의미를 확보해 주었고 대대적인 대중 호응을 얻었다.

조지 6세는 아버지 조지 5세가 1차 세계대전 때 그랬던 것처럼 1943년부터 군사단과 무기 제조 공장 등을 수시로 시찰했다. 또한 1944년 5월 노르망디 상륙작전 10일 전에 3사단장 버나드 로 몽고메리Bernard Law Montgomery의 지휘 하에 출정을 기다리는 영국군과 함께 하면서 몽고메리 장군을 격려했다. 5월 8일 마침내 독일이 항복하였다. 전쟁이 끝나고 승전 기념일에 버킹엄 궁전 앞에 왕실 가족과 함께 처칠이 등장하자 대중들의 감동은 더욱 컸다.

2차 세계대전이 끝난 후, 피폐해진 국내 문제를 앞두고 총선이 있었다. 이 총선에서 당시 가장 인기 있었던 전시 수상 윈스턴 처칠이 아니라 사회보장제도를 들고 나온 영국 노동당의 클레멘트 애틀리Clement Attlee가 수상이 되었다. 조지 6세는 애틀리의 사회보장제도에 전적으로 동의한 것으로 보이지 않는다. 클레멘트 애틀리의 정책이 과격한 것처럼 보였지만 국유화의 급진적인 과정에 대해서 비난을 표명하지 않았다. 그의 정책이 국민의 의지를 표명하고 있음을 인식하고 조용히 지켜보았다. 조지 6세는 웅변적이거나 화려하지 않았고, 저돌적이지는 않지만 원칙을 지키고, 신중하며, 평범한 듯하지만 신뢰할 수 있는 존경스러운 왕으로 국민적 지지를 받았다.

조지 6세의 통치기간은 대영제국이 해체되고, 캐나다, 오스트레일리아 등과 영연방국가the Commonwealth of Nations로 전환되던 시기였다. 1945년 영국과 동맹국이 전쟁에서 승리했지만 미국과 소련은 전례 없는 세계 최대 강대국으로 부상했고 대영제국은 쇠퇴하였다. 1947년 인도와 파키스탄이 독립하면서 인도는 영연방으로 연합되었다. 아일랜드는 공화국을 선언하고 1949년 영연방을 떠났다. 영국 식민지였던 나라들이 하나 둘 식민지에서 독립하고 영국연방으로 들어왔다. 1947년 8월 15일 조지 6세는 영국 연방의 수장이 되었다.

조지 6세는 건강이 악화되었지만, 1947년에 남아프리카 공화국, 로디지아 등 인종 차별 문제가 대두되고 있던 지역을 방문했다. 1947년 남아프리카 공화국을 방문했을 때 남아프리카 공화국 정부가 백인들과의 악수만 허용한다는 사실에 경악했으며, 흑인들의 접근을 막던 경호원들을 게슈타포라 표현하기도 하였다. 하지만 1948년 오스트레일리아와 뉴질랜드 방문을 앞두고 약간의 동맥경화증을 보이면서 방문 일정이 취소되었으며, 흡연으로 인해 건강이 악화되었다. 처칠이 다시 내각을 맡게 된 1951년 엄청난 흡연자였던 조지 6세는 다시 병이 악화되었다. 1952년 2월 6일 잠자는 도중 폐암으로 57세에 사망했고 딸 엘리자베스 2세가 왕위를 이었다.

DIGEST

88

UNITED KINGDOM

2차 세계대전(1939-1945), 민족주의와 파시즘

제2차 세계대전(1939–1945)의 원인

제2차 세계대전은 1939년 9월 1일부터 1945년 9월 2일까지 6년간 이어졌다. 사망자가 3천5백만에서 6천만에 달하는 인류 역사상 가장 처참하고 파괴적인 전쟁이었다. 1938년 독일이 라인랜드, 오스트리아, 체크슬로바키아를 침략한 데서 세계대전의 전조가 시작되었다. 아돌프 히틀러의 나치 독일군이 1939년 3월 프라하를 침략하고, 같은 해 9월 1일 새벽 4시 45분 폴란드의 서쪽 국경을 침공하면서 팽창의 위협이 확실시되었다. 한편, 소비에트 사회주의 공화국 연방은 독일 히틀러와 폴란드 침략의 전쟁이득을 나누기로 사전에 비밀협상을 하였고 9월 17일 폴란드의 동쪽 국경으로 침공했다. 위기를 느낀 영국 국왕 조지 6세는 1939년 9월 3일 프랑스와 연합하여 맞대응 전쟁을 할 수밖에 없음을 라디오를 통해 선포하였다. 이어 영연방국가인 호주, 뉴질랜드, 남아프리카 공화국, 캐나다는 영국의 전쟁선언에 합류했다.

사실 1930년대부터 독일, 이탈리아, 일본의 군국주의 정부가 영국 연방과 식민지의 위협 때문에 등장했다. 독일은 영국 본국을 위협했고 이탈리아와 일본은 제국주의적 야망으로 보이면서 지중해와 동아시아의 영국 제국주의

2차 세계대전, 나치 독일.

국가들과 충돌 가능성이 명확해졌다. 더구나 1937년 7월 7일 일본 제국이 석유와 고무가 있는 영토를 획득하기 위한 요충지로 중화민국을 침략했다. 영국 식민지인 말레이와 버마의 석유와 고무에 관심이 있었기 때문이다.

제2차 세계대전 초기 나치 독일에 전쟁을 선포했을 때 영국은 수많은 식민지 보호령과 인도제국을 통제하고 있었다. 또한 연방국으로 호주, 캐나다, 남아프리카 공화국 및 뉴질랜드의 4개 국가와 독점 지배 지역 및 독특한 정치적 유대관계를 유지하고 있었다. 1939년에 영연방은 세계 인구의 25%와 그 땅의 30%를 직접 또는 간접적으로 정치 경제를 통제하는 세계 초강대국이었다. 따라서 1939년 9월, 조지 6세가 전쟁을 선포할 때까지도 영국이 세계적 무대에서 연합군의 협력에 주도적인 역할을 할 것이라고 생각되었다. 전쟁이 장기화되자 인력, 물자 측면에서 대영제국과 영연방이 연합군의 전쟁 노력에 기여했던 건 사실이다.

한편, 또 다른 팽창주의의 위협은 1922년 쿠데타로 권력을 장악한 이탈리아의 파시스트 독재자 무솔리니Msolimi가 스스로를 신로마 제국으로 칭하면서 에티오피아를 침략했을 때였다. 무솔리니는 연합주도군의 반대편인 추축국(樞軸國)에 합류하였다. 그리고 1939년 '강철조약'을 통해 독일과 이탈리아가 '축'을 이루는 추축국의 결성을 공식화했다. 무솔리니는 1935년 '아프리카의 뿔'이라고 일컬어지는 아프리카 대륙의 동북부 소말리아 공화국과 리비아를 침략하였고 인근 지역으로 나아갔다. 그리고 1939년 4월 세계의 이목이 독일의 체코슬로바키아 침공에 쏠려 있는 틈을 타 이탈리아는 알바니아를 침공하여 5일 만에 점령했다.

아시아권에서 일본의 팽창주의도 위협적인 것이었다. 일본 국내에서는 석유와 고무 등 저렴한 자원을 확보해야 한다는 요구가 증가했다. 결국 싱가포르에서 일본제국이 연합군을 침략했을 때 영국의 싱가포르 전략은 완전히 와해되었다. 대영제국의 싱가포르 전략은 1919년에서 1941년까지 일본제국 해군의 남진정책을 막으려고 입안된 군사 방위정책이었다. 싱가포르는 동남아시아의 주요 영국군 기지였고 동부 지브롤터라는 별명을 갖고 있었다. 1942년 1월 31일에서 1942년 2월 15일까지 지속되었던 싱가포르 전투에 영국군은 일본군에게 항복했다. 약 8만 명의 영국, 호주, 인도 군인이 전쟁 포로가 되었다. 윈스턴 처칠 총리는 싱가포르에서의 패배에 대해서 '불명예의 가올 재앙,' '영국 역사상 최악의 항복'이라고 언급했다.

세계 2차 대전의 주요 원인은 무엇보다도 1920년대 세계적인 경기 침체였다. 독일, 이탈리아, 일본 등과 같은 제국의 지도자들은 국내의 재해로부터 벗어나기 위해서 해외로 눈을 돌려야 했다. 1차 세계대전에서 많은 땅을 잃어버린 독일의 영토 회복에 대한 야심도 한몫을 했다. 인종적 이데올로기였던 민족주의에 근거한 파시스트 독재자 히틀러는 나폴레옹처럼 유럽 전체를 통치하기로 결정했던 것이다. 히틀러는 아리아인들이 다른 모든 인종, 특히 유태인과 집시보다 우월하다는 믿음에 대해서 확고했고 이를 실행하고자 했다. 예를 들어 레벤스보른Lebensborn 계획은 아리아인을 보존하기 위한 인간 교배 실험장이었다. 하인리히 힘러가 1936년 설립한 '생명의 원천'이라는 뜻을 지닌 이 계획은 북방인종개량협회가 관리했는데, 무장 친위대에 소속된 아리안 부모들이 자식을 낳도록 순수 아리아인들을 납치하여 아이들을 대량 생산하게 했고 나치 독일에 충성하도록 세뇌교육을 시켰다.

반전 분위기와 군비 문제

대영제국은 세계에서 가장 막강한 해군을 유지하고 있었지만 영국 내에는 반전의 분위기가 팽배해 있었다. 일례로 옥스퍼드 대학교에서 열린 토론회에서 왕과 국가를 위해 무기를 들지 않겠다고 반대편에 선 사람이 더 많았다. 조지 6세가 선전 포고를 했을 때 전반적으로 반전 분위기가 우세했다.

이런 반전 분위기를 바꾼 것은 영국 민간 여객선인 아테네호의 침몰이다. 1939년 9월 3일, 독일군의 U보트가 아일랜드 북서쪽 약 250마일에 항해 중이던 증기여객선 아테네Athenia에 아무런 경고도 없이 어뢰를 발사하여 침몰시킨 것이다. 이 사건은 대서양 전쟁에서 민간인을 대상으로 한 첫 번째 공격이었다. 관광객을 포함한 28명의 미국인이 사망하자 영국은 민간인 상선 공격을 맹비난하며 미국의 참전을 종용했다. 독일은 민간인 공격을 부인했지만 1946년 뉘른베르크 재판에서 진실로 드러났다.

사실, 독일은 1차 전쟁 이후에 군대를 보유하는 것이 금지되었다. 하지만 러시아와 친밀한 관계를 유지하면서 비밀리에 군사 훈련을 실시했고, 새로운 군대 기술과 탱크, 비행기, 라디오 무전기, 보병 이동차량 등을 공급받았을 뿐 아니라 블리츠크리크Blitzkrieg라고 하는 낙뢰를 개발하기도 했다. 그리고 비밀리에 전투함대, 잠수함 및 전투기를 개발했다. 메서슈미츠 109Messerschmitt 109)와 정커 87Junkers 87), 다이빙 폭격기 스투커스Stukas 등이 개발되었다. 영국은 다행히 스핏파이어Spitfire와 허리케인Hurricane을 개발하여 영국군의 전투 승리에 도움이 되었지만, 전쟁초기에는 독일처럼 대형 또는 중형 폭격기가 없었고 전쟁 중에 개발되었다.

1939년 나치당에 의한 독일의 군비증강에 대응하여 영국도 군비 지출과 자금을 증가시켰다. 강력한 영국 왕실 해군을 제외하면, 프랑스의 86개 군단, 독일의 78개 군단에 비해 영국 육군은 9개 군단에 지나지 않아 상대적으로 빈약했다. 1940년 전쟁 개시 8개월 후 66세의 노장 윈스턴 처칠이 영국의 전시 총리가 되었다. 영국은 전쟁 동안 인도와 캐나다에서 군수품을 무이자에 상환기한이 없는 장기 대출로 대량 구매하거나 빌렸다.

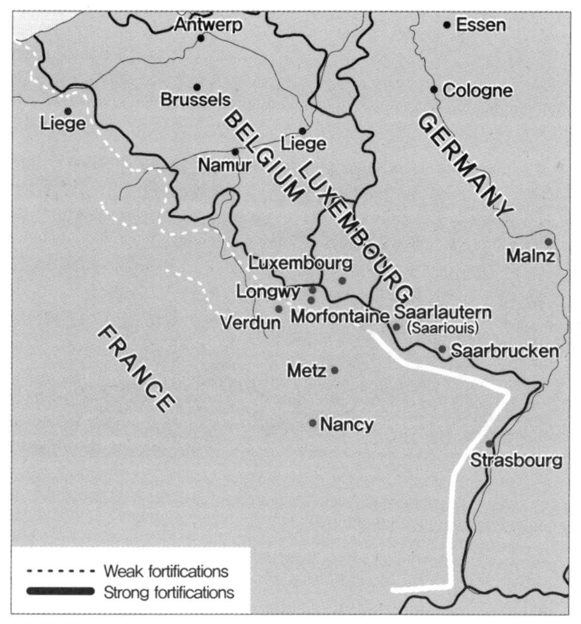

마지노선.

프랑스에서 전투의 시작, 독일전 패배에 이은 덩케르크 철수작전

영국군은 1939년 9월 9일 프랑스에 첫 병력을 착륙시켰고 10월 말까지 15만 8천 명의 군인이 프랑스로 향했다. 프랑스, 벨기에와 합세한 병사들이 31만여 명이었다. 대부분의 연합군은 플란더스에 있었고 독일군을 포위하고 보급로를 차단함으로써 독일군을 약화시키려는 전략이었다. 연합군은 프랑스 국방장관 앙드레 마지노의 요청에 따라 1927년 짓기 시작하여 1936년 완공된 아자스부터 로렌에 이르는 최후의 방어선 '마지노선Ligne Maginot' 요새에 집결해 있었다. 마지노 요새에는 벙커 형태의 포와 총을 쏘는 참호를 구축하였다. 마지노선 뒤에 대기한 군대의 기병은 여전히 말을 사용하고 있었다. 프랑스의 최고 사령관 모리스 가믈랭은 마지노선에 의존하여 독일군을 저지할 계획이었다.

반면, 독일은 전격전술, 기습공격과 우세한 통신장비 등을 이용하여 아르덴 지역으로 빠르게 전진하여 벨기에로 침입한 다음 우회하여 프랑스를 침

덩케르크의 암울한 날.

공하였기 때문에 마지노선은 쓸모없게 되었다. 1939년 황색작전Fall Gelb이라고 알려진 만슈타인 계획에서도 좌익에서 우익으로 크세 선회하여 효과적으로 연합군의 측면을 공격했다. 연합군의 일련의 반격 작전인 아라스 전투는 실패하였고, 불로뉴와 칼레 공성전에서도 크게 패배하였다. 남아있는 군인들은 덩케르크에 모여 철수명령을 받았다. 덩케르크Dunkirk 철수작전에 앞선 5월 말부터 6월 4일까지 영-프 연합군은 독일군에 둘러싸여 싸웠다. 1940년 처칠은 연설을 통해 덩케르크에서 철수하지만 영국인은 독일에 결코 항복하지 않으며 마지막 한 사람까지 대항해서 싸울 것이라고 선언하면서 영국 해안의 모든 선박에 대한 징발령을 내렸다. 220여 척의 해군 구축함과 650여 척의 일반 선박을 포함한 900여 척의 대규모 철수 선단이 작전에 참여하였다. 덩케르크 철수작전으로 33만 8천여 명의 병력이 덩케르크 해안에서 영국의 켄트Kent로 탈출하는데 성공했다. 그중 23만 명이 영국인이었다.

1940년 6월 22일 프랑스는 독일군에게 항복했다. 이 항복을 통해 독일정부가 프랑스뿐 아니라 북아프리카와 동남아시아의 식민지도 통치할 수 있도록 하는 휴전협정을 맺었다. 프랑스의 페틴 장군Petain은 나치 독일의 요구를 들어주게 되었지만, 드골 장군과 프랑스의 레지스탕스는 여전히 독일 나치

런던 대공습에 대피소로 쓰인 지하철.

에 저항하였다. 거의 모든 국가가 독일 나치의 침략에 항복했지만 영국이 유일하게 버티고 있는 나라였다. 처칠은 독일 나치가 전쟁목적으로 사용할 것으로 생각되는 프랑스의 선박을 탈취하여 프랑스 정박지에 억류해두는 작전을 펼쳤다.

런던 대공습(London Blitz, 1940–1941)과 레이더의 발명

히틀러는 덩케르크에서 영국-프랑스 연합군에게 승리했기 때문에 영국을 침략하겠다는 의도는 없었다. 영국의 모든 왕과 왕비가 250년 동안 독일 하노버 왕국 출신이기 때문이었다. 그러나 영국과 미국의 자본가 계급이 연합하여 독일을 공격할 수도 있다고 생각한 히틀러는 마음을 바꾸어 1940년 가을 바다사자Sea Lion 작전을 계획했다. 바다사자 작전은 영국 남부에 수십만의 독일군을 신속히 상륙시켜 영국 본토를 단시간 내에 점령한다는 계획이었다. 독일의 지상 전력은 영국을 압도하고도 남았다. 영국에는 강력한 해군력이 있었지만, 독일 공군 사령관 헤르만 괴링은 항공 전력으로 영국을 제압할 수 있다고 자신했다.

독일 공군이 런던의 전략요지에 폭격을 시작하자 영국 측도 베를린을 보복 폭격했고 이에 히틀러와 괴링은 민간에 대한 폭격으로 전술을 바꾸었다. 그것이 1940년 10월 12일부터 3개월간 지속되었던 런던 대공습이다. 런던의 산업 표적, 마을, 도시에 대규모 공중 포격을 가했는데 런던 전체가 불타는 것처럼 보였다고 한다. 독일 공군은 영국 공군 전투기의 반격을 피하기 위해 야간 공격을 하였기 때문에, 쉽게 표적을 찾을 수 없도록 런던에서는 야간에 도시의 빛을 차단하는 공습경보를 라디오를 통해 실시했다. 런던뿐만 아니라 영국 주요 도시 16곳에 37주 동안 최소 100톤 이상의 고폭탄이 투하되었다. 이 폭격으로 43,000여 명의 민간인이 사망했다. 피해를 최소화하기 위해 시민들은 요새화되어 있는 런던 중심부의 지하철 시스템으로 대피하여 약 10-15만 명이 잠을 자기도 했나. 도시지역 400만의 여성과 아이들을 지방으로 대피시켰고 성인들을 대상으로 라디오로 배급과 대피방법을 방송했다.

이 시기에 영국의 비밀병기인 레이더 기지국은 독일 공군이 영국 해협을 횡단할 때 영국 공군과 민간인에게 사전 경고를 할 수 있었다. 1935년 기상 연구소의 하급 공무원이면서 증기기관 발명가 제임스 와트의 직계 후손인 로버트 왓슨 와트가 발명한 레이더 발신기는 6000km 밖의 비행기 금속에 닿은 반사파를 탐지할 수 있었다. 그 후 코드명 '체인 홈'인 레이더 기지국 철탑들이 가동되었다. 레이더 기지국에서는 독일 비행 편대의 상황을 손금 보듯 관찰할 수 있었다. 1940년 7월 영국의 방어 현황에 대한 독일 공군의 최종 보고서에 체인 홈에 대한 언급이 없었을 정도로 비밀은 철저히 유지되었다. 수천 대의 독일 편대가 아미앵, 디에프, 셰부르 상공에 떠올라 영국의 상공에 도착해 전격 공습을 벌이려는 순간 영국 공군의 전투기인 스핏파이어와 허리케인 전투기가 저지하면서 공중전이 벌어졌다. 독일 전투기 1,733대가 격추되었고 영국 전투기 915대가 손실되었다. 템스강 하구 해협 상공에서 벌어진 10일간의 대규모 공중전이 끝나고, 독일은 영국 상륙 계획인 '바다사자 작전'을 취소했다.

대신 잠수함 U보트를 이용해 보급로를 차단하는 통상(通商) 파괴 작전과 소비에트 연방을 침공하기 위한 바르바로사 작전Operation Barbarossa으로 돌아섰다. 독일군의 통상 파괴 작전은 영국에 적지 않은 타격을 주었다. 독일의 유보트는 영국해협을 건너는 선박과 군용 공급함을 무조건 피습했다. 영국 국민 5200만 명은 사실상 대서양을 통해서 식량을 공급받았으므로 영국군은 유보트의 어뢰로부터 선박들을 방어하기 위해서 순양함이 호송하는 시스템을 채택했다. 소형 레이더를 선박과 전투기에 장착하여 공격용 유보트의 위치를 알아내는 방식으로 선박을 보호했다. 그럼에도 불구하고 영국 식량 수입의 50%가 줄었다. 전국에 식량 배급 시스템이 도입되었고 민간인들은 감자와 당근 등과 같은 작물을 재배하는 소규모 경작을 하도록 장려되었다.

대서양에서의 전투(1939–1945년)와 진주만 공격에 이은 미국의 참전

대서양 전투는 호송선과 독일 U보트 잠수함 사이의 전투였다. 독일의 울프팩Wolf pack작전은 U보트가 연합국 호송선단에게 행했던 대규모 공격 전술 방법이다. 유보트들이 단독으로 순찰하다가 호송선단을 발견하면 잠수정단 지휘관에게 보고하고 주변의 유보트에게 연락하여 수적으로 우세할 경우 집합적으로 공격하는 방법이다. 연합군은 유보트가 단파 방향 탐지가 약하다는 점을 이용하여 유보트 송신 위치나 유보트의 그림자를 발견하여 이를 공격하는 울트라Ultra 전략으로 대응했다. 1942년 중반 미국 해안과 카리브해 연안에 연계 호송 시스템을 운영한 결과 독일군의 공격이 엄청나게 감소했다. 1942년 마이크로웨이브 레이더가 발명된 후 유보트의 침몰 숫자가 늘어나게 되었고 연합군 선박의 침몰은 감소하게 되었다. 1943년 봄 U보트가 연합군의 호송선을 공격했지만 유보트도 큰 손실을 입었다. 독일의 수석 잠수함 제독이며 후에 히틀러의 후계자로 지명되었던 칼 드니츠Karl Dönitz는 결국 군대를 철수시켰다. 이것은 단기간에 이루러진 기술 융합의 결과였다. 센티미터 레이더가 가동되면서 독일 레이더 경고 장비의 작동을 무력화시켰고, 웰링턴 항공기에 장착된 탐조등인 레이 라이트Leigh Light의 도입으로 야간에도 유보트의 탐색이 가능했던 것이다.

한편, 영국은 미국의 경제적 지원 없이는 전쟁을 이길 수 없다고 생각하고 미국 정부에 참전을 요청했지만 미국 여론은 유럽 전쟁에 개입하는 것을 피하는 고립주의를 고수했다. 미 의회는 중립법을 통과시켰고 루스벨트 대통령의 지원 시도는 제약을 받았다. 1940년 프랭클린 루스벨트Franklin E. Roosevelt 대통령이 4번째로 재선되었고 윈스턴 처칠은 루스벨트 대통령의 전쟁 지원과 합류를 설득하려고 노력했다. 1940년 9월 기지 건설 파괴 협정으로 미국 해군 구축함 50대가 영국 해군으로 이전되었다. 대신 미국은 99년 동안 임대료 없는 임대계약을 맺고, 뉴펀들랜드, 버뮤다, 바하마의 동쪽 자메이카 남부 해안, 세인트루시아 남부 해안 등 영국 소유의 땅에 해군 기지 또는 공군기지를 설립할 수 있도록 하는 조건이었다.

그러나 일본의 하와이 진주만 공격은 미국의 2차 세계대전 참전을 유도한 결정적 원인이었다. 일본주재 미국 대사인 조지프 그루Joseph Grew가 일본의 전쟁준비 사실을 본국에 보고했지만, 미국 정부는 이를 묵살했다. 1941년 12월 7일 아침, 일본 제국 해군이 미국 진주만에 대한 공격을 감행했다. 하와이 주 오아후 섬에 위치한 태평양 함대와 공군 해병대를 대상으로 한 공격이었다. 이 공격으로 12척의 미 해군 함선이 피해를 입었고, 188대의 비행기가 격추되었으며 군인 2403명과 민간인 68명이 사망했다. 진주만 공격 이전까지 미국의 여론과 미국 제1위원회는 전쟁 개입을 강력히 반대했지만 진주만의 공격으로 상황이 달라졌다. 진주만 공격은 미국에 대한 일본의 실질적인 선전 포고로 2차 세계대전은 전 지구적 전쟁으로 확장되었다. 루스벨트 대통령은 12월 7일을 '치욕의 날'로 선포했고, 그로부터 3일 뒤 미국 의회는 일본에 대한 전쟁을 선포했으며 전쟁 준비를 위해 대대적인 지원병을 받았다.

북아프리카 사막 중동 및 아프리카에서의 전쟁

이탈리아는 1936년 독일과 동맹을 맺은 상황이었다. 1940년 9월 13일 이탈리아군은 이탈리아 식민지 리비아에서 수에즈 운하에 주둔하여 원유 접근로를 지키고 있던 영국군을 공격하기 위해 이집트로 진격하였다. 이탈리아의 침략은 시디 바라니Sidi Barrani 전투로 시작되었다. 이탈리아의 25만 명에 달하는 군대를 방어하는 영국군은 3만 명에 불과했다. 영국군은 후퇴하는 척하면서 재정비를 완비하여 리처드 오코너의 지휘 하에 대대적인 역공을 감행하였다. 8주 만에 이탈리아령 리비아의 수도 트리폴리까지 단숨에 점령하고, 리비아 키레나이카의 대부분을 점령하는 교두보를 마련하였다. 이탈리아군 포로가 13만 명이 될 정도였고, 400대의 전차와 3000자루의 총을 포획했다.

위기 상태의 이탈리아는 동맹주축국인 독일에 지원을 요청하였다. 1941년 2월 6일 히틀러는 에르빈 롬멜Erwin Rommel 장군에게 독일 주축군의 통수권을 주어 북아프리카에서 영국군의 행진을 저지하라는 명령을 내리고, 제1521 기갑사단을 북아프리카 전선으로 파견하였다. 리비아에서 승리한 영국군은 그리스 전선으로 이동했고, 같은 날 롬멜은 크리폴리 항구를 통해 아프리카에 착륙하여 아프리카 군단을 이끌었다. 북아프리카 전선에서 롬멜은 '사막의 여우The Desert Fox'라는 신화를 만들었다. 3월 24일 '공격이 최상의 방어'라고 강조하면서 사막의 요새 엘 아게일라를 점령하였다. 롬멜은 상부와 이탈리아 지휘관들의 명령을 어기고 키레나이카로 진격하였고, 80여 대의 전차를 300대의 전차처럼 보이게 하는 위장술을 사용하여 영국군과의 전투에서 전세를 뒤집었다. 또한 경전차를 이용해 영국의 전차를 88mm 장거리포의 사정권 내로 유인하여 포격하는 '유인전술' 방식을 사용했다.

1941년 6월 토브룩Tobruk 요새까지 후퇴한 영국군은 윈스턴 처칠의 명령으로 요새를 지키기로 결정했지만 리처드 오코너 중장이 포로로 잡히면서 수세에 몰렸다. 클로드 오킨레크가 다시 파견되어 영국군의 대대적인 공세로 롬멜의 아프리카 군단이 잠시 퇴각했지만 롬멜의 역습으로 영국군을 다시 토브룩까지 밀어냈다. 히틀러와 이탈리아에 지원군 요청을 거절당한 롬멜은 최소한의 병력과 장비만을 이용한 뛰어난 전략과 전술로 1942년 6월 토브룩 요새를 다시 함락하였다. 이 전투 이후 롬멜은 대장에서 원수로 진급하였다. 윈스턴 처칠도 롬멜을 위대한 장군으로 존경심을 표할 정도였다. 1942년 6월 롬멜은 가잘의 전투가 끝날 무렵 영국을 리비아에서 몰아냈을 뿐 아니라 이집트까지 공격을 퍼부었다.

영국군은 엘 알라마인El Alamein 지구의 첫 번째 전투에서 롬멜을 막아냈다. 롬멜의 아프리카군단과 주축군은 전쟁물자 보급상황이 악화된 반면 영국군은 보급소가 가까워 전투력에서 우위를 점할 수 있었다. 또한 영국군

지휘관이 버나드 몽고메리Bernard Montgomery육군 중장으로 바뀌면서 공격적인 전술로 바뀌었고 전세는 역전되었다. 롬멜은 독일 본국으로부터 여전히 물자 보급과 지원 없이 '무조건 결사항전'을 명령받았다. 롬멜은 병사들의 희생을 막고자 본국의 결사항전명령을 어기고 튀니지 전선까지 퇴각하였다. 1942년부터 롬멜은 히틀러의 정책과 명령에 동조하지 않았고 11월부터는 무조건 퇴각을 명령하여 군사들의 목숨을 살리는 결정을 하였다. 롬멜은 1943년 튀니지 전선에서도 퇴각하여 아프리카 군단의 마지막 전투인 카세린 협곡 전투와 메드닌 전투를 지휘했으나 3월 본국 소환명령을 받았다. 5월 잔존 병력이 항복함으로써 북아프리카 전선은 연합군의 승리로 종식되었다.

독일의 바바로사 작전으로 소련침공, 치열한 스탈린그라드 전투

히틀러가 1941년 6월 22일 계획을 바꾸어 스탈린과의 협약을 깨고 러시아를 침략하면서 전쟁의 전반적인 균형이 바뀌었다. 전쟁 발발 2년 후 러시아의 스탈린은 처칠과 루스벨트와 동맹하려고 했다. 처칠은 스탈린을 신뢰하지 않았지만 유전을 확보하기 위해서 1941년 9월 이라크와 이란을 러시아와 공동 점령하고 통제하였다.

히틀러는 1941년 6월 22일 바바로사Barbarossa작전을 개시하여 소련을 침공했다. 서구 소비에트 연방을 정복하여 독일인에게 재분배하고, 슬라브인을 전쟁인력으로 사용하며, 코카서스의 석유매장을 획득하고, 소련의 농업자원을 얻는 것이 목적이었다. 독일군은 주요 지역에서 승리를 거두었으나 지속적인 사상자를 냈다. 1941년 여름과 가을에 극심한 타격을 입은 소련군은 12월 모스크바 공방전을 기점으로 반격에 나섰다. 결국 모스크바 전투에서 히틀러의 공격은 좌절되었다. 겨울 장비가 부족하고 물자 보급이 약해진 독일군은 탈진한 상태에서 모스크바 진격을 중단하였다.

1941년 12월 미국이 전쟁에 참여한 후 군사적 지원과 자원의 규모에서 세력의 판도가 달라졌다. 미군의 개입에 의해 전쟁의 규모가 달라짐에 따라 미국은 주도적으로 전쟁을 지휘했고, 연합군의 군사 작전 범위와 강도를 확대했다.

히틀러는 1942년 소련에 대한 공격을 시작하여 스탈린그라드를 점령하고

자 했다. 스탈린그라드는 러시아 내전 당시 스탈린이 백군의 공세로부터 짜리친(당시 스탈린그라드의 명칭)을 방어한 뒤 각종 산업시설을 건설하여 1935년 스탈린그라드라 명명하게 된 도시이다. 스탈린그라드는 카스피해와 북부 러시아를 잇는 수송로인 볼가강 주변의 주요 산업도시로, 코카서스로 전진하는 독일군에게 안전통로를 확보해 줄 수 있기 때문에 이를 점령하려 했던 것이다. 독일군에 비해서 기동력도 떨어지고 기갑부대의 전술도 부족했지만 소련은 어떤 희생을 치러서라도 스탈린그라드를 사수하려고 했다.

스탈린그라드 전투는 1942년 8월부터 1943년 2월까지 199일간 지속되었던 소련군과 추축군 간에 벌어진 전투이다. 이 전투는 제2차 세계대전의 가장 중요한 전환점이었다. 초기 스탈린그라드 시가전에서 소련군이 위기를 겪었지만, 소련의 붉은 군대 기갑부대가 반격하여 독일을 포위하게 된다. 포위망에 갇힌 독일군은 소련군의 맹공격 때문에 시의 외곽으로부터 시내로 철수했다. 독일군은 기아에 허덕일 뿐 아니라 실탄도 떨어져 결국 독일군을 지휘하던 파울루스가 항복하게 된다.

스탈린그라드 전투는 세계 역사상 다른 어떤 전쟁터보다 많은 전력이 투입되었던 전투이다. 독일군의 스탈린그라드 포위와 소련의 반격으로 진행된 전투지역의 범위는 광활했고 사상자 수는 기록적으로 많았다. 독일군 40만 명, 루마니아군 20만 명, 이탈리아군 13만 명, 헝가리군 12만 명에 달하는 사상자가 나왔다고 보고되었고, 소련군과 추축국을 합한 인명 피해는 200만 명에 달한다고 추정되었다.

그 와중에 독일은 인종 정책의 일환으로 슬라브 민간인들을 말살하는 '기아계획'을 실행했다. 목표는 서부의 비옥한 땅을 갖고 있는 우크라이나 소비에트 공화국에서 독일의 민간인은 살리고 열등한 종족 슬라브인은 굶겨 죽이는 것이었다. 1941년 겨울 전쟁포로수용소에서 300만 명, 레닌그라드에서 100만 명, 하르키우와 키예프 같은 소비에트 공화국의 도시에서 수십만 명의 슬라브인들을 의도적으로 굶어죽게 하거나 수감하여 살해하였다. 홀로코스트의 일부로 죽음의 부대와 가스실로 백만 명의 소련 유대인을 살해하기도 했다.

쾰른(1942년), 함부르크(1943), 드레스덴(1945) 폭격

1942년 5월 12일 시작된 쾰른Köln 폭격은 총 262건의 폭격에 1,048대의 전투기가 동원되었으며 총 34,711톤의 폭탄이 사용되었다. 독일을 황폐화시켜 독일군의 사기를 떨어뜨리기 위한 것이 주목적이었다. 아서 해리스 영국 공군 총사령관은 함부르크를 폭격하기를 원했지만 나쁜 기상 조건 때문에 쾰른이 공격 대상이 되었다. 1,048대라는 많은 수의 폭격기가 동원되었으므로 서로 충돌하지 않도록 기류를 따라 어둠 속에서 길고 조밀한 형태의 비행을 하여 표적까지 경로를 계획한 폭격기류Bomer stream 전략을 처음으로 사용하였다. 독일의 레이더인 프레야 레이더를 중첩시킨 야간 반공 체계인 캄후버 리인Kammbhber Line을 피하는 이 전술은 이후 전쟁이 끝날 때까지 계속 사용되었다.

1943년 7월 대규모 폭격 대상은 북해와 연결된 항구도시인 함부르크Hamburger였다. 함부르크에는 북해에서 활동하던 유보트 기지 및 생산 공장, 각종 부대시설, 다이너마이트 발명가 노벨이 최초로 세운 다이너마이트 공장이 있었다. 함부르크는 영국과 미국이 정한 주요 군수생산시설에 대한 공격목표 중 하나였다. 1943년 7월 25일 00시 57분 영국과 미국 공군의 전략적 폭격인 '고모라 작전'이 시작되었다. 소돔과 고모라에서 나온 명칭인 고모라 작전은 주간에는 미 8공군 B-17 폭격기 700여 대가 야간에는 영국 공군 폭격기 스털링과 웰링턴 200여 대, 핼리팩스 244대, 랭커스터 353대가 한꺼번에 동원되어 폭격을 가하는 작전이었다.

1942년 영국 첩보원은 독일군의 초단파 레이더 시스템 '뷔츠부르크 레이더'를 확보하여 약점을 파악했다. 독일군 레이더 프레야의 주파수를 알아내 레이더 교란 효과를 극대화할 수 있는 크기의 알루미늄 조각 '채프chaff'를 살포하는 방식으로 레이더를 교란하며 함부르크 상공으로 진입했고 수많은 포탄을 투하했다. 레이더망에 따라 움직이는 독일의 대공포가 우왕좌왕하는 동안 영국 공군은 이 도시의 유보트 기지, 군수 공장뿐 아니라 민간인 밀집 거주 지역까지 초토화시켰다. 50분간의 폭격으로 1500명의 시민이 그 자리에 사망하고 반경 3마일에 달하는 지역이 파괴되었다. 7월 25일부터 8월 2일까지 총 3000여 대의 폭격기가 9000톤에 달하는 소이탄과 고성능 폭탄을 함부르크에 쏟아부었다. 3만 7천여 명의 시민이 부상을 당하고 25만 채의 집이 파괴되었다. 또한 183개의 대형 공장이 파괴되고 4000여개의 중소형 공장이 파괴되었다. 독일의 시민과 알베르트 슈페어 군수부 장관의 충격은 엄청났다. 이 전략폭격으로 추축국의 중요 기간 시설과 인프라가 파괴되고 중요 자원을 확보하지 못하게 되어 전쟁 수행 능력에 막대한 차질을 가져온 것은 사실이다.

세 번째 치명적인 폭격은 1945년 2월 13일 밤부터 15일 사이에 드레스덴Dresden을 대상으로 벌어진 4건의 폭격이다. 드레스덴은 바로크 문화의 중심을 이루는 아름다운 도시로 유명했기 때문에 전쟁이 끝난 후, 마셜의 조사보고서를 통해 이곳을 공격목표로 했던 정당성이 입증되었음에도 불구하고 전쟁의 공포와 파괴를 극명하게 보여주는 상징이 되었다. 아서 해리스 공군총사령관은 800대의 폭격기로 융단폭격Carpet bombing이라고 할 정도로 총 4000톤의 폭탄을 쏟아부었다. 도시의 커다란 건물 하나를 완전히 파괴할 수 있는 위력을 지닌 4-5톤 규모의 블록버스터Blockbuster 포탄을 대량 투하했다. 도시철도인 마셜링 야드, 교량시설, 통신기반 시설 및 산업지역을 겨냥한 것이었다. 하지만 이 공격은 전략적 목표보다 민간인 사상자가 많아 전쟁 범죄로 논란을 불러일으킨 공격이었다. 이 폭격에서 20만 명의 사망자와 50만 명의 부상자가 있었던 것으로 추정되고 있다. 영국 지식인층은 문화도시였던 드레스덴 폭격의 결과에 대해서 회의적인 입장을 나타내기도 했다. 하지만 세 번의 폭격을 총괄했던 해리스는 민간인 60만 명을 희생시켜 전쟁영웅이 되었다.

노르망디 상륙작전Normandy landings

제2차 세계대전의 전쟁 상황을 결정적으로 바꾼 것은 암호명 넵튠작전Operation Neptune으로 알려진 노르망디 상륙작전이었다. 1944년 6월 6일 연합군이 북부 프랑스에 상륙하여 서부전선에서 독일 육군을 크게 패배시켰고 밀어낸 작전이다.

노르망디 상륙작전.

노르망디 상륙작전의 계획은 1943년 8월 퀘벡 회담에서 시작되었다. 미국 육군대장 드와이트 아이젠하워가 연합군 최고사령부 사령관으로, 영국 육군 대장 버나드 몽고메리가 제21는 사령관으로 지상군을 총괄하였다. 작전 실행 전까지 몇 개월에 걸쳐 상륙일자와 상륙지점을 프랑스 북부 파 드 칼래를 스칸디나비아반도로 오인하게 하는 속임수 작전을 펼쳤다. 스웨덴과 노르웨이에 불시착 비행 급유권을 논의했고 25만 개의 스키장비도 신청했다. 파 드 칼레로 침공할 것처럼 꾸미기 위해 모형 차량과 모형 상륙정이 배치되었고 거짓 전파를 흘렸다. 히틀러는 에르빈 롬멜 원수에게 독일군의 지휘를 맡기고 연합군의 침공을 방어하기 위해 대서양을 따라 해안선을 요새화하도록 지시했다. 스칸디나비아반도에 25만에 달하는 독일군이 배치되었다. 또한 침공 하루 전날 영국 공군 제617 비행대대가 윈도우라는 알루미늄 조각을 투하하여 독일군 레이더로 하여금 르아브르 근처에 함선이 있다고 탐지하게 만들었다

1944년 6월 6일 기상악화로 상륙작전이 어려울 것으로 보였으나 그대로 강행했다. 달의 위상, 조수, 낮의 길이 등을 고려하여 조건에 맞는 날짜는 불과 며칠밖에 되지 않았고 작전을 연기하면 최소 2주 이상의 손실이 발생하기 때문이었다. 노르망디 상륙작전은 수륙양용작전으로 대규모의 공중폭격,

함포 사격이 먼저 이루어졌고 미군, 영국군, 캐나다군의 공수 부대 24,000여 명이 투하되었다. 연합군의 보병사단과 기갑사단은 오전 06시 30분 프랑스 노르망디 해안 상륙을 개시했다. 유타와 오마하 지역은 독일군의 지뢰공격, 금속 삼각대, 방어철선 등의 장애물로 접근이 어려웠다. 나머지 골드, 주노, 소드에서는 시가전을 거쳐 빠르게 정리되었지만 하루 만에 목표한 임무를 모두 달성하지는 못했다. 6월 12일에야 다섯 곳의 상륙지점을 모두 장악하여 유럽 대륙 공략의 교두보를 마련할 수 있었다. 이후 몇 개월에 거쳐 연합군이 증원되었다. 영국 왕립 공군은 노르망디 상륙작전에 동원된 전투기의 2/3를 지원했다.

1945년 2월, 소련은 실레지아와 포메라니아에 진입하였고 서부 연합군은 서부 독일에 진입하여 라인강을 넘었다. 연합군과 소련군은 4월 25일 엘베강에서 합류하였고 5월 7일 독일의 무조건 항복이 이루어졌다.

이 기간 동안 미국의 루스벨트 대통령이 사망하고 트루먼 대통령이 뒤를 이었다. 베니토 무솔리니는 이탈리아 당파에 의해 사망했다. 히틀러는 자살했고 칼드니츠 대령이 뒤를 이었다.

DIGEST

89

UNITED KINGDOM

윈스턴 처칠, 패배의 위기에서 승리로

윈스턴 처칠의 성공은 '실패에도 열정을 잃지 않는 능력'

윈스턴 처칠은 18세기 초 루이 14세와의 전쟁에 참여했던 말버러 공작인 존 처칠John Churchill의 손자이다. 윈스턴 처칠은 전쟁의 승리에 대한 보답으로 앤 여왕에게서 하사받은 블렌하임 궁전에서 태어났다. 아버지인 랜돌프 헨리 스펜서 처칠은 재무장관을 지냈지만 권력투쟁에서 밀려난 뒤 회한의 세월을 지내다가 일찍 사망하였다.

어린 시절 처칠은 허약했으며 언어장애를 가지고 있었다. 학업 기록도 좋지 않았고 학교에서는 따돌림을 받았다. 해로우 스쿨(Harrow School, 이튼스쿨과 함께 알려진 영국의 명문 귀족 사립학교)의 한 교사는 처칠의 건망증, 부주의, 시간 엄수 등 여러 가지 결점을 지적하는 서신을 어머니에게 보내기도 했다. 그러나 처칠은 방대한 독서가였고 꾸준한 습작가였다. 해로우 스쿨을 마치고 샌드허스트 육군사관학교에 2회의 낙방 후 입학했다. 육군사관학교를 마치고 기병 소위로 임관되었다가, 후에 남아프리카 보어 전쟁에 『모닝 포스트』지의 전쟁 특파원으로 참전하기도 했다. 남아프리카 전쟁에서 보어의 매복으로부터 장갑차를 구출하는 활약을 하기도 했지만 포로로 잡혀서 수용소

생활을 해야 했다. 다행히 영국인의 도움을 받아 욕실 창문으로 빠져나와 로마 가톨릭 신부로 변장해 탈출하였다. 그 후 전쟁 기자로 취직하여 쿠바에서 지냈으며, 수단과 인도 말라칸트에서 주민들이 영국의 식민통치에 반항하여 일으킨 항쟁을 진압하는 일에 가담하기도 했다. 영국에 돌아온 그는 남아프리카 전쟁과 식민지에서의 경험을 바탕으로 책을 내고 강연 투어를 하면서 정치적 입지를 세웠다.

1911년 해군 최초의 사령관으로 지명된 처칠은 영국 해군의 현대화를 위해서 엔진에 석탄 대신 석유를 사용하는 전함을 건설할 것을 명령했다. 군용 항공기를 확보해 해군의 항공부대를 설립했고, 해군항공대의 도입에 대한 잠재력을 이해하기 위해서 비행 교습을 직접 받기도 했다. 그러나 발칸반도에서 터키를 상대로 벌어진 갈리폴리 전투에 영국군을 파병했다가 인명과 재산피해가 크자 문책을 받아 해군장관직을 사퇴한 후 우울증에 걸리기도 했다. 그러나 1차 세계대전에 중령으로 복귀하여 참전하였다.

윈스턴 처칠 패배의 위기에서 승리로

처칠은 히틀러의 민족주의를 경계하며 위험성을 주장했다. 하지만 1940년대 나치독일의 침략적 야욕이 드러나기 전까지 처칠의 주장은 외면당했다. 처칠은 독일 나치가 영국을 공습할 수 있으며, 영국 공군을 강화해야 한다고 강력하게 주장했는데 이것도 무시되었다. 결국 2차 세계대전이 일어나고 나치독일이 영국을 공격하자 처칠의 견해가 맞았다는 것이 입증되었고 처칠은 해군장관으로 임명되었다. 히틀러에 대한 유화적 외교정책으로 일관했던 네빌 체임벌린이 책임을 지고 사임하자, 조지 6세는 처칠을 총리로 임명했다. 이후 처칠은 영국 본토 항공전과 제2차 세계대전에서 주도적인 역할을 하였다. 처칠은 신속하게 노동당, 자유당 및 보수당의 지도자들로 구성된 연합내각을 구성하여 재능 있는 사람들을 핵심 직책에 배치했다. 그는 전시 정치의 의사 결정을 보다 간단하고 효율적으로 만들었다.

1940년 6월 프랑스로 원정을 갔던 연합군이 버틸 수 없는 지경에서 철수해야 할 상황에 처했다. 처칠은 총리가 된 지 한 달 만에 덩케르크 작전을 실

윈스턴 처칠.

행하여 3십만 명이 넘는 연합군 병사를 감탄스러울 정도로 성공적으로 구출했다. 처칠은 라디오 방송을 통해서 크고 작은 모든 민간선박을 동원하기 위한 시민들의 협조를 이끌어내는 지도력을 과시했다. 1940년 6월 결국 프랑스가 항복하고 유럽 대부분의 국가들이 독일의 손아귀에 들어갔을 때, 영국은 독일과 타협해 더 큰 손실과 희생을 막을 것인지 결정해야 할 갈림길에 있었다. 많은 사람들이 독일과 평화협정을 맺어야 한다고 주장했다. 히틀러도 7월 영국에 평화협정을 제의했고 핼리팩스 외무장관도 타협론을 주장했다. 그러나 윈스턴 처칠은 "싸우다가 지면 다시 일어날 수 있지만, 스스로 무릎을 굽힌 나라는 소멸할 수밖에 없다"라고 국민에게 끝까지 싸울 것을 독려하는 대국민 담화를 발표했다.

1940년 8월 24일 독일 공군은 런던의 군사시설을 공격한다는 핑계로 런던을 공습했다. 그러나 처칠은 이것이 독일군의 의도적인 전략이라고 판단해 영국 폭격기 40대를 보내 베를린을 폭격하였다. 히틀러는 베를린 공습을 백배로 보복하겠다고 선언하고 런던과 중부 링컨셔 등 주요 영국 도시를 공습했다. 이때 버킹엄궁 일부도 파괴되었고, 코벤트리에서는 11월 독일의 집중폭격으로 560여 명의 시민이 사망했다. 런던 대공습과 이후 몇 달간의 공중전은 '영국 전투Battle of Britain'라고 불린다. 런던 대공습 이후, 처칠은 영국인의 사기를 북돋기 위해 의회와 라디오 방송에서 연설했다. 처칠은 2차 세계대전 동안 영감을 주는 연설을 통해 영국을 승리로 이끈 20세기의 역사적 인물로 평가되고 있다. 1941년 5월 폭탄으로 파괴된 지역인 플리머스를 방문하여 국민의 사기를 올리려고 노력했다. 한편 바트랜 램지 Bertram Ramsay 제독과 대화와 토론을 통해 전략을 연구했고, 램지는 독일의 침략을 막기 위해 핵심적인 역할을 했다.

처칠은 나치에 대한 저항을 유지하면서 미국과 소련과의 동맹을 위한 토대를 마련했다. 프랭클린 루스벨트와 1930년대에 특별한 관계를 발전시켰기 때문에 1941년 3월 무기대여법 Lend Lase Act을 통해서 중요한 미국원조를 확보할 수 있었다. 탄약, 총기, 탱크, 비행기 등 전쟁용품을 제공받을 수 있었던 것이다. 미국의 2차 세계 대전 참전을 설득했고, 마침내 1941년 일본의 하와이 진주만 공습을 계기로 미국이 참전하자 1941년 12월 연합군의 승리를 확신했다. 처칠은 소련 지도자 스탈린과 루스벨트 대통령과 함께 연합군의 전쟁전략을 위해 긴밀히 협력하였다. 테헤란(1943년 11-12월), 얄타(1945년 2월), 포츠담(1945년 7월) 회담 등을 통해 독일의 추축국에 대항하는 통합전략을 개발하였다. 전쟁이 끝난 후 처칠은 영국 사회개혁 계획을 제안했지만 일반 대중을 설득하지는 못했다. 1945년 5월 7일 독일의 항복에도 불구하고 처칠은 1945년 7월 총선에서 패배했다.

처칠은 1951년 총선에서 승리해 77세의 나이에 두 번째 총리가 되었고 1951년 10월부터 1952년 1월까지 국방장관과 해군장관을 겸직했다. 처칠은 1954년 광산 및 채석장법과 같은 개혁을 제안하여 광산의 노동 조건을 개선했으며 주택 수리 및 임대법의 주택 기준을 제정했다. 대외적으로 처칠은 식민지였던 아프리카 케냐와 말라야의 식민지에서 일어난 일련의 반란에 직접 군사 행동을 명령하였다. 케냐의 마우마우 반란에 대해서 과격한 무력통치를 한 것에 대한 비판을 받기도 했다.

그는 회고록과 전기 등 『영어권 사람들의 역사』를 포함하여 40권의 책을 출간하였다. 또한 전쟁 회고록인 『제2차 세계대전(1948~53)』으로 처칠은 1953년 노벨 문학상을 받았다. 1955년 앤서니 이든에게 총리직을 물려주고 정식으로 은퇴하였다. 1965년 1월 24일 사망했을 때 그의 장례식은 평민으로는 최초로 국장으로 치러졌다.

DIGEST

90

UNITED KINGDOM

1945년 애틀리 사회복지제도 도입

베버리지 보고서와 애틀리 노동당 내각의 승리

2차 대전이 진행 중이던 1941년 영국 노동조합총연맹의 청원으로 처칠 정부시기에 창설된 '사회보험제도에 관한 각 부처 간 조직위원회(1941)'에 런던 정경대 교수였던 경제학자 윌리엄 베버리지William Beveridge가 위원장으로 임명된 후 1942년 처칠 정부에 제출한 보고서가 베버리지 보고서Beveridge Report이다. 이 보고서는 저임금과 대량 실업 등 전후의 문제점과 국가 재정 문제, 사회보험 및 사회복지를 해결하기 위해 국가가 주도적으로 개입해야 하며, 사회보장제도 구조의 효율성을 점검하고 개선할 것을 주장했다. 이 보고서는 빈곤, 질병, 무지, 불결, 나태를 다섯 가지 악으로 명명하여 국가가 주도적으로 이를 종식해야 한다고 주장했다. 빈곤에 대해서는 연금으로, 질병에 대해서는 건강보험으로, 무지에 대해서는 교육으로, 불결에 대해서는 주거개선 정책으로, 나태함에 대해서는 완전고용으로 해결해야 한다는 것이 주된 내용이었다.

또한 사회보험의 6가지 원리를 제시했다. 보편성의 원리, 보험의 원리, 정액납입 정액급여의 원리, 최저생계의 원리, 국민최저생활의 원리, 행정관리

일관성의 원리이다. 질병, 실업, 노동능력 상실, 노령, 사망, 출산 등에 대한 강제적 보험을 시행하여 적용 범위를 상류계급에서 중산계급까지 확대하는 보편성의 원리를 도입했다. 보험의 원리는 피고용자, 고용자 및 국가로부터 징수한 기금으로 보험료를 지급한 것이다. 소득이 다르더라도 동일한 보험료를 내고 동일한 수준의 보험금을 받으며, 보험급여액을 물리적 생존에 필요한 최저생활비로 지급받는 것이다. 중앙부서하에 각 지역의 사회보장을 위한 사무소를 설치하여 보험조합이 아닌 중앙 행정부가 운영함으로써 일관성 있는 행정관리를 하도록 했다. 가족수당, 완전고용, 포괄적 의료 서비스의 확립은 베버리지 보고서의 기본 전제조건이었다.

클레멘스 애틀리, 노동당 당수.

전후 궁핍한 생활을 하던 국민들은 베버리지 보고서를 전폭적으로 환영했다. 숫자로 가득하고 무미건조한 베버리지 보고서가 출판되었을 때, 이 책을 사려는 사람이 길게 줄을 섰고 보고서는 한 달에 10만 부씩 팔려나갔다. 그러나 보수당과 처칠 전시내각은 베버리지 보고서 내용을 실행할 수 있는 국가예산의 여유가 없다고 생각해 소극적으로 대처하였다. 처칠의 보수 내각의 안일한 대처에 반발한 일반 대중과 노동자 계급은 1945년 총선에서 클레멘트 애틀리의 노동당을 열렬히 지지했고 노동당은 대대적인 승리를 거두었다. 뜻하지 않은 승리를 한 애틀리 정부는 집권 후 승리의 원인이었던 베버리지 보고서를 토대로 내세운 선거공약을 실현해나갔다. 애틀리 정부는 전쟁으로 파괴된 도시와 지방의 생활기반 시설을 복구하기 위해 정부 보조금을 사용했고, 사회보장제도 대상을 광범위하게 늘려 궁핍하고 전후 자립기반이 없는 국민들의 최저생활 보장에 힘썼다. 제2차 세계대전 후의 처참한 환경에서 생존할 수 있는 최소한의 경제 환경을 국가가 보장하는 복지체계를 세우기 위해 보건서비스와 교육 및 복지구조를 바꾸었다.

애틀리 노동당의 사회주의적 복지보장 정책은 국민들의 삶에 섬세한 영향을 끼쳤다. 노동자의 임금상승과 노동시간 축소, 노동조건의 개선과 근무환경의 안전문제에 적극적으로 개입했다. 최저생활수준 보장을 위해 고용직업 훈련법, 소득보장정책을 확립했고, 각종 수당법(1945), 산업재해 보상법(1946), 국민 보험법(1946) 등이 채택되었다. 1946년에는 국가적 보험 법령 NIA, National Insurance Act이 시행되었는데, 국민들은 고정적 보험요금만 지급하고, 그 대가로 모든 피부양 가족이 고정 비율의 연금, 질병수당, 실업수당, 장례 비용수당을 수급할 수 있는 자격을 갖게 되었다.

더 섬세하게는 미취학 아동, 정신질환, 분만, 장애, 노령, 남편 사망, 질병을 가진 가족이 있는 가정의 최저 생활을 보장하기 위해 각종 수당이나 서비스를 제공하는 소득보장정책을 포괄적으로 시행했다. 특히 1948년 국민보건서비스법NHS, National Health Service이 실시되자 '요람에서 무덤까지' 시민을 돌보는 무료 의료 서비스를 시행하였다. 또한 가족 수당 시행령이 실행되어, 가정 간병인 서비스 Home help service를 받을 수 있었다. 그 외에도 아동 수당과 맹인, 광인, 극빈자 등 수입이 없는 사람들을 위한 지원으로 국민 보조법(National Assistance Act, 1948)이 시행되었다. 1949년에는 실업, 질병, 출산의 경우 세금이 면제되었다. 의무 교육이 확대되고, 무상교육과 특수학교에 대한 보조금을 확대했다. 1944년부터 중등 현대학교 교육과 그래머스쿨도 무상으로 제공되었다. 1945~50년 사이에는 928개의 새로운 초등학교 설립과 무상급식, 보조금을 가정에 지급했고, 보조금 지급으로 대학 교육의 기회도 확대했다.

제2차 세계대전 이후 심각한 주택파괴로 처칠 내각에서 1944년 제정되었던 임시주거법을 시작하였고, 지방정부는 종합개발지역을 지정하여 토지의 강제 구매를 실행했고, 120만 채의 집을 건설했다. 1946년에는 기초 생활용품에 대한 부가세를 없애고, 전쟁으로 망가진 담장과 정원의 조경 관련 품목들의 세금을 낮추었다. 그럼에도 불구하고 1947년 연료부족, 통화위기, 230만 명에 달하는 실업과 기록적인 혹독한 겨울 날씨로 국민들은 최악의 주택난을 겪어야 했다. 1947년에 소방관 연금을 증설하고 전기 관련 공무원, 어부, 광부 등에 대한 복지 혜택을 확대했다. 1950년에는 상점에 고용된 노동자가 6시간 이상 일할 경우 20분 정도의 휴식을 하도록 하고, 점심시간은 45분 이상 할애하는 규정을 만들었다. 또한 오후 4시부터 7시까지 일할 경우 30분간 차 마시는 휴식시간tea break을 갖도록 규정했다. 그리고 모든 노동자는 노동조합에 가담할 권리가 있음을 입법화했다.

애틀리 노동당 내각은 국민의 건강과 안전을 위해서도 많은 규정을 제정했다. 특히 석탄 먼지, 시멘트 등의 결합재에 노출되는 근무환경의 경우, 통풍시설, 세면시설, 작업복장, 건강검진, 피부와 눈에 대한 의료관리 등 관련 규정을 세부적으로 만들어 시행했다. 농부도 노동자에 포함되어 주택 보조금을 90%까지 빌릴 수 있었고, 경사가 심한 곳에 농사를 짓거나 현대화된 농법을 사용할 경우에도 보조금이 지급되었다.

애틀리 내각의 복지제도 수립을 위한 경제정책

애틀리 내각이 출범할 당시 전후의 국가재정이 풍요로운 것은 아니었다. 오히려 1947년 인도가 독립함에 따라 지불해야 할 인도에 대한 부채가 13억 파운드에 달할 정도였다. 더구나 2차 세계대전 전쟁비용을 위한 대출로 인해서 파운드 가치의 하락으로 재정적 위기에 있었다. 전후 1946년부터 1948년까지 극심한 물자 부족으로 전시 때처럼 고기, 베이컨, 설탕 등에 대한 배급제도를 그대로 지속할 수밖에 없었다.

전후 영국 경제 회복에 실제인 도움이 되었던 것은 마셜플랜Marshall Plan이었다. 미국은 미국 중심의 우방국 체제를 강화할 목적으로 1947년 트루먼 정권의 국무장관 마셜G.C. Marshall이 경제적 원조를 제안하였다. 이 원조의 수락 여부가 미 · 소진영의 경계를 나누는 기준이었다. 영국은 이 원조를 받아들였다. 1948년부터 1952년까지 마셜플랜의 원조액이 최고치일 때는 미국 GNP의 2%에 달할 정도였다. 영국은 전후 국가재건을 위해서 4년간의 유럽 부흥과 경제 회복 프로그램을 세웠고, 저금리 대출, 증여 및 기술 지원을 받았다.

1947년 인도, 파키스탄이 독립하자, 제국주의적 기반을 잃어가고 있었던 당시의 경제적 변화 상황을 애틀리는 빨리 깨달았다. 따라서 영국의 경제적 혼란을 안정화하기 위해 국민에게는 내핍을 호소하고, 영국은행 · 철도 · 석탄 · 가스 · 전신전화 · 방송 · 민간항공 · 운수 · 전력 · 의료시설 등 중요한 기간산업을 국유화함으로써 생산증강과 경제자립을 적극적으로 추진했다.

애틀리 노동당 내각의 경제적인 논리는 케인지 경제 이론Keynesian economics에 근거를 두었다. 완전고용 가능성을 높이고 단기간의 재정적 어려움을 극복하기 위해 국가가 국가재정과 시장경제에 적극적으로 개입해야 한다는 이론이다. 전후 경제 위기 상황에서 전체 소비량과 생산량의 균형이 이루어지지 않았기 때문에 케인지 경제이론은 전후에 설득력이 있었다. 정부가 재정 정책이나 중앙은행의 통화정책에 적극적으로 개입하여 경제적 안정화를 이루는 것이 급선무였던 것이다.

영국 정부의 재정 정책 개입은 세이 법칙(Say's law: 공급은 스스로 수요를 창출한다)이나 애덤 스미스의 '보이지 않는 손'에 의해 시장이 자율적으로 조정된다고 믿는 자유방임주의의 경제원칙에 완전히 반대되는 개념이다. 1930대 이후 민간기업의 주도 아래 시장경제는 자유방임적인 구조였는데, 이것이 세계 대공황의 원인이라고 케인스는 생각했다. 자유방임경제는 사업체의 자본독점과 공급과잉으로 이어져, 대규모 실업을 야기했고, 실업자의 시위운동, 기아행진으로 이어져 대공황이 초래되었다는 것이다. 케인스는 단기적으로 발생하는 시장경제의 불균형에 대해서 정부가 개입하여 거시적 경제정책을 적절하게 구상하는 "탈공황론"을 주장했다. 애틀리 내각은 케인스의 의견을 적극적으로 수용했다.

애틀리 내각은 1948년 독점금지법을 제정하였고, 국유화한 주요 기간산업으로 정부의 재정을 확보하고 산업에 대한 투자 및 고용을 증대했다. 1947년에는 화물자동차 운수 · 운하 · 항만시설과 함께 4개의 철도회사를 영국철도British Railways로 통합하여 국유화했다. 석탄과 철도의 국유화를 통해 약 2백만 명 이상의 고용을 창출했다. 또한 노동자들의 구매력을 확대하는 혼합 경제정책Mixed economy을 실행했다. 높은 이윤을 누렸던 기간산업을 국유화하자 단기간에 국가재정이 회복되었고, 복지산업과 고용 확대를 위한 투자가 가능해졌다.

1946년에서 1951년 사이에는 완전고용이 실현되었다. 생활수준도 꾸준히 향상되어, 경제 성장 연평균 3%를 유지하는 등 호황을 맞게 되었다. 복지사업을 통한 거주공간의 변화와 의료 기술 및 의료 서비스 체제가 발달함에 따라 이 시기에 영국민의 평균수명도 연장되었다. 1946년부터 1951년까지 자동차의 보급이 확대되어 약 5백만 대의 차가 도로 위를 달리게 되었고, 기동성이 증가하자 바닷가의 휴양지에는 많은 휴양객이 북적거리게 되었다. 도로와 주택 환경의 변화 및 사회복지 정책은 새로운 사회적 경험과 인식의 변화를 가져왔다.

DIGEST

91

UNITED KINGDOM

냉전 체제, 철의 장막이 가로막다

냉전체제의 원인

독일 나치가 패망하고 2차 세계대전이 끝나자, 미국과 소련을 중심으로 민주주의 세력과 공산주의 세력으로 양분되는 냉전 체제의 기운이 감돌기 시작했다. 독일의 중심을 지나는 전선에 소련 군대와 서방국가들인 미국 영국 프랑스의 군대가 주둔하게 되었다. 당시의 냉전 분위기를 처칠은 발트해와 아드리아해를 가로지르는 '철의 장막 the Iron Curtain'이라고 불렀다. 윈스턴 처칠은 스탈린이 러시아 제국의 새로운 영역을 철저히 폐쇄하려 한다는 것을 감지했다. 얄타 회담에서 양측은 독일에 주둔하면서, 서로 상대 측을 몰아내기 위한 군사력을 행사하지 않겠다는 합의를 했다. 이 암묵적인 합의는 아시아에도 적용되었고 일본으로부터 해방된 대한민국도 미군과 소련군이 분할하여 통치하는 상황을 만들었다. 냉전의 시작과 동시에 양측의 긴장감은 '반공주의' 대 '반자본주의', 또는 '반미정책' 대 '친미정책' 등으로 오랫동안 유지되었다. 하지만 1949년 중국이 공산주의 세력에 속하게 되면서 상황이 급변했다. 공산주의 세력이 전 세계의 1/3을 차지하게 되었고, 미국은 세계의 초강대국으로서 전 세계 2/3에 해당하는 지역에 영향력을 미치게 되었다.

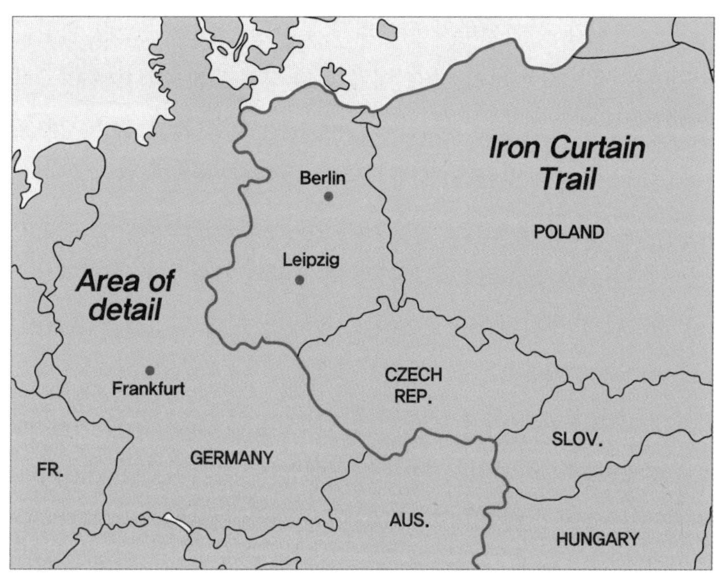

철의 장막.

미국과 소련의 비전은 각각 민주주의를 수반하는 자본주의와, 이에 반하는 독재체제 및 마르크스, 레닌의 공산주의라는 이념적인 차이와 세부적인 정책의 차이가 있었다. 미국은 1941년 대서양 헌장의 원리에 의거하여 전체주의와 식민지주의를 거부했다. 민족자결주의, 경제적 교류, 재구성된 자본주의와 더불어 민주주의를 재건하고, 개방적으로 자본주의적 국제 경제를 확보하고자 했다. 이를 위해서 세계은행과 국제 통화기금을 설립하기도 했다. 미국은 1945년부터 1947년까지 유럽 국가를 대상으로 거대한 특별 차관을 마련하여 해외 원조 프로그램을 조직했다. 또한 1948년에서 1951년에 걸친 마셜 플랜은 120억 달러의 차관을 제공하여 재건을 도움으로써 우방을 형성하였다. 반면 소련의 스탈린은 자본주의를 봉쇄하고 폴란드, 루마니아, 동독과 불가리아에 친모스크바 정권을 세웠다. 1949년부터 서구유럽은 나토NATO를 동유럽은 바르샤바 조약기구를 각각 가동하였다.

냉전체제에서 미국 소련의 국제적 영향력 확대

냉전체제의 양 진영은 공공연하게 또는 비밀스러운 방법으로 영향력을 확대하는 정책을 펼쳤다. 아이젠하워 정부의 국무장관 덜레스는 소련 위성국을 독립시키려는 정책을 펼치려 했고, 대량 보복 정책도 발표했으며 미국의 핵무기와 기밀정보의 우월성을 과시하려고 했다. 반면에 니키타 흐루시초프는 양측 어디에도 속하지 않은 인도 등 제3세계 비공산주의 국가와 새로운 관계를 구축하여 모스크바 정책을 확장하려 했다. 또한 수소 폭탄을 개발하고 1957년 세계 최초의 인공위성을 쏘아 올려 소련의 기술적 우위를 과시했다. 1956년 헝가리 동란에 지원군을 보내고, 1959년 쿠바 혁명을 피델 카스트로가 성공시키자 쿠바와 동맹을 맺기도 했다.

양 강대국은 공산주의와 자본주의 세력을 확장하기 위하여 다른 나라에 직접적으로 영향력을 행사하기도 했다. 대표적인 사례가 베를린 위기이다. 베를린 위기는 1961년 6월 4일부터 11월 9일까지 베를린에서 진행되었던 군사적 긴장상태를 말한다. 1958년 11월 흐루시초프는 소련이 점령한 서베를린에서 서방 군대에게 6개월 안에 철수하라고 통보했다. 그리고 6개월 후에 서베를린과 동독의 통신선을 차단할 것이라고 했다. 영국, 미국, 프랑스는 서베를린에서 군대를 철수할 의사가 없다는 점을 명백히 했다. 소련이 동유럽을 점령한 후에 많은 동유럽 사람들이 서베를린을 통해 유럽으로 탈출하자, 이를 막기 위해 동독 정부는 1961년부터 동베를린과 서베를린 사이에 '베를린 장벽'을 구축하기 시작했다. 장벽이 쌓아지면서 점점 더 탈출과 이동이 어려워졌다. 1945년부터 1950년까지 1500만 명 이상의 동유럽인들이 서방으로 이민하거나 정치적 망명을 신청했고 그 이후에 망명 신청이 지속되었다. 베를린 장벽은 냉전체제를 가시적으로 나타내는 상징이 되었고 오랫동안 상호교류가 차단되었다.

한편 미국은 냉전체제하에서 CIA의 비밀공작 활동을 적극적으로 전개하고 이를 이용하여 정책적 목적을 달성한다. 특히 아이젠하워 대통령은 취임 후 CIA를 옹호했고, CIA의 비밀공작으로 1953년 이란에 팔레비 정권을 세웠고, 과테말라의 정권을 전복시켰다. 미국은 1953년 이란에서 민주적 선거로 수립된 모하메드 모사데그Mohammed Mossadegh 정권을 쿠데타로 전복시키고 모하메드 레자 팔레비Mohammed Reza Pahlevi를 국왕으로 삼아 독재정권을 옹립했다. 영국정부는 영국계 소유의 영국-이란 석유회사를 모사데그 정부가 국유화하려는 계획을 저지할 목적으로 CIA와 공동으로 비밀공작에 참여했다. 이란국민들은 1953년부터 1979년까지 회교혁명으로 정권이 전복될 때까지 26년 동안 독재정치 하에 무자비한 탄압을 겪어야 했다.

미국은 1956년 헝가리 의거를 배후조종했다. CIA는 무모한 심리전을 전개하였는데, 자유유럽방송Radio Free Europe의 헝가리 지국은 의거가 일어나면 미국이 지원할 것을 암시하는 방송을 내보냈고, 이는 반소 민족주의자를 부추겨 헝가리 민족주의 운동이 일어나도록 했다. 마침내 11월 전국규모의 반소련 저항 운동이 발생하였다. 그러나 흐루시초프는 20만 명의 병력과 2,500여 대의 탱크와 장갑차로 헝가리 학생과 노동자의 저항을 무차별 진압했다. 이 사태로 무려 3만 명에 이르는 헝가리 학생과 노동자들이 참혹하게 살해되었다.

미국은 1958년 레바논에도 군대를 파견하였다. 이를 레바논 위기라고 한다. 1943년 레바논의 독립 이래 기독교 세력과 이슬람 세력이 주도권을 두고 종교적 정치적 긴장이 첨예했다. 미군의 간섭은 1차 내전을 유발하였다. 기독교 세력 출신의 샤문 대통령이 친서방정책을 펼치자 이슬람교도들이 국민통일 전선을 결성하여 내란을 일으켰다. 샤문 대통령은 1958년 7월 15일 미국에 개입을 요청했고 미국은 영국, 터키와 1만 5천 명을 베이루트에 상륙시켰다. 서방의 개입으로 사태는 수습되었으나 3개월간 계속된 소요사태로 2,700명이 사망했다.

수에즈 사태와 일촉즉발의 쿠바 미사일 위기

수에즈 사태도 냉전의 연장선상에 있었다. 영국과 프랑스가 수에즈 운하의 소유권을 되찾으려고 이스라엘과 공모하여 1956년 10월 29일 이집트를 침략했고 11월 3일까지 지속되었다. 이것을 수에즈 사태라고 한다. 수에즈 사태는 '수에즈 위기' 또는 '제2차 중동 전쟁'이라고도 일컫는다. 냉전 시기에 이집트 대통령 나세르가 수에즈 운하 소유권 환수를 주장하면서, 운하 통행료를 국유화하겠다고 선언하자, 나세르의 결정에 대해서 영국과 프랑스는 수에즈 운하의 지배권이 소련의 영향권에 들어갈 것을 우려하여, 1956년 이스라엘이 공격을 시작하였던 것이다. 영국과 프랑스가 이스라엘의 동맹국으로 공격에 가담하였다.

그러나 후에 수에즈 사태가 일어나기 전에 영국의 이든 총리가 파리에서 프랑스와 극비회담을 열고 전쟁 계략을 공모했었다는 것이 드러났다. 이스라엘이 먼저 이집트를 침략한 후, 프랑스와 영국이 파병을 하기로 계획했다. 영국, 프랑스와 이스라엘이 동맹을 맺고 전쟁을 유발한 것에 대해서 세계 여론이 반발하였다. 영국의 노동당이 반대하고, 많은 시민들이 반전시위를 했다. 미국과 소련은 이들 동맹국에게 정치적 압박을 가했다. 유엔은 유엔 긴급군UN Emergency Force, UNEF 파견을 결정했고, 미국은 영국에 대한 재정적 지원과 석유 판매, IMF차관을 멈추겠다고 경고하였다. 전후 심각한 재정적 위기에 있었던 영국은 미국의 압박을 견딜 수 있을 만큼 경제적 여건이 되지 않았다. 영국의 중동에 대한 영향력이 종결되는 시점이 이때였다.

쿠바 미사일 위기(1962)도 같은 맥락에서 일어난 사건이었다. 1962년 10월 14일 미국 측의 첩보기 록히드 U-2가 쿠바에서 건설 중이던 소련의 SS-4 준중거리 탄도 미사일 기지의 사진과, 건설현장으로 부품을 운반하던 선박의 사진을 촬영하면서 미국과 소련의 대립이 촉발되었다. 1961년 내부적으로 베를린 위기로 인기가 떨어진 흐루시초프는 소련 내에서 정치체제 재배치 문제와 22차 소련 공산당 당대회에서 위신이 추락하였다. 더구나 외부적으로 마우쩌둥의 도전으로 위기를 느끼고 있었다. 흐루시초프 군사적 우위를 확보하고 쿠바의 신생 공산 정권인 카스트로 정권을 보호하면서 서방 세계와 협상카드로 쓰기 위해서 쿠바에 장거리 미사일 기지 설치를 극비리에 추진하였다. 미국은 쿠바의 미사일 기지 건설은 선전포고와 다름없다고 주장하면서 제3차 전쟁을 불사하겠다고 공식성명을 발표한다. 미국 케네디 대통령의 과격한 발언 이후에 세계전쟁에 대한 위기감이 전 세계로 퍼져나갔다. 미국과 소련은 외교적 노력으로 소련이 미사일 기지 건설을 중지하는 대신에 터키에 있던 미국의 대륙 간 탄도탄 기지를 철수하는 조건으로 핵전쟁으로 치달을 수 있었던 제3차 전쟁의 위기에서 벗어날 수 있었다.

양 대국의 핵무기 개발과 재래식 군사력 배치 이외에도 전 세계에서 벌인 대리전쟁, 심리전, 선전 캠페인, 간첩 행위, 광범위한 무기 경쟁 조치, 스포츠에서의 경쟁 등을 통해 노골적인 경쟁을 표출하였다. 소련은 동구권 국가에 대한 통제권을 강화한 반면, 미국은 세계 봉쇄전략을 시작하여 NATO 동맹을 창설했고 서유럽 국가들에게 군사력과 재정지원을 확장했다.

냉전체제와 핵무기의 개발 경쟁

냉전 체제는 핵무기의 개발 경쟁을 유발했다. 1945년 이후 영국 방위정책 중에 하나는 핵무기, 유도미사일, 국방전자 및 항공 등 군사 기술의 모든 영역을 장악할 수 있는 독립적인 역량에 대한 전폭적인 지원이었다. 특히 원자력 에너지와 핵무기가 국가 방위에 이용될 수 있음을 빠르게 자각하고 핵무기 개발에 주력하였다. 1946년 유엔 원자력 에너지 연구 감시 준비위원회가 뉴욕에서 소집되었다. 이때 소련의 핵무기 보유 가능성을 저지하고 핵무기 확산 금지 조약을 체결하고자 했으나 합의는 결렬되었다. 회의에 참석했던 허버트 스워프Herbert Swope와 버나드 바루크Bernard Baruch가 '새로운 전쟁의 형태'인 '냉전Cold War'에 대해 언급한 이후 '냉전'이라는 개념이 등장하게 되었다.

핵무기의 개발 및 보유는 점점 더 중요한 경쟁의 대상이 되었다. 1938년 독일의 물리학자 오토 한Otto Hahn과 리제 마이트너Lise- Meitner가 핵분열 현상을 최초로 발견했다. 영국은 핵분열 현상을 이용한 원자폭탄 개발이 국가 안보와 국제적 지위를 확고하게 해줄 것이라고 인식했고, 안보적 차원에서 핵무기를 개발하였다. 1949년과 핵실험에 성공한 소련보다는 늦었지만, 영국은 1952년 원자폭탄 실험, 1957년 수소폭탄 실험에 성공하여 핵보유국이 되었다. 영국은 미국과는 우호적인 관계였지만 핵무기 개발에 있어서는 민감한 경쟁관계였다.

제2차 세계대전 중인 1944년 8월 미국과 영국은 핵무기 개발에 대한 비밀 협약인 하이드 파크각서Hyde park Memorandum에 사인하고, 1945년 워싱턴에서 핵무기 개발 협력을 약속했다. 그러나 불과 1년 만인 1946년 미국이 독자적으로 핵무기를 개발하고 핵물질과 정보기술의 타국 이전을 금지하는 맥마흔법The McMahon Act을 통과시켰다. 영국 정부는 처칠과 루스벨트 대통령 간의 비밀 핵 협력 협정을 믿고 있었기 때문에 미국의 핵 협력 단절을 예상하지 못했다.

애틀리 정부는 미국의 일방적인 조치에 대응하여 독자적 핵개발을 결정하였다. 같은 해 영국은 원자력법을 통과시키고, 1947년 원자로 글립GLEEP을 유럽 최초로 하웰Hawell에 설치하여, 핵분열 물질의 생산조직을 설립하였다. 또한 리슬리Risley에 원자력 연구소를 설립하고, 셀라필드Sellafield를 핵물질 생산소로 채택했으며, 윈드스케일Windscale 원자로에서 플루토늄을 공급하도록 했다. 또한 스프링필즈Springfields 우라늄 처리시설을 신설하고, 아머샴Amersham 방사능 센터를 설립하는 등 핵 개발 기반 조성에 적극적으로 착수했다.

영국이 독자적인 핵개발을 하게 되자, 핵무기 정보를 소련과 공유할 것을 두려워한 미국은 1950년대 중반에 맥마흔법을 수정하여 핵무기 정보를 제외한 핵에너지 정보를 동맹국인 영국에만 공유하고 프랑스에는 비밀로 했다(프랑스는 이것을 나중에 알게 되어 나토연합에서 탈퇴했다). 미국은 이로써 영국을 확고한 우방으로 끌어들이는 동시에 잠재적 적국들인 소련 중심의 공산 국가를 방어하기 위해 핵무기를 사용하기로 합의했다.

DIGEST

92

UNITED KINGDOM

21세기 여왕 엘리자베스 2세

국민들과 섬세하게 공감하는 엘리자베스 2세

엘리자베스 2세(재임기간, 1952년-현재)는 1952년 사망한 부왕 조지 6세의 뒤를 이어 왕위에 올랐다. 영국 이외에 캐나다, 오스트레일리아, 뉴질랜드, 자메이카, 바베이도스, 바하마, 그레나다, 아푸아뉴기니, 솔로몬 제도, 투발루, 세이트루시아, 세이트 빈센트 그레나딘, 벨리즈, 앤티가 바부다, 세이트키츠 네비스 등의 왕이기도 하다. 영연방 16개국의 약 1억 2900만 명에 달하는 인구의 국왕이지만 정치적 문제에 개입하지 않는 상징적 군주이다. 지금까지의 영국 왕뿐 아니라 세계적으로도 최고령 최장수의 여왕이다. 2012년 6월 엘리자베스 2세는 빅토리아 여왕에 이어 영국 역사상 두 번째로 재위 60주년을 기념하는 다이아몬드 주빌리를 맞이했다.

젊은 엘리자베스 2세.

2022년 96세가 되는 해에는 70주년을 기념하는 플래티넘 주빌리를 맞이할 수 있을 것으로 기대될 만큼 여전히 건강하고 활동적이다.

어린 시절 엘리자베스는 할아버지 조지 5세와 친밀한 관계를 유지했으며 '엘리'라고 불렸다. 조지 5세의 장남 에드워드 8세가 웨일스 공이 되어 왕위를 이어받아 후세를 이어갈 것이라고 생각했었기 때문에 누구도 엘리자베스 2세의 아버지 조지 6세가 왕이 될 것이라고 예상하지 못했다. 엘리자베스는 10여 년간 왕위 상속의 부담감 없이 특권과 자유로운 교육을 받았다. 이튼 칼리지의 부교수인 헨리 마튼Henry Marten에게서 가정교습을 받았고 캔터베리 대주교의 종교수업 외에도 프랑스어, 역사, 철학 등의 교육을 받았다. 에드워드 8세기 미국인 이혼녀 심프슨 여사와 결혼하기 위해 왕위를 포기하면서 동생이자 엘리자베스 여왕의 아버지인 조지 6세에게 왕위가 상속되었다. 조지 6세에게 아들이 없었으므로 장녀 엘리자베스가 바로 차기 왕위계승자가 되어 제왕학을 배웠다.

1939년 제2차 세계대전이 발발했을 때 엘리자베스 2세는 여동생 마거릿 공주와 런던에서 벗어나 윈저 성으로 이주했고, 라디오 방송 연설을 통해 피난 가족과 어린이들의 두려움에 대한 공감을 표현하며 국민들을 안심시켰다. 조용하지만 확고한 성격을 보여주는 14세 공주의 일반 대중에 대한 첫 방송이었다.

1942년 17세의 엘리자베스 공주는 전쟁에 직접 참가하고 싶다고 아버지를 설득하여 여자 국방군에 입대하여 구호품 전달 서비스 부서에 배치되었다. 전쟁이 커지자 1945년 운전, 탄약 관리 등의 전투 업무로까지 활동을 확대했다. 20세에 엘리자베스 윈저 소위로 직접 군용 트럭을 모는 운전사로 복무하여 노블레스 오블리주를 실천하였다. 왕위계승자인 공주였음에도 불구하고 다른 병사들과 똑같이 운전과 탄약 관리를 하였고, 흙바닥에 앉아 차량을 고쳤다. 무릎을 꿇고 트럭 바퀴를 교체하는 모습, 트럭의 보닛을 열고 수리하는 모습의 흑백사진들은 국민들에게 가슴 뭉클한 기억으로 남게 되었다. 여성 왕족 중에 다른 병사와 동등한 훈련을 받으며 군복무를 한 사람은 엘리자베스 2세가 유일하다. 또한 2차 세계대전이 끝나고 승리의 날에 익명으로 시민들과 섞여 승리의 기쁨을 함께 나누는 생생한 경험을 하였다.

엘리자베스 2세는 13세에 미래의 남편이 될 그리스와 덴마크의 필리프 에드워드 왕자를 만나 수년 동안 연락을 취하면서 사랑에 빠지게 되었다. 엘리자베스 2세는 조용하고 내성적이었고, 필리프 왕자는 거침없고 솔직했다. 엘리자베스 2세와 팔촌 관계인 필리프는 그리스 왕위를 포기하고 1947년 11월 엘리자베스 2세와 결혼식을 올렸다. 전쟁 후의 금욕주의 분위기에서 막 벗어난 시기였기 때문에 엘리자베스 2세는 배급 쿠폰과 정부에서 지급해 준 쿠폰을 합해서 웨딩드레스의 비용을 지불하였는데 이것은 국민들의 공감을 크게 불러일으켰다. 한편 필리프 공 에드워드는 성공회 신자가 아니라 정교회 신자였고, 영국의 적성국가인 나치 독일 지지자와 결혼한 누이가 있었기 때문에 일부 논란이 있었지만 결국 결혼하여 3남 1녀의 자녀를 두었다.

1952년 부친인 조지 6세가 사망하자 엘리자베스 2세가 왕위에 올랐다. 1953년 6월 웨스트 민스터 성당에서 열린 대관식은 화려하고 거대하게 치러졌으며 전 세계 TV로 방영되었다. 1926년 제국회의에서 기존의 입장과 반대로 유대 민족국가 건설을 지지하는 외교정책이 담긴 밸포어 선언이 있었고, 1941년 영국연방 자치정부가 내정을 책임지고 자치령의 외교권을 인정함으로써 평등한 공동체로 규정하는 웨스트민스터 제정법이 통과되었다. 이러한 조치는 대영제국의 변화를 불러왔고, 젊은 엘리자베스의 시대에 대한 긍정적인 분위기가 조성되어 있었다. 또한 1952년 엘리자베스 2세의 즉위 이후 지금까지 영국연방을 통솔하면서 연방국들과 군사력을 분담해왔다.

한편 1947년 조지 6세의 재임 시기에 이미 인도가 독립했고 그 여파로 버마, 이집트, 실론, 말라야, 짐바브웨 등 그 외 40여 개의 식민국가가 영국으로부터 독립했다. 이후 다른 영국연방들도 연방에서 벗어나려는 움직임이 보이자, 엘리자베스 2세는 1953년부터 영국 연방을 순회하며 연방국과 영국과의 유대를 강화하는데 힘썼다.

군림하되 통치하지 않는 최장수 여왕

엘리자베스 여왕은 입헌군주제의 전통에 따라 군림하되 통치하지는 않는 왕이었지만, 영국의 국가적인 위기가 있을 때마다 영국 사회의 구심점 역할을 했다는 평가를 받고 있다. 엘리자베스 2세는 입헌군주답게 공공연히 정치적 의견을 표명했지만 극단적인 정치적 관점을 드러내지는 않았다. 마거릿 대처 총리가 포클랜드 전쟁을 선포했을 때, 승인은 하면서도 전투기 조종사로 전쟁에 참여했던 앤드루 왕자의 부모로서, 모든 병사들의 부모들이 갖고 있는 걱정을 대변해 주었다. 또한 대처 총리의 강한 추진력에 대해 여왕으로서 신중하면서도 중심을 잃지 않는 방식으로 정치적 표현을 함으로써 국민들로부터 묘한 매력을 얻었고 지지를 받았다.

명예혁명 이후 국왕이 내정에 간섭할 수 없었지만, 매주 화요일마다 총리를 만나 개별 회의를 하며 논의를 지속했다. 재위기간 처칠과 대처를 비롯하여 현재 메이 총리에 이르기까지 13 명의 총리와 일했다. 엘리자베스 여왕은 박식하고 상황을 잘 파악하고 있다는 평가를 받아왔다. 사회적으로 남편과 함께 영국 각지의 기관, 기업체, 지역모임 등을 방문하여 사회지원 활동에 적극적으로 참여했다. 또한 영국 적십자사, 영국 문화원, 영국 학술원등 620여 개의 자선단체와 기관을 후원하고 있다. 한편 시대에 맞게 로열패밀리 채널이라는 사이트를 개설하여 왕실의 뉴스와 각종 동영상을 올려놓고 있으며 페이스 북과 트위터 계정을 통해 국민과의 소통을 확대, 지속하고 있다.

엘리자베스 2세의 자녀들에 의해 왕실의 권위가 실추되기도 했다. 딸 앤 공주가 소시지와 고기 파이를 만드는 회사의 소유주인 평민의 자녀 마크 필리프 대위와 결혼하면서 왕실의 권위를 떨어뜨렸는데, 이 결혼이 1982년 이혼으로 끝나면서 더욱 국민들을 실망시켰고, 여동생 마거릿 공주도 공식적인 파혼을 하게 되어 위기감이 고조되었다. 아들 찰스가 스펜서 가문의 딸 다이애나와 결혼식을 올리고 윌리엄 왕자와 헨리 왕자가 태어나면서 왕실의 인기가 회복되었다. 그러나 찰스 황태자가 결혼 전부터 사귀던 카밀라 파커 볼스와 불륜 관계를 지속했다는 불편한 보도 후에 1996년 이혼했고, 같은 해 둘째 왕자 앤드루도 사라 퍼거슨과 이혼하자 왕실의 갈등이 다시 일반대중에게 노출되었다.

무엇보다도 심각했던 것은 1997년 이혼한 다이애나 비가 프랑스 파리에서 연인 도디 알 파예트와 파파라치를 따돌리는 와중에 교통사고로 세상을 떠나자 음모론이 퍼져 왕실 폐지론까지 나오기 시작했다. 엘리자베스 2세는 사망 일주일 후에 다이애나비의 장례식을 국장으로 바꾸었고, "다이애나의 삶과 죽음에 대한 놀랍고 가슴 뭉클한 국민의 반응에서 왕실이 배울 교훈이 있다"라는 침착한 대국민 성명을 발표하고 자중의 시기를 거치면서 왕실의 위기를 극복했다. 2011년 윌리엄 왕자와 케이트 미들턴이 결혼하자 왕실에 대한 호감이 회복되었다.

1992년 11월 윈저성의 대형 화재에 따른 천문학적인 보수비를 정부에서 지급하는 문제와 관련하여 사회적 논란이 일자 엘리자베스 2세는 1993년 왕실의 면세 특권을 스스로 포기하여 국민의 논란을 누그러뜨렸다. 왕과 왕실의 재정은 줄어드는 추세이고 정부의 재정 지원금도 2015년까지 동결되었다. 왕궁을 일부 개방하여 수입을 얻거나 증권에 투자하는 등으로 왕실이 왕실 가족의 여행 비용과 왕궁 관리비를 마련하였다. 이러한 엘리자베스 2세의 적극적이고 신중한 대처로 개인적인 인기뿐 아니라 군주제에 대한 지지도는 여전히 일정 수준을 유지하고 있다.

2011년 100년 만에 아일랜드를 국빈으로 공식 방문했고 스코틀랜드 분리 운동이 한창일 때도 국민들에게 '신중한 판단'을 당부하여 나라의 분열을 막으려 애썼다. 런던대 킹스칼리지의 버논 보그다노 교수는 엘리자베스 2세를 '시민에게 봉사하는 국왕'으로 평가하였다.

DIGEST100SERIES

제10장
현대의 영국, 사회주의적 복지국가

UNITED KINGDOM

DIGEST

93

UNITED KINGDOM

사회주의적 복지국가 지향

복지제도의 변화

국가가 책임지는 복지제도는 중세 영국의 엘리자베스 1세로부터 시작되어, 복지정책이 적극적이고 광범위하며 구체적인 방식으로 발전되어 왔다. 예를 들어 구빈 정책의 일환으로 엘리자베스 구빈법(Elizabethan Poor Law, 1601)이 처음 실시되었다. 그러나 엘리자베스 1세의 구빈법은 빈민의 구제보다는 오히려 빈민을 사회불안 요인으로 파악하고 그들을 통제함으로써 사회질서를 유지하는 성격을 지니고 있었다. 1662년 빈민들과 부랑자들이 구호수준이 높은 교구지역으로 이동하는 경향을 보이자 빈민의 이동을 금지하는 거주법 Settlement Act이 생겼다. 1722년에는 빈민들의 비참한 생활과 착취를 개선할 목적으로 작업장 테스트 법 Workhouse Test도 실시하였다. 구호신청을 한 사람에 대한 직접적 도움이 아니라, 작업장에 들어가 임금 없이 주거와 음식만 제공받으면서 일하도록 하는 제도였다. 그러나 작업장의 시설이 열악하고, 비위생적이어서 빈민들도 불가피한 상황이 아니면 작업장 구호를 기피하게 되었다. 그러자 구빈 행정의 억압적 성격을 완화시키고 시설 구제를 확대하는 길버트법(1782)과 저임금 노동자의 임금을 부양자녀 수에 따라 연동적 비율로 보충해 주는 스핀햄랜드법(1795)이 생겨났다. 최저 생활 기준에 미달되는 임금에 대해서 가족 수를 고려하여 부족분을 보조해 주는 최저 생계비 산정이 목적이었다. 그러나 불합리한 시행으로 논란이 생기자 구빈법의 모순을 없애고 합리적인 구빈제도로 변경하기 위해 1834년에 길버트법과 스핀햄랜드법을 폐지하고 새로운 개정구빈법이 제정되었다. 개정구빈법은 지역마다 다른 구빈행정을 통일시키고 빈민 처우를 최저 임금 이하로 제한했으며 노동능력이 있는 빈민들에 대한 작업장 외부의 구제를 중지했다. 육체적으로 노동이 가능한 빈민들에게 일을 하도록 유도하기 위한 것이었다. 또한 중앙기구를 설치하여 구빈조합에 대한 감시 감독을 제도화하였다.

2차 세계대전을 거치면서 국가의 책임을 확대한 복지제도의 골격이 완성되었다. 1945년에 집권한 애틀리 노동당 정부는 국민보험법(National Insurance Act 1946), 국민의료 서비스법(National Health Service Act 1946), 국가지원법(National Assistant Act 1948)등을 제정하여 복지국가로서의 구체적이고 섬세한 복지의 틀을 마련하였다. 국민들의 최저수준Social Minimum을 보장하는 사회주의적 복지제도는 가족수당의 지급, 국가에 의한 의료 서비스 제공 및 완전고용을 전제로 한 강제적 사회보험과 국가가 부조하는 임의보험제도를 보조수단으로 도입하였다. 사회주의적 복지제도의 개념은 빈민법같이 빈민들을 '도와준다'는 인식이 아니라, 도로, 철도 등의 공공 서비스처럼 국가의 책임이라는 인식으로 변화하게 되었다.

1960대 말부터 시작된 경제성장 둔화와 1973-74년의 석유파동으로 인한 경제침체의 여파로 세금수입이 감소되었다. 설상가상 실업 증대에 따른 복지지출이 증가하게 되자 국가의 재정위기가 발생하게 되었고, 복지제도 자체의 실행이 어려울 정도로 위기에 직면하게 되었다. 그러나 1970년대 경제위기를 거치면서 보수당의 대처 정부는 '자유경제'와 '강력한 국가'를 내세웠다. 아울러 대처 정부의 복지제도는 국민 복지에 대해 국가의 책임보다는 개인적 자립 기반의 개인책임을 강조하며, 선별적 복지혜택과 최저 수준의 복지혜택을 제공하는 것으로 변화했다. 대처의 보수당 정부는 국가경쟁력을 강화하는데 성공하였지만, 이 과정에서 소득의 불평등이 심화되었고 복지혜택은 축소되었다.

1997년 신노동당의 블레어 내각은 '일하는 복지Welfare to Work'를 내세우면서 정부는 개인에게 교육과 일자리를 제공할 의무가 있지만 노동의무를 다하지 않는 개인에게 혜택을 제공할 의무는 없다고 주장했다. 신노동당 정부의 '일하는 복지'정책은 개인이 노동능력을 갖추도록 돕는 정책이었고, 직업교육의 기회를 확대하고 일자리 창출에 초점을 두는 적극적인 복지정책이었다.

선별적 복지로 바뀐 영국의 복지제도

영국의 사회보장제도는 국민의료제도National Health Service, 개인사회서비스Personal Social Service 및 사회보장연금Social Security Benefits 등 세 가지로 구성되어 있다.

국민의료제도National Health Service는 모든 국민(6개월 이상 거주 외국인 포함)에게 무료로 공평한 의료 서비스를 제공한다는 취지로 1948년 창설된 이후 꾸준히 지속되고 있다. 각 지역 보건소는 인구수에 비례한 예산을 배정받고, 민간 의료기관들로부터 의료 서비스를 구매하여 환자들에게 공급하는 시스템으로 운영하고 있다. 연간 예산은 약 900억 파운드 GDP의 7% 정도 차지)이고 의료 종사자는 의료진 및 행정요원을 포함하여 약 150만 명 정도이다. 신노동당 내각은 국민의료제도의 재정 부담을 줄이기 위해서 정부-민간 합작Public Private Partnership으로 재량권을 확대하는 방향으로 개혁을 추진하였다. 그러나 의료기술의 발달에 따라 노령화가 가속화되고 의료 서비스 대상자가 전체적으로 증가하는데 비해 적절한 수준의 투자는 이루어지지 못하였다. 따라서 의료 서비스의 질적 저하, 수술 대기 환자의 증가 등 문제점이 부각되었고, 반면 사설 병원을 이용하는 부유층이 증가하게 되었다. 신노동당 내각이 해마다 NHS 예산을 증액해 왔음에도 불구하고 시설 및 의료진이 부족하여 긴급수술을 요하는 환자가 병원을 옮겨 다니는 과정에서 사망하는 사례가 발생하기도 했다. 국민의료제도 전반에 대한 국민적 불만이 가중되자 2004년 6월 민간부문 의료 서비스를 확대하기 위한 예산 확충을 골자로 하는 개선안을 발표했다. 2011년까지 의료 서비스 부분의 예산을 1,100억 파운드로 증액하고, 환자의 진료 대기 기간을 GP(1차 진료기관) 방문 후 18주 이내로 단축하는 것을 목표로 정책을 실시하였다. 또한 영국 내의 어느 의료기관에서도 진료를 받을 수 있도록 환자의 선택 범위를 확대하였고 의사와 간호사의 보수를 증액하였으며 의료기관에 대한 정부의 규제를 완화하였다.

개인사회서비스Personal Social Service는 노인, 아동, 정신질환자, 장애인 등을 대상으로 하는데 각 지역의 사회복지기관Social Services Authorities이 관장한다. 주로 주거 서비스, 주간보호, 재택 서비스 및 각종 서비스를 포함한다. 지역사회 당국과 복지 제공 기관이 노인, 장애인, 아동 등을 대상으로 자원봉사단체들과 연계하고 기술적인 지원이 필요할 경우 연계된 단체를 활용 관리하였다. 자택거주 노인들을 위한 사회보장 상담, 식사배달, 함께 지내기, 세탁서비스, 주간 방문센터, 점심클럽 및 각종 오락 등 복지 서비스를 제공한다. 지역별로 장애인들의 재활과 사회적응 서비스를 제공하며, 가정에서의 생활적응, 식사배달 등으로 재택 장애인 서비스를 제공한다. 또한 결손 및 빈곤가정에 대한 사회복지사 지원 서비스와 저소득층 자녀가 연령에 맞는 교육을 받을 수 있도록 지원하는 슈어스타트Sure Start 프로그램을 실시 중이다. 이것은 특히 저소득층 맞벌이 부부를 위한 취학 전 아동의 보호와 교육을 지원하는 것을 목표로 2008년까지 600여 개의 Sure Start 아동 센터가 설립되었고, 2010년까지 3,500개로 확대되었다.

사회보장연금Social Security Benefits은 기여와 빈곤정도에 따라 기여연금contributory benefits, 비기여연금non-contributory benefits 및 빈곤연금으로 구분되었다. 1992년에 개정된 사회보장 기여연금법에 따라 노령연금, 실업급여, 능력상실연금Incapacity Benefit, 미망인 수당 및 출산수당 등을 지급하였다. 기초노령연금Basic State Retirement Pension의 경우 연금수급 연령은 남자 65세, 여자 60세이나, 여자의 연금수령 연령을 점진적으로 상향조정하고 있다. 또한 고령자는 어떠한 세금도 내지 않는 정책을 도입하고 있다. 또한 기초연금제도 이외에도 소득이 있는 경우 '소득비례연금제도', 기업 활동을 한 경우

'기업연금Occupational Pension' 그리고 개인적으로 예치하는 '개인연금Personal Pension'제도를 보완적으로 채택하였다. 또한 실질 경제능력을 조사하여 소득이 일정 수준 이하인 자에게 지급하는 빈곤연금이 지급되고, 소득 보조, 주택수당, 그리고 저소득 가족에게 일정액을 지원하는 저소득가구 대여금이 지급된다.

보다 현대적인 복지정책도 등장했다. 장애인을 돕기 위한 무보수수당, 기동성수당, 국민 보험을 확대 시행하였고, 1975년 아동 수당을 통과시켰다. 1975년 남녀 성차별법이 통과되어 고용과 교육에서 여성에 대한 차별을 법적으로 금지하였다. 부모, 노인, 부양가족을 지닌 사람들은 취업이 중단될 경우 연금 수급권을 유지할 수 있었고 여기에 주택에 대한 보장 등이 포함되었다. 1978년 내부도시법을 통해 지방정부는 수익이 감소한 산업지역을 지원하였고, 중앙정부는 문제가 있는 도심지역에 새로운 보조금을 제공했다. 1978년 이익분배제도를 도입했고, 1976년 한 부모 가정을 위한 아동수당이 도입되었다.

소수를 위한 복지의 개념도 생겨났다. 당시 대중이 받아들이기에 좀 이른 감이 있는 자유주의적 개혁 법령들이 제정되었다. 그 예로 낙태 허용(1967), 동성연애 허용법(1967), 사형 금지(1965), 이혼법(1969)과 성차별법(1975) 등의 법률이 통과되었다. 일부 언론 매체와 대중들은 지나치게 시대를 앞선 법령이었다고 평가하였다.

DIGEST

94

UNITED KINGDOM

13년간의 풍요

1951년부터 1964년까지 13년간의 풍요

1951년부터 1964년까지 13년간의 풍요를 누린 건 처칠, 이든, 맥밀란, 더글러스 홈 등 4명의 보수당 정치 지도자들이 총리를 지낸 시기였다. 1951년 보수당은 근소한 차이로 노동당을 이기고, 1964년 노동당이 승리할 때까지 13년 동안 집권하였다. 13년 동안 열린 세 차례 총선에서 보수당이 연속적으로 승리하였다.

1953년 젊은 엘리자베스 2세 여왕 시대의 시작은 미래에 대한 낙관주의가 경제적 번영으로 이어졌고, 보수당이 순조롭게 오랫동안 집권할 수 있는 기반이 되었다. 보수당은 균형 있는 지불과 '스톱앤고stop-and-go' 정책으로 전후의 붐을 누리면서, 전후 총선 패배의 경험에서 얻은 교훈으로 애틀리 내각의 사회주의적 복지정책을 대부분 수용하였다. 생활수준의 상승과 소비주의의 태동과 같은 사회적 변화로 인해 새로운 긴장감이 생기고 여성의 지위는 향상되었다. 이민자 유입에 대한 태도가 변화했고 인종차별적 폭력이 가시화되기도 했다. 그리고 새로운 청소년 문화가 출현했다. 대외적으로는 EEC European Economic Community 가입 시도가 있었고, 핵 억지력에 대한 논쟁도 더욱 격렬해졌다. 냉전 상황에서 한국전쟁에 참여했으며 수에즈 사태와 탈식민주의가 가속화되었다.

1951년 처칠 정부는 노동당의 통제 경제와 정반대되는 정책을 시행하였다. 자유시장의 가격원리에 따라 선택적으로 물가정책을 시행하는 선별주의 Selectivism를 도입하였다. 결과적으로 실업률은 낮아지고, 생활수준이 향상되었다. 1950-59년 사이에 소비가 20% 정도 증가했다. 주택보급과 무료 의료서비스와 복지정책뿐만 아니라, 친미 외교 정책, 영국 식민지 독립 등의 문제에서도 노동당과 의견의 합일점에 도달하였다. 2차 대전 이후 전쟁의 재발 방지 노력과, 전시의 희생과 단합, 근면, 절약, 노력으로 더 훌륭하고 공정한 영국재건에 대한 대중들의 기대감으로 정치권의 전후 합의Post-war consensus 분위기가 충만했다.

풍요의 분위기는 1951년 5월 수백만 명의 방문객이 운집했던 전시박람회 영국 축제Festival of Britain에서 가시화되었다. 영국 축제는 기술발달과 사회적 진보로 새로운 세계가 도래했다는 '변화의 표지'가 되었다. 역사학자 케네스 모건Kenneth O. Morgan은 축제가 사람들로 하여금 '성공의 승리감'에 도취하게 했다고 전했다. 과거에 창고와 노동자의 주택지였던 사우스뱅크에 강변 산책로와 공공부지가 마련되었고, 국민들은 과학자와 기술자들이 발휘한 창의적이고 천재적인 발명품들이 전시된 전시장을 돌아다니며 축제를 즐겼고, 수년간의 전쟁 동안 위축되었다가 되살아난 열정을 즐겼다. 영국 축제는 전쟁으로부터의 경제적 · 사회적 회복을 축하하고, 새로운 문화 · 산업 · 디자인의 발전을 장려하는 미래적인 박람회였다.

1955년 건강상의 이유로 처칠이 총리직에서 사임하자, 제2차 세계대전 동안 외무 장관을 지냈던 앤서니 이든Anthony Eden이 총리직을 이어받았다. 오랫동안 외무 장관으로 외교적 능력을 인정받았지만, 총리가 된 후 국내 정치에 덜 치중했고 경제 실무도 부족하다고 평가되었다. 그런데도 1955년 6월 역사상 최저 실업률인 1%(전후 최저 21만 5,800명)을 기록할 정도로 경제적 풍요의 기류는 지속되었다.

이 시기의 풍요는 전후 합의 이후 케인스주의 경제학에 대한 믿음도 한몫을 했다. 시대적 요구에 따라 보수 내각은 혼합경제, 케인스주의 및 광범위한 복지정책에 중점을 두었고, 계획경제에 시장개입을 포함한 혼합 경제mixed economy를 실행하였다. 주요 산업의 국유화, 국민 보건 서비스의 설립과 더불어 경제 회복을 위한 혼합 경제정책이 핵심을 이루었다. 이 통화주의 경제정책은 1970년대 경제 위기가 올 때까지 경제호황을 이루어냈다. 보수당이 집권했던 이 시기는 실업률이 가장 낮았고, 최저 생활수준이 향상되었으며, 전후호황Post-war boom의 풍요로운 시기로 기록되었다.

사회주의적 복지정책에 자유주의적 전환

1956년에 출판된 앤서니 크로스랜드Anthony Crosland의 『사회주의의 미래』는 사회주의적 정책에 가장 큰 영향을 끼친 책 중 하나였다. 노동당의 수정주의적 전환에 관한 주장으로 '수단'과 '목적'을 분명히 제시하여 시대의 변화에 따라 사회주의 사상의 변화를 제시한 것이다. 사회주의의 주목적인 사회적 평등을 실현하기 위해서 국유화와 공공소유 등의 정책이 수단으로서 기능을 수행할 수 있다고 주장했다. 또한 구체적으로 좋은 사회good society를 이루기 위한 국가의 역할에 자유주의적 시각을 융합하였다. 즉 복지연금정책에서 더 나아가 노천카페, 밝고 즐길 수 있는 밤거리, 공공주택, 레퍼토리 극장, 더 친절한 호텔과 식당, 깨끗한 식당, 즐거움을 주는 공원 등이 고려되어야 함을 제시했다.

사회주의 사상을 실현하는 수단으로서의 포괄적 복지정책은 1942년 자유주의 경제학자 윌리엄 베버리지William Beveridge의 사회복지에 대한 보고서에서 비롯되었다. 보수당은 애틀리의 노동당 내각이 착수하고 시행했던 정책에 합의했었고, 이를 받아들였으며 1947년 산업헌장에서 그 변화를 되돌리지 않겠다고 약속했다.

1951년 보수당은 집권 초기 매해 30만 가구의 주택 보급을 약속했다. 전시에 파괴된 주택의 재건을 주택 장관인 헤럴드 맥밀런Harold Macmillan이 직접 감독하였다. 6,000개의 학교를 새로 열었으며, 대학교육을 두 배로 늘렸다. 버틀러 법령(1944)에 의거하여 학교를 3가지로 구분하였는데, 초등학교 아동의 마지막 학년에 11+ 시험을 치른 후(1944년 첫 시행) 어떤 종류의 학교를 갈 것인지 결정했다. 학교는 대학입시를 준비하는 그래머스쿨, 직업교육을 위한 기술학교, 대다수의 기본적인 교육을 위한 중등 현대학교로 구분되었다.

한편 1950대 노동당은 내적 갈등을 겪고 있었다. 노동당 내 우파인 휴 게이트스켈Hugh Gaitskell이 보수당의 약 처방 환자부담정책 도입에 찬성하자, 노동당 내 좌파인 아노이린 베번Aneurin Bevan이 이를 격렬하게 반대했다. 또한, 국가보험기금NIF을 군사 재정비에 사용하기로 결정하자 휴 게이트스켈Hugh Gaitskell이 사임하는 등 노동당 내 분열이 지속되었다. 그뿐만 아니라 국가방위 부담금의 지출과 핵무기 보유에 대해서도 노동당 내부의 의견 합의를 이루지 못했다. 영국 시민들은 당시의 경제적 풍요로움에 매우 만족스러웠고, 내부적 갈등으로 분열된 노동당의 재집권을 원하지 않았다. 이는 국민투표의 결과로 나타났다.

DIGEST

95

UNITED KINGDOM

사회주의 복지정책이 낳은 영국병British Disease

지나친 사회주의적 복지정책

제2차 세계대전 후, 애틀리 노동당의 사회주의적 복지정책은 노동당이 집권을 잡을 때마다 더 강화되었다. 헤럴드 윌슨 총리와 제임스 캘러헌 총리까지 9년간 이어졌던 노동당 정부의 고복지, 고부담 정책과 평등주의적 복지체제가 일반화되자, 일반 노동자와 다른 중산계급의 특권의식이나 특권층에 대한 열망이 점차 희박해졌다. 영국은 장기적인 인플레이션과 노동자들의 시위와 파업에서 헤어나지 못했고, 제2차 오일쇼크까지 발생하자 국가 경쟁력이 곤두박질쳤다.

더구나 1964년 '변화의 바람wind of change'이 불자, 18개 식민지국들이 독립하고 영연방으로 가입함으로써 식민주의에 의존했던 경제적인 패러다임에 근본적인 변화가 왔다. 윌슨의 노동당 내각은 수에즈 운하 등 주둔 병력의 군사적 부담을 덜기 위해 탈식민지화를 찬성했다. 베트남 전쟁이 발발했을 때에도 직접적인 군사 파병을 거부했다. 베트남 전쟁은 영국 내 여론과 노동당 내의 지지를 얻지 못했으며 영국은 파병을 할 수 있는 재정적 여유가 없었다. 1966년 경제적인 어려움이 지속되자 윌슨은 EEC에 가입하려고 노력했지만, 1967년 드골의 거부권 행사로 영국의 EEC 가입은 좌절되었다.

노동당의 헤럴드 윌슨은 이전 보수당 정권의 총리들인 이든, 맥밀런, 더글러스-홈의 이튼 스타일 the Etonian style 특권 계급적인 요소를 갖고 있지 않았다. 총리로서는 최초로 공립학교 출신이었다. 파이프 담배를 피우는 노동 운동가적 이미지를 갖고 있었고, 요크셔 악센트로 연설했기 때문에 노동당의 이미지를 대변했다. 개인보좌관과 일부 신뢰할 수 있는 조언자들과 함께 다우닝가의 부엌에서 자주 회의를 했다고 해서 '부엌 내각 kitchen cabinet'이라 불리는 이들은 더욱 사회주의적 복지정책에 치중했다. 경제적 어려움이 가중되지만, 윌슨 내각은 강력한 복지 정책을 확대 시행했다.

전 생애를 수당으로 보장하는 광범위한 복지제도가 시행되었다. 소득에 따라 83%의 소득세를 내는 높은 과세비율이 적용되었지만, 일률적인 복지혜택을 공급했다. 연금보조, 무료의료는 물론 결혼수당, 임신수당, 아동수당, 미망인 수당에서 장례수당에 이르는 수많은 수당이 지급되었다. 1974년에는 연금이 25% 인상되었으며 식량보조 및 주택 보조금을 위해 2억 파운드가 추가되었고 집세는 동결되었다. 국민보험 혜택은 13%가 증가했고, 1974-5년 사이 사회복지 지출은 9%가 늘었으며 연금은 14%가 인상되었다. 숙련근로자와 비숙련 근로자를 차등하지 않고 일정 비율로 임금을 인상하여 평등주의적 임금정책을 시행하였다. 1975년 가족수당을 인상하였으며 1979년에는 교육, 의료, 사회보장, 주택 등의 복지예산이 전체 예산의 45.7%를 차지했다.

지나친 사회보장제도는 정부의 재정 부담을 크게 늘렸고 만성적인 재정적자를 유발했다. 근로의욕은 약화되었고, 자발적 실업이 증가했다. 조세 부담의 증가로 인한 기업가 정신이 쇠퇴했고, 투자의욕도 감퇴되는 심각한 부작용을 낳았다. 주요 산업이 국유화된 후 관료주의적 경영으로 인해 효율성은 저하되었고, 경쟁이 제한되었으며, 민간부문의 경제적 활력이 저하되는 폐해를 불러 일으켰다. 또한 지나친 복지정책이 노동자들의 근로 의욕을 상실케 하였다. 영국은 국민의 모든 생활을 돌보아 주어야 하는 '유모국가 Nanny State'로 전락하였다. 과도한 복지가 빅토리아 시대에 확립되었던 영국

고유의 자립정신을 훼손했다는 평가를 받기도 했다.

영국병 British Disease

1970년대는 1960년대에 잠재되어 있던 문제점들이 밖으로 표출된 시기였다. 전후의 단합 정신은 무너졌고, 과도한 사회복지와 노조의 막강한 영향력으로 인해 임금은 계속 상승했다. 고복지 · 고비용 · 저효율로 대변되는 과도한 복지정책과 경제정책으로 노동 생산성은 저하되었다. 이러한 영국 노동자의 비능률성을 영국병(英國病, British disease이라 했다. 영국병은 1960년대와 1970년대의 경제 침체의 원인이 되었다고 평가된다.

1960년대와 1970년대 영국 근로자의 생산성은 미국보다 50%가 낮았고 서독보다 25%나 낮은 것으로 평가되었다. 영국 근로자의 생산성과 경쟁력의 저하는 심각한 문제였다. 가령 1971년 영국의 유명 기업인 롤스로이스가 적자를 내자 노동당 내각은 국민의 세금을 투입해서 살리려 했다. 그러나 롤스로이스의 생산 형태는 수작업 방식에 의존하고 있었다. 여러 명의 숙련노동자가 한 대의 자동차를 만들 때, 경쟁사인 미국의 포드 자동차는 혁신적인 컨베이어 시스템conveyer system을 이용해 대량으로 자동차를 만들어내는 생산 방식으로 세계 자동차 시장을 장악하고 있었다.

대영제국의 중산계급이 쇠퇴하자 영국인들의 강점이었던 적극성, 과감성, 냉철함, 끈기, 자기희생, 이타주의 등의 미덕이 사라졌다. 영국 정부가 주요 산업을 국유화한 후 고비용, 저효율적인 노동시장구조로 태만하고 비효율적인 경영구조가 지속되었다. 더구나 1973년 오일쇼크로 인해 영국의 석탄 산업이 호황을 누리며 반사이익을 얻게 되자, 석탄산업노조는 임금인상을 요구하면서 파업을 시작했다. 석탄산업노조의 파업으로 석탄 공급량이 제한되었고 이들의 파업은 철도와 전기 등 공공 부문 노조들의 파업으로 이어졌다. 영국의 총리였던 에드워드 히스는 석탄산업노조에게 석탄 공급량을 제한하는 파업을 멈출 것을 요구했으나 오히려 1974년 총리직에서 낙선하고 말았다. 석탄 노조는 자신들의 요구를 밀어붙였고 임금이 30% 올랐다. 올라간 임금은 인플레이션을 가중시켰고, 인플레이션으로 물가가 오르자 노동자들은

요람에서 무덤까지.

더 많은 임금 인상을 요구하는 악순환이 지속되었다. 이렇게 강성 노조의 무리한 임금인상 요구와 복지 지출 충당을 위한 재정적자의 확대는 영국 경제를 더욱 악화시켰다. 파운드화의 가치 폭락으로 외화 보유고가 급격히 감소하여 전례 없는 통화위기에 직면하자, 노동당 내각의 사회주의적인 경향이 누그러지기 시작하였다.

한때 요람에서 무덤까지를 표방했던 영국의 사회복지 모델은 대규모 경제침체와 만성적 영국병을 가져왔고, 급기야 금융위기에 내몰리게 되었다. 1960년대 영국의 1인당 GDP는 세계 9위였지만, 1971년 15위, 1976년에는 18위까지 급격하게 추락했다. 그리고 1970년대부터 생산성 저하로 전반적인 경제 침체와 영국병에 시달렸으며 1976년에 IMF의 금융 지원을 받는 상황에 이르게 되었다.

DIGEST

96

UNITED KINGDOM

영국의 IMF, "불만의 겨울"

영국의 IMF

1976년 무역 수지 악화와 파운드 위기로 경제적 압박이 심화되었지만, 영국은 이를 지원할 외화 보유고가 없었다. 1973년 공정 환율제도Fair foreign exchange rate system가 붕괴했을 때 경제위기 조짐이 시작되었다. 더구나 1973년 제1차 오일쇼크로 파운드화(貨)의 가치 폭락이 이어지자 잉글랜드 은행은 이를 막기 위해 수십억 파운드를 사용했다. 1차 오일쇼크가 가시지 않은 1974년 집권한 영국 노동당 정부는 사회 보장제도의 확대와 정부공공지출을 확대함으로써 1976년 하반기부터 심각한 경제위기에 봉착하게 되었다.

1976년 윌슨 총리의 후임으로 집권한 제임스 캘러헌James Callaghan은 정치 경험이 많고 노동조합과도 좋은 관계여서 이상적인 지도자로 보였다. 그러나 해결하기 힘든 경제 상황과 사회적 혼란으로 인한 많은 문제들이 적체되어 있었다. 1976년 9월 캘러헌 총리는 정부가 완전고용을 보장하는 '아늑한 세상cosy world'은 끝났다고 선언했다. 또한 경기 침체의 '쌍둥이 악마twin evils'인 '실업률'과 '인플레이션'와 싸우기 위해 경쟁력을 갖춘 생산성을 고려해야 한다고 주장했다. 이전부터 지속되었던 과도한 사회복지로 국고가 바닥이 났기 때문에 복지를 지속할 여력도 없었다. 노조의 막강한 영향력으로 인해 임금은 지속해서 상승했으나, 이에 반해 생산성은 저하되었다.

전반적인 악순환 속에서 당시 중앙은행의 외화 보유고가 바닥이 나자, 같은 해 9월 27일 캘러헌 내각은 IMF International Monetary Fund에서 30억 파운드 상당의 긴급구제 금융지원을 받았지만, 파운드화는 가파르게 하락을 거듭했다. 보수당은 IMF 차관을 국가적인 치욕이라고 비난했으나, 노동당 내각은 경제적 어려움을 극복하기 위해 국제 금융기구에 굴복하고 IMF 차관에 응하였다. 캘러헌 정부는 IMF 위기를 극복하기 위해 초긴축 정책에 돌입했다. 우선 북해유전을 적극 개발하여 석유 수입을 감소시켰다. IMF 차관으로 점차 국제수지가 개선되자 1977년 말부터는 외화 보유고가 다소 호전되었다. 경제가 다소 회복되면서 실업률도 떨어지기 시작했지만, IMF 차관으로 당시 영국의 경제문제를 전면적으로 해결할 수는 없었다. 물가가 급등하자 일반 국민의 경제적인 어려움은 더욱 심해졌다. 설상가상 정부재정의 적자로 더 이상 복지 정책과 실업 구제가 어려워졌다.

IMF 측은 긴급구제금융 차관의 지원 전제조건으로 영국 정부가 경제정책을 전면 개선하고 공공지출을 대폭 삭감할 것을 요구했다. 하지만 영국 정부는 소폭 삭감으로 협상을 하였다. IMF는 영국을 '사치스러운 정부'라고 맹비난했고 IMF의 감시 하에 미국이 조정자 관리를 맡는 신탁통치의 형태를 2년간 지속하였다. 노동당은 노동조합과 민심의 반란으로 79년 5월 총선에서 참패하고 보수당에 정권을 넘겨주었다.

불만의 겨울 the winter of discontent

불만의 겨울은 1978에서 1979년으로 넘어가는 겨울을 말한다. 폭설과 함께 1962년 이래 가장 추운 날씨가 지속되었기 때문에 일부 일자리는 유지 자체가 불가능했다. 더구나 공공부문 노동조합의 광범위한 노동파업에 맞서 노동당 정부가 노동조합 총회를 상대로 급여 상한을 준수하려 하자 폭넓은 임금인상을 요구하는 파업이 발생했다. 거의 모든 직종에서 파업이 일어났다. 환경미화원과 장의사까지 노조 데모에 동참하였다. 성과와 무관하게 평

불만의 겨울.

등한 보수, 파업을 통해서 임금을 올려 받는 현상이 지속되었다. 레너드 제임스 캘러헌Leonard James Callaghan총리 내각이 집권하던 1978년 '불만의 겨울'은 그 절정에 달했다.

불만의 겨울 동안 무리한 파업이 지속되자 노동당에 대한 지지율이 현저하게 떨어졌다. 1978년 노동당이 정한 임금인상률 5%에 대해 노동조합은 더 높은 임금을 요구하였다. 포드Ford사의 로리 운전자들이 9주 동안 파업을 한 후 10% 임금인상을 얻어내자 다른 노조들도 더욱 파업에 동참하였다. 로리 운전자의 파업에 뒤이어 기관사 노조가 파업하자 화물운송과 대중교통의 어려움을 초래했다. 이들의 파업은 공공 부문 노동자들, 병원 운반차, 지방 사무직, 청소부, 묘지기의 파업으로 이어졌다. 1978년에서 1979년 겨울 동안 지속해서 이어진 파업은 1974년 광부 파업만큼 정부에 심각한 도전으로 보였다. 영국이 정부에 의해서가 아니라 마치 노조의 결정에 의해 통치되는 것처럼 여겨졌다. 곳곳에 널려진 쓰레기는 치워지지 않은 채 굴러다녔고, 의료 서비스는 마비되었다. 노조들의 파업으로 인해 평균임금은 10% 정도 상승했지만 '불만의 겨울the winter of discontent'동안 일반 시민의 심리적 불안감이 상승할 수밖에 없었다. 캘러헌 내각이 북해 유전을 개발하는 등 영국의 경제 위기를 극복하려 했으나 경제 회복에는 실패하였다. 결국 1979년 불신임 결의안에 따라 2년 만에 대처의 보수당으로 내각을 넘기게 된다.

DIGEST

97

UNITED KINGDOM

대처주의, 새로운 공감대

영국병을 치료한 대처주의 Thatcherism

'불만의 겨울'을 겪으면서 노동당의 지지율은 현저하게 떨어지고 상대적으로 우세한 지지를 받은 마거릿 대처의 보수당은 총선에서 339석을 차지해 과반보다 43석이나 넘는 압도적 승리를 거두었다. 대처는 전후 합의가 사라진 이유를 영국병 때문이라고 진단하고, 자신의 개인적인 믿음과 경험, 직관을 정책에 반영하였다.

1979년 집권하자마자 마거릿 대처 총리는 저비용 고효율 경제구조로의 전환을 통해 영국병을 치유하고자 했다. 이를 위해 시장경제 원리를 중시하는 경제 전 부문에 걸친 유연화 정책에 착수하고, 1970년대의 어떤 총리도 시도하지 않았던 쓰디쓴 경제 처방으로 일관하였다. 대처의 강경하고 과격한 경제정책에 대해 일반 대중과 내각 내부의 불만이 정점에 달했을 때도 자신의 정책을 철회하지 않고 철저히 밀고 나가는 강력한 스타일 때문에 '철의 여인'이라고 불리기도 한다.

대처는 자신의 정치 · 사회적 직관을 바탕으로 하되, 이넉 파월 Enoch Powell을 비롯한 보수당 내각 지성인들과 뉴 라이트 New Right라고 하는 두뇌 집단

대처리즘을 설파하는 대처총리.

의 조언을 받았다. 뉴 라이 트는 시카고학파의 영향을 받은 경제학자들이 대거 포진하고 있었다. 이들은 사회주의적인 경향이 아니라 자유 시장경제 원칙을 바탕을 둔 세력이었다. 대처는 '개인적인 행동뿐 아니라 개인의 경제적 문제를 국가의 사회복지에만 의존하지 않고 개인 스스로 책임지는 행동이 도의적'이라고 선언했다. 그리고 영국의 경제적 쇠퇴 원인이 전후 내각의 경제정책 실패와 개인의 도덕적 가치가 상실되었기 때문이라고 주장했다. 그녀의 정치적 철학이나 이념에 대한 것보다 그녀의 강력한 정책진행 방식에 대해 대처주의라 일컬어졌다. 대처주의는 1970년대부터 1980년대까지 지속된 문제점에 대해 대처총리가 행한 강경한 대응방식이나 문제 해결능력을 포괄적으로 표현한 것이다.

1979년 대처는 당시 산업 경제구조를 전환하기 위해 자유 시장 원리를 바탕으로 전반적인 경제개혁에 착수하였다. 대처정부의 대표적인 경제정책은 통화주의Monetarism, 국가 재정지출 삭감을 위한 정부 규모 축소, 공기업의 민영화, 자유경쟁 체제로 시장 규제의 완화, 경쟁의 촉진을 위주로 한 산업 전반의 개혁이었다. 대처는 신자유주의를 도입하여 영국병을 해결했고 IMF의 위기를 벗어났다고 평가받았다.

대처 내각의 경제정책

통화주의Monetarism는 대처 내각의 실험적 경제정책이었다. 화폐 공급량을 조절하는 원리로 결국 인플레이션을 동반하는 경제성장을 이루게 된다. 통화주의로 시장의 자유경쟁 체제를 적극적으로 조성하고 통제를 완화하여 공급자 중심의 경제정책을 시행했다. 사업체에 대한 규제를 완화하고 세금을 낮추어 기업을 장려하고, 노동자의 고용과 해고를 용이하게 했다. 대처 내각은 인플레이션을 영국 경제 위기 탈출을 위한 주요 열쇠로 여기고 실업률보다는 경쟁력을 우선시하는 정책을 폈다.

그 과정에서 많은 업체가 문을 닫았고, 제조업 생산량이 줄기도 했으며, 실업률은 1984년 11.8%까지 올랐다. 대신 소득세를 줄여 개인적 소비를 촉진했고, 최상위층 과세율을 하향 조정하여, 사업체가 창출한 이윤으로 후속적인 투자를 할 수 있는 정책을 지속했다. 대처의 통화정책으로 영국은 일시적으로 경제 회복을 이루었지만 통화정책만으로 1980년대 초의 불경기를 극복하지는 못하였다. 1980년대 인플레이션이 15%를 웃돌고, 실업이 급격히 증가하면서 경기 불황에 직면하게 되었고 스태그플레이션stagflation 현상이 생겨났다.

운이 좋았던 것은 북해의 석유와 천연가스의 개발이었다. 또한 주택 건설 붐이 일어나고 금융업과 첨단 기술 사업이 성장하여 1982년부터 1989년까지 연평균 성장률이 2.5~3%에 달했다. 대처의 두 번째 재임 시기인 1980년대 중반에 인플레이션이 감소하고 노동생산성이 향상되었다. 1980년대 말 대처 내각의 보수주의적 거시 경제의 시행으로 경제가 빠르게 확장되었는데, 당시 재무 장관 나이절 로슨Nigel Lawson의 이름을 빌려 로슨 붐 Lawson boom이라고도 한다.

대처는 정부 규모를 축소하고, 정부의 예산관리 체계를 개선하여 간소화하였다. 1980년 75만 명에 달하던 공무원 수를 1987년 64만 명으로 감축하였다. 정부 차입을 줄이고, 지방정부 보조금을 삭감하고 NHS를 포함한 모든 사회복지 정책의 재정 지출을 축소하였다. 역사상 최악의 지출 삭감 예산안으로 알려질 정도였다. 대처는 정부의 소비보다 개인의 지출이 더 효율적이라고 믿었다. 이러한 믿음을 기반으로 소득세와 같은 직접세보다는 서비스와 상품 구매에 부과되는 간접 세금VAT, Value Added Tax으로 소비에 따른 세금을 징수하였다. 1988년까지 소득세는 83%에서 40%로 내리고 간접세금은 8%에서 15%로 올리면서 석유, 담배, 알코올에 대한 세금 유입이 증가했다.

소득세와 같은 직접세를 줄여 소득을 저축하게 함으로써 부의 축적을 통한 부익부(富益富)의 동기를 주었다. 반면 저축 여력이 없는 가난한 사람의 빈익빈(貧益貧)을 가중시켰다는 비난을 받기도 했다. 대처는 노동당의 과도한 복지를 자원낭비로 비난하며, 지방정부의 공공소비를 축소했으므로 노동당과 지속적인 충돌을 일으켰다.

공기업의 민영화는 대처 내각의 핵심적인 경제정책 중의 하나였다. 대처는 경제 효율성이 경쟁 체제와 연관이 있다고 판단했다. 따라서 자유경제 시장 이론을 교육, 의료, 국유 산업 등에 도입하여 기간산업을 민영화함으로써 내적 경쟁력을 강화하고자 시도했다. 1979년 영국 석유 회사BP, British Petroleum, 1980년 영국 항공, 1984년 영국 전기통신, 1986년에 영국 가스가 사유화되었고, 개인 투자자의 참여를 허용했다. 1979년에서 1990년까지 기간산업의 주식을 소유한 개인의 숫자가 3백만 명에서 9백만 명으로 증가했다.

1990년까지 이어진 자유경쟁 체제는 영국 경제의 중요한 전환점이 되었다. 공급자 중심의 자유경쟁 체제를 위한 경제정책의 또 다른 핵심적 요소는 규제 완화이다. 대처 정부는 규제를 줄여 사업 거래를 쉽게 하고 부의 창출과 기업가 정신을 장려하여 경쟁을 촉진했다. 창업을 장려했고, 소규모 사업을 위한 출자금을 빌려주거나, 신생업체의 피고용인에게 주당 40파운드를 일 년간 지급했다. 그뿐만 아니라 1986년 런던 증권거래소의 규제를 풀어 컴퓨터 거래가 가능한 자유경쟁 체제로 바뀌게 되어 외국 은행이 증권 중개를 할 수 있었다. 증권 수수료 규제를 철폐하자 금융 자유화의 '빅뱅'이 일어났고, 런던은 세계적인 경제 중심 도시로 변모되었다. 새로운 딜러들과 투자자들이 계속 생겨났다.

런던은 세계의 금융 도시로 탈바꿈했고, 월 스트리트Wall Street와 경쟁하면서 금융 서비스는 영국의 가장 중요한 수출산업 중의 하나가 되었다. 노동력에 의존하던 산업은 치열한 외국과의 경쟁을 위한 기술혁신으로 어려움을 극복했다. 제조업과 중공업 중심의 산업구조는 서비스업 중심으로 변모해갔다. 1980년대 도시에 사는 젊고 세련된 고소득 전문직 종사자를 일컫는 여피족Yuppie은 1980년대의 상징적 이미지가 되었다.

1980년 주택법으로 임대주택의 세입자들이 임대 기간에 따라서 33~50%의 할인을 받아 임대주택을 살 수 있게 만들었다. 개인주택 소유권을 확대하자 일반 대중과 대중 매체의 지지를 얻었다. 1988년에는 2백만의 새로운 집 소유자가 임대주택을 구매할 수 있는 혜택을 받았고, 이것은 대처리즘 성공의 상징이 되었다. 집 소유권에 대해서 반대 견해를 갖고 있던 노동당도 이 정책에 대한 대중의 인기가 올라가자 반대할 수 없는 입장이 되었다.

대처리즘으로 노조의 막강했던 힘이 쇠퇴하였다. 1971년 대규모 파업으로 경제 침체가 도래했던 기억이 사라지기도 전에, 대처의 경제정책에 대해 반감을 보였던 노조가 파업을 시작하였다. 의료 서비스 노조와 공공 노동자 노조의 시위는 더 격렬하게 변모했고, 교사 노조의 근무 조건에 관한 장기간 분쟁이 1980년대 중반까지 지속되었다.

대처 내각은 산업과 시장의 변화를 포용하는 정책을 시행했다. 대처 총리의 재임 시기인 1980년대는 전반적으로 생산성이 향상되었다. GDP는 평균적으로 2.2%가 성장했으며, 여행, 금융, 매체, 소매 등의 서비스 산업이 발달하여 영국 경제가 전반적으로 성장했다.

포클랜드 전쟁과 새로운 공감대

1980년대 초반 대처 총리는 강경한 정책으로 일관하여 역사상 가장 인기 없는 총리로 평가받고 있었다. 그러나 1982년에 발발한 아르헨티나와의 포클랜드 전쟁Falklands War에서 승리하자 대중의 열광적인 지지를 받았고 애국심이라는 새로운 공감대를 형성하여 1983년 총선에서 압도적인 승리를 거두며 영웅으로 떠오를 수 있었다.

포클랜드 전쟁은 남대서양에 위치한 포클랜드를 두고 아르헨티나와 영국 사이에 벌어진 10주간의 전쟁이다. 포클랜드는 서 포클랜드와 동 포클랜드

2개의 섬과 200여 개의 작은 섬으로 이루어진 군도이며 당시 아르헨티나와 영국의 영유권 분쟁지역이었다. 1982년 4월 2일 아르헨티나가 영국령 포클랜드 제도를 기습 공격하여 점령하고 영유권을 주장하자, 대처 총리는 이에 즉각 대응하였다. 대처는 3척의 함대와 공군을 즉시 파견했고 4월 5일 수륙 공습을 감행하였다. 대처는 아르헨티나와 외교를 단절하고 국제사회의 지지와 동맹국인 미국의 지지를 얻어 전쟁을 시작하여 승리로 이끌었다. 전쟁은 74일 동안 지속되었다. 아르헨티나가 1982년 6월 4일 항복하면서 포클랜드 섬은 다시 영국에 속하게 되었다.

국내의 경제 침체가 심각한 상황에서 지구의 반 바퀴나 떨어져 있는 포클랜드까지 함대와 항공기를 파견하는 전쟁 이득이 없을 것이라고 주장하면서 노동당은 반전의 분위기를 드높였다. 포클랜드는 1841년부터 영국의 식민지가 되었기 때문에 19세기 초부터 많은 영국 정착민들이 거주하고 있었다. 따라서 영국 국내에서는 아르헨티나의 포클랜드 점령을 규탄하는 애국심의 물결이 일었고, 신문 매체들은 포클랜드의 탈환을 요구했다. 대처는 당시의 경제적 어려움과 전쟁에 대한 반대 여론에도 불구하고 포클랜드로 군대를 파병하여 맞대응했다. 함대와 항공기를 이용해 영국군을 파병했고, 영국 해군의 벌컨 폭격기Vulcan bomber는 공중급유까지 받으면서 왕복 7천 킬로미터를 날아갔다. 치열한 전투 끝에 영국군은 258명의 전사자를 내고 승리하였다. 이 승리는 대영제국의 자부심을 되찾아 주었으며 대처는 전쟁에서 이긴 영웅적 총리가 되었다.

포클랜드 전쟁의 승리로 인해 영국인은 자부심과 만족감으로 고취되었다. 전쟁은 빈부격차, 실업, 파운드 절하와 같은 국내 문제에서 시선을 밖으로 돌리게 했다. 영국이 한때 누렸던 강력한 해군력의 위상을 보여준 명예와 품위를 대처가 실현했다고 평가되었으며, 그 여세를 몰아 1983년 총선에서 대처 총리가 압승하여 재집권에 성공하였다.

대처 내각의 몰락

대처 내각의 노동조합에 대한 지속적 강경 대처는 포클랜드 전쟁 이후 대처 내각에 대한 지지도의 하락를 가져왔다. 대처 내각은 노조 간부의 면책특권을 제한하고, 1984년 동조 파업secondary picketing을 불법화했으며, 파업 결정을 위한 비밀투표를 의무화했다. 1988년 클로드숍(노조의 의무 가입) 조항을 삭제했으며, 1990년 노동자 노조 비가입 보장 등 노동조합을 규제하는 강경조치를 연속해서 취했다.

대처 내각은 개개인의 소득과 세금에 양면적 영향을 주었다. 조세제도의 개혁으로 개인 소득이 늘고 부의 축적이 가능했다. 1979년과 1988년 두 차례의 조세제도 개혁이 있었는데, 기본 소득세율을 33%에서 22%로 인하했다. 최고 세율은 불로소득unearned income의 경우 98%와 소득 최고 세율인 경우 83%를 모두 40%로 인하했으며, 최저 세율은 25%에서 10%로 인하했다. 부가세는 8%에서 17.5%로 증가했지만 생필품에 대한 부가세는 면세했고 그 외에는 일률적으로 15%를 부가했다. 그러나 대처 내각의 몰락에 일조한 것은 1990년 인두세poll tax, 지역 주민세)를 시행이었다. 인두세로 지방정부 재정을 개혁하려는 의도였다. 인두세의 주요 목적은 모든 사람이 공정하게 세금을 내고 지방정부는 유권자에게 세금 사용처를 설명하도록 하고자 했다. 이전에 지방 세입은 자산 기반이었으므로 주택 소유자만 세금을 냈다. 대처 내각은 세금에 대한 공평성과 지방정부의 세금 사용처 설명을 명시함으로써 지방정부가 책임감을 느끼고 효율적으로 세금을 사용해야 한다고 주장한 것이다. 그러나 가난한 연금 수급자들이 부자와 똑같은 세금을 내야 하는가에 대해서 노동당은 동의하지 않았고 강한 조세저항을 불러왔다. 인두세는 스코틀랜드에서 1989년 최초로 도입되었지만 시행 초기부터 반대에 부딪혔다. 그런데도 웨일스와 잉글랜드로 확대 도입하자, 인두세 반대 조합들이 전국 각처에서 생겨났고 세금을 내지 않는 사람들이 30%에 이르게 되었다. 1990년 3월 트래펄가 광장에서 열린 인두세 반대 시위에 20여만 명이 참석하기도 했다. 이 시위에서 약 5,000여 명이 다치고 300여 명이 체포되었다.

DIGEST

98

UNITED KINGDOM

신노동당의 시대, 블레어 총리의 제3의 물결

신노동당의 시대

토니 블레어와 고든 브라운이 1997년부터 2010년까지 '신노동당 시대'를 열었다. 1997년 총선에서 노동당이 압승하고 당수인 토니 블레어가 총리로 취임함으로써 18년 만에 정권 교체가 이루어졌다. 신노동당은 '구태의연한 사상이 아니라 이상을 실현하려고 하는 당이며 무엇이 효과적인지 계산할 것이며, 목표는 급진적이지만 수단은 현대적일 것'이라고 선언했다.

1990년대 후반부터 노동당의 지지도가 서서히 되살아났는데, 노동당의 내적 개혁에서 비롯되었다. 그 기반을 다지는데 전임 당수였던 닐 키넉Neil Kinnock과 존 스미스John Smith의 역할과 공헌이 있었다. 닐 키넉은 1983년에서 1987년까지 노동당을 많이 변화시켰지만 1987년 총선에서 패배했다. 키넉은 정당을 재편성하고 정책을 철저히 점검해 전문성이 있는 정책을 제시함으로써 현대적인 정치 이미지와 역량을 보여주었다. 키넉은 1989년 조합원 사업소에 대한 지원을 단절하겠다고 선언하여 노조와 분리를 꾀했다. 그러나 1992년 보수당의 존 메이저가 선거에서 승리하자 사임했다. 이후 보수당이 서서히 지지를 잃게 되자 노동당이 대안적인 정부로 보이기 시작했

토니 블레어의 제 3의 물결.

다. 키넉에 뒤이어 노동당의 당수가 된 존 스미스John Smith는 경제면에서 조예가 깊고 진지하고 믿을 만한 사람이었다. 1993년 의회 입후보자에서 1인 1표를 도입했고, 노조가 블록 투표(대표하는 사람 수만큼 대의원의 표를 인정 하는 투표방식)를 하지 못하도록 개혁하여 노동당의 변화를 가져왔다. 그러나 1994년 55세의 나이에 심장마비로 사망하고 말았다. 이후 당수의 자리를 두고 토니 블레어와 고든 브라운이 경합을 벌였다. 두 사람은 사무실을 함께 쓰기도 했고, 노동당 혁신주의자로서도 공통점이 많았다. 고든 브라운이 더 경험이 많은 정치인이었지만, 블레어가 지도부를 맡기로 하고, 브라운이 그의 내각을 위한 전략과 정책 전문가가 되기로 합의하였다. 이것은 블레어 이후에 브라운이 지도부를 이어 간다는 암묵적 파트너십이었다.

블레어는 고든 브라운, 피터 만델슨Peter Mandelson과 함께 노동당을 개혁하고, 국유화 정책을 자유 경쟁 시장 정책으로 전환하여 '신노동당New Labour'의 이미지를 구축하였다. 블레어는 고든 브라운과 갈등이 있었지만 동반자적 관계를 유지했고, 노동당의 이미지를 쇄신하기 위해 피터 만델슨의 조언을 받아들였다. 국제 두뇌 집단의 회장이면서 유럽연합의 무역 위원장이었던 피터 만델슨은 경쟁의 효율성, 즉 경쟁에 의해서 혁신과 창조가 생긴다는 점을 강조했다. 그는 무역 장벽을 통한 보호주의보다 상호 개방을 통해서 경제를 일으켜야 한다고 주장했고 블레어와 고든 브라운은 그의 조언을 받아들였다. 특히 블레어는 노동당의 과거 청산을 보여 주기 위해서 드라마틱 한 정책의 변화를 보여주고자 했다. 블레어는 생산수단의 공유화를 명시한 당헌 제4조를 폐기하고, 사회주의를 지나치게 표방하는 노동당이라는 이미지를 벗어버리려 노력하였다. 당시는 동유럽의 공산주의가 붕괴하고 정치철학으로서 사회주의가 와해하고 있었다. 블레어는 시대에 뒤떨어진 사회주의적 개념을 빼고, 대신에 현대적인 자본 경제를 포함함으로써 노동당이 더 이상 세금 소비적인 경제정책을 펼치는 당이 아니라는 것을 보여주고자 했다. 재무장관 고든 브라운은 노동당이 경제적 능력이 있는 신중한 당이라는 이미지를 심기 위해서 보수당의 공공 소비 계획을 따르기도 했다.

블레어 내각은 잠재적인 유권자의 시선을 끌기 위해, 이해하기 쉬운 5대 공약을 만들어냈다. 가령 5, 6, 7세 아동의 학급 규모를 30명 미만으로 축소하였고, 소년범에 대한 처벌과정 간소화, NHS의 대기시간 축소, 25세 미만 청년 수당을 받고 있던 25만 명의 청년 일자리 창출, 소득세 유지, 난방에 대한 VAT 5% 감축, 낮은 인플레이션 유지, 최저 이자율 등의 공약에 대해서 이를 위한 각각의 자금 마련 방법과 함께 발표했다. 또한 보수당이 한때 선거 전략으로 '극단적인 사회주의 노동당'이라고 비난했을 때 멀어졌던 유권자들에게 특히 호소력이 있을 만한 정책을 발굴하고 이를 제시했다. 유권자들은 이때를 '변화의 시간'으로 인식하고 보수당의 승리를 막기 위해서 전략적 반토리당 투표Tactical anti-Tory voting를 했다는 분석도 있었다. 유권자들이 토리당(보수당)의 승리를 막기 위해서 투표 결과를 살펴보면서 보수당 이외의 다른 당에 투표하는 식의 전략을 썼다는 것이다. 이처럼 많은 유권자가 새로운 시대를 희망했다. 젊은 의원과 여성 의원을 대거 합류시켜 새로운 아이디어를 추구했던 노동당은, 1966년 이래 최초로 가장 강력한 다수의 지지를 얻게 되었다.

블레어는 유럽연합과의 유대관계를 강화하면서 분열된 모습에서 탈피하여 총선에서 3회 연속(1997년, 2001년, 2005년) 노동당을 승리로 이끌었다. 블레어 내각은 영국 내의 금융개방성을 높이면서 복지정책을 복원하는 한편 복지의 상당 부분을 시장 원리에 맡겨 효율성을 달성하는 체제로 전환하고자 했다. 블레어는 1997년 노동당이 18년 만에 선거에서 승리할 수 있었던 조건을 그대로 정책에 반영하고자 노력했다. 보수당 내부의 분열과 스캔들로 인해 노동당이 압승할 수 있었다는 분석과, 노동당의 지지가 오래가지 않을 것이라는 우려가 노동당 내부에 존재했기 때문이다. 노동당 내에 블레어와 브라운 간의 갈등이 존재했으나, 외부 매체로 이런 갈등이 유출되지 않도록 통제함으로써 정권을 유지하였다. 토니 블레어는 10년(1997년-2007년)을 집권했는데 전후 대처 총리에 뒤이어 두 번째 최장수 총리가 되었다.

블레어 총리의 제3의 물결

노동당은 40대의 젊은 당수 토니 블레어Tony Blair의 주도 아래 제3의 물결을 채택했다. 단순한 브랜딩이 아니라 영국의 사회학자인 안소니 기든스Anthony Giddens의 생각에 입각한 제3의 전략을 시도하였다. 블레어 총리는 사회주의적 기본 가치인 소득분배를 위한 정책에서 벗어나 경제 향상과 북아일랜드와의 화해 정책에 초점을 맞추었다. 기존 노동당의 노선과 거리를 두는 반면 대처리즘의 정책 일부를 받아들임으로써 중간적인 방향을 채택했다. 이러한 노선을 앤서니 기든스Anthony Giddens의 저서에 근거하여 "제3의 물결"이라 부른다. 블레어는 대처와 메이저 정책의 많은 부분과 노조개혁에 대한 관점도 인정하고 받아들여 민영화된 많은 국가사업을 다시 국영화하지 않았다. 블레어는 공공 서비스를 위해서 사용자가 원하는 것을 해주는 한 국영이든 민영이든 그것이 중요하지 않다고 주장했다. 이것이 '제3의 물결'이라는 호평도 있지만 블레어가 그 어느 쪽도 대변하지 않았다는 비평을 받기도 했다.

토니 블레어는 대중과의 소통에 능숙했다. 특히 중산층에게 설득력이 있었고, 온건한 분위기로 여성과 젊은 유권자의 지지를 얻었다. 보수당의 불법행위와 스캔들의 진창에 지친 유권자들에게 이러한 노동당의 면모는 신선하고 생기 가득해 보였다. 양당의 상반된 이미지는 연일 언론 매체에 반영되었다. 블레어는 언론과의 관계를 위해서 이전 언론인으로 경험을 가진 앨러스테어 캠벨Alastair Campbell을 언론 담당 비서로 고용했다. 노동당은 보수당의 공격을 논박하거나 노동당의 정책을 알리는데 언론 매체를 효과적으로 사용했다. 블레어는 대중 매체를 대처하는데 능숙할 뿐 아니라 카리스마가 있는 지도자로 평가되었다. 정치색이 없는 TV 프로그램에도 등장하여 능숙하게 일반 대중과 대화하는 면모를 보였다. 특권층에 해당하는 출신 배경을 갖고 있음에도 불구하고 그는 자신을 평범한 보통 사람으로 낮추어 언급했다. 말하는 방법이나 편안한 복장 등으로 보통 사람이라는 호평을 얻었다. 그는 또한 대학생활 동안 록밴드 활동과 로컬 축구팀을 응원하는 등 유권자들에게 다가갈 수 있는 요소를 어필할 줄 아는 인물이었다. 예를 들면, 1997년 프랑스 파리에서 영국의 황태자비였던 다이애나 스펜서가 자동차 사고로 사망한 사고가 발생했을 때 블레어는 두드러진 공감능력을 보여주었다. 이 사고는 황태자비 암살 음모와 영국 왕실의 도덕성에 대한 대중의 관심을 증폭시킨 사건이었다. 영국 일간지 데일리 미러는 암살 위험을 느끼던 다이애나비의 친필 편지를 폭로함으로써 자동차 사고를 위장한 암살 의혹을 제기했다. 다이애나의 죽음에 대해서 냉담했던 영국 왕실에 비해서 블레어는 국민들과 함께 애도했고, '국민의 왕세자비'라고 칭송했다. 다이애나 황태자비에 대한 동정심을 보여주지 않아 전례 없는 비난을 받았던 왕실 가족과는 완전히 대조적인 이미지로 블레어의 지지도는 93%에 이르게 되었다.

DIGEST

99

UNITED KINGDOM

아프간 전쟁에 참여

2001년부터 2014년까지 13년간의 아프간 전쟁

13년간 이어진 아프간 전쟁은 2001년 9월 11일 이슬람 무장 단체 알카에다 집단이 미국 세계 무역센터를 폭파시킨 테러 사건에 의해서 촉발되었다. 2001년 9월 11일 이슬람 테러 단체 알 카에다에 의한 테러가 발생하자 9월 13일 미국의 조지 W 부시 대통령은 군사적 보복을 명령했고 하원으로부터 '테러와의 전쟁Global War on Terrorism'을 위해 120억 달러의 예산을 추가 배정 받았다. 9월 20일 부시 대통령은 급진적인 네트워크를 가지고 있는 테러 집단과 이들을 지원하는 모든 국가를 적이라고 규정하고 전쟁을 선포했다. 미국은 탈레반에게 오사마 빈 라덴의 인도와 알카에다의 축출을 요구했다. 오사마 빈 라덴은 1998년 이래로 미국의 수배령이 내려진 상태였다. 그러나 탈레반은 이를 거부했다. 조지 부시 대통령은 이라크를 '악의 축'이라고 규정하고 핵 개발 의혹과 대량 살상 무기의 폐기, 이라크의 무장해제, 아프가니스탄내의 알카에다 해체 및 후세인의 탈레반 정권 축출을 천명했다. 미국은 2001년 10월 7일 영국과 함께 항구적 자유 작전Operation Enduring Freedom을 개시했다. 아프간 전쟁을 지원하기 위해 유엔안전보장 이사회는 국제안보지

항구적 자유작전.

원군을 설립하고 43개국에서 군대가 파견되었다.

그러나 영국 국내에서는 반전 여론이 높았다. 오사마 빈 라덴을 잡겠다는 미국의 의지에 대해서 세계 여론이 지지를 보였던 것과는 달리, 이라크 전쟁에 대해서는 전통적으로 친미성향을 보이던 보수당이 반대를 표했다. 그럼에도 불구하고 블레어 총리는 2001년 아프가니스탄과 2003년 이라크 침공 당시 영국 군대를 파견하는 등, 조지 W. 부시 대통령의 전쟁을 지지했다. 2001년 10월 7일 미국과 영국은 미사일과 항공기로 아프간 전역을 공습하여 전쟁을 시작했다. 또한 동시에 아프가니스탄 중부 반탈레반 부족 하자라족의 거주 지역에 개인 식량을 투하하여 탈레반 공격을 종용했다. 영국은 2001년 11월 지상군 배치에 관여했다. 영국군은 미국과 함께 이라크 군사시설을 공격했으며, 북대서양조약기구NATO와 집단방위 체제를 통해 '테러와의 전쟁'에 적극적으로 참여했다.

2001년 5월 국제안보지원군은 파키스탄 국경지대에서 산악사자 작전을 개시해 2개월 동안 아프간 동부 산악 동굴 지대를 수색하여 탈레반 군대와 알카에다 잔당을 소탕하였다. 11월 탈레반 정권은 남부로 후퇴하였다. 2001년 11월 탈레반에 반대하는 아프간 북부 동맹군과 함께 탈레반 정부와 싸우기 위해 특수부대가 투입되었다. 11월 3일 카불이 최초로 점령되었고 12월에는 칸다하르가 몰락했다. 탈레반 정권은 완전히 붕괴하였다. 2002년과 2003년 과도정부가 수립되었지만, 도주한 탈레반 지도자와 잔당들이 계속 항전을 벌였다. 아프간 전역은 유혈 충돌로 혼란에 휩싸이게 되었다. 무하마드 오마르가 탈레반을 재조직하여 국제안보지원군ISAF과 정부에 맞서 반란을 일으켰다. 탈레반의 무기는 열악했고 수적으로도 불리했지만 무장단체 반군들은 게릴라전, 매복, 자살테러, 변절자 살해 등으로 전쟁을 소모전으로 이끌었다. 2005년에는 21명의 자살 폭탄 테러가 발생했고 2006년에는 141건의 자살 폭탄 테러가 발생했다. 2006년에는 차량을 겨냥한 폭발장치IED를 사용하여 1,297대의 차량이 파손되었다. 결국 2011년 5월 1일 미국의 특수부대 네이비 실이 파키스탄 아보타바드에서 오사마 빈 라덴을 사살함으로써 전쟁이 종료되는 급반전을 이루었다. 2012년 5월 NATO 지도자들이 시카고 회담에서 군대 철수를 지지했고 2014년 12월 주요작전을 종료함으로써 잔여 병력을 아프가니스탄에서 철수하게 된다. 2014년 10월 영국군이 헬만드 주에 위치한 마지막 기지를 아프가니스탄 군에 인계했고, 이것은 영국군의 전투가 공식적으로 종료되었음을 의미했다. 2014년 12월 미국과 북대서양조약기구는 아프가니스탄에서의 전쟁 종료를 선언하고 철수에 착수하였다.

이 전쟁으로 수많은 사람이 전쟁에서 사망했다. 4,000여 명 이상의 국제 안보지원군이 사망했고, 15,000명 이상의 아프가니스탄 국가 보안군 및 31,000명 이상의 아프가니스탄 민간인이 사망했다. 이 전쟁으로 총 456명의 영국군이 목숨을 잃었다. 이는 이라크 전이나 포클랜드 전보다 높은 사망률이었다. 또한 이 전쟁으로 영국은 400억 파운드의 전쟁비용을 소비했다. 블레어가 주장했던 전쟁 참여의 명분은 중동 지역의 민주주의 확대, 인권 신장, 영국의 석유 및 금융 산업의 보호였다. 그러나 미국의 신보수주의(네오콘) 세력이 저렴한 원유의 공급선을 지키기 위해서 전쟁을 추진한 과정이 폭로되자, 블레어는 이라크 전에 대한 비판적인 여론과 더불어 '부시의 푸들Bush's Poodle'이라는 치욕적인 별명을 얻게 된다. 블레어는 불필요하고 정당화될 수 없는 이라크 전쟁을 일으켰다는 비난을 받았고, 심지어 전쟁범죄 혐의로 기소해 달라고 요청하는 청원서가 헤이그의 국제 형사 법원에 제출되기도 했다

DIGEST

100

UNITED KINGDOM

브렉시트, 유럽연합 탈퇴

브렉시트Brexit**, 유럽 연합 탈퇴**

2016년 6월 23일, 영국의 유럽연합EU 탈퇴 여부에 관한 국민투표 결과 51.9%의 지지를 받으면서 브렉시트가 확정되었다. 데이비드 캐머런 총리는 EU 잔류 결과를 예상하고 국민투표에 부쳤으나 예상치 못한 결과가 나오자 책임을 지고 총리직에서 물러났다. EU와의 협상은 새로운 총리가 맡아야 한다며 캐머런이 물러나고, 내무장관이던 테레사 메이Theresa May가 차기 총리로 결정되었다.

1970년~1980년대부터 영국의 경제위기 탈출을 도와준 EU과 유럽 공동체로부터 탈퇴하자는 주장이 있었다. 영국이 유럽 공동체 내의 경제적 빈부격차가 있는 국가들 간에 경제적인 의존도가 높은 것에 대한 부담감을 회피하고 싶은 것이었다. 또한 영국인들 사이에는 영국은 유럽이 아니라는 전통적인 인식이 남아 있기도 했다. 영국은 여전히 열강에 속해 있고 2010년 영국 경제 규모는 세계 5위였으며 출산율이 높아 미래 전망도 긍정적이었으므로 EU에 굳이 속하지 않아도 된다는 의견이 존재했던 것이다.

브렉시트 찬성 51.9% 결과는 영국 의회 내 찬반의 혼란을 반영한 것이기

브렉시트.

도 하였다. 보수당 내부의 유럽통합 회의주의자, 극우주의자와 영국 독립당은 브렉시트를 찬성하는 쪽이었다. 특히 보수당 내의 전 런던 시장 보리스 존슨Boris Johnson과 법무부 장관 마이클 고브Michael Gove가 브렉시트에 찬성하면서 여론도 같은 방향으로 기울었다. 이들은 EU가 규정한 환경, 노동, 행정 규제와 그리스 구제 금융 지원 문제에 대한 공동책임을 완강하게 반대했다. 보수당 내부 유럽통합 회의주의자들은 EU가 영국의 주권과 자율성을 제약하고 있다고 주장했다. 또한 이들은 영국이 EU에 속해 있지 않는데도 EU 국가의 재정 위기에 대해서 1년에 110억 파운드의 구제 금융 지원금을 지급해야 하는 부담감에 대해서 공공연히 불만을 표출했다. 오히려 EU 국가에 대한 지원배당금과 난민 유입에 사용되는 자금을 국내 경제에 재투자하여 영국의 경제적 이익을 극대화하는 것이 낫다는 의견이 있었고 이 의견이 승리한 것이다.

반면에 노동당, 녹색당, 자유민주당과 데이비드 캐머런이 속해 있는 보수당 내의 유럽연합주의자는 브렉시트에 반대했다. 이들은 EU 내 각각의 국가 또는 국가적 정체성을 초월하여 공통의 규범과 가치로 유럽을 하나로 통합하고 일체성을 높이고자 하는 미래적 가치에 기반을 두었다. EU 회원국들은 정치적 경제적 통합을 강화하고, 유럽 단일 화폐를 사용하며, 외교, 안보, 시민권 등의 분야에서 협력할 것을 마스트리흐트 조약(Maastricht Treaty, 1992년)

에서 체결했다. 영국이 유럽과의 관계에서 주요한 역할과 영향을 주고받고 있었기 때문에, 데이비드 캐머런은 대다수 영국민들도 브렉시트에 반대할 것이라고 오판했다.

브렉시트의 찬반 선택을 두고 영국 시민들의 세대, 계층, 지역별로 입장이 뚜렷이 갈렸다. 가디언의 여론조사에 따르면, 저소득층, 저학력자, 중장년층이 브렉시트를 찬성했고, 반면 고소득층, 고학력층, 젊은 층이 EU 잔류를 주장했다. 정당 지지층별로는 보수당의 경우 브렉시트와 EU 잔류가 5 대 5로 비슷했고, 노동당과 자민당의 경우 3 대 7 정도로 브렉시트를 반대했다. 영국은 노년층들의 우파 지지율이 높은데 브렉시트를 위한 국민투표에서 이들 노년층의 투표율이 매우 높았기 때문에 결과적으로 브렉시트 찬성 결과가 나온 것으로 평가되기도 했다.

정치적 불만족보다 최근 EU의 이민 유입과 거주 자유법에 의한 수백만의 이동 인구에 대한 두려움이 브렉시트 찬성에 표를 던지게 한 원인이라고 평가되기도 했다. 영국은 다양한 국가정책을 통해 실업률이 낮은 편이었는데 최근 인구 유입이 증가하자 일반 시민들이 과거에 겪었던 실업의 경험이 되살아났다. 이민자들의 저임금 노동으로 인해 급여수준이 저하되거나, 범죄 경력자를 걸러내는 장치 여부가 영국 시민에게는 민감한 사안이었다. 더구나 EU에서 난민 할당제의 도입이 거론되자, 런던 폭동과 같은 갈등과 소요의 전례 때문에 불안감이 급증했으며, 이는 이민자들에 대한 반감으로 작용했다. 또한 영국 사회 엘리트층이 빠져나가면서 정치 지형이 보수화 및 우경화되었고, 영국은 다른 유럽 국가들과 다르다는 이질감이 드러난 것이라는 평가도 있다. 브렉시트의 여파로 인한 외교적, 경제적인 손해를 감수하고라도 브렉시트에 찬성하는 의견이 평범한 영국 유권자들의 과반수가 넘은 것이었다. 또한 EU가 규정하는 생산자가 지켜야 할 안전, 노동, 환경, 자원 규제가 까다롭고 복잡해서 생산자와 자본가들은 EU에 반대하는 입장이었다. 브렉시트를 찬성하는 입장에서는 이러한 규제 때문에 영국 산업이 피해를 받고 있다고 보았다. EU를 탈퇴할 경우 일괄적인 규제에서 자유로운 생산과 자본의 흐름이 있을 것이라는 기대가 있었다. 그뿐만 아니라 정치, 사회, 경제적 문제로 EU가 비판하거나 규제를 가하는 영연방 국가들과의 협력 체계에서도 자유로울 수 있다는 판단 또한 브렉시트 찬성의 원인이었다.

국민투표 이전에 있었던 여론조사에서는 사실 EU 잔류가 높게 나왔다. 여론조사에 응하지 않았던 샤이 보수층Shy Tory이 많지는 않을 것으로 예상하고 국민투표에 던져졌지만, 예상을 뒤엎고 찬성의 결과가 나왔다. 국민 찬반투표의 결과로 정책적 필요성 여부에 상관없이 브렉시트를 시행하는 것으로 결론이 났고, 캐머런은 이에 책임을 지고 물러났으며 테레사 메이 총리가 브렉시트의 혼란을 수습하고 정국을 안정화 시키는 노력을 하게 되었다. 테레사 메이 총리는 사회 노동 정책에서는 상당히 진보적인 정책을 취하고, 경제적인 측면에서는 보수적인 면과 진보적인 면을 유연하게 대응하는 정책을 펴고 있다.

2017년 5월 프랑스 대선에서 친유럽연합파인 마크롱이 승리하면서 영국의 브렉시트가 EU의 분열에 아무런 영향을 주지 않았다는 것이 반증되었다. 반면 영국은 FTA 조치가 없어지고 무역장벽이 등장하게 되면서 경쟁력을 상실했기 때문에 경제전망이 어두운 편이다. 더구나 영국 금융계는 EU 탈퇴 순간 금융계의 패스포팅(Passporting, EU 회원국 한 곳의 인가로 다른 회원국에도 서비스와 상품을 팔 수 있는 권리)이 상실되었다. 브렉시트로 인해 EU국가들에 대한 4가지 이동의 자유(자본, 서비스, 물자, 인력)를 보장하는 경제적 특권은 사라지고 손해비용을 감수해야 하는 결과가 초래되었다. 2년간 파운드화는 12% 폭락했고 국내 총생산은 3.6% 감소했으며, 주택가격은 10% 하락했고 실업률이 6%, 물가 상승률이 2.3% 각각 증가하게 되어 공공부채가 240억 파운드가 넘어설 것으로 재무부는 발표했다. 결국 브렉시트는 영국이나 EU의 경제에 도움이 되지 않는 것으로 결론지어지고 있다.

영국 브렉시트 이후 3년이 지난 2019년 현재, 영국 여권에 '유럽연합'이라는 흔적은 비교적 쉽게 사라졌으나, 브렉시트 합의안이 영국하원에서 부결됨에 따라 국민적 갈등뿐만 아니라 유럽연합 탈퇴과정에서 적잖은 혼란을 야기하고 있다. 브렉시트의 여파로 영국의 정치 경제적 불확실성이 존재하기 때문이다. 유럽연합과의 관세동맹에서 빠지게 되므로 식자재, 생필품,

의약품의 물가상승으로 이어질 수 있으며, 이민법이 강화되기 때문에 임금 상승의 조짐은 이미 시작되고 있다. 아무런 합의 없이 유럽연합을 탈퇴하는 '노딜 브렉시트'는 피했지만 영국은 탈퇴시기와 조건에 대해서 신축적인 조정을 요청하고 있다. 영국은 브렉시트를 단행하고 있지만 손실과 이득의 계산에서 어중간한 교착상태 갇혀버린 듯하다. 사회적으로 경제적 불안감이 확산되어 있어 이미 한 비상식량 전문업체는 '브렉시트 생존 박스'를 출시했을 정도이다.

19

영국사
다이제스트100